数字经济学术前沿研究丛书

丛书主编 ◎ 王文举　吴卫星

北京数字经济发展研究报告2025

Research Report on
the Development of Digital
Economy in Beijing 2025

李平 等 ◎ 著

首都经济贸易大学出版社

Capital University of Economics and Business Press

·北京·

图书在版编目（CIP）数据

北京数字经济发展研究报告. 2025 / 李平等著.
北京：首都经济贸易大学出版社，2025. 6. -- ISBN
978-7-5638-3901-8

Ⅰ. F492

中国国家版本馆 CIP 数据核字第 2025M9S633 号

北京数字经济发展研究报告 2025

BEIJING SHUZI JINGJI FAZHAN YANJIU BAOGAO 2025

李　平　等著

责任编辑　　晓　地
封面设计　　砚祥志远·激光照排
　　　　　　TEL：010-65976003
出版发行　　首都经济贸易大学出版社
地　　址　　北京市朝阳区红庙（邮编 100026）
电　　话　　（010）65976483　65065761　65071505（传真）
网　　址　　https：//sjmcb. cueb. edu. cn
经　　销　　全国新华书店
照　　排　　北京砚祥志远激光照排技术有限公司
印　　刷　　北京九州迅驰传媒文化有限公司
成品尺寸　　170 毫米×240 毫米　1/16
字　　数　　436 千字
印　　张　　25
版　　次　　2025 年 6 月第 1 版
印　　次　　2025 年 6 月第 1 次印刷
书　　号　　ISBN 978-7-5638-3901-8
定　　价　　98. 00 元

前　言

当前，全球数字技术正经历颠覆性变革，生成式人工智能改变了人机协作范式，量子计算突破了经典算力的边界。数字经济作为经济增长的重要"新质生产力"，已成为全球产业链重构、国际规则博弈的战略焦点。当前，全球数字技术正经历颠覆性变革，生成式人工智能改变了人机协作范式，量子计算突破了经典算力的边界。数字经济作为经济增长的"新质生产力"，已成为全球产业链重构、国际规则博弈的战略焦点。党的十八大以来，中央高度重视数字经济的发展，并将其上升至国家战略层面。党的二十大报告进一步明确提出"加快发展数字经济，促进数字经济和实体经济深度融合，打造具有国际竞争力的数字产业集群"，为数字中国建设指明了新方向。

2021 年 7 月，北京市政府发布《北京市关于加快建设全球数字经济标杆城市的实施方案》，明确提出"建设全球数字经济标杆城市"的目标。与此同时，为加速落实《北京关于加快建设全球数字经济标杆城市实施方案》，近几年，北京市陆续出台了《北京市机器人产业创新发展行动方案（2023—2025年）》《北京市推动"人工智能+"行动计划（2024—2025 年）》《北京市制造业数字化转型实施方案（2024—2026 年）》等配套行动方案。2025 年，《北京建设全球数字经济标杆城市 2025 年工作要点》明确提出了涵盖"夯实基础设施新底座、实施数据要素市场新改革、营造数字经济营商新环境"等 8个方面、42 条内容的具体行动计划，进一步加快推进北京市建设全球数字经济标杆城市的进程。相关统计数据显示，2024 年，北京市数字经济增加值占GDP 比重突破 52%，数字技术发明专利授权量居全球城市首位，数字贸易港功能持续强化，正在为全球城市数字化转型输出"北京方案"。

北京市建设全球数字经济标杆城市，是构筑未来竞争新优势的战略先手棋，目前已取得显著成绩。在数字经济发展中，北京市注重规模和速度，注重质量和效益，通过政策创新、技术赋能、产业协同以及国际合作，逐步形成了北京特色。然而，面对技术迭代加速期、规则重构窗口期、治理转型阵痛期的叠加挑战，北京市数字经济标杆城市建设仍需要需要破解以下深层矛盾：数字技术基础研究与国际顶尖水平仍存在代际差距，数据要素市场化配置面临制度性梗阻，数实融合的广度和深度与产业能级提升需求不匹配，数字安全、绿色低碳与包容发展的协同机制亟待完善。回应这些时代命题，要以系统性思维破解发展瓶颈，以制度创新释放要素活力，以全球视野塑造竞争新优势。本年度研究报告立足北京市数字经济从"规模扩张"向"质效跃升"转型的关键节点，重点回应四大核心问题。

第一，数字技术原始创新体系化不足。在人工智能芯片设计、工业软件底层架构等关键领域，基础研究投入不足、跨学科协同机制不够顺畅等问题较为突出。企业研发投入结构显示，面向未来的探索性研究占比显著低于国际创新中心水平。大模型算力基础设施建设进度与指数级增长的技术需求之间形成突出矛盾，开源生态建设尚处培育阶段。这要求我们重构政产学研用协同创新网络，在量子信息、类脑计算等前沿领域建立持续攻关机制。

第二，数据要素市场化配置存在制度性梗阻。当前数据要素流通面临三重矛盾：产权界定模糊导致交易成本高企，跨境流动规则冲突加剧制度摩擦，价值释放机制不完善制约要素潜能。特别是在医疗健康、智慧交通等领域，公共数据开放共享仍存在不敢放、不愿放、不会放的复合型障碍。这要求我们通过制度创新打破"数据孤岛"困局，在数据资产确权登记、跨境流动沙盒监管等领域制定创新性方案。

第三，数实融合面临协同性挑战。尽管工业互联网平台接入设备规模居全国前列，但设备综合效能提升与预期目标仍存差距。智能网联汽车等领域存在技术标准分散、系统兼容性差等突出问题。这反映出数字技术与实体经济融合尚处单点突破阶段，这要求我们以数据要素贯通打通产业闭环为抓手，构建覆盖研发设计、生产制造、运维服务的全链条数字孪生体系。

第四，多元价值平衡的系统性难题。在算力需求激增与双碳目标约束之间、算法效率提升与社会公平保障之间、平台经济创新与市场垄断防范之间应建立动态平衡机制。当前数字普惠发展面临接入鸿沟、能力鸿沟、效益鸿沟的叠加挑战，特别是老年群体、中小微企业，在数字化转型过程中面临诸多困难和挑战。这要求我们构建技术伦理审查、数字碳足迹追踪、包容性发展评估的协同治理框架。

为破解上述难题，打破学科边界与行业壁垒，推动经济学、计算机科学、管理科学、法学等学科深度交叉融合，首都经济贸易大学数字经济交叉学科平台以技术制度治理协同创新为方向，联合产学研多方机构，构建数字经济发展动态推演模型体系。目前，相关研究成果已应用于京津冀数字协同发展、数字自贸试验区建设等重大场景，形成覆盖战略预判、路径规划、效果评估的全链条研究闭环，并通过典型案例库建设为政策创新提供实践参考。

本研究报告分为十章，采用"战略引领监测评估创新突破全球对标"的研究框架。第 1 章至第 3 章立足国家战略与京津冀协同视角，构建数字经济监测指数与风险评估模型，量化分析数字技术溢出效应；第 4 章至第 7 章聚焦数字金融创新、数绿融合机制、数字企业融资生态等关键领域，揭示数字技术赋能实体经济的倍增效应与传导路径；第 8 章至第 10 章着眼全球竞争格局，深度解析数字技术策源能力建设、国际数据要素配置机制、数字产业链韧性提升等前沿议题，通过构建全球数字经济标杆城市评价体系，对标纽约、伦敦、东京等城市，明确北京市的竞争优势与提升空间。

本报告的研究成果将为数字经济高质量发展提供学理支撑。本报告团队将持续追踪数字技术革命与制度创新的动态演进，深化人工智能伦理治理、数字空间国际规则制定、数字碳中和路径等前沿领域的研究。期待本报告能为政府部门、行业机构、研究学者提供决策参考，共同绘制数字时代的北京新图景，为全球数字文明发展贡献中国智慧。

目　录

1 国内外数字经济发展战略

李 平 尚 进[*]

1.1 数字经济发展的时代战略

观势者明，析势者智，顺势者成。人类的历史，是一部不断提高信息密度的历史。以信息技术革命为引领，数字化逐步从单一技术突破演变为由数据要素、智能算法和网络生态共同驱动的系统性变革，形成重塑全球发展格局的核心规律。数字经济作为 21 世纪最具变革性的力量之一，正在重塑全球经济版图。大力发展数字经济是推动全球经济高质量发展、增强经济发展韧性和提升国家竞争力的关键举措，战略意义重大。

1.1.1 数字经济兴起是 21 世纪的时代机遇

数字经济的兴起并非偶然，而是技术进步与社会需求共同作用的结果。从计算机的普及到互联网的发展，再到移动互联网和大数据与人工智能的崛起，每一次技术革命都为数字经济注入了新的活力。数字经济是基于信息、知识、智能而发展起来的一种新型经济范式。数字经济通过技术创新、产业重构、数据要素驱动及全球资源配置，正日益成为驱动全球经济增长的核心引擎，并深刻重塑各国政治经济竞争格局。联合国相关数据显示，数字经济

---

* 李平，首都经济贸易大学北京数字经济发展研究院二级教授、博士生导师；尚进，中国信息界发展研究院院长，工程师。

对全球 GDP 增长的贡献率已超过 15%，且在发展中国家之中的增长潜力更大①。

1.1.1.1　技术进步与社会需求共同推动数字经济快速发展

计算机的发明与普及。1946 年，世界上第一台通用计算机"ENIAC"在美国宾夕法尼亚大学诞生，标志着数字时代的开启。计算机的出现，使人类能够更高效地处理和存储信息。随着性能的不断提升和成本的不断降低，计算机逐渐从科研机构和大型企业走向普通家庭和中小企业。在商业领域，计算机的普及使企业能够实现办公自动化，从而提高了工作效率和管理水平。

互联网的兴起与普及。20 世纪 60 年代末，美国国防部高级研究计划局（ARPA）建立了阿帕网（ARPANET），这是互联网的雏形。互联网在 20 世纪90 年代得到了迅速发展。互联网的出现，打破了人类生产生活中时间和空间的限制，使信息能够在全球范围内以数字形式快速传播和共享。在经济领域，互联网催生了电子商务、网络营销、在线支付等新型商业模式。

移动互联网的暴发式增长。进入 21 世纪，随着智能手机和移动网络技术的发展与成熟，移动互联网迎来了暴发式增长。移动互联网使人们能够随时随地接入网络，实时获取信息和服务。与此同时，移动互联网还催生了移动购物、移动支付、共享经济等新型商业模式。

大数据与人工智能的崛起。随着移动互联网和物联网技术的发展，数据量呈爆炸式增长。大数据技术的出现，使人们能够对海量数据进行采集、存储、处理和分析。人工智能技术则是在大数据的基础上发展起来的，它能够模拟人类的智能行为，实现自动化决策和智能交互。在经济领域，大数据和人工智能技术被广泛应用于市场分析、精准营销、产业链重构等方面。

表 1.1 对技术进步与社会需求共同推动数字经济快速发展做了归纳总结。

表 1.1　技术进步与社会需求共同推动数字经济快速发展

驱动维度	技术进步里程碑	社会需求表现	时代机遇领域
计算机革命	1946 年 ENIAC 诞生	企业办公自动化需求	数据处理效率革命
互联网时代	20 世纪 90 年代万维网普及	全球信息共享需求	电子商务生态形成

① 《全球数字经济发展新趋势》，https：//tj. mof. gov. cn/zt4/jianguanshixiang/202108/t20210830_3749236. htm。

驱动维度	技术进步里程碑	社会需求表现	时代机遇领域
移动互联网	2007 年智能手机革命	即时连接服务需求	共享经济模式创新
人工智能（AI）/ 大数据	2012 年深度学习突破	精准决策与预测需求	智能经济范式重构

1.1.1.2　作为新型经济范式的数字经济蕴含巨大时代机遇

数字经济带来了新的生产要素和生产模式，成为拉动全球经济新增长的核心引擎。

新的生产要素。在数字经济时代，数据成为一种新的生产要素。数据具有非竞争性、非排他性和可复制性等特点。数据的价值在于它能够为企业和社会提供有价值的信息和知识，帮助企业做出更明智的决策，提高生产效率和竞争力。

新的生产模式。数字技术的发展推动了生产模式的变革。在数字时代，智能制造、柔性制造、大规模定制等新型生产模式逐渐兴起。例如，企业可以通过互联网平台收集客户的个性化需求，然后利用智能制造技术进行生产，为客户提供个性化的产品和服务。

新的经济增长动力。数字经济的发展不仅可以带动数字产业的发展，而且可以促进传统产业的转型升级。数字产业是指以数字技术为核心，从事数字产品和服务的研发、生产、销售和应用的产业。产业数字化则是以数字技术创新应用为引领，实现产业发展的提质增效。

1.1.2　数字经济的核心特征与发展趋势

1.1.2.1　数据驱动

数据成为数字经济的核心生产要素，引领技术流、物质流和资金流，推动各行业的数字化发展，主要体现在核心生产要素、数据流引领其他流以及对数据价值的挖掘和利用上。

核心生产要素。数据的采集、存储、处理和分析能力不断提升，推动了各行业的数字化发展。例如，在金融行业，银行可以通过分析客户的交易数据、信用数据和行为数据，了解客户的需求和风险状况，为客户提供个性化的金融产品和服务。

数据流引领其他流。数据流引领着技术流、物质流和资金流。例如，企业可通过供应链管理系统实现物资的精准配送和库存的优化管理，降低物流成本和库存成本。

数据价值的挖掘和利用。随着数据量的不断增长和数据处理技术的不断进步，数据价值的挖掘和利用成为数字经济发展的关键。例如，企业可以通过数据分析了解客户的购买行为和偏好，制定精准的营销策略。

1.1.2.2 数智赋能

人工智能、大数据、云计算等技术的快速发展，为各行业提供了智能化解决方案。技术应用方面，智能化技术的应用不仅提高了生产效率，还创造了新的商业模式和价值创造方式。例如，在服务业中，智能客服、智能物流等技术可以提高服务效率和服务质量，提升客户满意度。智能决策方面，智能化技术可以帮助企业和社会实现智能决策。例如，在城市管理中，智能交通系统可以根据交通流量和路况信息，实时调整交通信号灯的时长，优化交通流量。智能交互方面，智能化技术还可以实现人与机器、机器与机器之间的智能交互。例如，物联网技术使机器与机器之间可以实现互联互通和信息共享，实现设备的远程监控和自动化控制。

1.1.2.3 网络化协同

信息网络成为数字经济的重要载体，促进了跨行业、跨领域的资源高效配置。网络化协同使企业能够在全球范围内整合资源，实现供应链的优化和协同创新。

全球范围的资源整合。网络化协同使企业能够在全球范围内整合资源，实现供应链的优化和协同创新。例如，通过互联网平台，企业可以与全球的供应商、合作伙伴和客户进行实时沟通和协作，实现资源的共享和优化配置。

产业生态系统的形成。此外，网络化协同还促进了产业生态系统的形成。例如，在电子商务领域，电商平台、物流企业、支付企业、供应商等形成了一个完整的产业生态系统，它们相互协作，共同为消费者提供优质的商品和服务。

1.1.2.4 绿色低碳

绿色低碳是数字经济发展的核心目标之一，体现了人类推动数字化发展的全新价值追求。在资源优化配置方面，数字经济通过优化资源配置和提升生产效率，能够有效降低或避免自然资源和社会资源的无谓消耗，推动经济向低碳、高效、可持续方向发展。例如，在交通领域，智能交通系统可以通过优化交通流量，减少车辆的拥堵情况和尾气排放量，降低环境污染。绿色产业发展方面，随着近年来相关技术的不断发展与成熟，数字技术的不断创新与应用，促进了绿色产业的飞速发展。例如，太阳能、风能、氢能、生物能等绿色产业正在越来越多地通过数字技术实现智能化生产和管理，进而提高产业的竞争力和可持续发展能力。

1.1.3 数字经济的战略意义

数字经济正全方位地重塑着世界的发展格局，不仅深刻改变了经济运行的基本逻辑，对社会结构、国家治理和全球竞争格局也产生了深远且多维度的影响。

1.1.3.1 推动经济高质量发展

数字经济通过优化资源配置、提升全要素生产率，有效助力经济社会全面转型升级。优化资源配置方面，数字经济通过互联网、大数据、人工智能等技术，实现了行业资源的高效配置和市场供需的精准匹配。企业可以通过互联网平台实时获取市场信息和客户需求，然后根据这些信息调整生产计划和营销策略，提高生产效率和经济效益；政府可以通过大数据分析了解社会的发展状况和问题，制定科学的政策和规划，提高资源的利用效率和社会福利水平。提升全要素生产率方面，数字经济的发展可以促进技术创新和管理创新，提高全要素生产率。例如，互联网平台可以降低交易成本，减少信息不对称问题，提高市场效率和资源配置效率。助力传统产业转型升级方面，数字经济的发展在带动传统产业转型的同时也促进了产业结构的优化和升级。例如，农业可以通过引入物联网和大数据技术，实现农业生产的精准化和智能化；制造业通过引入工业互联网和智能生产线，可实现生产流程自动化与效率提升；物流行业依托数字平台整合运输资源，可精准配置运力。

1.1.3.2 增强经济韧性

发展数字经济可加速推进供给侧结构性改革，推动产业结构优化，增强经济的韧性和抗风险能力。加速供给侧结构性改革方面，数字经济通过大数据等技术解决供需信息不对称问题，帮助传统制造业精准把握市场需求，优化生产要素配置。例如，服装企业可基于电商平台的消费数据调整生产策略，实现按需生产，减少库存成本。这种由数据驱动的供需匹配机制使供给侧能快速响应个性化、品质化需求，推动无效产能淘汰和有效供给升级①。推动产业结构优化与绿色低碳发展方面，数字经济推动了传统产业向智能化、绿色化方向发展。例如，在农业领域，物联网、大数据等技术的应用推动了精准农业的发展，通过实时监测土壤湿度、温度，精准施肥、灌溉，提高了农业生产效率和农产品质量。数字经济有助于推动绿色低碳事业的发展。在交通出行领域，数据技术助力共享单车减少了城市碳排放。增强经济的抗风险能力方面，数字经济具有较强的灵活性和适应性，能够在面对各种风险和挑战时帮助经济快速恢复和发展，增强经济的抗风险能力。新冠疫情期间，线下实体经济受到了严重冲击，但数字经济却展现出强大的韧性，电子商务等数字服务均有迅速发展。另外，数字经济催生了灵活就业形态，如网约车司机、短视频创作者等，为劳动力市场提供了"缓冲带"，有效缓解了结构性失业压力。此外，由数字经济构筑的弹性防护网使经济在面对外部冲击时具备更强的韧性。

1.1.3.3 提升国际竞争力

数字产业化可为经济提供持续动力，产业数字化则拓展了经济发展新空间，有助于大幅提升国家的国际竞争力。为经济提供持续动力方面，数字产业化是指以数字技术为核心，从事数字产品和服务的研发、生产、销售、应用的产业。数字产业的发展可以创造大量的就业机会和经济价值，提高国家的科技实力和创新能力。例如，美国在人工智能、大数据、云计算等领域处于世界领先地位，数字产业的发展为美国经济提供了持续的动力。拓展经济发展新空间方面，产业数字化是指利用数字技术对传统产业进行改造和提升，提高了传统产业的生产效率和竞争力。产业数字化的发展可以拓展经济发展的新空间，促进传统产业的转型升级。例如，中国在制造业、服务业等领域积极推进产业数字化转型，取得了显著的成效，传统产业的生产效率和产品质量得到了大幅提升，国际竞争力也得到了增强。提升国家的国际话语权方面，数字经济的发展可以提升国家的国际话语权，在全球数字经济竞争中，掌握数字技术和数字规则的国家将在国际经济秩序中占据主导地位。例如，美国通过制定数字贸易规则、建立数字技术标准等方式，维护了其在全球数

---

① 《数字经济的理论逻辑、内涵特征与优化路径》，https：//www.ddxyjjzz.com/magazine/4412.html。

字经济领域的领先地位。

1.1.3.4　重塑生产关系

数据成为新的生产要素，推动传统生产关系向更加高效、智能的方向变革。

首先，数据成为新的生产要素。数据要素重构了产权体系与分配机制，数字经济打破了传统生产关系中劳动者与生产资料的固定绑定模式。例如，网约车司机通过数字平台直接对接车辆（生产资料）与乘客需求，实现了生产资料的动态共享；数字内容创作者通过知识付费、版权分成等模式获得收益，为知识要素参与分配提供了新路径。

其次，数据正在推动传统生产关系向更加高效、智能、包容的方向变革。数字技术降低了市场准入门槛，催生了更高效、智能的包容性生产关系。例如，美团骑手、抖音创作者等新型就业形态吸纳了超过 1 亿的灵活就业者；微众银行通过区块链技术构建供应链金融平台，使中小微企业融资成本降低了 40%，破解了传统金融的"规模歧视"难题。

最后，数字经济的发展正在构建新的社会结构。数字经济时代，数据的共享和开放将不断促进社会的公平和包容，数字技术的普及将不断提高人们的生活质量和社会参与度。

1.2　数字经济发展的全球战略

在全球化浪潮中，数字经济不仅改变了传统的经济格局，也重塑了全球竞争的规则和逻辑。数字经济为打造新产业、培育新业态、重塑动力机制、转变发展方式提供了难得的历史机遇，若我们应对得当，完全有可能实现跨越式发展。

1.2.1　全球竞争格局

数字经济的全球竞争格局呈现出多极化态势。美国、中国和欧盟三大经济体各展其能，形成了三足鼎立的竞争格局（见表 1.2）。

表 1.2　数字经济的全球竞争格局

国家/地区	战略定位	优势领域	关键举措
美国	技术领导者	人工智能/云计算/大数据	技术研发投入/出口管制

国家/地区	战略定位	优势领域	关键举措
中国	应用创新者	数字基建/产业数字化	5G 建设/东数西算工程
欧盟	规则制定者	数据治理/隐私保护	GDPR/数字单一市场

1.2.1.1　美国的领导地位

美国凭借技术领先优势主导全球数字经济发展，重点布局人工智能、云计算、大数据等领域。美国通过"战略威慑与利益诱导"策略维护其技术霸权，以确保在全球数字经济中的领导地位。

技术领先优势。美国在数字技术领域拥有强大的研发实力和创新能力，长期处于全球领先地位。其科技巨头（如谷歌、苹果、亚马逊、微软等）在人工智能、大数据、云计算、半导体等关键技术领域投入了大量的研发资金，取得了众多的技术突破和创新成果。

维护技术霸权策略。一方面，美国政府通过资金支持、税收优惠等政策措施，鼓励美国企业加大在数字技术领域的研发投入和创新力度；另一方面，美国政府通过实施出口管制、技术封锁等措施，限制其他国家获取美国的先进技术和关键设备，打压其他国家数字经济的发展。例如，美国政府对华为等中国企业实施了一系列的制裁措施，限制华为获取美国的芯片、操作系统等关键技术和设备，试图遏制中国数字经济的发展。

1.2.1.2　中国的快速崛起

依托人口红利和应用场景，中国已快速崛起为全球数字经济领域的重要一极，在数字基础设施、数字产业化和产业数字化等方面取得了显著成就，但在核心技术上仍面临被"卡脖子"的风险。

人口红利和应用场景优势。中国拥有庞大的人口红利和丰富的应用场景，为数字经济的发展提供了广阔的市场空间和创新动力。中国的互联网用户数量居全球第一，移动支付、电子商务、共享经济等数字经济应用在中国得到了广泛的普及。例如，中国的移动支付市场规模居全球第一，中国的电子商务市场规模也居全球第一。

数字基础设施建设成就。中国的 5G 网络建设规模居全球第一。截至2024 年 6 月，中国已建成全球规模最大的 5G 网络，5G 移动电话用户数量达

8.89 亿，占全球 5G 用户总量的 52%①。数据中心、智能计算等新型数字基础设施也在不断完善和发展之中。这些数字基础设施的建设为数字经济的发展提供了坚实的支撑。

1.2.1.3　欧盟的规则引领

欧盟通过规则制定与数据治理，试图构建"数字第三极"。

规则制定与数据治理。欧盟在数据治理和隐私保护方面走在全球前列，通过《通用数据保护条例》（GDPR）等法规，加强对个人数据的保护和管理。例如，GDPR 规定了企业在收集、使用和处理个人数据时必须遵守的一系列规则和标准，要求企业必须获得用户的明确同意才能收集和使用其个人数据，并且必须采取必要的措施来保护用户的个人数据安全。

构建统一的数字市场。欧盟致力于构建统一的数字市场，消除成员国之间的数字壁垒，促进数字经济的发展。欧盟发布了《数字单一市场战略》，提出了一系列的政策措施，包括促进数字服务的跨境提供、加强数字版权保护、推动数字基础设施建设等，以构建统一的数字市场。

1.2.2　世界各国（地区）的数字经济战略

在全球数字经济竞赛中，各国（地区）都在根据自身的国情和优势，制定和实施独特的数字经济战略（见表 1.3）。

表 1.3　各国（地区）的数字经济战略比较

国家/地区	战略名称	核心领域	关键指标
美国	AI 领导力计划	量子计算/6G/芯片	2023 年 AI 投资 580 亿美元
欧盟	数字单一市场	GDPR/数字税/工业 4.0	2027 年数字市场产值 4.7 万亿欧元
日本	社会 5.0	机器人/智慧医疗	2030 年物联网（IoT）设备渗透率 100%
新加坡	智慧国 2025	数字政府/金融科技	2025 年 5G 覆盖率 99%

1.2.2.1　美国的数字经济战略

美国通过制定并实施《数字经济议程》《维护美国人工智能领导力的行政

---

① 《世界互联网发展报告 2024》，https：//news. dayoo. com/finance/202411/21/171077 _ 54749983. htm。

命令》等政策，确保其技术领先地位。近年来，美国在人工智能等领域持续投入，保持全球领先地位。

政策支持。美国政府通过发布一系列的政策文件，确保其在数字经济领域的技术领先地位。例如，《数字经济议程》提出了美国数字经济发展的四大目标，即促进创新、保护隐私、加强网络安全和推动数字贸易；《维护美国人工智能领导力的行政命令》则强调美国在人工智能领域的领导地位，要求政府各部门加大对人工智能研发和应用的支持力度。

技术投入。美国在人工智能等数字技术领域持续投入大量的资金和资源，保持全球领先地位。仅亚马逊、Alphabet、Meta、苹果和微软等 5 家企业在 2022 年就投入约 2 020 亿美元于数字技术领域，仅亚马逊的 AI 从业人员就超过 1 万人[①]。

国际合作与竞争。美国与世界其他国家和地区分别签署了一系列数字贸易协定，致力于推动数字贸易的自由化和便利化；同时，美国也通过实施出口管制、技术封锁等措施，限制其他国家获取美国的先进技术和关键设备，以维护其在全球数字经济领域的技术霸权。

1.2.2.2 欧盟的数字经济战略

欧盟在数据治理和隐私保护方面走在全球前列。

法规制定。欧盟通过制定一系列的法规和政策，如 GDPR 和《数字单一市场版权指令》等，构建统一的数字市场。这些法规和政策加强了对个人数据的保护和管理，促进了数字服务、数字产品和数字内容在欧盟内部的自由流动。

数据治理。欧盟积极推动全球数据治理规则的制定，试图在全球数据治理中发挥主导作用。例如，欧盟成立了欧洲数据保护委员会（EDPB），负责监督和协调欧盟各国的数据保护工作；欧盟还积极参与联合国、世界贸易组织等国际组织的数据治理规则制定工作，推动建立全球统一的数据治理规则。

数字创新。欧盟正在加大对数字创新的支持力度，通过实施"地平线欧洲"等科研计划，推动人工智能、区块链、量子计算等新兴技术的研发和应用。例如，"地平线欧洲"计划是欧盟有史以来最大的科研计划，在 2021—

---

① 《美国科技 5 巨头，研发狂烧 2020 亿刀》，https：//www.36kr.com/p/2605633913600642。

2027 年投入 955 亿欧元，用于支持科研创新和技术发展。

1.2.2.3 日本的数字经济战略

日本通过"社会 5.0"计划，推动超智能社会建设，促进数字技术与社会民生的深度融合。日本在智能制造和数字社会建设方面取得了显著成就。

"社会 5.0"计划。日本政府提出了"社会 5.0"计划，旨在推动超智能社会建设，实现数字技术与社会民生的深度融合。"社会 5.0"计划利用人工智能、物联网、大数据等技术，解决社会面临的各种问题，包括人口老龄化、环境污染、能源短缺等。例如，在医疗领域，"社会 5.0"计划利用人工智能和大数据技术，实现医疗诊断的智能化和精准化，提高医疗服务的质量和效率。

数字技术应用。日本在智能制造、数字农业、数字医疗、智慧养老等领域积极推广数字技术的创新与应用，提高产业的竞争力和生产效率。例如，日本农研机构推进的"农业数据协作平台"提供气象、农田、病虫害诊断等不同场景的互联网应用接口，促进了多个与农产品流通销售相关的数据服务应用程序的产生。这些程序以可视化形式反映特定农产品在某个或多个地区市场的销售量、销售价格等数据及其变动趋势，不仅为流通环节的销售商提供了进货定价依据，也可为生产环节的农户制订采摘出货计划提供参考①。

1.2.2.4 新加坡的数字经济战略

新加坡通过"智慧国"计划，聚焦数字治理、金融科技与 5G 全覆盖，打造全球数字枢纽。新加坡在数字政府和智慧城市建设方面走在全球前列。

"智慧国"计划。2014 年新加坡政府提出了"智慧国"计划，聚焦数字治理、金融科技与 5G 全覆盖，打造全球数字枢纽。"智慧国"计划利用数字技术提高政府的治理能力和服务水平，推动金融科技的创新和发展，实现 5G 网络的全覆盖。

数字生态系统建设。新加坡致力于构建数字生态系统，吸引全球的数字企业和创新人才。新加坡政府通过提供优惠政策、完善基础设施、加强知识产权保护等措施，营造了良好的数字经济发展环境。例如，新加坡政府为数字企业提供税收优惠、研发补贴等政策支持，吸引了谷歌、微软等全球知名

---

① 《将数字技术融入乡村治理与发展》，https：//tech. chinadaily. com. cn/a/202302/20/WS63f2cc2fa3102ada8b22faeb. html。

数字企业在新加坡设立研发中心和数据中心。

1.3 中国的数字经济发展战略

中国的数字经济发展战略是顶层设计与实践探索相结合的产物，其以系统化布局实现了从政策引导到市场驱动的闭环。强化顶层设计与政策引导等战略举措，不仅推动了中国经济的高质量发展，也为全球数字经济的发展提供了宝贵的经验和借鉴，中国数字经济战略框架如表1.4所示。

表1.4　中国数字经济战略框架

战略层级	核心举措	实施成果	关键政策
顶层设计	数字中国建设规划	占GDP比重41.5%	《数字中国建设整体布局规划》
基础设施	东数西算工程	算力规模全球第二	《"十四五"数字经济发展规划》
产业转型	数字化转型伙伴计划	340个工业互联网平台	《制造业数字化转型行动方案》
数据要素	数据交易所建设	年交易规模1 000亿元	《数据要素市场化配置意见》

1.3.1 中国如何发展数字经济

1.3.1.1 高度重视顶层设计与政策引导

中国数字经济发展国家战略的顶层设计以"系统性、协同性"为核心特征。《数字中国建设整体布局规划》等顶层设计以"全局性谋势、关键处落子"为方法论，《"十四五"数字经济发展规划》明确了数字经济发展目标和重点领域，并围绕技术创新、产业融合、数据安全等领域制定了详细路线图。政策层面，国家通过财政补贴、税收优惠、专项基金等工具，引导资本、技术、人才向数字经济领域聚集。为此，国务院还特别成立了"数字经济发展部际联席会议"，统筹协调跨部门资源，破除体制机制障碍。与此同时，"东数西算"工程、"数字中国"战略等国家级项目的推进，进一步强化了政策落地的协同性，引导和支持全国各地数字经济的高质量发展。

中国数字经济发展国家战略的政策引导仍以"鼓励创新、建设生态"为核心特征。各地方政府设立了国家新兴产业创业投资引导基金、中小企业发展基金等。专项基金的设立为数字经济领域的创新创业项目提供了重要的资金支持。另外，政府对从事数字技术研发和应用的企业给予多种税收减免。对符合条件的高新技术企业，按 15% 的税率征收企业所得税，降低了企业的税负，增加了企业的利润空间，使企业有更多的资金投入数字技术的研发，为数字经济的发展创造了良好的生态环境。

总之，中国通过从国家战略到部委方案再到地方细则的全方位、多层次政策设计引导，为数字经济的快速发展提供了坚实的政策保障。

1.3.1.2　前瞻性建设数字基础设施

数字基础设施是数字经济的"地基"。2021 年《中华人民共和国国民经济和社会发展第十四个五年规划和二〇三五年远景目标纲要》将"新型基础设施建设"列为独立章节，前瞻性地提出"系统布局新型基础设施，加快第五代移动通信、工业互联网、大数据中心等建设"，首次将数字基础设施提升至国家战略高度。之后在系列政策的指引下，中国加快构建覆盖全国的数字化底座，不断加大 5G、数据中心、智能计算等新型基础设施布局，为数字经济发展提供了坚实支撑。新基建成为数字经济发展的核心驱动力。

5G 网络的广泛覆盖为数字经济的发展提供了高速稳定的网络环境，促进了物联网、工业互联网等领域的发展。截至 2025 年 3 月底，我国累计建成开通的 5G 基站达到 439.5 万个①。实现所有地级市城区、县城城区的连续覆盖。

数据中心是数据存储、处理和分析的重要基础设施，中国不断加大对数据中心的建设和升级力度。截至 2024 年末，全国在用算力中心标准机架数超过 880 万个，算力总规模较上年末增长 16.5%，算力总规模约 280 EFLOPS，位居全球第二②。中国部分数据中心采用了先进的节能技术，如液冷技术、智能化管理系统等，有效降低了能源消耗和运营成本。同时，数据中心布局更加合理，向绿色能源丰富的地区转移，以实现可持续发展。

智能计算是数字经济发展的核心驱动力，中国积极推动人工智能、大数据、云计算等智能计算技术的研发和应用，提高了智能计算的水平和效率。

---

① 工信部：《截至 3 月底 我国累计建成开通 5G 基站 439.5 万个》，新京报，https：//baijiahao. baidu. com/s？id=1829705349775161873&wfr=spider&for=pc。

② 《数据中心拟在建项目盘点：覆盖 30 省，总投资约 7 000 亿元》，https：//mp. weixin. qq. com/ s？＿＿biz＝MzIyMjU1Njk5MQ＝＝&mid＝2247506446&idx＝1&sn＝2ba4fbefa39077ba7 dec6d18e 7342379&chksm＝e9c414aa90a7fb9fccbea931a63624d617c12c484e55fd6999dabf364bcc502678a653602432#rd。

通过"东数西算"工程，在京津冀、长三角、粤港澳等 8 大枢纽节点布局数据中心集群，推动算力资源跨区域高效调配。

1.3.1.3　积极推动产业数字化转型

产业数字化转型作为国家战略的核心构成，其政策根基深植于《数字中国建设整体布局规划》及《"十四五"数字经济发展规划》等顶层设计。其中，《"十四五"数字经济发展规划》将产业数字化列为重点任务，要求 2025 年数字经济核心产业增加值占 GDP 比重达到 10%，并实施"数字技术赋能工程"和"中小企业数字化赋能专项行动"。此外，《制造业数字化转型行动计划》等专项政策聚焦特定领域，从资金扶持、税收优惠到试点示范等维度，为产业数字化转型提供了坚实的制度保障和资源支持。

实践层面，中国以"数实融合"为主线，积极推动传统产业全链条的数字化、智能化升级。产业数字化转型不仅可以提高企业的生产效率和竞争力，还可以促进产业的升级和转型。在制造业领域，中国通过工业互联网平台，不断实现生产设备的互联互通和生产过程的智能化管理。工业互联网平台可以实时采集生产数据，分析生产状况，优化生产流程，提高生产效率和产品质量。在现代农业领域，中国依托物联网感知设备和智能分析系统，构建起作物生长模型与农机协同作业平台，实现土壤墒情监测、病虫害预警和精准灌溉的数字化管理。与此同时，农业物联网平台能够动态采集气象数据与作物生长指标，通过算法优化种植方案，在降低化肥使用量的同时提升农作物产量与品质。在服务业领域，中国通过数字化手段拓展服务领域，创新服务方式，提高服务质量和竞争力。例如，在线教育平台可以提供丰富的课程资源，让用户可以随时随地学习。

1.3.1.4　深入推进数据要素市场化配置

数据作为一种新的生产要素，具有重要的经济价值。2020 年国务院发布《关于构建更加完善的要素市场化配置体制机制的意见》（以下简称《意见》），首次明确将数据列为五大生产要素之一。这一政策的出台具有里程碑意义，为后续数据要素市场化配置改革奠定了坚实的政策基础。

数据产权制度是数据要素市场化配置的基础。在《意见》的指引下，中国通过建立数据流通与交易机制，制定数据产权制度、数据交易规则等规范数据的流通和交易行为，促进数据要素的市场化配置。中国已经建立了一些数据交易平台，如上海数据交易所、北京国际大数据交易所等。这些平台制定了严格的数据交易规则，保障了数据要素市场化配置的顺利进行，对社会经济的健康运行带来了积极的影响。

数据要素市场化配置提高了全社会数据的利用效率，促进了数据资源的优化配置。例如，在政务领域，"跨省通办"等应用通过数据共享提升社会治理效率。同时，数据要素市场化配置也促进了数据产业的发展，培育了新的经济增长点。例如，数据标注、数据分析、数据安全等数据产业在数据要素市场化配置的推动下得到了快速发展。

1.3.2　中国发展数字经济面临的挑战

尽管中国在数字经济发展方面取得了举世瞩目的成就，但其前行的道路上仍存在技术瓶颈、数字鸿沟、数据安全和国际竞争等挑战。中国正在以坚定的决心和有力的举措积极应对挑战，为中国数字经济的发展扫清障碍。

1.3.2.1　技术瓶颈

中国数字经济在技术层面临困境，在关键核心技术与技术路线选择上存在被压制的风险。

一方面，我国数字经济关键核心技术对外依存度较高。高端芯片、工业控制软件、核心元器件、基本算法等 300 多项与数字产业相关的关键技术仍然受制于人。在芯片领域，中国虽然不断加大研发投入，但在高端芯片制造方面仍依赖进口，2024 年，中国进口芯片数量为 5 492 亿颗，进口金额为 3 856 亿美元[①]。

另一方面，我国数字经济的底层技术路线被替代的风险偏大。过去十多年，中国数字经济的崛起主要建立在"软硬件一体化"的技术路线选择上。但是，美国凭借其在基础软件和芯片技术上的优势重构全球数字经济技术路线，极力倡导以"开源"取代"软硬件一体化"，通过接口标准、核心软件和底层芯片等重新定义数字经济基础。由此，我国数字经济底层技术逻辑和技术路线面临被冲击、被淘汰的风险。

1.3.2.2　数字鸿沟

中国的数字鸿沟包括城乡数字鸿沟、东西部差距鸿沟、代际鸿沟等，其

---

① 《5492 亿颗，2.8 万亿元，中国进口了这么多芯片，美国只占 3%？》，https：//baijiahao.baidu.com/s？id＝1824186829059508054&wfr＝spider&for＝pc。

中城乡数字鸿沟是中国最显著的数字鸿沟。中国农村在数字基础设施建设方面相对滞后，数字鸿沟问题较为突出，2024 年第 55 次《中国互联网络发展状况统计报告》显示，中国 9.04 亿网民中，城镇网民占比高达 71.80%，农村网民则仅占 28.20%[①]（见图 1.1）。

图 1.1　中国网民城乡结构

注：数据来源于第 55 次《中国互联网络发展状况统计报告》。

1.3.2.3　数据安全

数据安全是数字经济健康发展的基础。2024 年，奇安信威胁情报中心累计监测到境内政企机构数据泄露风险事件 156 起，并指出至少有 299.5 亿条各类数据存在泄露风险。其中，71.8% 的事件涉及个人信息，造成个人信息泄露数量多达 266.9 亿条，相当于 14 亿中国人平均每人泄漏约 19 条个人信息数据[②]。

1.3.2.4　国际竞争

2024 年，美国进一步升级对华网络"科技战"的行动战术，从过去专注于对下游技术产品的卡脖断供，扩散蔓延至上游投资领域，以进行更广泛的打压。美国重点选取人工智能、半导体和微电子、量子科技等与我国网络发

---

① 第 55 次《中国互联网络发展状况统计报告》，https：//www.cnnic.net.cn/n4/2025/0117/c88-11229.html。

② 奇安信：《2024 数据安全报告》，https：//mp.weixin.qq.com/s?＿＿biz＝MzU2NjQxMzI5OQ＝＝&mid＝2247705220&idx＝2&sn＝bc9b41fdd230bc5e2faf1b0b50d01ab0&chksm＝fd263e41457cf1d94e0d642a377296176dd773fb3bf98c186f41f93cb44a67caaba46ad301a6&scene＝27。

展和网络安全紧密相关的高科技领域，实施全链条、全覆盖式的遏压行动。美国商务部工业与安全局（BIS）也发布新规，对 24 种半导体制造设备和 3 种用于开发或生产半导体的软件工具实施新的管制；限制对华出口高宽带存储器（HBM）；在"实体清单"中新增 140 项名单①，覆盖我国设备制造商、半导体晶圆厂和投资公司等各类企业。

世界各国在数字经济治理理念和治理方式上也存在分歧。针对数据权属与跨境流动、数字货币、数字税、产业安全、隐私保护等问题，不同国家（地区）有不同的看法和做法。这也给我国数字经济的国际发展带来了一定的挑战。

1.3.3　中国发展数字经济的实施路径

中国数字经济的发展是一场以创新为引领、以产业为支撑、以治理为保障的全方位变革。

1.3.3.1　加强数字技术创新

技术创新是数字经济发展的核心动力。中国政府高度重视数字技术的研发和创新，党的二十届三中全会通过的《中共中央关于进一步全面深化改革、推进中国式现代化的决定》提出了"健全促进实体经济和数字经济深度融合制度"的重大举措，对加快构建促进数字经济发展体制机制、完善促进数字产业化和产业数字化政策体系等作出部署。该决定还指出："建立未来产业投入增长机制，完善推动新一代信息技术、人工智能、航空航天、新能源、新材料、高端装备、生物医药、量子科技等战略性产业发展政策和治理体系，引导新兴产业健康有序发展。"

根据《数字中国建设整体布局规划》，中国计划到 2025 年实现"关键领域国产化率超 75%"，重点突破高端芯片、工业软件等 300 余项"卡脖子"技术。中国主要通过国家科技重大专项、国家重点研发计划等项目，支持数字技术领域的科研创新工作。

同时，国家还鼓励企业加大研发投入，建立产学研用相结合的创新体系。企业是技术创新的主体，政府通过出台税收优惠、财政补贴等政策，鼓励企

---

① 《2024 年国家网络安全风险态势分析》，https：//mp. weixin. qq. com/s？_ _ biz = MzI1Nz QONTMxMQ = = &mid = 2247490425&idx = 1&sn = e0409baa96abe5cf56ef9ea3ac56e82c&chksm = eb3351 e49e36846272e207983a2e01d7ec0ed9421cf5868f6a66168c95fe6a1b2b6a342ad3f0&scene = 27。

业加大对数字技术的研发投入。

加强数字技术创新还需要培养和引进高素质的创新人才。一方面，政府鼓励高校、科研机构与企业加强合作，共建联合实验室、产业技术创新联盟等创新载体。另一方面，加大对基础研究人才的培养力度，增加数字技术相关专业的招生规模，吸引海外高端人才回国创新创业，为数字技术创新提供人才保障。

1.3.3.2 推动数字产业化

中国数字产业化发展依托"十四五"数字经济发展规划的顶层设计，形成了以核心技术攻关、产业生态构建、融合应用创新为核心的政策框架。根据《"十四五"数字经济发展规划》，数字产业化的核心目标是到 2025 年实现数字经济核心产业增加值占 GDP 比重达到 10%。2024 年，中国数字产业完成业务收入 35 万亿元，同比增长 5.5%，其中，软件业增长 10%，电子信息制造业增长 3.8%。数字产业利润总额达 2.7 万亿元，直接从业人员 2 060 万人[①]。

数字产业化为经济持续发展注入动力。推动数字产业化，关键在于大力发展电子信息制造业、软件服务业等数字产业，同时要积极培育数字龙头企业，促进数字产业集群的培育和发展。

中国在电子信息制造业方面实力强劲，是全球最大的电子信息产品生产和出口国。在芯片领域，中国持续加大研发投入，取得了像华为海思半导体有限公司研发的麒麟芯片这样达到国际先进水平的重要成果；通信设备领域，华为、中兴等企业在 5G 通信设备研发和生产方面处于世界领先地位；消费电子领域，小米、OPPO、VIVO 等企业的智能手机在全球市场也竞争力十足。

软件服务业同样发展迅猛，中国软件服务业在操作系统、数据库、中间件等基础软件以及工业软件、应用软件等领域都取得了一定成果。以基础软件领域为例，中国正加大研发投入以实现自主可控，麒麟操作系统、达梦数据库等国产基础软件已在关键领域实现应用。

在电子商务、社交媒体等领域，阿里巴巴、腾讯、字节跳动等企业更是凭借强大的竞争力，成为数字产业的龙头企业。政府通过出台产业政策、给予资金支持等方式培育这些企业，使其在技术创新、市场拓展等方面具备较

---

① 工信部：《2024 年我国数字产业完成业务收入 35 万亿元》，https：//baijiahao.baidu.com/s？id=1828097851678851016&wfr=spider&for=pc。

强实力，进而带动整个数字产业的发展。

1.3.3.3　促进产业数字化

2024 年的政府工作报告指出，要制定支持数字经济高质量发展政策，积极推进产业数字化，促进数字技术和实体经济深度融合。此外，要实施制造业数字化转型行动，加快工业互联网规模化应用，推进服务业数字化，建设智慧城市、数字乡村。

中国政府通过工业互联网、智慧城市等关键手段，有效推动传统产业转型升级，拓展经济发展新空间。工业互联网的应用可以促进工业企业的智能化转型。通过工业互联网平台，还可以实现生产过程的优化和协同，提高生产效率和产品质量。目前，全国工业互联网平台已超 340 家，重点平台工业设备连接数超 1 亿台（套），全国累计上云上平台企业约 400 万家次，为经济运行、政府治理提供了更加可视化、精细化的创新手段①。智慧城市可以实现城市基础设施的智能化管理和公共服务的数字化供给；通过物联网、大数据、人工智能等技术，实现对城市交通、能源、环保等领域的智能化管理和产业升级。

1.3.3.4　完善数字治理体系

数字治理为政府赋能、为市场增效、为社会赋权。完善的数字治理体系是数字经济行稳致远的"压舱石"。从法规"立梁架柱"到技术"赋能增效"，从"多元共治"到"全球治理"，中国从多维度完善数字治理体系的举措，破解数字经济发展的监管难题。法律法规与制度建设方面，政府出台了网络安全法、数据安全法、个人信息保护法等法律法规；2024 年，国家出台了众多促进数据利用的制度文件，如《促进和规范数据跨境流动规定》《关于加快公共数据资源开发利用的意见》《关于促进数据产业高质量发展的指导意见》等，明确提出"统筹发展和安全"，发挥数据价值，为数字经济发展提供坚实支撑。技术标准与规范制定方面，2024 年 5 月 24 日，在国家数据局的推动下，24 家数据交易机构联合发布了《数据交易机构互认互通倡议》，提出推进数据产品、数据需求、数据交易的全国互认互通互信，这有助于规范数据市场秩序，促进数据的合规流通和有效利用。国际合作与交流方面，中国始终积极参与联合国、世界贸易组织、二十国集团、亚太经合组织、金砖国家、

---

① 《"数字中国"建设迈入快车道 加速赋能新型工业化》，https：//finance.sina.com.cn/jjxw/2025-04-22/doc-inetyyff5632582.shtml。

上合组织等多边框架下的数字领域合作平台，积极参与数据跨境流动等相关国际规则的构建。

1.4 北京市的数字经济发展战略

北京市致力于打造全球数字经济标杆城市，以"两区"建设和"五子联动"为抓手，在数字技术创新、规则制定和全球化资源配置中持续占据制高点。这种"顶层设计+市场驱动+全球链接"的发展模式，为中国参与全球数字经济治理提供了"北京方案"。

1.4.1 战略定位

北京市在数字经济领域确立了清晰且极具前瞻性的战略定位，致力于打造全球数字经济标杆城市。

1.4.1.1 打造引领全球数字经济发展的"六个高地"

2021 年，《北京市关于加快建设全球数字经济标杆城市的实施方案》提出，通过 5 到 10 年的接续努力，打造引领全球数字经济发展的"六个高地"，分别是城市数字智能转型示范高地、国际数据要素配置枢纽高地、新兴数字产业孵化引领高地、全球数字技术创新策源高地、数字治理中国方案服务高地、数字经济对外合作开放高地（见表 1.5）。这一方案为北京市数字经济的长远发展勾勒出清晰的蓝图，从顶层设计层面为各类市场主体参与数字经济建设指明了方向。

表 1.5 北京市引领全球数字经济发展的"六个高地"

序号	高地名称	核心任务
1	城市数字智能转型示范高地	建设数字原生城市
2	国际数据要素配置枢纽高地	建立跨境数据通道
3	新兴数字产业孵化引领高地	培育 AI 产业集群
4	全球数字技术创新策源高地	突破关键核心技术
5	数字治理中国方案服务高地	输出国家标准体系
6	数字经济对外开放合作高地	建设数字"丝绸之路"

北京市的数字经济战略定位以服务国家战略为核心，建设全球数字经济标杆城市，是构筑未来竞争新优势的战略先手棋，已经取得了显著成绩。

高地一：城市数字智能转型示范高地。北京市致力于推动新一代信息技术与城市基础设施的深度融合，构建数据原生的城市基础设施体系，引领城市数字化从数字孪生迈向数字原生。例如，在交通领域，北京市将道路交通基础元素和交通管理规则转化为自动驾驶车辆可识别的数字编码，实现道路交通信息原生，有力推动了高级别自动驾驶车辆的规模化运行。另外，在城市管理方面，加快实施"城市码"建设工程，统一城市实体的基础身份标识。

高地二：国际数据要素配置枢纽高地。北京市积极汇聚激活数据要素资产，通过建立数据资源统筹机制，整合政府、企业、境内外机构等多来源公共数据，为激活数据资产价值筑牢根基。北京市加速打通从数据源到数据流再到数据应用的壁垒，建立基于数据资产管理、交易、服务的产业生态。目前，北京市已建立全国首个数据资产登记中心、数据交易平台，并正在探索数据跨境流动"负面清单"管理模式。

高地三：新兴数字产业孵化引领高地。北京市以场景驱动培育未来产业集群，聚焦培育数据驱动的未来标杆产业，在多个领域取得显著进展。例如，在数字化出行方面，建设高级别自动驾驶示范区，形成"车路云网图"协同生态，统筹"车、路、云、网、图"，促进北京市交通运行模式的系统性变革。另外，在智能制造方面，北京市实施"新智造100"工程，建设了全球智能制造标杆工厂；在数字金融方面，北京市已推进数字人民币全场景试点。

高地四：全球数字技术创新策源高地。北京市聚焦高端芯片、基础软硬件、开发平台、基本算法、量子科技、脑机科学等"卡脖子"和前沿核心技术，瞄准首创技术和首制产品，加大在6G、人工智能等领域的科技攻关力度。同时，北京市正在加快AI大模型商业化，积极构建人工智能应用生态体系。《中关村科学城加快建设具有全球影响力人工智能产业高地的若干措施》计划每年安排攻关投入、算力补贴、数据奖励、场景支持等资金支持超10亿元，以打造世界级人工智能产业集群。

高地五：数字治理中国方案服务高地。北京市率先构建"数据驱动型"城市治理体系，形成了可复制、可推广的数字治理模式。在全国首个出台《北京市数字经济促进条例》，建立"监管沙盒"机制，为数字经济新业态提供包容审慎监管环境。同时建设"城市大脑"中枢平台，整合政务数据、社会数据，实现"一网通办""一网统管""一网慧治"，为数字经济发展创造了良好的营商和监管环境。

高地六：数字经济对外合作开放高地。北京市在对外数字贸易、跨境数据流动、数字领域基础共性标准制定等方面取得了诸多突破性进展。例如，积极参与数字"丝绸之路"建设，举办全球数字经济峰会、中关村论坛等国际活动，高标准建设北京国际大数据交易所。此外，建设数字贸易功能区，高水平建设数字贸易港，吸引国内外有竞争力的企业集聚，支持国际数字贸易龙头企业总部、研发中心和运营中心等平台型项目落地。在数字领域基础共性标准制定方面，北京市积极参与国际合作，推动相关标准的制定，提升在全球数字经济领域的话语权和影响力。

1.4.1.2 "五子联动"构建数字经济协同发展新格局

北京市以"五子联动"为抓手，构建数字经济协同发展新格局。

第一子：数字经济发展。北京市的数字经济蓬勃发展，已成为推动城市经济社会进步的核心引擎之一。《2024年北京市国民经济和社会发展统计公报》显示：2024年北京市全球数字经济标杆城市建设取得新进展，数字经济增加值突破2.2万亿元，同比增长7.7%，其中数字经济核心产业增加值增速达到10.1%①。北京国际科技创新中心建设为数字经济提供了强大的技术支撑和创新活力，持续产出人工智能、大数据等前沿技术成果，催生了众多数字产业新业态和新模式；在供给侧结构性改革方面，数字经济成为重要着力点。传统制造业借助数字技术实现向"智能工厂"转型，服务业向数字化、高端化升级；在京津冀协同发展方面，北京市数字经济发挥辐射带动作用，形成了优势互补、协同共进的数字经济格局；"两区"建设为北京市数字经济发展提供了重大机遇和制度创新平台，吸引大量数字技术企业集聚。

第二子：国际科技创新中心与数字经济融合。北京市通过加强产学研合作，促进科技成果转化，强化原始创新能力，推动人工智能等技术在数字经济领域的应用，推动数字技术与实体经济深度融合，提升数字经济的核心竞争力。例如，在人工智能领域，北京市集聚了清华、百度、智谱等大量的科研力量和创新企业，推动人工智能技术在金融、医疗、交通等多个领域的应

---

① 《北京市数字经济增加值突破2.2万亿元》，https：//baijiahao.baidu.com/s？id＝1827159036 160355086&wfr=spider&for=pc。

用，为数字经济的发展注入了新的活力。北京市已连续三年处于全球数字经济标杆城市第一梯队；2024年，其高被引科学家数量达431人次，连续两年位居全球创新城市第1位，连续三年位居"国际科技创新中心指数"全球第3位，位居世界知识产权组织全球百强科技创新集群第3位。北京市研发投入强度连续5年保持在6%以上，位列全球创新城市前列；2024年，北京地区获评国家科学技术奖58项、占全国的28.7%；6项基础研究成果入选2024年度中国科学十大进展；连续8年蝉联施普林格·自然集团发布的《自然指数——科研城市》榜首①。

第三子：供给侧结构性改革赋能数字经济。供给侧结构性改革是我国经济发展进入新常态背景下的重大战略决策，其核心要义在于从提高供给质量出发，矫正要素配置扭曲，扩大有效供给。北京市深入贯彻国家的指导方针，优化产业结构，引导传统制造业向"智能工厂"转型，服务业向数字化、高端化升级，加快推动数字技术赋能制造业、金融、贸易、农业等千行百业。已推动581家规模以上制造业企业实现数字化转型达标，GE医疗北京基地获评中国医疗设备制造领域首座"灯塔工厂"，市管企业数字人民币交易规模超190亿元，全市数字广告业产业规模超过1 500亿元②。在营商环境改善方面，北京市通过深化"放管服"改革，降低了数字经济企业的准入门槛和运营成本，激发了企业的创新活力。在数据要素市场建设方面，北京市率先落实数据产权和收益分配制度，为数字经济的发展提供了坚实的制度基础。在推动产业升级方面，北京市大力发展数字技术高精尖产业，出台了一系列细分产业支持政策，新设政府高精尖产业基金。在产业集聚方面，北京市将人工智能作为数字经济的核心驱动力，打造具有国际竞争力的数字产业集群。海淀人工智能集群获评人工智能领域全国唯一的国家级先进制造业集群。北京市集成电路全产业链发展也取得重大进展，小米智能手机工厂、理想汽车旗舰工厂等相继投产，为经济高质量发展注入了新动力。

第四子：京津冀协同发展拓展数字经济空间。京津冀协同发展战略为北

---

① 《首都科技创新事业在四个方面实现新跨越》，https：//kw. beijing. gov. cn/xwdt/bmdt/202504/t20250423_ 4072174. html。

② 《智数未来，打造数字经济"北京标杆"》，https：//baijiahao. baidu. com/s？ id = 1828786672950635336&wfr=spider&for=pc。

京市数字经济的发展拓展了广阔空间。北京市充分发挥自身在数字技术创新、高端人才集聚等方面的优势，与天津、河北共同构建数字经济协同发展体系。在京津冀大数据走廊建设上，廊坊、张家口等地已建成多个大型数据中心，承接北京数据中心外溢需求。在产业协同方面，北京市聚焦数字经济核心产业研发创新，天津侧重于高端装备制造与电子信息产业数字化转型，河北则在数据存储、云计算基础设施建设等领域发力，形成优势互补、协同发展格局。在京津冀大数据综合试验区建设中，三地共同推动数据资源共享开放、数据要素市场培育。为保障京津冀数字经济协同发展，三地建立了常态化沟通协调机制。在政策协同方面，统一数据中心能耗标准、产业准入标准等；在人才流动方面，构建人才共享机制，为数字经济人才在京津冀区域内自由流动提供便利。

第五子："两区"建设激活制度创新。北京市以国家服务业扩大开放综合示范区和中国（北京）自由贸易试验区为双引擎，围绕数据要素市场化改革、数字贸易规则创新和跨境数据流动等方面，构建了一套较为完善的数字经济制度型开放体系。跨境数据流动是数字经济制度型开放的关键环节，对此，北京市在"两区"建设框架下积极开展探索实践。在制度创新方面，北京市在数据跨境流动领域率先建立"数据安全评估+负面清单"管理模式。数字贸易试验区的设立是北京市构建数字经济制度型开放体系的重要举措。通过数字贸易试验区的建设，围绕区域全面经济伙伴关系协定（RCEP）、数字经济伙伴关系协定（DEPA）等高标准国际经贸规则，北京市积极参与数据跨境流通国际规则和数据技术标准的制定。

1.4.2　战略举措

北京市发展数字经济的战略举措见表1.6。

表1.6　北京市发展数字经济的战略举措

序号	战略维度	重点行动	创新突破
1	政策创新	推出《北京市数字经济促进条例》	全国首个"监管沙盒"机制
2	技术赋能	实施 AI 算力券政策	建成全球最大自动驾驶测试区
3	产业协同	打造"新智造100"工程	GE 医疗北京灯塔工厂
4	国际合作	举办全球数字经济大会	建立数据跨境流动负面清单

1.4.2.1 政策创新

立法先行：出台《北京市数字经济促进条例》。政策创新在数字经济发展中起着关键的引领和规范作用。2024 年，北京市发布《北京市数字经济促进条例》，为数字经济发展提供法治保障。《北京市数字经济促进条例》特别设立"数字技术创新"专章，对人工智能、区块链等技术研发给予资金支持和税收优惠；在"产业融合"部分，鼓励传统企业开展数字化转型，对认定的"智能工厂"给予最高 500 万元补贴。

监管创新：建立"监管沙盒"机制。北京市制定印发《关于更好发挥数据要素作用进一步加快发展数字经济的实施意见》，为数据要素市场发展指明了方向；配套发布《数据清洗、去标识化、匿名化业务规程》《北京市数据流通与安全治理监管沙盒通用实施方案》等，保障实践有章可循。监管部门采取"观察—评估—包容"的弹性监管模式。例如，自动驾驶企业可在亦庄经开区开展全无人驾驶商业化运营试点，累计测试里程超过 3 600 万千米，占全国总测试里程的 1/4 以上，为全国自动驾驶立法提供了实践依据。

在要素市场化改革方面，北京市重点推动数据要素的确权与交易，设立全国首个"数据基础制度先行区"，落地数据资产登记窗口等 9 个市级平台，推动公共数据的开放利用。在数据基础制度体系建设方面，北京国际大数据交易所已推动发布《DB11/T 2348—2024 数据交易通用指南》等 3 项北京市地方标准及《2024 年数据要素领域标准验证案例集》，并上线"数据产品超市"，提供数据清洗、分析、建模等增值服务。截至 2024 年底，北京国际大数据交易所已累计备案交易金额近 100 亿元，上架数据产品超 3 000 个，其中，2024 年新增备案交易金额突破 50 亿元，数据产品超 1 000 个。

1.4.2.2 技术赋能

数字技术赋能传统产业，效果最明显且最具潜力的当属人工智能技术，北京市紧紧抓住自身优势，以人工智能为核心，积极推动数字技术在实体经济中的应用，实现技术对传统产业的赋能升级。

重点推动人工智能产业发展。针对人工智能产业，北京市出台专项政策，设立产业基金，制定了《人工智能算力券实施方案》，补贴企业智能算力成本。这些政策措施吸引了大量人工智能企业聚集，北京市的人工智能企业数量迅速超过 2 400 家，智能算力供给超过 2.2 万 P，备案上线大模型 128 款①，有力推动了北京市人工智能产业的聚集发展。

推动人工智能+行动计划。2024 年发布的《北京市推动人工智能+行动计划》明确提出"打造 5 大标杆工程、10 个示范项目"，覆盖机器人、医疗、教育等高潜力领域。同时，海淀区升级产业政策，设立总预算超 10 亿元的专项基金，北京市以"城市即试验场"的理念，开放近 200 个 AI 应用场景，推动技术迭代与商业闭环。例如，海淀区打造全球首个"人工智能街区"，整合 53 平方千米内的科研机构与企业资源，形成技术转化枢纽。

1.4.2.3　产业协同

北京市通过差异化布局与跨行业联动，形成"数实融合"的协同发展格局，推动数字产业化与产业数字化，推动技术与传统产业深度融合，形成新业态、新模式。

数字产业化筑基强核、集群发展。软件服务方面，北京市软件和信息服务业 2024 年营收突破 3 万亿元，占 GDP 比重超 20%，首次成为第一支柱产业，华为北京研究所主导的鸿蒙操作系统生态已覆盖超 7 亿台智能设备。在消费电子领域，小米智能工厂通过全流程数字化管控实现年产智能手机 1 000 万台；京东方在北京市布局第 8.5 代柔性 AMOLED 生产线②。电子商务领域抖音集团以北京市为运营中枢，2023 年电商商品交易总额突破 2.3 万亿元，创新"兴趣电商"模式，带动超 1 000 万商家实现数字化转型。

产业数字化智能引领、深度融合。通过人工智能、大数据等先进技术驱动全产业链智能化改造，优化生产流程与资源配置，实现传统产业向高效、高质、绿色方向升级。

在制造业数字化转型方面，北京市推广工业互联网平台，实现生产设备的互联互通和生产过程的智能化管理。理想汽车北京基地焊接车间有 600 多台机器人，可以实现 4 款车型共线柔性化生产，连接自动化率达到 100%。同时，北京市还推动了智能制造、绿色制造等新型制造模式的发展。北京亿滋

---

① 中国青年报：《城市更智慧、数据更开放，北京启动数字经济促进条例执法检查》，https://baijiahao.baidu.com/s? id=1829815038160970577&wfr=spider&for=pc。

② 《信息软件业成为北京第一支柱产业 营收突破 3 万亿元》，https://news.china.com/socialgd/10000169/20250126/47913662.html。

是传统食品加工业的典型代表，通过人工智能、大数据分析等技术赋能，其劳动生产率提高了 53%。北京亿滋被评为"世界灯塔工厂"，北京市"新智造 100 工程"智能化改造专项也对北京亿滋的智能化改造升级给予了资助。

在服务业数字化升级方面，北京市推动数字技术与服务业的融合，形成了一批新业态、新模式。在数字文旅方面，北京市依托 798 艺术区、国家文创实验区等载体，推动数字技术与文化艺术深度融合。例如，通过运用虚拟现实、增强现实等技术，为游客提供更加丰富、生动的旅游体验。故宫博物院的"数字文物库"成为文化数字化转型的典范，用户不仅能通过 AR 导览"零距离"欣赏《千里江山图》的矿物颜料细节，还能参与虚拟文物修复活动。

在农业数字化提升方面，北京市积极推进数字技术的应用。北京市 13 个涉农区农业农村局先后成立了数字农业农村工作专班。中国·平谷农业中关村作为全国农业科技创新高地，积极探索农业数字化转型的实现路径，建设智慧农业园区，发展农业物联网，推广精准农业等应用场景，实现农业生产的智能化、精准化和绿色化。平谷区农业智能化设施覆盖率达 90%。

1.4.2.4　国际合作

积极推进数字"丝绸之路"建设。北京市作为中国的首都，具有重要的国际影响力。通过"一带一路"等机制，北京市正在不断加强与其他国家或城区数字经济领域的合作与交流，与"一带一路"沿线国家和地区在数字基础设施建设、数字技术研发、数字贸易等领域开展了广泛的合作。2023 年，北京市邀请阿联酋阿布扎比、韩国釜山、斯里兰卡科伦坡、丹麦哥本哈根、英国伦敦、日本长野、美国旧金山以及中国澳门等 18 个伙伴城市代表，共同发布了《全球数字经济伙伴城市合作倡议》。

加速搭建国际交流平台。自 2021 年以来，北京市已成功举办多届全球数字经济大会，邀请各国政府、企业、智库代表参会，发布《全球数字经济发展白皮书》，推动全球顶尖科学家、企业家交流合作，推动构建开放共赢的数字领域国际合作格局。全球数字经济大会已成为构建普惠均衡、创新包容、合作共赢、共同繁荣的国际化、高端化、专业化的交流合作平台。

构建面向全球的对外开放格局。北京市已发布自贸区数据跨境负面清单，59 家企业通过数据出境安全评估。建成北京跨境电子合同签署平台，接入认证企业超 1.4 万家。与此同时，北京市还搭建了全国第一个数字经济企业出海创新服务基地，吸纳 70 余家支业团队进入运营服务体系。

参与国际数字经济规则制定和治理。北京市积极参与国际数字经济规则制定和治理，持续开展贸易数字化等数字经济国际合作，参与数字贸易规则制定。北京市通过参与国际组织的活动，积极推动数字贸易规则的制定和完善。

1.4.3 北京模式

北京市数字经济发展模式形成了五大支柱（见表 1.7）。

表 1.7　北京模式的五大支柱

	支柱领域	核心措施	量化成果
1	数字基建	5G 基站超前布局	累计建成 13.39 万个
2	标杆项目	高级别自动驾驶示范区	测试里程占全国 25%
3	生态系统	建设数据要素市场体系	数据产品超 3 000 个
4	人才战略	实施数字人才培育计划	从业人员突破 2 060 万人
5	场景创新	开放 200+AI 应用场景	形成 78 个示范工程

1.4.3.1　加强数字基础设施建设

数字基础设施建设不仅为数字产业化与产业数字化发展奠定了良好基础，也为进一步释放数字技术创新活力打下了坚实地基。

在通信网络方面，北京市全力推进 5G 网络全覆盖与优化升级。从 2018 年北京市第一个 5G 基站开通以来，截至 2024 年底，北京市已累计建设 5G 基站 13.39 万个[1]，每万人拥有 5G 基站数 61 个，居全国首位。完成 IPv6 地址预规划，市级政务外网骨干网 100% 支持 IPv6。工业互联网新增标识解析量 88 亿次。实现了全市重点区域、交通枢纽、产业园区等场所的 5G 信号深度覆盖。北京市计划加快推动先进网络部署和应用推广，将新建 5 000 个以上 5G-A 基站。推进 IPv6 在全市基础网络规模部署，推动工业互联网进一步扩容升级。另外，北京市宽带速率逐步从 512 k、1 M 提速至 1 000 M，目前北京

---

① 中国青年报：《城市更智慧、数据更开放，北京启动数字经济促进条例执法检查》，https：// baijiahao. baidu. com/s？ id=1829815038160970577&wfr=spider&for=pc。

全市范围具备千兆宽带接入能力，成为全国首批千兆城市。

与此同时，北京市还通过一系列政策措施推动新型基础设施建设。北京市经济和信息化局印发《关于加快新型基础设施建设支持试点示范推广项目的若干措施》，分类施策激活市场活力，对不同阶段的新型基础设施建设项目给予差异化政策支持。

在相关政策的支持和引导下，北京市建设了一批具有国际先进水平的数据中心。2024 年，北京市新增智能算力 8 620 P，北京市智能算力总规模超过2.2 万 P，形成国内绿色算力资源最丰富的京津冀蒙环京算力供给廊道。未来，北京市将加快建设海淀、朝阳、亦庄、京西 4 个公共算力中心，推动北京市智能算力供给规模突破 4.5 万 P。

1.4.3.2　打造数字经济标杆项目

北京市持续建设智慧交通、智慧城市等标杆项目，提升城市数字化治理水平。北京市以标杆工程为牵引，形成了一批具有全球示范效应的创新成果。

自动驾驶示范区。2020 年 9 月，北京市率先规划建设全国首个高级别自动驾驶示范区，开展车路云一体化系统关键技术验证，并于 2021 年被列入北京市建设全球数字经济标杆城市标杆引领工程之一。目前，该示范区已经聚集了 34 家中外企业，累计测试里程超过 3 600 万公里①，占全国总测试里程的1/4 以上。已实现 Robotaxi、自动驾驶小巴、无人接驳车、无人配送车、干线物流等八大类应用场景全面示范。大兴机场、北京南站已实现自动驾驶场景开放。

北京"城市大脑"。在智慧城市建设方面，"城市大脑"通过整合城市各领域的数据资源，运用大数据、人工智能等技术，实现了对城市交通、安防、环境、政务等方面的智能化管理和决策。在交通管理领域，"城市大脑"通过实时分析交通流量数据、优化信号灯配时等，有效缓解了城市交通拥堵问题；在安防领域，通过智能视频分析技术，提高了城市治安防控的精准度和效率。

全国首个元宇宙数字体验综合体。北京市打造国内领先的数字技术应用

---

① 北京市经信局：《标杆解码：数字经济北京方案"之高级别自动驾驶示范工程》，https：//mp. weixin. qq. com/s？＿＿biz = MzAxMzIOODc1Mw == &mid = 2649564521&idx = 1&sn = 7b3f750b83e15d7c3de536675bc102b0&chksm = 82e418aa81eee12fddc83970b1ad2bae04780e46d8138b5f38b97234c4af4aa912a1626e29d5#rd。

试验田。首钢园料仓已成为全国首个大型元宇宙数字体验综合体，涵盖元宇宙沉浸互动体验、科技交流平台、创新展示窗口、研发支持基地、商业配套服务等多维度元宇宙产业内容。

1.4.3.3 构建数字经济生态系统

数字经济的发展离不开良好的生态系统，北京市通过政策、产业、数据协同，通过构建涵盖企业、高校、科研机构、金融机构等多方主体的数字经济生态系统，形成了自我强化的创新循环，为数字经济的持续发展提供了强大的动力。

北京市围绕数据要素和产业发展构建了较为完善的数字经济生态系统。在数据要素方面，北京市率先发布地方版"数据二十条"，在多个重点领域先行先试，催生了一批数据赋能的创新应用场景。北京市衔接国家数据基础制度整体布局，深入开展数据基础制度先行先试，北京市数据基础制度先行区已启动运行，这也是全国首个数据基础制度先行区。

在产业生态方面，北京市构建开放合作的产业生态系统，通过加强技术研发、标准制定、市场拓展等方面的合作，推动数字经济在全球范围内的健康发展。同时，北京市积极推动传统产业的数字化转型，提升产业效率和竞争力，培育新的经济增长点。各区域加快打造标杆特色产业：海淀区打造人工智能产业高地；西城区组建国家级"数据要素联合创新实验室"；丰台区聚焦于发展数字金融、航空航天、轨道交通等重点领域；石景山区打造以首钢为中心的科幻产业园；门头沟区以"京西智谷"智算中心建设为牵引，吸引人工智能相关企业聚集；通州区着力打造以网络安全、元宇宙等为代表的数字经济产业集群；昌平区国家级风电实验中心三一重能和小米智能手机生产线投产使用；经开区打造自动驾驶场景生态示范区；朝阳区推动产业互联网、数字安全、人工智能等主导产业集聚发展；房山区努力打造智慧医工服务产业集群；怀柔区构建"大科学装置＋海量科学数据"全新产业生态；平谷聚焦农业产业全链数字化。

1.4.3.4 提升人才优势

北京市高度重视数字人才的培育和引进。北京市人社局等 9 部门共同发布的《北京市加快数字人才培育支撑数字经济发展实施方案（2024—2026 年）》，涵盖培养重点队伍、打造培育平台、完善发展机制、加强组织保障 4 大板块 16 项举措，计划用 3 年左右时间，为北京市建设全球数字经济标杆城市提供人才保障。在人才队伍培养方面,北京市正在着力培养数字战略科学家、数字领军人才、数字技术人才和技能人才4类数字领域人才队伍①。通过引进海外高层次数字人才、支持留学回国数字人才创新创业、组织海外高层次数字人才回国服务,发现和培养战略科学家,并形成人才梯队;通过培训、研修等方式,提升首席数据官和企业管理人员数字能力素质;实施专业技术人才知识更新工程和数字技术工程师培育项目,大力培育数字技术人才队伍;持续开展职业院校、技工院校专业设置工作,完善动态优化调整机制,支持技工院校开展数字技能社会培训。与此同时,在培育平台打造方面,北京市积极发挥在京国家实验室、国家科研机构、高水平研究型大学、科技领军企业的作用,深化产学研融合培养体系建设,在高等院校数字领域学科打造"一流专业""一流课程",支持高校、科研院所与企业联合培养复合型数字人才。同时,加强数字领域博士后科研流动站、工作站建设,加大青年人才培养力度。

1.4.3.5　推动应用场景创新

北京市积极推动数字经济在各领域的应用场景创新,促进数字经济与实体经济的深度融合。2020年6月,北京市发布《北京市加快新场景建设培育数字经济新生态行动方案》,以数字化赋能经济发展和培育优化新经济生态为主线,聚焦人工智能、5G、物联网、大数据、区块链、生命科学、新材料等领域新技术的应用,加快培育新的经济增长点。在智能交通方面,丰富自动驾驶开放测试道路场景,在北京经济技术开发区、海淀区等重点区域部署5G车联网路侧基础设施,建设云平台,率先实现L4/L5级自动驾驶在城市出行、物流运输等场景的应用,促进智慧城市、智能交通、智能汽车等一体化融合发展。在城市管理方面,北京市聚焦智慧社区、环境治理等应用场景,加快综合风险评估、监测预警等关键环节技术开发,推广5G网络图像传输和处理技术、终端接收和网络视频技术应用,为智慧安防提供支撑,提升首都安全整体防控智能化水平。在政务服务方面,聚焦政务服务"全程网办、全网通办",推进政务服务"减材料、减跑动、减时限、减环节",不断提高线上政务服务群众满意度。探索数据共享和业务协同能力,重点推进电子证照、电

---

① 人民网:《北京发布16条硬核措施助力数字人才队伍建设》,http://bj.people.com.cn/n2/2024/0712/c233088-40910087.html。

子档案、数字身份等居民个人信息的全链条共享应用。在线上教育方面，鼓励和支持各类平台型企业运用人工智能等技术探索"互联网＋"教育等未来教育新模式。将线上教育类服务纳入政府购买服务指导性目录。

1.5 小结

大力发展数字经济是推动全球经济社会高质量发展、增强经济发展韧性和提升国家竞争力的关键举措，也是各国参与国际竞争的重要一环，堪称难得的历史机遇，战略意义重大。当前，全球已形成美国主导技术生态、中国驱动规模创新、欧盟强化规则治理的三极竞争格局：美国凭借硅谷科技巨头构建数字技术霸权，中国依托超大规模市场催生智慧农业、工业互联网等场景化创新，欧盟则通过《数字市场法案》加速数字主权建设。这场以数据要素为纽带、技术迭代为武器的系统性博弈正重塑着全球经济治理新秩序。

中国的数字经济发展战略以系统化布局实现了从政策引导到市场驱动的闭环。通过夯实基础设施、赋能传统产业、激活数据要素，不仅推动了经济结构优化升级，亦在全球数字经济规则制定中占据主动。这一战略以技术创新为核心驱动力，依托工业互联网、物联网等平台构建起覆盖全产业链的数字化体系，实现从生产设备互联到全流程智能管理的系统性变革。在赋能传统产业方面，通过数据采集与算法优化形成动态决策能力，显著提升了生产效率与质量水平。当前，我国数字经济已形成"基建筑基—场景驱动—制度护航"的协同发展格局，正加速从规模扩张向质量效益提升转型。

作为中国的首都和全球数字经济的重要节点，北京市不仅肩负着推动自身经济高质量发展的重任，更承载着为全国数字经济探索路径、积累经验的历史使命。在全球数字经济版图中，北京市致力于打造全球数字经济标杆城市的战略定位十分清晰，且极具前瞻性。北京市在数字经济发展中不仅注重规模和速度，而且注重质量和效益，通过政策创新、技术赋能、产业协同、国际合作等逐步形成了独具特色的"北京模式"。北京模式的核心在于"系统化创新"，即以基础设施为基、标杆项目为引、生态系统为脉、人才为魂、场景为用，形成了"技术—产业—社会"三位一体的发展格局。这一模式为全球提供了"可落地、可扩展、可持续"的数字化转型样本。

2 京津冀数字经济与数字技术创新的协同发展研究

叶堂林　马金秋*

数字经济与数字技术创新的协同发展，已成为推动区域经济高质量发展的重要引擎。京津冀地区在推动传统产业数字化转型和新兴数字产业发展的过程中，逐步加快数字经济与数字技术创新的协同发展。本报告基于2014—2023年京津冀数字经济核心产业在营企业累计注册资本和数字技术产业累计授权发明专利数据，综合运用首位度指数、位序—规模法则、变异系数法和莫兰指数法，系统分析区域数字经济与数字技术创新协同发展的成效与问题。研究发现，在数字经济协同发展方面，京津冀地区数字经济发展水平稳步提升，区域数字产业结构持续优化，区域发展差距逐步缩小，区域合作机制不断健全。当然，京津冀地区数字经济发展还存在区域规模差异较大、产业发展不平衡、产业结构趋同和发展环境制约突出等问题。在数字技术创新协同发展方面，京津冀地区数字技术创新实力稳步提升，数字技术创新布局进一步优化，创新环境持续向好，区域创新分工不断加强。同时，京津冀地区数字技术创新协同发展还存在区域发展不均衡、产业发展结构性矛盾突出、空间分布缺乏集聚效应等问题。为此，京津冀地区应不断完善顶层设计，健全

---

* 叶堂林，首都经济贸易大学特大城市经济社会发展研究院执行院长，特大城市经济社会发展研究省部共建协同创新中心执行副主任，教授、博士生导师，研究方向为区域经济、京津冀协同发展；马金秋，首都经济贸易大学城市经济与公共管理学院讲师，研究方向为区域经济。

京津冀协同创新机制，加强关键数字技术攻关，优化数字产业生态环境，加快区域人才一体化发展，从而实现数字经济与数字技术创新的协同发展提供有力支撑。

2.1 研究背景与研究意义

在全球新一轮科技革命和产业变革加速演进的背景下，数字经济已成为全球重塑经济格局与国家竞争力的核心驱动力。数字技术的创新与应用正深刻改变着生产方式、组织形态和治理模式，成为推动经济社会转型升级的关键引擎。中国高度重视数字经济的发展，将其作为构建现代化经济体系、推动高质量发展的战略重点。《"十四五"数字经济发展规划》明确提出，要加快推动数字技术与实体经济深度融合，构建具有国际竞争力的数字经济体系。同时，《数字中国建设整体布局规划》等政策进一步强调构筑数字技术创新体系，强化数字中国关键能力。

京津冀作为国家区域协调发展战略的关键承载区，其数字经济与数字技术创新的协同发展水平，不仅影响区域产业升级与创新能力建设，而且关系国家整体创新能力和区域协调发展成效。北京市是国家科技创新中心，天津是先进制造研发基地，河北则是现代商贸物流与产业承接的重要支撑区域，三地具有良好的基础条件与互补性优势。如何以协同创新为牵引，整合区域内创新资源、打破行政壁垒、畅通要素流动机制，已成为推动京津冀协同发展进程中亟须解决的关键问题。因此，系统研究京津冀数字经济与数字技术创新的协同发展，对于提升区域整体创新效率，实现高质量一体化发展，具有重要的理论价值和现实意义。

从理论层面看，数字经济不仅是一种新型经济形态，而且是技术创新和制度变革的结果。在京津冀区域中，北京市作为全国科技创新中心，拥有中关村国家自主创新示范区、未来科学城等高端创新载体，聚集了世界一流高校、科研机构与科技企业，具备创新能力与研发优势；天津在智能制造、工业互联网、数字金融等领域稳步推进，科技成果应用与产业转化体系逐步完善，形成了较强的技术承接与产业孵化能力；河北则在信息技术制造、数字基础设施建设及部分数字新兴产业领域初步建立了发展基础，具备良好的产业承接能力。三地在技术创新、成果转化和产业落地等环节各具优势，促进技术、人才、资本等创新要素的跨区域流动与优化配置，推动区域数字经济与数字技术的协同发展，对实现京津冀高质量协同发展具有重要战略意义。

从现实层面看，近年来，京津冀三地在数字经济和数字技术创新方面取得了积极进展，但区域发展不平衡、协同效率不高等问题仍较为突出。一方面，北京市在人工智能、大数据、云计算、区块链等前沿领域具有领先优势，形成了以中关村、未来科学城等为核心的创新高地和高端数字产业集群；天津以"津城""滨城"双城驱动格局加快推进智能制造、工业互联网等发展，但科技成果转化效率仍有待提升；河北的数字产业基础较为薄弱，面临产业层级低、人才集聚不足、创新投入有限等结构性问题，其数字经济发展滞后于京津两地，整体处于追赶阶段。另一方面，尽管三地已开展了一系列区域协同试点，如数字基础设施共建、数据资源共享、跨区域园区共建等，但区域间技术协同与创新合作仍缺乏制度化、常态化机制，难以实现创新链、产业链、数据链的有效衔接，区域数字经济和数字技术创新呈现"强中心、弱协同"的典型特征。

从国家战略层面看，数字经济和数字技术创新已成为推动区域高质量发展的核心引擎。《京津冀协同发展规划纲要》实施以来，三地在交通、产业、生态等重点领域的协同发展已取得显著成效，区域一体化水平不断提升。随着国家加快推进"数字中国"建设，京津冀地区围绕数字基础设施互联互通、算力资源统筹布局、产业链上下游协同建设等重点领域积极探索。例如，北京市发布"数字北京"发展战略，着力构建国际一流的数字创新生态；天津实施"数字化发展三年行动方案"，加快数字经济发展；河北则出台数字经济发展规划，加快经济转型升级。政策合力正在逐步形成，为区域协同发展提供了良好的制度环境与政策支撑。

当前，京津冀协同发展战略已进入向纵深推进的新阶段，数字经济与数字技术创新的协同发展是推动区域高质量一体化的关键。然而，区域协同发展仍面临政策协同机制不完善、创新资源流动受限和数据共享不畅等现实问题。因此，亟待从多维角度系统评估三地数字经济与数字技术创新的发展现状、协同水平与内在机制，识别制约区域协同发展的主要障碍，探索多元主体参与、跨区域协作的创新治理路径，推动京津冀数字经济与数字技术创新的协同发展。

2.2 研究思路与研究方法

2.2.1 研究思路

本报告从数字经济规模和数字技术创新水平两个维度，系统研究京津冀数字经济与数字技术创新的协同发展水平。研究内容主要包括以下三个方面：一是介绍研究方法，包括首位度指数、Zipf 位序－规模法则、变异系数和莫兰指数，并详细说明报告中的行业分类标准、指标选取原则及数据来源；二是测算京津冀地区数字经济与数字技术创新的协同发展水平，系统总结区域协同发展的成效，并深入分析当前发展过程中存在的主要问题及制约因素；三是总结研究结论，针对协同发展中面临的主要问题提出切实可行的政策建议。

2.2.2 研究方法

2.2.2.1 首位度指数

首位度指数是衡量一个国家或区域内首位城市相对于其他城市在规模或影响力方面差异的常用指标。该指数通过比较首位城市与其他城市在经济规模上的差距，反映区域城市体系的集中度及其等级结构的差异。常用的首位度指数包括两城市指数、四城市指数和十一城市指数，分别表示首位城市与排名第 2、第 2 至第 4、第 2 至第 11 位城市之间的规模比例关系。计算公式如下：

$$S_1 = P_1/P_2$$
$$S_4 = P_1/(P_2 + P_3 + P_4)$$
$$S_{11} = 2P_1/(P_2 + P_3 + \cdots + P_{11}) \tag{2-1}$$

其中，P_i 表示第 i 位城市的经济规模。根据城市位序－规模分布法则，两城市指数的临界值为 2，四城市指数和十一城市指数的临界值为 1。当首位度指数大于或等于临界值时，表明存在"首位分布"；反之，则表明城市分布较为均衡。本报告采用首位度指数，评估京津冀各城市数字经济规模的分布及其均衡性。

2.2.2.2 Zipf 位序-规模法则

Zipf 位序-规模法则是研究城市规模结构分布的重要模型。该法则认为，在一个城市体系中，城市规模服从帕累托分布，城市规模与其位序的乘积为常数，且帕累托指数趋近于 1。其核心思想是，城市规模与其位序之间呈幂函数关系。在实证研究中，通常采用对数线性模型估计 Zipf 系数：

$$\ln S = \ln K - a \ln R + \varepsilon \tag{2-2}$$

其中，S 为城市规模，R 表示按城市规模的等级（位序）排名，K 为常数项，ε 为随机误差项。a 为 Zipf 系数，反映了区域城市体系的集中程度与等级结构。当 $a = 1$ 时，城市体系符合位序-规模法则，表明城市规模分布较为均衡，结构合理。当 $a \neq 1$ 时，表明区域内的城市体系偏离 Zipf 位序-规模法则，其中，$a > 1$，表示城市体系趋于集中，少数大城市主导，首位度较高；$a < 1$，则表示城市体系趋于分散，中小城市数量较多，大城市发展不足。

2.2.2.3 变异系数法

变异系数（coefficient of variation，CV）是衡量数据相对离散程度的重要指标，定义为标准差与均值的比值。与绝对差异指标相比，变异系数能够消除不同数据间的量纲影响，从而更准确地反映各观测值相对于平均值的变动程度。变异系数越大，说明数据的离散程度越高，变异越明显；反之，变异系数越小，则数据分布越集中。计算公式如下：

$$CV = \frac{1}{\bar{Y}} \sqrt{\frac{1}{n} \sum_{i=1}^{n} (Y_i - \bar{Y})^2} \tag{2-3}$$

其中，CV 表示变异系数，n 为地区总数，Y_i 为城市 i 的观测值，$\bar{Y}$ 为平均值。

2.2.2.4 莫兰指数法

莫兰指数（Moran's I）是一种常用的空间自相关指标，用于衡量某一变量在空间上的相似程度，其广泛应用于检验区域内变量分布是否呈现空间聚集或空间离散特征。计算公式如下：

$$I = \frac{n}{\sum_{i=1}^{n} \sum_{j=1}^{n} W_{ij}} \times \frac{\sum_{i=1}^{n} \sum_{j=1}^{n} W_{ij}(x_i - \bar{x})(x_j - \bar{x})}{\sum_{i=1}^{n} (x_i - \bar{x})^2} \tag{2-4}$$

其中，n 为区域城市数量；x_i、x_j 分别表示城市 i 与城市 j 的观测值，$\bar{x}$ 为所有观测值的均值；W_{ij} 为空间权重矩阵元素，表示城市 i 与城市 j 的空间邻近关系。Moran's I 的取值范围为−1 到 1，当 Moran's I>0 时，表明存在正向空间自相关，变量在空间上呈现聚集分布，区域间联系较为紧密；当 Moran's I<0 时，表明存在负向空间正相关，变量在空间上呈离散分布，区域联系较弱；当 Moran's I 接近 0 时，则表明变量在空间上呈随机分布。

2.2.3 研究对象与数据来源

本报告以京津冀区域为研究对象，包括北京、天津两个直辖市以及河北的 11 个地级市。依据国家统计局《数字经济及其核心产业统计分类（2021）》标准，选取数字经济核心产业的四个门类——数字产品制造业、数字产品服务业、数字技术应用业和数字要素驱动业；分别采用在营企业累计注册资本额和累计授权发明专利数量，作为衡量京津冀地区数字经济发展水平和数字技术创新能力的核心指标。研究使用的数据均来源于龙信大数据平台，时间跨度为 2014—2023 年。

2.3 京津冀数字经济协同发展的成效与问题分析

2.3.1 京津冀数字经济协同发展的成效

2.3.1.1 区域数字经济发展水平稳步提升

京津冀地区数字核心产业规模持续扩大，数字经济发展水平不断提升。从数字经济在营企业累计注册资本看，京津冀整体数字经济基础不断夯实，产业资本规模实现稳步增长。2014—2023 年，京津冀地区数字经济核心产业在营企业的累计注册资本由 34 000 亿元增加至 78 700 亿元，年均增长率达 9.52%，整体呈现稳中加快的发展态势。从数字经济在营企业累计注册资本的年增长率看，尽管存在阶段性波动，但总体趋势向好，表明京津冀地区在数字经济资源配置、企业培育和资本集聚等方面的能力逐渐提高（见图 2.1）。

2.3.1.2 区域数字产业结构持续优化升级

京津冀地区数字产业结构呈现优化升级态势，四大核心产业的发展速度各异、重心不断调整，表明区域数字经济正加快向价值链中高端跃升（见图 2.2）。从产业分布看，数字要素驱动业是京津冀数字经济中扩张速度最快

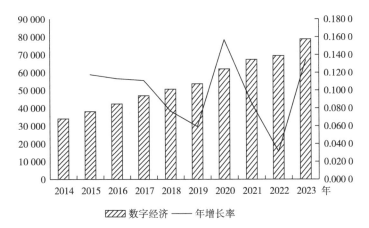

图 2.1　2014—2023 年京津冀数字经济在营企业累计注册资本（亿元）

资料来源：龙信企业大数据平台。

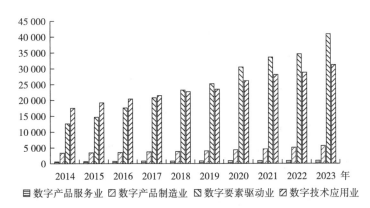

图 2.2　2014—2023 年京津冀数字产业在营企业累计注册资本（亿元）

资料来源：龙信企业大数据平台。

的产业。2014—2023 年，该产业在营企业累计注册资本由 12 600 亿元增加至 40 900 亿元，年均增长率为 12.5%。该产业包括网络基础设施、云计算平台、数据中心建设等，是区域数字化转型的基础，为产业数字化、政府数字治理和城市智能化发展提供了坚实支撑。数字技术应用业的产业规模和增速均位居第二，在营企业累计注册资本由 17 500 亿元增加至 31 200 亿元，年均增长率为 5.95%。该产业包括软件开发、信息系统集成、大数据平台等关键应用，已成为扩展和深化区域数字经济体系的关键力量。数字产品制造业和数字产品服务业虽规模相对较小，但同样呈现积极增长趋势，在完善区域数字产业链体系中发挥着重要作用。2014—2023 年，数字产品制造业在营企业的累计注册资本由 3 343.45 亿元增加至 5 672.39 亿元，年均增长率为 5.43%。该产业包括电子设备、智能终端、传感器等硬件产品制造，是数字经济实体支撑的重要环节。数字产品服务业在营企业的累计注册资本由 568.85 亿元增加至 919.71 亿元，年均增长率为 4.92%。该产业包括数字内容制作、平台服务等内容，为数字生态体系提供服务支撑。总体而言，京津冀数字产业链条不断延伸、价值链持续攀升，产业结构不断优化，为实现区域数字经济的协同发展奠定了坚实的产业基础。

2.3.1.3 区域发展差距逐步缩小，协同格局初步形成

随着京津冀协同发展战略的持续推进，区域数字经济发展差距逐步缩小，协同发展格局初步形成。北京市虽仍保持显著的数字经济规模优势，但其主导地位有所减弱。与此同时，天津和河北的数字经济发展水平明显提升，区域内部差距逐渐缩小。从三地在营企业累计注册资本占京津冀总量的比重变化看，北京市的占比呈现逐年下降，由 2014 年的 80.3% 下降至 2023 年的 63.7%，减少了 16.6 个百分点；天津和河北的占比则持续上升，其中，天津由 6.9% 提高至 11.2%，河北由 12.5% 增长至 25.2%。这一变化表明，京津冀数字经济发展的协同增长态势日益显现。

从统计离散程度看，2014—2023 年，京津冀三地在营企业累计注册资本的变异系数由 1.22 下降至 0.82（见图 2.3），呈持续下降趋势，表明区域间数字经济发展水平的差异逐渐缩小，区域整体平衡。北京市在高端数字产业和技术创新方面继续发挥引领作用，天津依托先进制造业和数字技术融合发展实现突破，河北则在基础设施建设和新兴数字业态布局方面加快追赶，三地已初步形成"优势互补、错位发展、梯度推进"的数字经济空间协同格局。总体而言，京津冀数字经济发展的空间分布正由集聚走向扩散，由中心带动走向多点支撑。随着基础设施共建、数字资源共享、产业协作机制不断完善，区域数字经济协同发展的整体效能正加速释放。

2.3.1.4 区域合作机制不断健全，协同发展路径更加清晰

京津冀协同发展战略实施以来，三地在数字经济领域的区域合作机制不断健全，在政策对接、平台共建、资源整合等方面持续发力，数字经济领域的区域协同发展路径更加清晰，协同发展基础日益稳固。一是政策协同机制

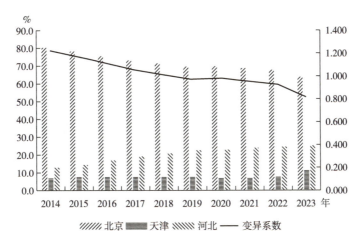

图 2.3 京津冀数字经济在营企业累计注册资本变异系数

资料来源：龙信企业大数据平台。

不断强化。三地政府围绕数字经济发展密切合作，在规划衔接、标准制定、产业布局等方面持续推进一体化政策协调机制。二是数字基础设施共建共享格局初步形成。三地持续加强数字基础设施一体化布局，共同推进 5G 基站、工业互联网平台、智慧交通系统统筹项目建设。三是产业协作平台不断丰富，创新生态加快融合。京津冀数字经济协同创新平台体系初具规模，形成了以中关村科技园为创新策源地、天津滨海新区为转化示范区、石家庄高新区为产业承载区的梯次布局。随着区域合作机制的不断完善，京津冀数字经济协同发展已从初期的项目合作迈向制度创新、生态共建的深度协同阶段。

2.3.2 京津冀数字经济协同发展中存在的问题

2.3.2.1 区域数字经济规模差异较大

从首位度指数看（见表 2.1），首位城市的垄断地位十分突出。2014—2023 年，京津冀地区 S_2 均大于 5，远超标准值 2，S_4 与 S_{11} 也远大于标准值 1，表明北京市的首位度较高。2023 年，北京市数字经济产业在营企业累计注册资本额为 50 088.63 亿元，是天津市（8 809.5 亿元）的 5.68 倍、河北省（19 800 亿元）的 2.53 倍。但首位度指数逐年下降，S_2 由 2014 年的 11.74 下降至 2023 年的 5.68，说明首位城市（北京）与第二大城市（天津）的差距逐渐缩小，北京与天津的数字经济规模差距由 2014 年的 11.74 倍缩小至

2023 年的 5.68 倍；S_4 与 S_{11} 分别由 2014 年的 6.35、4.19 下降至 2023 年的 3.03、1.82，表明京津冀地区数字经济规模呈现趋同趋势。

表 2.1　2014—2023 年京津冀地区数字经济规模首位度指数

首位度指数	2014 年	2015 年	2016 年	2017 年	2018 年	2019 年	2020 年	2021 年	2022 年	2023 年
S_2	11.74	10.71	10.00	9.71	9.47	8.81	9.35	9.20	8.70	5.68
S_4	6.35	5.70	5.09	4.59	4.39	4.11	4.13	4.07	3.92	3.03
S_{11}	4.19	3.77	3.25	2.84	2.63	2.41	2.42	2.30	2.22	1.82

资料来源：由笔者计算而得。

本报告参照魏守华等（2018）、李雅静和陈彦光（2021）的做法，基于 2014—2023 年京津冀地区 13 个样本城市的数字经济规模数据，采用位序－规模模型可以得到 2014—2023 年 Zipf 系数（见表 2.2）。结果表明，Zipf 系数值为 1.52~1.92，均在 1% 水平下显著，回归的 R^2 均在 0.95 以上，较好地拟合了京津冀数字经济规模分布，即 Zipf 位序－规模法则能够很好地解释京津冀数字经济规模的分布规律。Zipf 系数值始终大于 1，说明京津冀城市体系中数字产业规模分布差异较大，大城市规模突出，而中小城市发育不足，且与大城市的差距较大，整个城市体系中数字经济的集中力大于分散力。但随着时间的推移，Zipf 系数值逐年降低，表明京津冀地区低位序中小城市的数字经济规模逐渐扩大，地区间差距逐渐缩小，城市体系规模分布日趋合理。北京与河北的数字经济规模差距由 2014 年的 6.21 倍缩小至 2023 年的 2.53 倍。

表 2.2　2014—2023 年京津冀地区数字经济规模分布系数回归结果

年份	2014	2015	2016	2017	2018	2019	2020	2021	2022	2023
$Zipf$ 系数	−1.92	−1.86	−1.76	−1.67	−1.62	−1.58	−1.58	−1.53	−1.52	−1.56
t 值	−9.67	−9.87	−9.42	−8.86	−8.64	−8.82	−8.42	−8.09	−8.37	−12.64
R^2	0.96	0.96	0.95	0.95	0.95	0.95	0.95	0.95	0.95	0.97

资料来源：由笔者计算而得。

图 2.4 展示了 2014 年、2019 年和 2023 年京津冀数字经济位序－规模曲线动态变化趋势。从中可以看出，2014 年以来，京津冀数字经济位序－规模

曲线不断上移，表明京津冀数字经济规模逐年扩大。曲线间的距离随城市位序的增大而缩小，说明京津冀中小城市数字经济规模增速快于大城市，地区间差距逐渐缩小。曲线的截距逐年增大但增幅越来越小，说明首位城市（北京）的数字经济规模不断扩大但增速有所放缓。

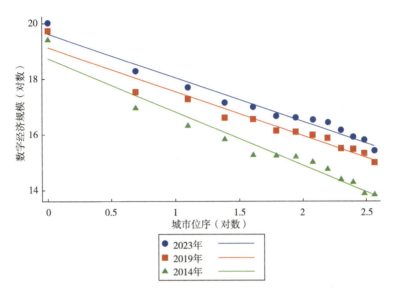

图 2.4　2014 年、2019 年和 2023 年京津冀数字经济位序－规模分布

资料来源：由笔者计算而得。

2.3.2.2　区域数字产业发展不均衡

京津冀地区数字经济产业结构呈现显著的不均衡特征（见图 2.5）。当前，数字要素驱动业（如信息基础设施建设、互联网平台和数字内容与媒体）和数字技术应用业（如软件开发、互联网相关服务和信息技术服务等）占据主导地位，成为区域数字经济增长的主要动力。2014—2023 年，数字要素驱动业与数字技术应用业的在营企业累计注册资本，在数字经济核心产业中的比重由 88.5% 上升至 91.6%，其中数字要素驱动业占比由 37.06% 增加至 52.0%，年均增长率达到 3.45%。然而，代表数字经济制造能力的数字产品制造业（如计算机制造、智能设备制造和电子元器件及设备制造）发展则明显滞后。2014—2023 年，该产业的在营企业累计注册资本占比由 9.83% 下降至 7.21%，不仅比重持续下滑，且整体增长乏力，说明京津冀地区在数字经济高端制造领域仍存在诸多短板与瓶颈。同时，面向终端用户的数字产品服务业（如软件开发、互联网相关服务和信息技术服务等）规模偏小，未能有效形成产业集聚优势。这一结构性失衡表明，京津冀地区数字经济在中上游环节布局相对集中，而在高端制造和终端服务环节支撑不足，影响了整体产业链的协同与升级。

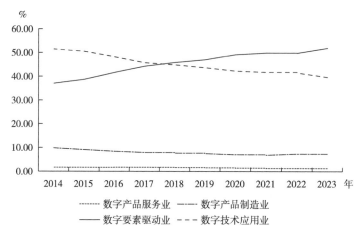

图2.5　2014—2023年京津冀数字经济核心产业分布

资料来源：龙信企业大数据平台。

2.3.2.3　区域数字产业结构趋同

京津冀数字经济产业结构同质化程度较高，制约了区域协同发展。尽管北京、天津、河北在资源禀赋、产业基础和发展定位方面存在差异，但三地数字经济的产业布局趋同、差异化分工不足，导致区域内资源错配和重复投资。从2023年三地数字经济在营企业累计注册资本排名前五的产业看，北京市主要集中在信息基础设施建设，电信、广播卫视和卫星传输服务，信息技术服务，其他数字要素驱动业和软件开发（见图2.6）；天津以信息基础设施建设、软件开发、信息技术服务、电子元器件及设备制造和其他数字要素驱动业为主（见图2.7）；河北则聚焦于信息基础设施建设、其他数字要素驱动业、信息技术服务、其他数字产品制造业和软件开发（见图2.8）。从中可以看出，信息基础设施建设、信息技术服务和软件开发在三地均处于主导地位，产业高度重叠。产业结构趋同不仅削弱了三地在数字经济领域的比较优势，也抑制了区域内协同创新和价值链协作的空间，从而进一步加剧了区域同质化竞争，不利于形成协同发展的产业分工体系。

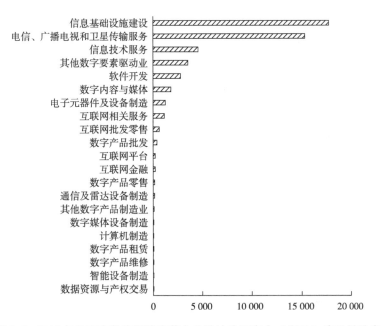

图 2.6 2023 年北京市数字经济在营企业累计注册资本（亿元）产业链分布

资料来源：龙信企业大数据平台。

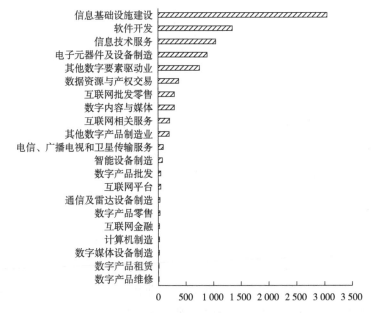

图 2.7 2023 年天津市数字经济在营企业累计注册资本（亿元）产业链分布

资料来源：龙信企业大数据平台。

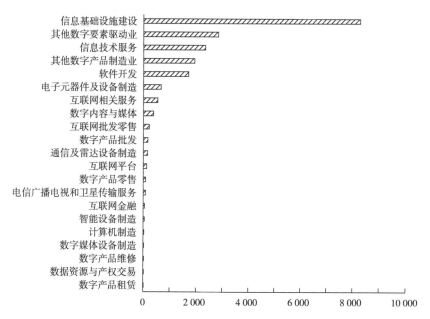

图 2.8　2023 年河北省数字经济在营企业累计注册资本（亿元）产业链分布

资料来源：龙信企业大数据平台。

2.3.2.4　区域发展环境制约突出

京津冀数字经济协同发展仍存在多重环境制约，亟待系统性破解。首先，在制度环境方面，三地政策协同度的问题尤为突出：一是数字经济相关法规标准存在区域性差异，在数据安全、跨境流动、平台监管等关键领域尚未形成统一规范；二是政务数字化进程不同步，跨区域业务办理存在系统不贯通、流程繁杂等问题，行政壁垒尚未得到有效破除。其次，要素配置不均显著制约数字经济协同发展。人才资源呈现单中心集聚，北京市吸引了大量数字经济领域高端人才，津冀两地则面临人才外流压力。数据要素市场化配置机制尚不健全，跨区域数据协同利用效率偏低，影响了数字产业融合发展。再次，数字基础设施发展不平衡，河北在 5G 网络覆盖、数据中心布局、工业互联网平台建设等方面明显滞后于京津，难以支撑区域协同发展需求。最后，数字经济生态体系存在短板，一是缺乏跨区域产业协同平台，产业链上下游衔接不足；二是科技金融服务体系不协同，创新资本跨区域流动受阻。

2.4 京津冀数字技术创新协同发展的成效与问题分析

2.4.1 京津冀数字技术创新协同发展的成效

2.4.1.1 数字技术创新实力持续提升

京津冀数字技术创新呈现规模持续扩张与创新活力提升的良好态势，创新产出水平和创新动能显著提高。2014—2023年，京津冀地区在数字技术领域的累计授权发明专利与年度新增授权发明专利数量均实现大幅增长，呈现出强劲的增长动能与跨越式发展趋势（见图2.9）。从累计授权量看，京津冀地区数字技术授权发明专利总量由2014年的17 782件跃升至2023年的177 427件，增长近10倍，年均增长率达到25.9%，显著高于全国同期数字技术专利的平均增速。从年度新增量看，京津冀地区数字技术授权发明专利从4 026件增长至35 232件，增长8.75倍，年均增长率为24.2%。其中，2021—2023年新增授权发明专利数量占10年专利累计总量的50.3%，表明区域创新动能呈现加速释放态势。数字技术创新在产出规模和发展速度显著提升，已经成为推动京津冀协同发展的重要驱动力。

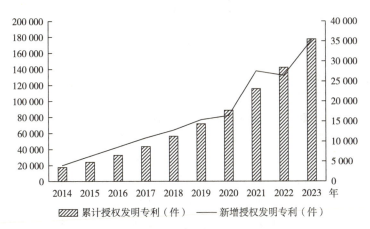

图2.9 2014—2023年京津冀数字技术创新产出

资料来源：龙信企业大数据平台。

京津冀地区数字技术创新在实现规模快速扩张的基础上，创新质量与价值创造能力同步提升，呈现出"量质并进、协同提升"的良好发展态势。随着区域数字经济的持续发展，数字技术创新逐渐由数量驱动型向质量导向型转变，区域创新体系逐渐完善，创新结构不断优化。从专利数据看，2014—2023 年，京津冀地区数字技术授权发明专利占全部授权发明专利的比重，由 2014 年的 14.0% 上升至 2023 年的 25.8%，年均增长率达到 6.3%，表明高技术专利产出和区域核心创新能力的稳步提升（见图 2.10）。同时，数字技术创新逐渐成为区域数字经济发展的核心驱动力。从产业发展层面看，2023 年，北京市数字经济增加值为 18 766.7 亿元，占全市 GDP 比重的 42.9%。天津和河北的数字经济规模也保持稳步增长：2022 年，两地数字经济规模分别达到 8 700 亿元和 1.5 万亿元，在 GDP 中的比重分别达到 53.3% 和 35.6%。这表明数字技术创新不仅显著提升了区域创新的高质量发展，也成为拉动区域经济增长的重要引擎。

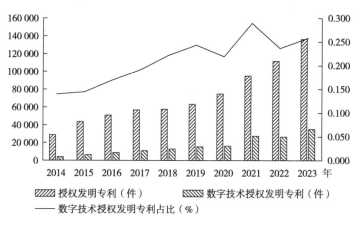

图 2.10　2014—2023 年京津冀数字技术创新占比

资料来源：龙信企业大数据平台。

京津冀地区在人工智能、高端芯片、量子信息等关键数字技术领域取得重大突破，构建了"基础研究—技术攻关—产业应用"的全链条创新体系。在人工智能领域，北京寒武纪、摩尔线程、昆仑芯位居国内人工智能芯片第一梯队，"悟道 3.0"、文心一言、Kimi、智谱清言等超大规模智能模型均已达到国际先进水平。在高端芯片领域，涌现出新一代 256 核区块链加速芯片、国际首个全模拟光电智能计算芯片 ACCEL。在量子信息领域，北京量子信息科学研究院发布新一代量子云计算平台，在平台规模、单量子比特数量等核心指标上位居世界前列。在物联网领域，北京中关村及天津滨海新区率先试点 5G+边缘计算平台，河北雄安新区构建"物联网感知体系"，采用统一架构、统一协议的数据采集与管理平台。在区块链领域，北京市拥有长安链、百度超级链等区块链底层平台，天津自贸区则已在试点跨境融资与贸易结算区块链平台。

2.4.1.2　数字技术创新体系优化升级

京津冀数字技术创新专利可划分为"基础层（制造）—支撑层（要素）—服务层（服务）—应用层（应用）"四个层面，形成了多层次的技术产业链条。基础层聚焦数字装备、感知器件等智能制造环节。2014—2023 年，数字产品制造业的授权发明专利数量从 2014 年的 5 127 件增加至 41 644 件，增长 8.12 倍，年均增长率为 23.3%。支撑层强调算力基础设施、5G 通信、大数据平台等技术要素支撑。2014—2023 年，数字要素驱动业的授权发明专利数量从 2014 年的 4 823 件增加至 2023 年的 42 280 件，增长 8.87 倍，年均增长率为 24.2%。服务层主要指数字技术在政务、金融、教育、医疗等服务行业的创新应用。2014—2023 年，数字产品服务业的授权发明专利数量从 2014 年的 93 件增加至 2023 年的 3 193 件，增长近 34 倍，年均增长率为 42.4%。应用层则表现为数字技术在各行各业的具体应用，推动区域内数字技术创新的广泛渗透与多元应用。2014—2023 年，数字技术应用业的授权发明专利数量从 2014 年的 7 739 件增加至 2023 年的 90 310 件，增长近 11.67 倍，年均增长率为 27.9%。区域内产业链、创新链与价值链协同融合，推动形成覆盖研发—转化—应用的全周期、全链条数字技术创新体系（见图 2.11）。

京津冀数字技术创新已形成覆盖硬件制造、软件服务及新兴数字业态的全产业链协同发展的格局，多元创新产业链融合发展（见图 2.12）。核心产业包括电子元器件及设备制造业、其他数字要素驱动业、软件开发、信息技术服务、电信广播电视和卫星传输服务业，授权发明专利数量合计占比超过80%。其中，电子元器件及设备制造业占比 19.1%，凸显区域在数字技术制造领域的领先优势；其他数字要素驱动业占比 18.9%，反映出数字要素的创新活力；软件开发与信息技术服务业合计占比为 32.6%，体现出高端服务业在数字技术创新中的核心驱动作用。这一结构表明，京津冀已构建起"制造+

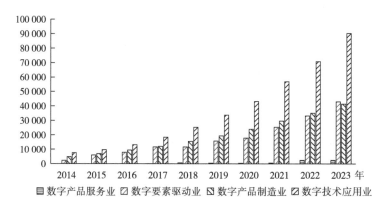

图 2.11　2014—2023 年京津冀数字技术创新产业分布（件）

资料来源：龙信企业大数据平台。

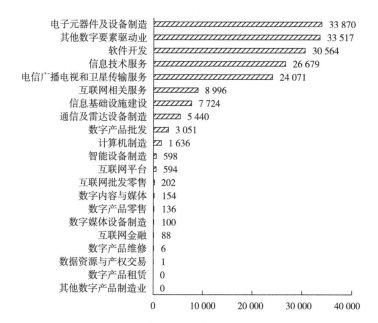

图 2.12　2023 年京津冀数字技术创新产业链分布（件）

资料来源：龙信企业大数据平台。

数据+服务"深度融合的创新生态体系，从而为区域数字技术发展提供了坚实支撑。

　　京津冀数字技术产业呈现出以"北京为创新引擎、天津为应用转化枢纽、河北为承接与拓展腹地"的空间分工格局，空间布局结构持续完善。北京市依托中关村、经济技术开发区等高能级创新平台，聚焦人工智能、云计算、区块链等前沿领域的研发创新，发挥全国数字技术策源地作用；天津则强化智能制造、工业互联网等技术与传统产业的深度融合，推进创新成果的集成应用；河北重点承接技术成果转化与应用场景落地，聚焦算力基础设施建设和智慧城市示范推广，成为"数字技术外溢效应"的重要承载区。三地以"中心—支点—腹地"式的梯度协同布局，推动数字产业链、创新链、应用链在空间尺度上的协调，有效缓解了数字技术区域发展不平衡问题，提升了整体协同创新能力与产业集聚水平。

2.4.1.3 数字技术创新环境不断完善

京津冀地区持续完善数字基础设施体系，加快构建支撑区域数字技术高质量发展的坚实基础。一是在网络基础设施方面，加快部署 5G 通信网络、光纤宽带等。二是在算力基础设施建设方面，依托北京国家超级计算中心、张北绿色数据中心集群等节点，推动区域算力资源互联互通，实现"东数西算"在区域层面的有效落地；三是在数据基础设施方面，三地签订《京津冀数据协同发展战略合作协议》，推动区域数据要素互联互通、大数据平台协同联动以及数据基地建设。四是在平台基础设施建设方面，建成集成云计算、区块链、人工智能等关键技术的综合服务平台，为科技企业和产业园区的技术创新与数字转型提供有效支撑；五是在制度与标准支撑体系方面，以数字身份认证、数据安全保障、标准规范制定等为核心，推动三地在数据跨境流通、平台对接、技术协同等方面实现制度联通。

京津冀地区形成"政策引导+资金驱动"的支持体系。在政策层面，三地依托《京津冀协同发展规划纲要》和"东数西算"等国家战略，陆续出台数字技术发展规划，完善区域协同机制，为数字技术创新提供制度供给与政策支持。例如，2023 年，《北京市数字经济促进条例》提出，推进京津冀区域在技术创新、基础设施建设、数据流动、推广应用和产业发展等方面深化合作。天津和河北也相继出台专项规划，全面深化三地在数字技术创新领域的交流合作。在资金层面，三地通过财政专项资金、区域性产业基金、金融工具创新以及重大项目投资等多元化渠道，为数字技术研发与应用转化提供有力的资金支持。例如，京津冀设立协同发展产业投资基金，总规模达 500 亿元，重点投向大数据、智能制造、新一代信息技术等方面，支持三地数字技术创新协同发展①。

京津冀地区在推动数字技术创新协同发展中，将人才一体化发展作为关键支撑。首先，建立制度保障体系。2016 年三地联合出台《京津冀人才一体化发展规划（2017—2030 年）》，2023 年进一步签署《京津冀人社部门人才工作协同发展合作框架协议》，形成人才政策协调、资源互通的发展机制。其次，实施重大人才工程。通过"雄安新区人才集聚"工程、沿海临港产业人才集聚工程等专项计划，打造区域人才高地。最后，搭建协同创新平台，深化与京津冀高校科研院所合作，加速创新人才集聚。这一系列举措有效促进了数字领域人才的跨区域流动与优化配置，为京津冀数字技术创新提供了持续动力，推动形成"北京研发、津冀转化"的协调创新格局，全面增强了区域数字技术创新能力。

2.4.2 京津冀数字技术创新协同发展中存在的问题

2.4.2.1 区域发展不均衡

京津冀数字创新水平存在显著的区域差距。2014—2023 年，三地数字技术创新专利数量均呈现快速增长态势，但绝对规模差距悬殊。北京市作为创新高地，授权发明专利数量从 2014 年的 16 603 件增加至 2023 年的 164 037 件，年均增长率达 25.7%；天津同期从 718 件增长至 7 524 件，年均增速 26.5%；河北同期从 461 件增长至 5 866 件，年均增速 29.0%。北京市的创新产出占区域总量的 92.5%，津冀的创新产出能力则较低，授权发明专利数量仅占区域总量的 7.5%。此外，2014—2023 年，京津冀数字技术创新授权发明专利数量的变异系数呈现先上升后下降的变化趋势，尽管 2021—2023 年变异系数有所下降，但是均大于 1，表明数字技术创新的离散程度较高（见图 2.13）。综上，京津冀数字技术创新存在明显的"马太效应"，不仅制约了区域创新互补优势的发挥，也对区域协同发展产生了严峻挑战。

京津冀地区内部数字技术创新资源布局不均衡。一是科技创新投入分布不均衡。2023 年，京津冀地区的研发（R&D）经费投入强度为 4.27%，高于全国平均水平 1.62 个百分点。其中，北京市的投入强度为 6.73%，稳居全国

---

① 资料来源：天津市人力资源和社会保障局，https：//hrss.tj.gov.cn/xinwenzixun/meitijujiao/202102/t20210226_5368326.html。

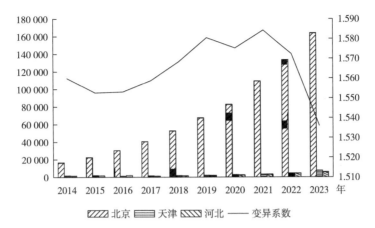

图 2.13 2014—2023 年京津冀数字技术产业累计授权发明专利数（件）

资料来源：龙信企业大数据平台。

首位；天津和河北的投入强度分别为 3.58% 和 2.08%，与北京市存在明显差距。二是人才资源分布不均衡。第七次全国人口普查数据显示，我国每 10 万人中拥有大学以上学历的人口比重为 15.5%。北京、天津和河北的比重分别42.0%、26.9% 和 12.4%，河北的比重仅为北京的 29.6% 和天津的 46.1%。三是创新平台建设不均衡。截至 2020 年，京津冀地区共有国家重点实验室 154家、国家级技术创新中心 85 家，但其中超过 80% 的创新平台集中在北京，整体布局呈现出单核集中的特点，天津和河北的创新平台建设仍显不足。四是数据基础设施不均衡。北京市在网络基础设施、数据中心数量、智能硬件和终端设备等方面均处于全国领先水平，而天津和河北相对滞后，这种情况制约了区域数字技术创新的协同发展。

2.4.2.2 产业发展结构性矛盾突出

京津冀数字技术创新呈现明显的产业内部梯度差异。2014—2023 年，数字产品制造业的创新集聚程度最高且持续强化，其累计授权发明专利的变异系数始终保持在 1.5 以上（见图 2.14）；数字产品服务业的创新不均衡性显著提高，变异系数从 1.219 上升至 1.487，增幅为 22%；数字技术应用业虽保持较高离散度，但呈现稳中趋降的变化趋势，变异系数从 1.633 下降至 1.584，降幅为 3%；数字要素驱动业的区域差距相对稳定，变异系数从 1.469 下降至1.446，变化幅度较小。总体而言，数字制造业的技术创新持续向优势区域集中，数字服务业的技术创新差距加速扩大，而数字技术应用业和数字驱动业的技术创新相对均衡。这种产业分化特征表明，京津冀数字技术创新具有"制造业集聚、服务业分化、应用领域较为均衡"的特征，反映出不同类型数字产业对创新要素的集聚能力存在显著差异。

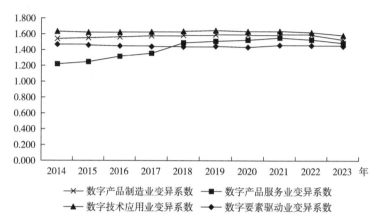

图 2.14　2014—2023 年京津冀不同数字产业累计授权发明专利变异系数

资料来源：龙信企业大数据平台。

京津冀地区数字技术创新存在产业分布不均的特征。从累计授权发明专利数看（见图 2.15），区域数字技术创新的能级梯度差异显著，北京和天津主要集中在数字技术应用领域，其中，北京市在数字技术应用领域的专利占比为 51.9%，天津为 45.7%，表现出较高的技术应用能力。河北在数字技术应用领域的专利占比则仅为 29.2%，表明其与京津两地在数字技术应用领域还存在较大的差距。河北的数字技术创新产出主要集中在数字要素驱动领域，占比为 42.8%，表明其仍处于数字化转型的基础设施建设阶段。总体而言，京津冀三地的数字技术创新存在显著的产业梯度差异，京津两地集中在数字技术应用创新，河北侧重于数字要素驱动创新，区域协同发展潜力有待释放。

京津冀地区在数字技术创新方面存在明显的产业结构趋同问题。2014—2023 年的数字技术创新授权发明专利数据显示，京津两地数字技术结构相似度显著提升，相似性系数从 0.529 增至 0.711；京冀相似度也呈现上升趋势，相似系数从 0.448 增至 0.523；津冀相似度有所下降，相似系数从 0.650 下降至 0.592。2023 年，北京市的数字技术创新集中分布在电子元器件及设备制

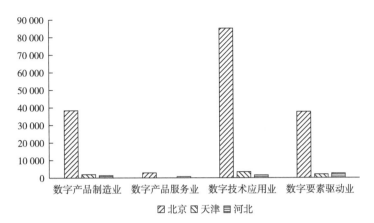

图 2.15 2023 年京津冀不同数字产业累计授权发明专利数（件）

资料来源：龙信企业大数据平台。

造、其他数字要素驱动业、软件开发、信息技术服务以及电信广播电视和卫星传输服务（见图 2.16）；天津集中在信息技术服务、信息基础设施建设、软件开发、电子元器件及设备制造以及其他数字要素驱动业等领域（见图 2.17）；河北则集中在其他数字要素驱动、电子元器件及设备制造等领域（见图 2.18）。三地在多个重点领域存在重叠，软件开发、信息基础设施建设等领域的同质化尤为明显。这种高度同质化的发展模式有可能导致创新资源的分散配置，使得三地难以形成优势互补、错位发展的良性互动格局。

京津冀数字技术创新产业链衔接存在明显的衔接不足问题。从产业链布局看，北京市的数字技术专利数量在全国占据领先地位，技术本地转化率较高，向津冀两地的技术溢出率较低；天津在信息技术服务领域的技术创新形成一定规模，授权发明专利数量占总量的 22.3%，但其在智能设备制造环节显得较为薄弱；河北在电子元器件及设备制造有所布局，但其创新规模和创新价值与北京市具有显著的差距。产业链存在断层，导致三地难以形成"研发—转化—制造"的梯度转移产业生态，阻碍了区域数字产业协同发展。此外，在人工智能、工业互联网等新兴领域，三地间的配套协作水平较低，从而进一步制约了数字技术创新能力的提高。

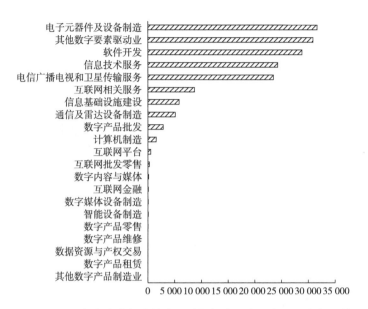

图2.16 2023年北京市数字技术累计授权发明专利产业链分布（件）

资料来源：龙信企业大数据平台。

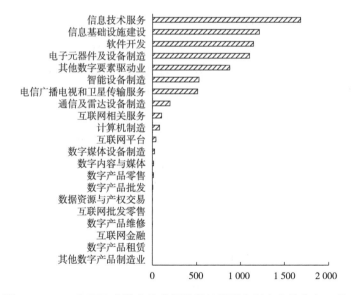

图2.17 2023年天津市数字技术累计授权发明专利产业链分布（件）

资料来源：龙信企业大数据平台。

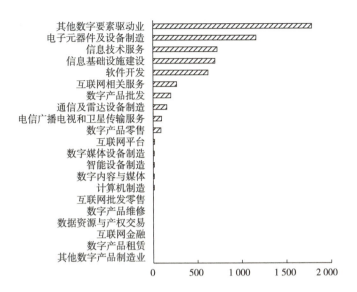

图 2.18　2023 年河北省数字技术累计授权发明专利产业链分布（件）

资料来源：龙信企业大数据平台。

2.4.2.3　空间集聚效应不足

本报告基于空间邻接矩计算京津冀地区的全局莫兰指数，结果如表 2.3 所示。可以看出，2014—2023 年，京津冀数字技术创新的全局莫兰指数均为负且不显著，表明京津冀地区数字技术创新在空间上不存在显著的相关性。这可能是因为，首先，京津冀地区各省市的数字技术创新水平差异较大，导致创新资源在区域间分布不均，从而缺乏空间集聚效应；其次，数字技术创新的关键资源和要素主要集中在北京，天津和河北的创新资源相对匮乏，导致这些地区的创新活动未能形成显著的集聚效应；最后，区域间存在要素壁垒，从而阻碍了数字技术的扩散。

表 2.3　京津冀区域全局莫兰指数

年份	Moran's I	Z 值	P 值
2014	−0.086	−0.078	0.469
2015	−0.086	−0.081	0.468
2016	−0.087	−0.100	0.460

年份	Moran's I	Z 值	P 值
2017	−0.088	−0.125	0.450
2018	−0.089	−0.153	0.439
2019	−0.090	−0.180	0.428
2020	−0.089	−0.164	0.435
2021	−0.090	−0.196	0.422
2022	−0.090	−0.185	0.427
2023	−0.087	−0.112	0.455

资料来源：由笔者计算而得。

2.5 推动京津冀数字经济与数字技术创新协同发展的政策建议

2.5.1 完善顶层设计，构建多层次政策协同体系

一是制定区域数字经济发展与数字技术创新协同发展规划，统筹推进技术攻关、产业培育和生态构建发展路径，重点布局人工智能、工业互联网、区块链等前沿技术领域。二是强化政策协同联动。通过创新政策协同机制，将税收优惠、财政补贴、金融支持、人才激励等政策工具的有机整合，形成全方位、多层次的协同创新生态。三是强化资金保障，建立数字技术创新专项基金，根据项目技术前瞻性、产业辐射力和市场渗透度等指标优化资金配置，并统筹用好智能制造专项资金，全面落实软件和集成电路等领域税收优惠政策，重点支持关键技术研发、新型基础设施建设、核心专利布局和重大创新工程实施，为京津冀数字技术创新提供强有力的政策支撑和资金保障。

2.5.2 健全区域协同创新体制机制

一是精准定位三地的创新角色。根据京津冀三地的资源禀赋、产业基础和发展要求，进一步明确各地在数字经济发展和数字技术创新链中的具体定

位。北京市作为全国的科技创新中心，应继续发挥其在高端技术研发、基础理论研究与创新人才培养方面的优势，推动人工智能、量子计算等前沿技术的发展。天津应充分发挥其制造业优势，重点发展工业互联网、智能制造等领域的技术创新与应用推广。河北则应发挥大数据服务基地和区域产业优势，重点发展大数据、云计算、智慧城市等领域，加强数据资源的整合与应用推广。三地通过分工协作、优势互补，共同推动数字技术创新的应用与落地，加快技术成果的转化与产业化进程，形成协同创新发展的良性循环。二是完善区域产业协作机制。加强京津冀三地在高端制造业领域的合作，尤其是在计算机、通信及电子设备制造等领域的合作。通过联合科研项目、技术转移与转化、人才交流等多种方式，实现资源共享与优势互补。重点聚焦京津冀电子信息与装备制造领域，促进科研成果的转化与落地，推动产业链与创新链深度融合。三是构建创新合作共享机制。建立区域内创新合作共赢和利益共享的分配机制，共同制定数字技术创新发展规划，统筹推进重大科技项目与高端创新平台建设。加强三地在人才、技术、资金等要素流动上的协同，优化区域创新资源配置效率，为京津冀协同创新提供更为坚实的支撑。

2.5.3 加快数字基础设施共建共享

为推动京津冀数字技术创新协同发展，须强化数字基础设施的均衡布局，解决当前网络覆盖和算力资源配置的不平衡问题。一是优化网络实施空间布局，通过实施网络设施补强工程，重点解决河北农村、北京郊区和天津工业园区的网络问题，并加快5G和千兆光网建设；二是推动三地算力资源共享网络建设，优化区域算力布局，依托"东数西算"工程，建立京津冀算力枢纽体系，实现北京数据中心向天津、河北疏解，形成算力协同模式；三是推动三地云平台、数据中心、边缘节点等资源整合和互联互通，提高数字经济的竞争力。

2.5.4 推进关键核心技术协同攻关

设立数字技术创新专项项目，实施"揭榜挂帅"机制，重点支持人工智能、量子信息等前沿领域的研究。鼓励龙头企业牵头，联合各类创新主体共建平台，推动人工智能研究院等重点平台建设。设立重大基础理论攻关项目，支持京津冀地区科研院所、国家重点实验室等协同开展数字技术前沿基础理论研究，围绕国际前沿方向，逐步形成具有全球影响力的数字技术创新原创理论体系。鼓励京津冀地区的头部企业、高校及科研院所组建创新联合体，推进技术攻关与产业化应用的深度融合。

2.5.5　优化区域数字产业生态环境

一是构建区域产业梯度发展体系。建立"北京创新—天津转化—河北应用"的梯度发展体系，避免同质化竞争。北京市设立协同创新中心负责数字技术攻关，天津建设成果转化中心推动数字技术产业化，河北打造应用示范基地促进场景落地。在雄安、滨海新区等地开展特色试点，重点打造智能网联汽车和工业互联网两大示范产业。通过建立标准体系、共享测试环境、培育产业联盟等保障措施，形成创新要素有序流动、区域优势互补的发展格局。二是优化区域产业生态环境。组建一批由政府投资基金、产业基金、社会资本等多元资本构成的数字技术领域科技投资基金，面向京津冀关键核心技术研发与创新场景应用，开展长周期、多层次、多阶段的持续投资，培育良好的 AI 产业发展投资环境。

2.5.6　完善创新型企业梯度培育体系

一是全方位织密企业创新合作网络。搭建产学研深度融合创新桥梁，打造线上线下相结合的产学研信息交流平台，鼓励企业与高校、科研机构共建实验室、前沿技术研发中心。联合上下游企业组建产业技术创新联盟，推动数字经济行业头部企业打造一批中试基地项目，推进中试熟化工作，并支持企业拓展海外研发分支机构或与国际企业开展技术合作项目。二是完善创新型企业梯度培育体系。明确创新企业梯度划分标准，提供差异化培育服务，完善初创型数字技术企业创业孵化服务，建设具有专业化及特色化的众创空间，提供低成本、全要素、开放式创业服务平台，为高潜力科技中小企业提供一站式孵化成长服务。同时，推动骨干企业创新引领，通过政策、资源的倾斜整合等助力其做强做优，发挥示范带动作用，鼓励其开展跨行业创新合作，拓展新兴业务领域，培育新的经济增长点。鼓励大中企业依托"互联网+"、"智能+"创新模式，挖掘创新资源、构建开放式创新平台、迭代创新服务模式，积极开展跨行业创新合作，拓展数字技术创新业务领域。通过构筑层次分明、协同高效的创新型企业集群，激发企业创新内生动力，提升产业创新体系整体韧性与活力。

2.5.7 加快区域人才协同发展

一是构建一体化人才培养与流动机制。京津冀三地高校科研院所之间应加强学科布局统筹，共享师资力量、实验室设施等资源，联合培养更多具备创新能力、创新意识的高端科研人才。跨城市共建实验室，整合实验室资源，推动科研和教学的深度融合；设立跨城市学生交流计划，鼓励学生在不同城市的高校进行短期交流。二是完善一体化人才引进与支持政策，形成整体招才引智的合力。在京津冀三地建立人才引进政策协同联动机制，建设人才流动一体化平台，整合三地的招聘信息、生活配套、社会服务等信息，为引进人才提供全方位支持；提供税收优惠、住房保障、子女教育等方面的个性化支持，设立快捷审批通道，简化人才引进手续，缩短审批周期。三是建立完善区域人才评价与奖励机制，强化支撑保障。建立科学合理的人才评价标准，制定多维度的能力评估体系，引入贡献度评价，考虑个体在科研、产业发展、社会服务等方面的贡献，确保评价的公正性和客观性。制定灵活多样的人才奖励机制，设立绩效奖金，对于在科研领域和产业发展方面取得重要成果的人才给予额外的奖励，鼓励创业创新。

3 北京市数字经济发展监测与评价

任　韬*

数字经济是继农业经济、工业经济之后的主要经济形态，是依托数据资源、现代信息网络、信息通信技术和全要素数字化转型，促进公平和效率更加统一的新经济形态。自 2018 年"数字经济"首次出现在北京市政府文件之中以来，北京市的数字经济规模迅速扩大。2020 年 11 月，中共北京市委在关于制定"十四五"规划和 2035 年远景目标的建议中，提出建设全球数字经济标杆城市；2021 年 7 月，北京市政府发布的《北京市关于加快建设全球数字经济标杆城市的实施方案》提出，到 2030 年建成全球数字经济标杆城市。从新一轮工业革命大趋势看，数字经济无疑是北京市经济新的增长点，2023 年数字经济增加值占全市生产总值比重约 42.9%，2024 年在此基础上突破 52%，呈现加速增长态势。数字经济为经济发展提供了强大动力。作为中国科技创新中心，北京市拥有全国规模最大的人工智能、区块链、信创、工业互联网等核心产业，着眼于传统产业转型升级培育创新企业，数字基础不断完善，数字经济政策支持力度日益增强，数字创新技术频发，数字经济体量高速增长，建设全球数字经济标杆城市核心竞争力优势明显，在推动全国数字经济发展方面发挥着先导作用。

本报告将建立指标体系对北京市及主要城市的数字经济发展水平进行监测与评价。评价从三个维度展开。

第一个维度是数字经济的基础环境，围绕"设施底座、产业基础、创新

---

* 首都经济贸易大学统计与数据科学学院院长，教授，博导。

能力、制度环境"四部分构建指标体系，以全面展示数字经济发展的硬件、软件基础条件，反映各主要城市发展数字经济基本投入的水平和趋势。

第二个维度是数字产业化，围绕"数字产品制造、数字产品服务、数字技术应用、数字要素驱动"四大核心领域进行评价，以全面反映各主要城市数字经济相关产业的发展趋势。

第三个维度是产业数字化，融合结构化数据和非结构化数据，创新性地提出基于大语言模型的数字资产、数字化相关业务智能识别框架和企业数字化应用程度评价模型，以构建一系列企业数字化评价指标，建立企业层面的数字化评价体系，对主要城市企业的数字化赋能水平进行全面评价，并以城市包含企业的加权数字化水平表征其产业数字化水平。

本报告重点围绕北京市以上三个维度的评价结果进行优势和短板分析，并提出提升数字经济发展水平的相关建议。

3.1 数字经济基础环境分析

3.1.1 评价框架与研究方法

3.1.1.1 指标体系构建

本指标体系以《数字中国建设整体布局规划》《"十四五"数字经济发展规划》等国家战略为核心依据，围绕"设施底座、产业基础、创新能力、制度环境"四大维度构建，旨在系统评估数字经济基础环境建设水平，服务区域数字化发展对标与优化需求。具体设计逻辑见表 3.1。

表 3.1 数字经济基础环境建设指标体系

一级指标	二级指标	测算方法	单位
信息网络基础设施	5G 基站覆盖率	每平方千米 5G 基站数量	个/平方千米
	互联网普及率	互联网用户占常住人口的比例	%
	移动电话普及率	移动电话年末用户数占常住人口的比例	%
	光缆密度	光缆线路长度/区域面积	千米/平方千米
支撑性基础设施	软件业务收入	软件业务收入	亿元

续表

一级指标	二级指标	测算方法	单位
数字 创新能力	数字经济人才密度	信息传输、计算机服务和软件业从业人员数占常住人口数比重	%
	数字技术研发投入占 GDP 比重	规模以上工业企业 R&D 经费内部支出占 GDP 比重	%
	每万人数字经济专利授权数	专利申请数/常住人口	件/万人
数字 发展环境	数字经济政策支持力度	政府工作报告中数字经济相关词汇数量	个
	政府信息公开数量	本年新收政府信息公开申请数量	条
	是否有数据交易所	若有取值为 1，否则取值为 0	—

（1）信息网络基础设施评价

依据《数字中国建设整体布局规划》中"加快 5G 网络与千兆光网协同建设"要求，选取 5G 基站覆盖率、互联网普及率、移动电话普及率、光缆密度四项指标，全面衡量通信网络覆盖广度与承载能力。

（2）支撑性基础设施评价

根据工信部《"十四五"软件和信息技术服务业发展规划》"加快实施国家软件发展战略"发展形势，设置软件业务收入作为核心指标，反映数字经济核心产业的经济贡献。该指标契合《"十四五"数字经济发展规划》提出的"数字经济核心产业增加值占 GDP 比重达 10%"的目标。

（3）数字创新能力评价

对标《国家创新驱动发展战略纲要》"适应创新驱动的体制机制亟待建立健全"的要求，选取数字经济人才密度、数字技术研发投入占 GDP 比重、每万人数字经济专利授权数三项指标，分别从人才储备、研发投入、成果转化三方面衡量数字创新能力。

（4）数字发展环境评价

依据《"十四五"数字经济发展规划》"加快构建数据要素市场规则"的要求，设置数字经济政策支持力度、政府信息公开数量、是否有数据交易所三项指标。其中，数据交易所指标直接响应《关于构建数据基础制度更好发挥数据要素作用的意见》，凸显数据要素市场化配置能力，政策支持力度指标则量化地方政府对数字经济的重视程度，形成"政策—制度—市场"之联动评价。

3.1.1.2 数据来源

本报告的数据来源以各地区统计年鉴、中国工业统计年鉴、EPS 数据库、中经网统计数据库为主，数字经济政策支持力度以及政府信息公开数量来源于各地区人民政府官方网站，此外还有部分数据来源于公开发布的相关报告。

本报告采用线性插值法补充数据中的缺失值。由于无法获取市级层面光缆线路长度，因此，本报告参考王琴等（2023）的做法，根据各城市电信业务总收入占所属省份的比例，将省级层面的光缆线路长度换算到城市层面，即某城市光缆线路长度占所属省份光缆线路长度的比例，等于某城市电信业务收入占所属省份电信业务收入的比例。

本报告中涉及价格相关的指标如软件业务收入等，使用以 2011 年为基期的价格指数进行平减。

3.1.1.3 指数计算方法

本报告采用时空极差熵权法对数字经济基础环境建设、数字产业化两部分进行计算。传统的熵权法只能确定某一时间点的指标权重，而时空极差熵权方法克服了这一缺陷，能够从时间和空间维度上确定指标权重，随着时空的演变也能够动态地更新指标权重，故本报告使用该方法计算指标权重。具体计算方法如下。

假设指数计算所依据的多层次评价体系由 n 个评价指标、m 个评价对象（地区）和 k 个时期所构成，则某指标 $X_j(j=1, 2, \cdots, n)$ 在 t 时期对第 i 个对象的评价值可以表示为 $x_{ijt}(i=1, 2, \cdots, m; t=1, 2, \cdots, k)$。

首先，为避免量纲差异，对数据进行标准化处理，令 x_{ijt} 标准化取值为 y_{ijt}，得到无量纲化决策矩阵。如果 X_j 为正向指标，则：

$$y_{ijt} = 100 \times \frac{x_{ijt} - \min(x_{ijt})}{\max(x_{ijt}) - \min(x_{ijt})} \tag{3-1}$$

如果 X_j 为负向指标，则：

$$y_{ijt} = 100 \times \frac{\max(x_{ijt}) - x_{ijt}}{\max(x_{ijt}) - \min(x_{ijt})} \tag{3-2}$$

其次，运用信息熵计算权重，计算公式为：

$$e_j = -\frac{1}{\ln(km)} \sum_i \sum_t p_{ijt} \ln(p_{ijt}) \tag{3-3}$$

其中，$p_{ijt} = y_{ijt} / \sum_i \sum_t p_{ijt}$；如果 $p_{ijt} = 0$，则定义 $p_{ijt}\ln(p_{ijt}) = 0$。

再次，指标 X_j 的权重为：

$$W_j = (1 - e_j) / \sum_j (1 - e_j) \tag{3-4}$$

最后，对各个指标进行加权求和，得到 i 地区 t 时期的指数为：

$$Z_{it} = \sum_j W_j y_{ijt} \tag{3-5}$$

所得数字经济指数取值范围在 0~100，越接近 100 说明数字经济发展水平越高，反之则越低。

3.1.1.4　研究对象

本报告的研究对象选取了包括北京市在内的中国城市社会发展指数综合排名前十的城市，分别为北京市、上海市、深圳市、广州市、杭州市、重庆市、南京市、武汉市、成都市、天津市。研究时间范围为 2011—2023 年。

近年来，以上城市在数字经济发展方面取得了令人瞩目的成就，其积极推进数字基础设施建设，如 5G 网络和数据中心。在数字产业化方面，培育了大量从数字媒体到人工智能等与数字相关的企业。在产业数字化方面，这些城市的制造业、金融、物流等传统产业已被数字技术深度改造。通过对这十个城市的研究，能够全面了解中国数字经济的现状、挑战和发展趋势，为推动其他城市的数字经济发展提供有价值的参考。

3.1.2　北京市数字经济基础环境建设趋势分析

北京市数字经济基础环境建设呈现显著提升趋势，综合指数从 2011 年的 14.58 增长至 2023 年的 51.99，12 年间综合指数增长超 2.5 倍，年均增速达 11.18%。这一变化源于四大维度的协同推进（见图 3.1）。

3.1.2.1　信息网络基础设施加速升级

5G 基站覆盖率从无到有：2018 年首次实现 5G 基站覆盖（0.53 个/平方千米），至 2023 年跃升至 6.52 个/平方千米，年均增速达 65.27%。这与《数字中国建设整体布局规划》中"加快 5G 网络与千兆光网协同建设"的政策导向直接相关。北京市作为首批试点城市，率先完成核心区域 5G 覆盖，支撑工业互联网和智慧城市应用。

光缆密度持续扩容：光缆密度从 2011 年的 8.98 千米/平方千米增至

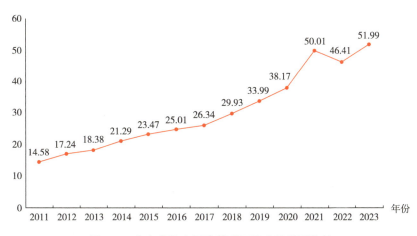

图 3.1 北京市数字经济基础环境建设发展趋势

2023 年的 32.20 千米/平方千米，年均增长 11.23%，为数据中心和云计算产业提供了物理保障，符合工信部《工业互联网创新发展行动计划（2021—2023）》对基础设施的强化要求。

3.1.2.2 支撑性基础设施经济贡献突出

软件业务收入爆发式增长：从 2011 年的 3 009 亿元增至 2023 年的 26 693 亿元，年均增速达 19.95%，远超全国平均水平。北京市凭借中关村科技园和头部互联网企业的集聚效应，持续引领数字产业化进程，契合《"十四五"软件和信息技术服务业发展规划》中"到 2025 年，规模以上企业软件业务收入突破 14 万亿元，年均增长 12% 以上"的目标。

3.1.2.3 数字发展环境优化成效显著

研发投入与专利产出双增长：数字技术研发投入占 GDP 比重长期稳定在 0.7%~1.0% 的，2023 年升至 1.01%，表明北京市在人工智能、区块链等前沿领域持续加码。每万人数字经济专利授权数从 2011 年的 16.9 件增至 2023 年的 130.7 件，技术商业化能力显著增强，响应《知识产权强国建设纲要（2021—2035 年）》中"全面提升知识产权创造、运用、保护、管理和服务水平"的要求。

数字经济人才密度稳步提升：从 2011 年的 2.43% 增至 2023 年的 4.28%，反映出北京市通过高校资源整合和人才引进政策，构建了全国领先的数字技术人才储备库。北京市政府高度重视数字技术人才的培养与引进，出台了一系列政策措施，如北京市发布的《北京市加快数字人才培育支撑数字经济发展实施方案（2024—2026 年）》，旨在加快数字人才的汇聚与培养，为人才集聚提供了政策支持。

3.1.2.4 数字发展环境优化成效显著

政策支持力度在波动中强化。数字经济政策关键词在政府工作报告中的提及次数从 2011 年的 40 次增至 2020 年的 120 次，2023 年回落至 96 次，但仍保持高位。阶段性调整反映了政策从"数量扩张"转向"精准施策"，例如，2021 年设立数据交易所（指标由 0 变 1），推动数据要素市场化配置，落实《关于构建数据基础制度更好发挥数据要素作用的意见》。

政府信息公开透明化。信息公开数量从 2011 年的 8 485 条增至 2023 年的 43 938 条，年均增长 14.69%，为市场主体参与数字经济提供了制度保障。

3.1.3 主要城市数字经济基础环境建设趋势分析

北京、上海、深圳等一线城市的数字经济基础环境建设呈现稳步上升态势，其中，深圳增速最为显著，2023 年综合指数达到 72.31，较 2011 年增长近 1.98 倍；北京市以年均 11.18% 的增速，在 2023 年数字经济基础环境建设指数紧随其后，2023 年指数达 51.99。杭州、广州虽整体呈上升趋势，但增速相对平缓，2023 年指数分别为 42.26 和 43.95（见图 3.2）。

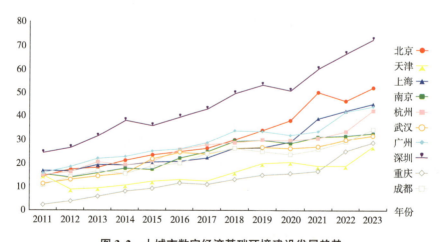

图 3.2 十城市数字经济基础环境建设发展趋势

区域发展差异与各城市数字基建布局密切相关。深圳凭借电子信息制造业集群优势，在软件业务收入（2023年达11 600亿元）、数字技术研发投入（占GDP比重达4.98%）等核心指标上表现突出，驱动综合指数快速攀升。北京市依托中关村科技园和高校资源，在数字经济人才密度（4.28%）及专利授权数（130.72件/万人）等领域形成领先优势。上海则在数据要素市场化配置方面取得突破，其于2021年设立数据交易所后，相关指标对综合指数的贡献度显著提升。杭州、广州作为数字经济新一线城市，通过加快5G基站建设和工业互联网应用，在信息网络基础设施维度实现较快追赶，但数字创新能力与头部城市仍存在差距。总体看，数字经济发展呈现东部沿海城市引领、中西部加速追赶的格局，技术创新能力和政策支持力度成为决定区域竞争力的核心要素。

3.1.4　主要城市数字经济基础环境建设现状分析

2023年各城市数字经济基础环境建设综合指数呈现显著的区域分化格局（见图3.3）。

深圳以72.31的指数值稳居榜首，其5G基站覆盖率（37.55个/平方千米）、光缆密度（437.76千米/平方千米）等基础设施指标远超全国平均水平，软件业务收入达11 600亿元，数字技术研发投入占GDP比重达4.98%，展现出雄厚的产业基础和技术创新动能。

北京市的综合指数为51.99，位列第二，依托中关村科技园的人才集聚效应，数字经济人才密度达4.28%，每万人专利授权数130.72件，科技创新能力持续领跑。

上海的数字经济基础环境建设综合指数为45.15，凭借数据交易所的设立和较高的政府信息公开透明度（34 290条），在制度环境维度形成差异化优势。

广州（43.95）和杭州（42.26）通过加快5G基站部署（分别达12.33个/平方千米、3.20个/平方千米）和工业互联网应用，在信息网络基础设施领域实现快速追赶。

重庆（28.75）和天津（27.21）综合指数相对较低，重庆主要受限于较低的5G基站覆盖率、光缆密度、数字经济人才密度以及每万人数字经济专利授权数，而天津主要受限于政府信息公开申请数量（仅512条）。

总体看，东部沿海城市凭借完善的数字基建、活跃的创新生态和成熟的制度体系，已形成数字经济高质量发展的雁阵格局。中西部城市则须在人才引进、技术研发和数据要素市场化配置方面加大投入，以缩小区域发展差距。

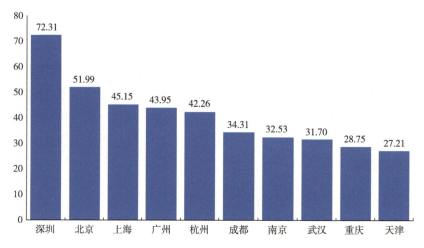

图 3.3　2023 年十城市数字经济基础环境建设

3.1.5　北京市核心优势与短板分析

3.1.5.1　北京市核心优势分析

（1）软件产业生态引领全国

2011—2023 年，北京市软件业务收入呈现出持续且快速的增长态势（见图 3.4）。2011 年，其收入为 3 009 亿元，2023 年，已大幅增长至 26 693 亿元。与上海（10 789 亿元）、深圳（11 600 亿元）等其他主要城市相比，北京市在软件业务收入方面优势明显，始终处于领先位置。

北京市软件产业能取得如此突出的成绩，主要原因有三点。

第一，中关村科技园发挥了重要的产业聚集作用。这里汇聚了百度、字节跳动、小米等众多国内外知名的科技企业，形成了一个庞大且完整的产业生态系统。企业之间可以便捷地进行技术交流与合作，共享资源，从而降低了创新成本，提高了创新效率。

第二，政府给予了大力的政策支持。北京市出台了一系列针对软件产业的扶持政策，如税收优惠、资金补贴等，为企业的发展提供了有力的保障。

第三，北京市积极推动软件产业与其他产业的融合发展，促进了软件技

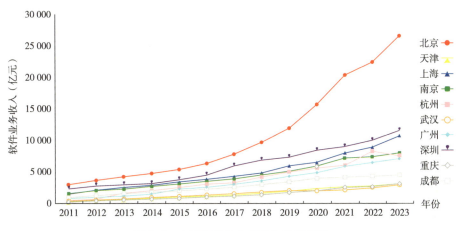

图 3.4　十城市软件业务收入发展趋势

术在各个领域的应用和推广。

（2）人才虹吸效应显著

北京市数字经济人才密度在 2011—2023 年稳步提升（见图 3.5）。2011 年，北京市的人才密度为 2.43%，到 2023 年已达到 4.28%，显著高于上海（2.67%）、深圳（2.57%）等城市。实际上，从 2011 年开始，北京市的人才密度就一直处于领先地位，且优势不断扩大。

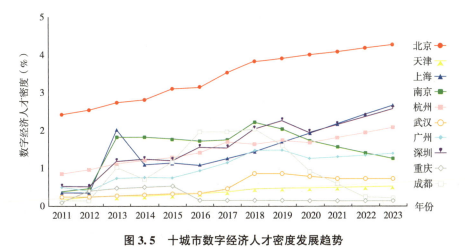

图 3.5　十城市数字经济人才密度发展趋势

北京市能吸引大量数字经济人才，主要得益于以下因素。一方面，北京市拥有丰富的高校和科研机构资源。各顶尖高校每年都为社会输送大量高素质的人才，这些高校在数字经济相关领域的教育和科研水平处于国内领先地位。同时，北京市的科研机构在数字经济领域也取得了众多重要成果，为人才提供了良好的科研环境和发展机会。另一方面，北京市作为中国的首都，具有独特的区位优势和发展机遇。这里是全国的政治、经济、文化中心，拥有众多的高科技企业和创新型企业，为人才提供了广阔的职业发展空间。此外，北京市还出台了一系列人才引进政策，如户籍优惠、住房补贴等，吸引了大量的高端人才。

（3）创新成果转化效能突出

2011—2023 年，北京市每万人数字经济专利授权数增长迅速（见图 3.6）。2011 年为 16.9 件/万人，2023 年增长至 130.7 件/万人。虽然 2023 年深圳的这一指标达到了 220.95 件/万人，但北京市在长期发展过程中，专利授权数一直保持着较高的水平，处于领先位置。

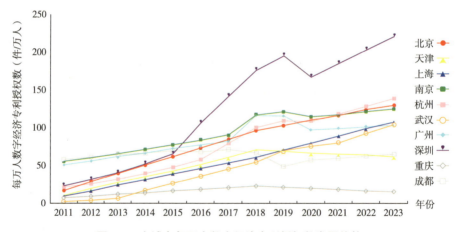

图 3.6　十城市每万人数字经济专利授权数发展趋势

北京市在创新成果转化方面表现出色，主要有以下原因。一是北京市拥有完善的创新生态系统。高校、科研机构、企业等创新主体之间紧密合作，形成了一个高效的创新网络。高校和科研机构的科研成果能够快速地转化为实际的生产力，企业也能够根据市场需求及时调整研发方向，提高创新效率。二是北京市的研发投入强度高。政府和企业都非常重视研发投入，2023 年北京市数字技术研发投入占 GDP 比重达到了 1.01%。高强度的研发投入为创新提供了坚实的物质基础，推动了数字技术的不断进步。

（4）政策协同效应凸显

2011—2023 年，北京市政府信息公开数量大幅增加（见图 3.7）。2011 年为 8 485 条，2023 年增长至 43 938 条。自 2019 年起，北京市的政府信息公开数量稳居十个城市第一，充分体现了北京市在政策透明度和协同性方面的优势。

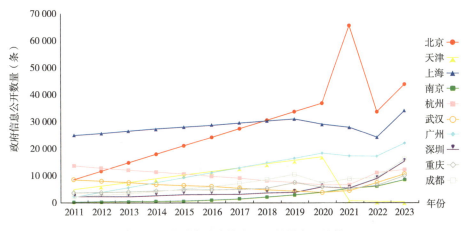

图 3.7　十城市政府信息公开数量发展趋势

北京市在政策协同方面表现突出，主要原因在于其"制度创新+精准施策"的组合优势：虽然 2023 年数字经济政策关键词提及频次为 96 次（低于上海的 114 次和深圳的 123 次），但其政府信息公开数量连续 12 年领先（43 938 条，为上海的 1.28 倍、深圳的 2.87 倍），构建了高透明政务环境，叠加 2021 年数据交易所设立带来的制度突破（政策指标从 0 到 1），从而形成了"高频政策迭代+要素市场培育"的协同效应。

3.1.5.2　北京市短板分析

（1）5G 基站覆盖率早期滞后

北京市 5G 基站覆盖率在 2018 年为 0.53 个/平方千米，2023 年提升至 6.52 个/平方千米，但与深圳（2023 年 37.55 个/平方千米）、上海（14.51 个/平方千米）等城市相比仍存在显著差距（见图 3.8）。这一滞后主要源于三方面原因：一是政策优先级偏差，早期资源集中于传统基建和核心功能区优化，对新型基础设施重视不足；二是城市建设复杂度高，人口密集、建筑密集导致基站选址协调困难，叠加历史文化保护要求进一步延缓部署进度；三是市场需求释放不足，早期 5G 应用场景不成熟，运营商投资动力受限。

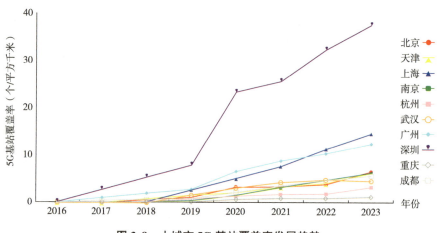

图 3.8　十城市 5G 基站覆盖率发展趋势

（2）空间承载能力制约网络密度

北京市光缆密度从 2011 年的 8.98 千米/平方千米增长至 2023 年的 32.20 千米/平方千米（见图 3.9），但与上海（124.10 千米/平方千米）、深圳（437.76 千米/平方千米）存在量级差距。北京市地理面积广阔（1.64 万平方

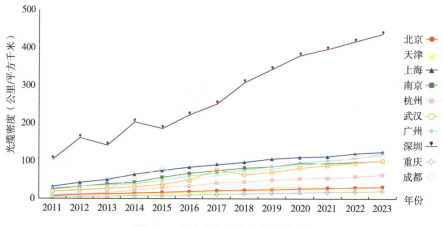

图 3.9　十城市光缆密度发展趋势

千米）、山区占比超 60%，导致光纤铺设成本高、覆盖效率低。同时，城市地下管网复杂，光纤铺设需与交通、市政等领域协同，审批流程长、协调难度大。此外，早期铜缆网络改造周期长，老旧小区升级缓慢，进一步拖累光纤化进程。相比之下，上海、深圳通过新建区域高标准规划和统一部署，实现了光纤网络的跨越式发展。光缆密度不足直接制约了北京市云计算、物联网等依赖高速网络的产业落地，成为数字经济发展的空间瓶颈。

（3）研发投入结构失衡拖累创新产业化进程

北京市数字技术研发投入占 GDP 比重从 2011 年的 0.96% 波动下降至 2019 年的 0.80%，2023 年虽回升至 1.01%，但自 2013 年起始终处于主要城市末位（见图 3.10）。研发投入过度集中于高校和科研院所，企业研发投入动力不足。政策导向侧重基础研究和国家战略领域，对市场需求响应滞后，2015—2018 年投入下滑与互联网产业红利消退、新兴领域尚未形成规模需求直接相关。此外，高企的研发成本（实验室租金、人力成本）迫使部分企业将研发环节外迁，如 2019 年研发占比降至 0.80%，字节跳动、小米等企业加速在长三角、珠三角布局研发中心。这种波动导致北京市在数字技术产业化领域发展缓慢，难以将高校科研优势转化为持续的市场竞争力。

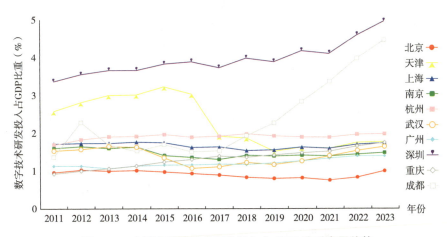

图 3.10　十城市数字技术研发投入占 GDP 比重发展趋势

3.2　数字产业化发展状况分析

3.2.1　评价框架与研究方法

3.2.1.1　指标体系构建

本指标体系以《数字中国建设整体布局规划》《"十四五"数字经济发展规划》等政策为纲领，围绕"数字产品制造、数字产品服务、数字技术应用、数字要素驱动"四大核心领域设计，旨在量化评估数字产业化进程中的经济贡献与结构优化水平（见表 3.2）。具体构建逻辑如下。

（1）数字产品制造业增加值

《"十四五"数字经济发展规划》指出，"制造业数字化、网络化、智能化更加深入"，要求提升计算机、通信设备等核心产业规模。该指标通过细分制造业中数字产品占比，反映电子信息制造业对工业经济的拉动作用，契合《中国制造 2025》中"促进制造业数字化网络化智能化"之转型目标。

（2）数字产品服务业增加值

《"十四五"软件和信息技术服务业发展规划》指出，"软件定义"赋能实体经济新变革的发展形势，体现数字批发零售在传统商贸领域的渗透率。用软件服务业收入代替数字产品的批发与零售，通过数字产品批发零售与批发零售业的比例关系，量化数字技术对服务业的改造效率。

（3）数字技术应用业增加值

根据《"十四五"数字经济发展规划》中"推进数字技术、应用场景和商业模式融合创新"的要求，信息传输、软件和信息技术服务业作为数字经济核心产业，其增加值直接体现数字技术在实体经济中的应用深度。该指标依据《数字经济及其核心产业统计分类（2021）》标准，量化云计算、大数据、人工智能等技术服务对经济增长的拉动作用。

（4）数字要素驱动业增加值

依据《关于构建数据基础制度更好发挥数据要素作用的意见》，基于量化数据要素在流通领域的价值释放要求，以网上零售额占比反映电商对传统商业的替代效应，体现数据驱动下的消费模式创新，适应商务部《"十四五"电子商务发展规划》"深化电子商务在各领域融合创新发展，赋能经济社会数字化转型"目标。

表 3.2　数字产业化指标体系

一级指标	二级指标	测算方法	单位
数字产业化	数字产品制造业增加值	(计算机、通信和其他电子设备制造业营业收入÷规模以上工业企业营业收入)×工业增加值	亿元
	数字产品服务业增加值	(软件业务收入÷限额以上批发零售业商品销售总额)×批发与零售业增加值	亿元
	数字技术应用业增加值	信息传输、软件和信息技术服务业增加值	亿元
	数字要素驱动业增加值	(网上零售额÷限额以上批发零售业商品销售总额)×批发零售业增加值	亿元

3.2.1.2　数据来源

本报告的数据来源以各地区统计年鉴、中国工业统计年鉴、EPS 数据库、中经网统计数据库为主,部分数据来源于公开发布的相关报告。

本报告采用线性插值法补充数据中的缺失值,所有与价格相关的指标均使用以 2011 年为基期的价格指数进行平减。其中,计算机、通信和其他电子设备制造业营业收入、规模以上工业营业收入和规模以上工业增加值使用工业生产者出厂价格指数进行平减,软件业务收入和信息传输、软件和信息技术服务业增加值使用交通和通信消费价格指数进行平减,限额以上批发零售业商品销售总额、批发与零售业增加值和网上零售额使用商品零售价格指数进行平减。

3.2.2　北京市数字产业化趋势分析

数字产业化 2013 年高速跃升,增长了 3.82 倍。北京市数字产业化进程在 2011—2023 年呈现高速增长态势,综合指数从 13.79 跃升至 66.43,年均增速达 14.00%(见图 3.11)。这一增长由四大核心领域协同驱动:数字产品制造业增加值从 463.93 亿元增至 898.58 亿元,年均增速 5.66%,政策支持与龙头企业集聚推动硬件升级;数字产品服务业增加值从 150.20 亿元攀升至

876.85 亿元，软件业务收入年均增长 19.95%，服务场景深度拓展；数字技术应用业增加值从 1 611.7 亿元增至 8 245.95 亿元，占 GDP 比重突破 18%，创新生态成熟；数字要素驱动业增加值从 132.58 亿元增至 396.36 亿元，网上零售额占比提升至 13.26%，数据交易所落地加速要素流动。

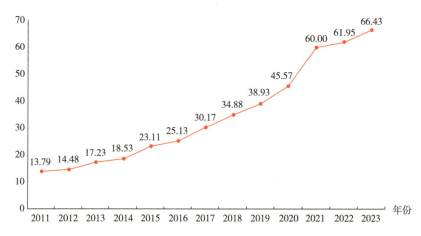

图 3.11　北京市数字产业化发展趋势

北京市数字产业化进程的推动力源于政策精准引导、人才储备优势与企业创新活力的协同作用。政策层面，"十四五"规划明确提出"促进数字技术与实体经济深度融合，赋能传统产业转型升级"，北京市持续加大数字经济领域财政支持力度，2023 年通过科技专项、产业补贴等方式，重点扶持人工智能、区块链等数字技术研发与应用，推动数字经济产业增加值占 GDP 比重达42.88%。人才储备方面，北京市依托高校优势资源，数字经济人才密度从2011 年的 2.43% 增至 2023 年的 4.28%，为技术攻关提供了智力保障。企业创新活力方面，联想、小米等龙头企业通过"总部+生态"模式带动产业链升级，其 2023 年计算机、通信和其他电子设备制造业营业收入达 5 305.44 亿元，占规模以上工业收入的 18.33%，推动数字产品制造业增加值年均增长 5.66%。

3.2.3　主要城市数字产业化趋势分析

2011—2023 年，主要城市的数字产业化综合指数呈现显著梯度分化。深圳以 73.09 的综合指数位居首位，北京以 66.43 紧随其后。上海（40.73）、成都（37.28）、重庆（33.98）构成第二梯队，而广州（28.91）、南京（26.90）、杭州（25.15）位列第三梯队。武汉（12.29）、天津（7.74）整体排名较低，但部分领域增长显著。北京的综合指数从 2011 年的 13.79 跃升至2023 年的 66.43，年均增速 14.00%，其中数字技术应用业增加值（8 245.95亿元）占 GDP 比重达 18.84%，软件业务收入（26 693 亿元）占 GDP 比重超60%，稳居全国前列。深圳的数字产品制造业增加值（6 505.02 亿元）占规模以上工业收入的 13.41%，体现其制造优势。中西部城市如成都、重庆已进入第二梯队，显示"东部引领与中西部崛起并存"的新格局（见图 3.12）。

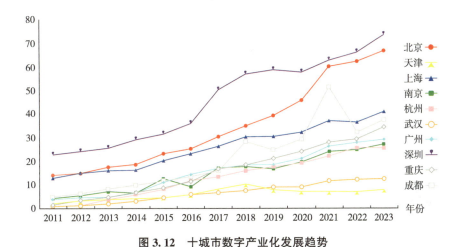

图 3.12　十城市数字产业化发展趋势

北京市的核心优势体现在数字技术应用业的深度渗透与政策协同效应。2023 年，北京市信息传输、软件和信息技术服务业增加值达 8 514.4 亿元，占 GDP 比重突破 19%，远超其他城市。中关村科技园的"产学研用"生态与"十四五"规划中"促进数字技术与实体经济深度融合，赋能传统产业转型升级"的政策导向形成共振，直接拉动软件业务收入年均增长 19.95%，2023 年达 26 693.27 亿元，占地区生产总值比重超 60%。深圳的数字产业化水平略微领先于北京，其主要优势在于硬件制造和数据要素市场化领域。深圳凭借电子信息制造业的集群优势，2023 年数字产品制造业增加值达6 505.02 亿元，占规模以上工业收入的 13.4%。其中，华为、大疆等企业研发投入占比长期超 15%，形成"技术攻关—成果转化—市场应用"的完整链条。

区域发展差异的驱动因素可从政策、产业链、研发投入三方面进行解析。北京市依托国家级政策试点（如中关村自主创新示范区）和顶尖高校资源，数字经济人才密度（4.28%）与专利授权数（130.72 件/万人）显著领先；深圳则以"20+8"产业集群规划为牵引，2023 年研发强度达 4.98%，远超其他城市。杭州与广州虽在数字基建（如广州 5G 基站覆盖率年均增长54.48%）和服务业数字化（杭州电商基因、广州跨境电商试点）上加速追赶，但受限于本地产业链完整度，数字产品制造业增加值（2023 年分别为804.60 亿元、514.16 亿元）仅为深圳的 12.37%和 7.90%。

3.2.4 主要城市数字产业化现状分析

2023 年中国主要城市数字产业化发展呈现显著梯度分化状态（见图3.13）。深圳以 73.09 的综合指数领跑全国，北京（66.43）、上海（40.73）依次位列其后，中西部城市成都（37.28）、重庆（33.98）增速较快但整体仍处追赶阶段。

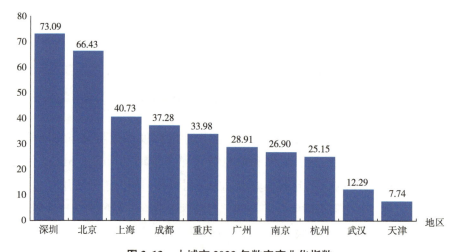

图 3.13 十城市 2023 年数字产业化指数

深圳凭借电子信息制造业集群优势，数字产品制造业增加值达 6 505.02亿元（占规模以上工业收入 13.41%），叠加深圳市工信局《关于加快发展新质生产力进一步推进战略性新兴产业集群和未来产业高质量发展的实施方案》等政策的驱动，形成"硬件制造+数据要素"双轮驱动格局。

北京市依托中关村创新生态，数字技术应用业增加值达 8 245.95 亿元（占 GDP 比重的 18.84%），软件业务收入突破 2.6 万亿元；但数字产品制造业仅 898.58 亿元（为深圳的 13.81%），硬件制造环节依赖总部经济特征明显。

上海通过外资技术溢出效应（如设立在上海的微软、IBM 等外资企业的研发中心）和数据交易所建设，实现数字产品服务业增加 353.40 亿元，数据要素驱动业增长显著。

区域差异主要源于产业基础差异（深圳电子信息、北京软件服务）、研发投入强度（深圳研发强度 4.98%，显著高于北京的 1.01%）及政策精准度（北京市人才政策与深圳数据条例形成差异化优势）。北京市须强化本地产业链协同，激活数据要素市场，推动技术应用场景创新以缩小与深圳的差距。

3.2.5 北京市核心优势与短板分析

3.2.5.1 北京市核心优势分析

（1）软件服务与产业协同赋能市场

北京市数字产品服务业增加值从 2011 年的 150.20 亿元持续增长至 2023 年的 876.85 亿元（见图 3.14），发展水平和增速远超其他主要城市，2021 年后稳居首位。与之相适应，同期软件业务收入从 3 009 亿元增至 26 693 亿元，远超上海（2023 年仅为 10 790 亿元）。

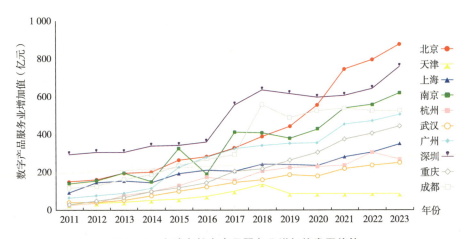

图 3.14 十城市数字产品服务业增加值发展趋势

北京市数字产品服务业增加值的增长和软件技术与商贸流通的深度融合密切相关。2023年北京市限额以上批发零售业商品销售总额达90 602亿元，通过电商平台、供应链管理系统等数字化工具，软件技术转化为实际商业效能，商品流通效率提升带动服务附加值增长（见图3.14）。例如，京东、美团等企业通过数字化供应链管理，2023年网上零售额达12 017亿元，为数字产品服务提供了庞大应用场景，将北京市打造为全国消费中心城市。北京市依托中关村等产业集群，形成"软件技术+商贸流通"双轮驱动模式。软件业务收入的持续增长得益于头部企业的技术创新，数字产品服务业的高增加值则源于软件与批发零售业的深度融合：通过电商平台、供应链管理系统等数字化工具，北京市企业将软件技术转化为实际商业效能，显著提升了商品流通效率和服务附加值。此外，北京市作为全国消费中心城市，庞大的市场规模为数字产品服务提供了应用场景，进一步强化了该领域的领先地位。

（2）数字技术应用场景创新引领经济增长

北京市数字技术应用业增加值从2011年的1 611.7亿元增加至2023年的8 246.0亿元（见图3.15），长期领先于上海（2023年为4 682亿元）、深圳等城市。2015年后增速加快，于2021年达到7 010亿元；2023年再创新高。

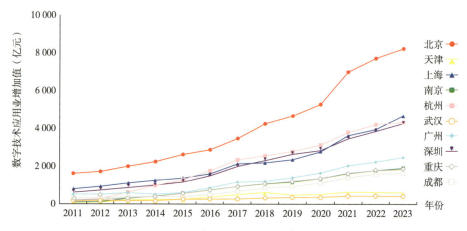

图3.15　十城市数字技术应用业增加值发展趋势

北京市在这一领域的领先地位与互联网、云计算等新兴技术企业密集度直接相关。2023年北京市信息传输、计算机服务和软件业增加值达8 514亿元。典型企业如阿里巴巴北京总部、小米等，通过技术创新推动智慧医疗、智能交通等场景落地，2023 年数字技术应用业对 GDP 贡献率达 18.84%。北京市的领先还得益于场景开放政策。例如，率先推出"新基建"计划，开放政务、医疗、交通等领域场景，吸引企业技术落地，2023 年智慧城市项目带动数字技术应用业增长 6.73%。

（3）数据要素市场化与消费数字化双轮驱动

北京市网上零售额从 2011 年的 2 656 亿元增至 2023 年的 12 017 亿元（见图 3.16），数据要素驱动业增加值从 132.58 亿元增至 396.36 亿元（见图 3.17），这两项指标均居十个城市前三。北京市 2023 年网上零售额占限额以上批发零售业商品销售总额的 13.26%，带动数据要素驱动业增长。同时，北京市数据交易所试点成效显著，截至 2023 年 11 月，北数所数据交易备案规模已超过 20 亿元，北京市持续扩大公共数据开放范围，公共数据开放平台已累计开放数据 72 亿条，推动数据要素向消费领域转化。京东、美团等企业通过消费场景数字化，将用户行为数据转化为精准营销能力，提升消费效率。

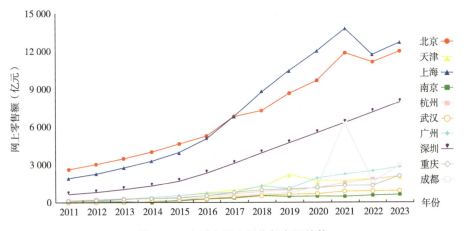

图 3.16　十城市网上零售额发展趋势

北京市的双轮驱动机制形成了典型优势。一是政策创新，北京市作为"数据二十条"试点城市，率先建立数据确权、定价、交易机制，2021 年发布《要素市场化配置综合改革试点总体方案》①，激发数据流通活力；二是消

---

① 国务院办公厅：《要素市场化配置综合改革试点总体方案》（国办发〔2021〕51 号），取自 https：//www.gov.cn/zhengce/content/2022-01-06/content_5666681.htm。

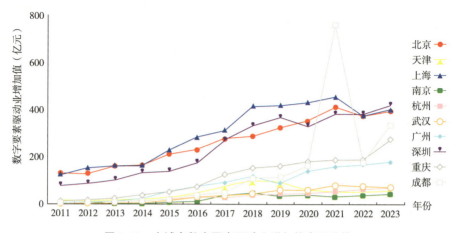

图 3.17　十城市数字要素驱动业增加值发展趋势

费场景数字化，2023 年北京市限额以上批发零售业商品销售总额达 9.06 万亿元，头部企业通过数字化改造提升供应链效率，叠加直播电商、即时零售等新业态，实现网上零售额年均增长 13.40%；三是闭环生态构建，数据流通促进消费升级，消费升级反哺产业增值，形成"数据–消费–产业"的良性循环。

3.2.5.2　北京市短板分析

北京市的短板主要体现为数字经济相关硬件制造薄弱。2011—2023 年，北京市计算机、通信和其他电子设备制造业营业收入从 2 450 亿元增至 5 305 亿元（见图 3.18），数字产品制造业增加值从 463.9 亿元增至 898.6 亿元（见图 3.19），显著低于深圳（2023 年 6 505 亿元）、上海（2023 年 1 122 亿元）等城市。2023 年北京市的数字产品制造业增加值仅为深圳的 13.8%。北京市计算机、通信和其他电子设备制造业营业收入占规模以上工业比重虽然从 2011 年的 15.2% 升至 2023 年的 18.3%，但规模以上工业增加值增速较低，导致数字产品制造业整体薄弱。

北京市的硬件制造短板源于战略定位与资源配置。一是产业定位聚焦服务业，2023 年北京市服务业占 GDP 比重达 84.8%，第二产业占比仅 14.9%（其中工业占比约 11.4%），资源向研发、金融等领域倾斜，导致硬件制造投入不足。二是成本与空间限制。受产业结构调整和成本压力影响，2011—2023 年北京市计算机制造业企业数量呈现缩减趋势，产业配套能力弱化。三

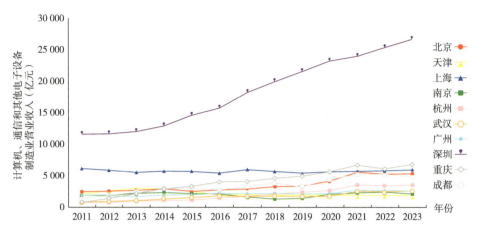

图 3.18 十城市计算机、通信和其他电子设备制造业营业收入发展趋势

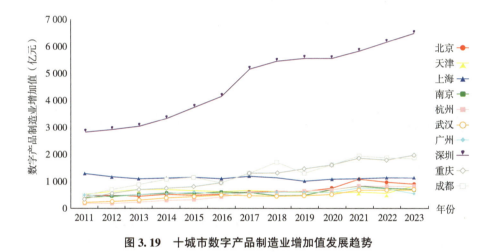

图 3.19 十城市数字产品制造业增加值发展趋势

是区域分工差异，北京市侧重技术研发和服务，硬件制造依赖长三角、珠三角产业链，数字产品制造业对外部供应链的依赖程度较高。

3.3 产业数字化发展状况分析

3.3.1 评价框架与研究方法

3.3.1.1 指标体系构建

本报告基于《"十四五"数字经济发展规划》等国家战略，构建了融合结构化数据和非结构化数据的企业数字化评价指标体系（见表3.3）。在评价指标测度方面，整合了现有文献中企业数字化的多元测度方法：一方面，借鉴吴非等（2021）、金星晔等（2024）运用大语言模型，结合词频法的非结构化文本测度方法；另一方面，参考祁怀锦等（2020）、张永珅等（2021）基于财务明细数据的数字资产占比测度方法，并结合CSMAR数据库中企业数字化指标体系中相关结构化指标。在系统梳理现有文献的基础上，本报告创新性地提出了基于大语言模型的数字资产、数字化相关业务智能识别框架和企业数字化应用程度评价模型，构建了一系列企业数字化评价指标。在企业数字化评价指标体系结构方面，结合杨彦欣等（2024）提出的基于过程思维的数字化成熟度模型，围绕战略与组织、要素投入、数字技术应用、数字化成果和数字化赋能成效五大维度构建评价指标体系，旨在系统评估企业数字化建设水平，迎合企业数字化转型与发展需求。具体设计逻辑如下。

表3.3 企业数字化指标体系

一级指标	二级指标	计算方式	单位
战略与组织	管理层数字职务设立	是否设立首席信息官、首席技术官或首席数字官	/
	管理层数字创新导向持续性	年报管理层讨论与分析部分中数字化关键词的年总数	年
	管理层数字创新导向广度	年报管理层讨论与分析部分中每年出现数字化关键词的种类	种
	管理层数字创新导向强度	年报管理层讨论与分析部分中每年数字化8个维度评分的中位数	/
	数字基础设施建设	年报管理层讨论与分析部分中广义数字技术评分	/
	科技创新基地建设	累计参与国家级科技创新基地建设数量	个
要素投入	人力资本投入	研发人员数量占员工总人数的比例	%
	研发投入	研发投入金额占营业收入的比例	%
	创新投入	创新制度项目投资占营业收入的比例	%
	资产资本投入	(数字无形资产占比 + 数字固定资产占比)/2	%

一级指标	二级指标	计算方式	单位
数字 技术应用	人工智能技术	人工智能技术特征词在年报除管理层讨论与分析外各章节最高评分	/
	区块链技术	区块链技术特征词在年报除管理层讨论与分析外各章节最高评分	/
	云计算技术	云计算技术特征词在年报除管理层讨论与分析外各章节最高评分	/
	大数据技术	大数据技术特征词在年报除管理层讨论与分析外各章节最高评分	/
	智能化水平	智能制造设备投资额占固定资产投资的比例	%
	工业机器人安装密度	行业工业机器人安装量密度 × $\dfrac{\text{企业从业人员}}{\text{企业所在行业从业人员的中位数}}$	台/人
数字化 成果	数字创新标准	当年参加国家和行业标准制定数量之和	/
	数字创新论文	国内外发表论文之和	篇
	数字发明专利	上市公司当年申请的发明专利已授权数量	件
	数字创新资质	当年数字创新资质认定数量	个
数字化 赋能 成效	新兴技术	新兴技术在年报除管理层讨论与分析外各章节最高评分	/
	流程升级	流程升级在年报除管理层讨论与分析外各章节最高评分	/
	业态转变	业态转变在年报除管理层讨论与分析外各章节最高评分	/
	数字化业务收入	数字化相关业务收入占营业收入的比例	%
	数字化相关毛利率	数字化相关业务毛利占数字化收入的比例	%

（1）战略与组织

根据《"十四五"数字经济发展规划》中"建立数字经济发展部际协调

机制，加强形势研判，协调解决重大问题，务实推进规划的贯彻实施。各地方要立足本地区实际，健全工作推进协调机制"的要求，设置战略与组织相关指标。企业中管理层数字职务设立指标，如是否设立首席信息官、首席数字官等，反映了企业在组织架构上对数字化的重视程度，与政策中强调的建立协调机制相呼应，表明企业从组织层面为数字经济发展提供保障。管理层数字创新导向的相关指标，如管理层数字创新导向持续性、管理层数字创新导向广度和管理层数字创新导向强度等，体现了企业管理层在战略层面对数字经济发展的认知和推动，与政策中要求的加强形势研判、务实推进规划实施相契合，能够引导企业在数字经济浪潮中找准方向。科技创新基地建设指标则呼应了政策中对创新平台建设的关注，表明企业积极参与国家级创新活动，从战略布局上为数字经济发展提供创新支撑。

（2）要素投入

根据《"十四五"数字经济发展规划》中"加大对数字经济薄弱环节的投入，突破制约数字经济发展的短板与瓶颈，建立推动数字经济发展的长效机制。拓展多元投融资渠道，鼓励企业开展技术创新"的目标，设置要素投入相关指标。人力资本投入通过研发人员占比反映企业在数字化人才方面的投入，符合政策中对人才要素的重视，是突破数字经济发展瓶颈的关键因素之一。研发投入和创新投入指标分别体现了企业在数字化技术研发和创新项目上的资金投入力度，与政策中鼓励企业加大投入、开展技术创新相呼应。资产资本投入则综合考虑了企业在无形资产和固定资产方面对数字化的投入，反映了企业为数字经济发展进行的资产布局，有助于建立数字经济发展的长效机制。

（3）数字技术应用

对标《"十四五"数字经济发展规划》中"信息通信技术融合应用、全要素数字化转型为重要推动力"的要求，设置数字技术应用相关指标。人工智能技术、区块链技术、云计算技术、大数据技术指标通过相关技术特征词在年报各个章节（剔除"管理层讨论与分析"章节）的最高评分表征，衡量企业在这些前沿数字技术应用方面的程度，体现了企业对信息通信技术的融合应用能力。智能化水平和工业机器人安装密度指标则从设备投资和应用密度的角度，反映了企业在生产过程中的数字化转型实践情况，与政策中推动全要素数字化转型的要求相契合，有助于企业提升生产效率和竞争力。

（4）数字化成果

依据《"十四五"数字经济发展规划》中"推进数字产业化和产业数字化取得积极成效"的要求，设置数字化成果相关指标。数字创新标准体现了企业在数字领域的行业影响力和技术话语权，参与标准制定是数字产业化成果的重要体现，符合政策中对产业数字化成效的要求。数字创新论文、数字发明专利和数字创新资质等指标，分别从学术研究、技术发明和资质认定等方面反映了企业的数字化创新产出，是企业数字产业化能力的具体表现。

（5）数字化赋能成效

根据《"十四五"数字经济发展规划》中数字经济"促进公平与效率更加统一的新经济形态，正推动生产方式、生活方式和治理方式深刻变革"的内容，设置数字化赋能成效相关指标。新兴技术、流程升级和业态转变指标通过相关特征词在年报章节（剔除"管理层讨论与分析"内容后）的最高评分表征，反映企业在数字化转型过程中在技术、流程和业态方面的变革成效，以体现数字经济对企业生产方式的深刻影响。数字化业务收入占比和数字化相关毛利率指标，从财务角度直接体现了数字化对企业业务和盈利能力的赋能作用，反映了数字经济在企业运营中带来的效率提升和价值创造，与政策中数字经济促进公平与效率统一的目标相呼应，能够评估企业数字化转型的实际价值。

3.3.1.2　样本选取与数据来源

本报告选取2018—2023年沪深京A股上市企业相关数据作为研究样本对城市产业数字化进行分析。需要说明的是，由于本节仅通过企业相关数据测度产业数字化，故进一步通过A股上市企业中证指数行业分类，与国家统计局公布的《数字经济及其核心产业统计分类（2021）》中的国民经济行业分类进行匹配，剔除属于数字经济核心产业的企业，只保留属于数字化效率提升业的企业作为后续产业数字化测度的企业样本。

就数据来源而言，企业数字化评价指标体系中指标分为结构化指标和非结构化指标。其中，结构化指标来源于CSMAR数据库，非结构化指标则通过大语言模型对上市公司企业年报进行处理后获得。本部分所使用的上市公司年报来源于上海证券交易所、深圳证券交易所、北京证券交易所官网以及巨潮资讯网等。

3.3.1.3　指标计算方法

（1）标准化方法

$$x_{ijt}^* = \frac{x_{ijt} - \bar{x_j}}{AD_j} \qquad (3-6)$$

$$\bar{x_j} = \frac{1}{N} \sum_{t=1}^{k} \sum_{i=1}^{m} x_{ijt} \qquad (3-7)$$

$$AD_j = \frac{1}{N} \sum_{t=1}^{k} \sum_{i=1}^{m} |x_{ijt} - \bar{x_j}| \qquad (3-8)$$

其中，x_{ijt} 为 t 年企业 i 指标 j 的取值，$\bar{x_j}$ 为指标 j 的均值，AD_j 为指标 j 的平均偏差，N 为所有样本数，k 为年份数，m 为 t 年企业数，当数据为平衡面板数据时，$N = m \times k$，但本文使用的数据为非平衡面板数据，故 N 表示总样本量。x_{ijt}^* 为标准化后的 t 年企业 i 指标 j 的取值。

（2）指标映射

$$z_{ijt} = \Phi(x_{ijt}^*) \cdot 100 \qquad (3-9)$$

$$\Phi(x_{ijt}^*) = \int_{-\infty}^{x_{ijt}^*} \frac{1}{\sqrt{2\pi}} e^{-\frac{x^2}{2}} dx \qquad (3-10)$$

将标准化后的指标映射至 $0 \sim 100$。其中，$\Phi(x_{ijt}^*)$ 为标准正态分布的累计分布函数，样本的平均值、标准差分别为 0 和 1。

（3）权重计算

运用信息熵计算权重，指标 X_j 的权重计算公式为：

$$W_j = (1 - e_j) / \sum_j (1 - e_j) \qquad (3-11)$$

其中：

$$e_j = -\ln(N)^{-1} \sum_i \sum_t p_{ijt} \ln(p_{ijt}) \qquad (3-12)$$

$$p_{ijt} = z_{ijt} / \sum_i \sum_t z_{ijt} \qquad (3-13)$$

（4）综合指数计算

企业数字化指数计算公式为：

$$Company_{iu} = \sum_j W_j \times z_{ijt} \qquad (3-14)$$

进一步，为反映城市产业数字化，本研究基于企业办公所在地址，将企业归类至相应城市，进而通过对城市内企业数字化指数进行加权平均，以表征城市产业数字化水平。城市产业数字化指数计算公式为：

$$City_{qt} = \sum_i W_{it} \times Company_{it} \qquad (3-15)$$

3.3.1.4 指数种类

依据不同加权策略，可以得到以下两类指数。

（1）产业数字化水平指数

当不考虑企业规模差异时，城市内各企业被赋予相同权重，这一权重设定反映了城市内部企业数字化的平均水平，权重计算公式为 $W_{it} = 1/m_{qt}$（其中，m_{qt} 为城市 q 在 t 年包含的 A 股上市企业数量）。使用该权重计算方法得出的城市产业数字化指数即为该城市的产业数字化水平指数。

（2）产业数字化贡献指数

当考虑企业规模差异时，城市内各企业权重依据其企业规模在所有企业综合规模中的占比确定。这一权重设定反映了企业在城市产业数字化进程中的贡献度，权重计算公式为 $W_{it} = Revenue_{it} / \sum_i^m Revenue_{it}$（$Revenue_{it}$ 为企业 i 在 t 年的主营业务收入）。使用该权重计算方法得出的城市产业数字化指数即为该城市的产业数字化贡献指数。

3.3.2 主要城市产业数字化趋势分析

3.3.2.1 北京市产业数字化趋势分析

北京市产业数字化水平在 2018—2023 年呈现明显的阶段性波动特征（见图 3.20）。具体而言，北京市产业数字化水平指数演变轨迹可划分为三个典型阶段：第一阶段（2018—2020 年）表现为稳步上升态势，年均增长率达 5.28%，于 2020 年达到周期峰值 45.23；第二阶段（2020—2021 年）出现短暂回调，指数回落至 42.28，降幅为 6.51%；第三阶段（2021—2023 年）呈现稳健复苏趋势，年均回升幅度为 1.79%，至 2023 年恢复至 43.80。需要说明的是，尽管在整个观测时段内，北京市产业数字化水平指数呈现阶段性起伏，但其各年份间指数波动幅度相对较小，表明北京市在产业数字化进程中，具有较强的稳定性和韧性。

3.3.2.2 主要城市产业数字化趋势分析

与 3.1.1 中的研究对象一致，本部分进一步选取 2024 年中国城市社会发

图 3.20　北京市产业数字化水平发展趋势

展指数综合排名前十强城市①，分析对比 2018—2023 年十个城市的产业数字化水平发展趋势。

在 2018—2023 年的观测期内，十个城市的产业数字化水平整体态势相对平稳，未呈现剧烈的升降变化（见图 3.21）。深圳市作为产业数字化的领先城市，在观测期间其产业数字化指数均处于高位。2018—2023 年基本持续保持领先地位，尽管在 2021 年出现一定程度下滑，但 2023 年迅速回升，表明其产业数字化具备坚实的发展基础以及强大的抗冲击韧性。广州市在 2018—2020 年，产业数字化水平稳居前列。然而，2021 年出现下滑后，未能实现有效回升，至 2023 年，其产业数字化水平在主要城市中的排名有所下降。南京市与武汉市的产业数字化水平在 2023 年表现较为突出。其中，武汉市在 2018 年指数相对较低，随后呈现稳步上升态势，于 2020 年位居十个城市中上水平。天津市的产业数字化水平在观测期内呈现较大波动，2018 年仅次于深圳市，位于十个城市中第二位，但在 2019—2023 年排名呈下降趋势，在 2023 年位于十个城市中第七位。杭州市的产业数字化水平在 2018—2020 年呈现逐步上升的趋势，在 2020 年达到一个相对高点，显示出其在该阶段产业数字化发展的积极态势。但在 2021—2023 年出现一定程度的回落，至今尚未恢

①　分别为北京市、上海市、深圳市、广州市、杭州市、重庆市、南京市、武汉市、成都市、天津市。

复至前期高点水平，表明其产业数字化发展存在一定的阶段性波动。

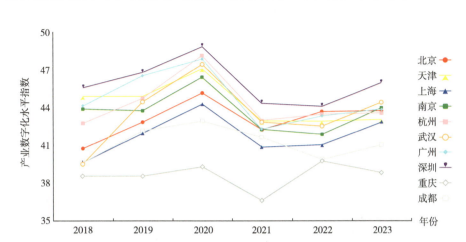

图 3.21　十城市产业数字化水平发展趋势

北京市的产业数字化发展历程颇具特点。2018—2021 年，其在十个城市中的排名相对靠后。但其在 2022 年实现了显著跃升，产业数字化水平跃居前列，仅次于深圳市，凸显了强大的发展潜力与上升动力。2023 年其产业数字化水平又有所回落，表明北京市产业数字化发展虽具备突破能力，但仍存在一定的波动性，稳定性有待进一步增强。其余城市在六年间产业数字化水平各有波动，但整体未呈现极为突出的阶段性特征与排名跃升或骤降情况。

3.3.3　十城市产业数字化现状分析

3.3.3.1　产业数字化的水平分析

本报告以城市内部企业数字化平均水平表征城市产业数字化水平。通过分析对比十个主要城市产业数字化水平指数发现以下特点。

（1）北京市与领先城市差距较小，领先者优势不显著

深圳市以 46.03 的产业数字化水平指数排名第一，在城市产业数字化发展中处于领先地位。但与后续城市如武汉市（44.47）、南京市（44.00）的差距较小。北京市虽以 43.80 的产业数字化水平指数位列第五，但与领先的深圳市相比差距相对较小。这一现象表明，多数城市在上市企业数字化程度方面差距有限，北京市虽未居首位，但与领先梯队城市保持着较为紧密的水平关联，体现出在产业数字化发展进程中，城市间竞争态势相对均衡。

（2）十城市产业数字化水平分化不明显

从十个城市数据的整体情况看（图3.22），各城市的数值分布在38.88~46.03，整体分布较为集中，北京市的产业数字化水平指数处于该区间内相对居中位置，与排名第一的深圳市和排名靠后的重庆市差距都不显著，反映出各城市在企业数字化方面都有一定的推进，虽然存在高低之分，但总体上没有形成明显的分化。

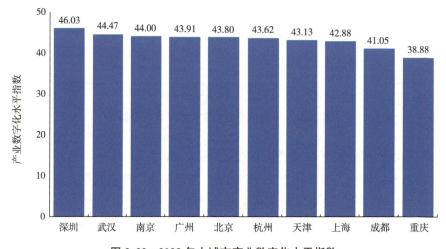

图3.22　2023年十城市产业数字化水平指数

3.3.3.2　产业数字化的贡献分析

考虑到企业规模会对其全社会整体产业数字化水平产生影响，本报告以企业主营业务收入对每个企业的数字化指数进行加权，得到城市产业数字化贡献指数，反映城市在整体产业数字化中的贡献度。通过分析对比十个城市产业数字化贡献指数得到如下发现（见图3.23）。

（1）"极化现象"突出

在以企业主营业务收入为权重的加权策略下，从图3.23中可以明显看到，北京市的产业数字化贡献指数高达14.86，处于绝对领先的位置，而排名末位的天津市产业数字化贡献指数仅为0.16，与排名靠前的城市差异较大。这一现象表明，在产业数字化贡献维度上，城市之间出现了明显的量级差异。少数城市（如北京）凭借庞大的产业规模，在产业数字化贡献中占据主导地位，呈现"极化现象"，即资源和贡献高度集中于个别头部城市；而多数城市

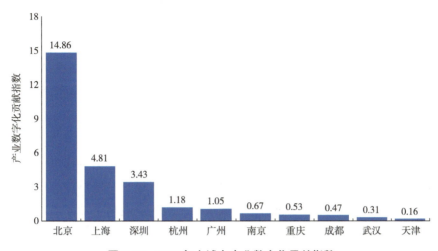

图 3.23　2023 年十城市产业数字化贡献指数

的贡献程度相对较低，其发展水平仍有较大的提升空间。

（2）"阶梯结构"明显

从各城市的产业数字化贡献指数分析发现，其分布呈现阶梯结构。北京市处于最上层阶梯，以极高的贡献指数展现其在产业数字化领域的绝对引领地位。上海和深圳构成第二阶梯，虽然在产业数字化方面也有一定的贡献，但与北京市相比仍存在显著差距。其余城市组成第三阶梯，贡献程度相对较低，在产业数字化的影响力和规模方面较为有限。这种结构清晰地反映出城市之间在产业数字化贡献水平上的分层特征：头部城市发挥引领作用，中间城市努力追赶，而尾部城市则亟须在产业数字化方面加大投入与发展力度。

综上所述，产业数字化水平指数反映了城市内企业数字化的平均水平，产业数字化贡献指数则更侧重于反映城市在整体产业数字化进程中的贡献度。通过对两个指数的分析发现，各城市在不同维度下的相对位置呈现较大差异，体现出各城市产业数字化发展的优势与特色各有不同。具体而言，在产业数字化水平维度，深圳市以 46.03 的指数位居前列，彰显出其在城市产业数字化发展中处于领先地位，在企业数字化平均水平方面表现突出，体现了其以企业驱动、数据前沿的特点；在产业数字化贡献维度，北京市贡献指数高达14.86，体现出在整体产业数字化中贡献卓著，产业规模庞大等优势。

3.3.3.3　北京市产业数字化特征分析

通过分析产业数字化贡献指数发现，北京市以 14.86 的贡献指数处于第一阶梯,且远高于位于第二阶梯的上海市和深圳市。这一结果表明,北京市产业数字化水平对全国产业数字化的整体格局产生辐射带动效应,成为推动产业数字化的重要增长极。然而,本报告在对城市产业数字化指数从水平和贡献双维度进行系统分析时发现,规模因素对城市产业数字化指数影响显著,体现在北京市的产业数字化水平(十个城市排名第五)与其贡献水平之间的巨大差异。这种差异不仅影响对城市产业数字化真实水平的判断,也可能掩盖不同规模企业在产业数字化进程中的独特作用。

为更加清晰地分析来自企业规模的影响,本报告依据所有样本企业主营业务收入的0.3和0.6分位点,将企业划分为小规模、中规模和大规模企业三个类别。在此基础上,分别测算各城市在不同企业规模下的产业数字化水平指数。通过分组测算,可以深入剖析规模因素对城市产业数字化发展的作用机制,进一步明晰北京市产业数字化贡献维度优势突出的内在逻辑。

为对北京市提升产业数字化水平提出针对性政策,故选取2023年产业数字化水平指数高于北京市四个城市(深圳市、南京市、广州市和武汉市)与北京市进行对比,分规模对其总指数、分指数展开分析。

就总指数而言,北京市在大规模企业组中的产业数字化水平指数为41.98,在五个城市中处于相对靠后的位置;在中小规模企业组中的产业数字化水平指数分别为46.24和45.49,在五个城市中分别处于第一和第二的位置(见图3.24和图3.25)。

这是因为北京市大型企业涵盖了众多行业领域,其产业结构中传统行业占比较大,如能源、制造业等。这些传统行业在进行数字化转型时面临诸多挑战:一方面,数字化转型需要对现有的生产设备、工艺流程进行大规模的技术改造,不仅需要巨额的资金投入,而且改造周期长,短期内难以看到显著成效;另一方面,传统行业的人才结构相对固化,导致企业在数字化转型过程中,在技术应用和管理创新方面存在一定的滞后性。

近年来,北京市政府对中小企业数字化转型高度重视,出台了一系列普惠性政策,如提供数字化转型培训,搭建数字化服务平台,给予资金扶持,等等,降低了中小型企业数字化转型的门槛。同时,随着数字化技术的不断普及和其应用成本的降低,中小型企业能够更加便捷地获取所需的数字化技术和解决方案,从而提升了自身的数字化水平。

进一步深入剖析北京市的企业类型,基于本报告所统计的2023年A股上

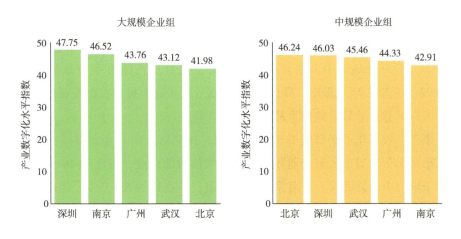

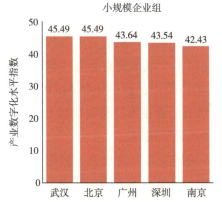

图 3.24 2023 年五城市分规模产业数字化水平

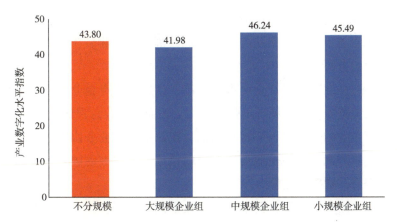

图 3.25 北京市分规模产业数字化水平

市企业数据，可清晰得出四点结论。

第一，国有企业数量占比优势显著。北京市国有企业数量占比高达49.39%，在十个城市中占据首位。排名第二的重庆市国有企业数量占比为40.98%，北京市与之相比，高出近10个百分点。这个显著差距直观地展现出北京市在国有企业数量规模上的突出优势。

第二，数字化水平有提升但仍存差距。在北京市国有企业群体中，数字化水平高于十个城市所有企业数字化水平中位数的企业，占比为46.91%，位列十个城市中的第四位。排名第一的杭州市，该占比为63.33%，北京市与之相比低了近20个百分点。这表明北京市国有企业在数字化水平提升方面取得了一定成果，但与数字化发展处于领先地位的城市相比，仍存在较大的进步空间。

第三，主营业务收入实力强劲。从主营业务收入维度分析，北京市国有企业中，主营业务收入超过十个城市所有企业主营业务收入中位数的企业占比为83.95%。排名第一的广州市，该占比是84.21%，北京市与之相差不足1%。这充分说明北京市国有企业在市场营收规模上具备强大实力，与主营业务收入表现最为优异的城市几乎相当。

第四，数字化与业务协同发展有待加强。当综合考量主营业务收入和数字化水平两个关键指标时，情况有所不同。在十个城市所有企业中，主营业务收入和数字化水平均位于前50%的企业，在北京市的国有企业中仅占38.27%，位居第五。排名第一的深圳市，该占比为40.63%，北京市与之差距约为2.35%。这一数据对比清晰地反映出：尽管北京市国有企业在市场规模方面表现卓越，但在数字化与业务协同发展方面，相较于领先城市，仍存在一定程度的差距。

综上所述，北京市国有企业占比较高，且这些国有企业普遍市场规模庞大，在主营业务收入方面展现出强大实力。然而，不容忽视的是，从整体看，北京市国有企业的数字化水平相对较低，在数字化与业务协同发展上也有待进一步强化。因此，亟待采取切实有效的措施，大力推动国有企业数字化转型，全面提升其数字化竞争力。

进一步从战略与组织、要素投入、数字技术应用、数字化成果与数字化赋能成效维度五个维度，对比分析城市在不同规模组内的分指数情况，分析各城市的核心优势和短板，为建设北京市数字经济标杆城市提供建议。

（1）战略与组织维度：规划与协调能力待强化

在战略与组织维度方面，北京市得分为52.79，在对比城市中表现相对滞后，低于深圳市（57.52）、广州市（55.48）、南京市（55.22）和武汉市（53.11）。结果表明，北京市在数字经济战略规划的前瞻性研判，以及适配的组织体系建设方面存在短板，亟待优化产业政策的顶层设计，着力培育企业的组织创新能力，借此推动协调机制的高效运转（见图3.26）。

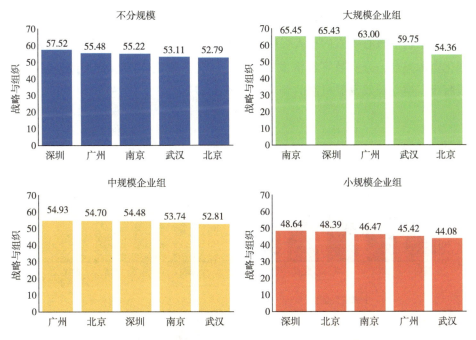

图3.26　五城市战略与组织维度分指数分规模得分

分不同规模企业组看。在大规模企业组，北京市54.36的得分在五市中排名末位，与南京市（65.45）和深圳市（65.43）存在显著差距。这意味着北京市在推动大规模产业集群培育和重大项目实施过程中，对资源整合、协同发展的重视和落实不足，未能充分发挥区域内的资源优势。在中规模企业组，北京市以54.70的成绩位列第二，仅次于广州市（54.93），领先于其他对比城市，说明北京市在中型企业梯队建设、特色产业园区发展过程中，通过合理的战略布局推动了企业数字化创新导向的提升；加之管理层对数字化的重视，在一定程度上构建了适配数字经济发展的创新生态。在小规模企业组，北京市以 48.39 的得分仅次于深圳市（48.64），反映出北京市在落实小微企业扶持政策，打造创新创业生态，引导小规模企业融入数字经济发展等方面，已形成了自身特色模式，为数字经济发展部际协调机制的基层落实提供了实践经验。

（2）要素投入维度：资源配置需向数字化倾斜

在要素投入维度方面，北京市得分 46.20，在五个对比城市中排名倒数第二位，低于深圳市（51.76）、武汉市（47.56）和南京市（47.47）。数据表明，北京市在数据资源挖掘运用、数字基础设施搭建，以及数字化人才储备等数字经济核心要素的投入强度上存在提升空间，亟待优化政策支持体系，强化资源整合，夯实数字经济发展根基，以契合规划中突破数字经济发展短板瓶颈，建立长效发展机制的要求（见图 3.27）。

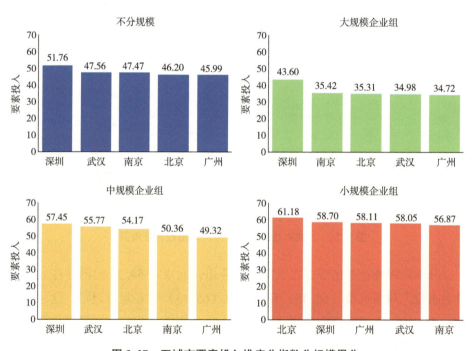

图 3.27　五城市要素投入维度分指数分规模得分

分不同规模企业组看。在大规模企业组，北京市得分为 35.31，位列第三，略高于武汉市（34.98）和广州市（34.72），但低于深圳市（43.60）和南京市（35.42）。这表明在借助人力资本、研发投入等关键要素，推动大规模产业集群构建与重大数字项目落地的过程中，北京市与头部城市相比仍有差距。在中规模企业组，北京市以 54.17 的得分位居第三，低于深圳市（57.45）和武汉市（55.77），但领先于南京市（50.36）和广州市（49.32），表明北京市在利用研发、资产资本等要素，培育中型企业以及建设特色数字产业园区时，形成了一定的竞争优势。在小规模企业组，北京市表现突出，以 61.18 的高分处于首位，领先于深圳市（58.70）、广州市（58.11）、武汉市（58.05）和南京市（56.87）。这一优势反映出北京市通过营造良好的创新创业生态，在孵化培育小微企业时充分发挥了自身数字要素价值，构建了较为完善的小规模数字经济生态体系，有效落实规划中对鼓励中小企业创新发展的要求。

（3）数字技术应用维度：加速融合创新应用进程

在数字技术应用维度方面，北京市以 33.92 分位居第二，仅次于深圳市（34.73 分），领先于广州市（33.90 分）、武汉市（33.06 分）和南京市（32.51 分）。数据表明，北京市凭借对人工智能、区块链等前沿数字技术的融合应用，以及在生产过程中大力推进全要素数字化转型，在数字技术创新研发和产业化应用方面具备较强实力，处于全国领先水平（见图 3.28）。

分不同规模企业组看。在大规模企业组，北京市得分为 35.16，排名第三，低于深圳市（37.92）和南京市（35.37），但高于武汉市（34.48）和广州市（33.99），表明尽管北京市在推动大型企业运用人工智能、工业机器人等数字技术实现数字化转型，以及在促进重大技术项目落地等方面奠定了一定基础，然而相较于深圳、南京等先进城市，其在整合政策资源，促进产学研、大中小企业间的产业协同，以及加速前沿数字技术在大规模企业场景中的应用等方面，仍须持续发力。在中规模企业组，北京市以 33.84 的得分位列第二，仅次于广州市（33.95），领先于深圳市（33.75）、武汉市（32.59）和南京市（30.37），表明北京市在推动中型企业提升智能化水平、拓宽云计算与大数据技术应用广度等技术升级工作中，以及推广适配不同行业需求的数字化解决方案时成效显著，成功营造出稳定的数字技术应用生态。在小规模企业组，北京市以 31.59 分排名第二，仅次于广州市（33.70），高于武汉市（31.47）、南京市（31.43）和深圳市（30.94）。这一优势体现了北京市通过构建完善的创新创业服务体系，在推动中小企业运用数字技术开展技术创新以及孵化初创企业等方面成果突出，区域创新创业生态活力强劲。

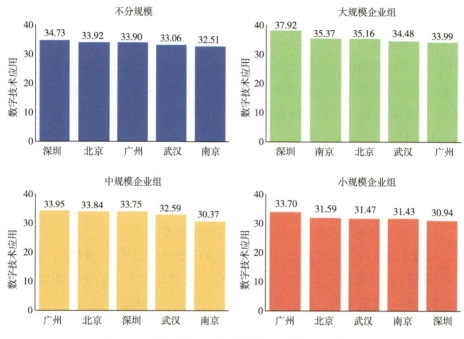

图3.28 五城市数字技术应用维度分指数分规模得分

（4）数字化成果维度：提升成果质量与转化效率

在数字化成果维度方面，北京市以36.15分位居第三，落后于广州市（37.79分）和南京市（37.18分），但领先于武汉市（33.87分）和深圳市（33.15分）。这表明北京市在数字创新标准制定、数字化创新学术与技术成果产出等方面已形成一定积累，但相较于部分领先城市，仍有提升空间（见图3.29）。

分不同规模企业组看。在大规模企业组，北京市以36.56分排名第三，与领先的南京市（39.95分）和广州市（37.45分）存在一定差距。鉴于数字创新标准、大型数字化项目的落地与实施，对大规模企业数字产业化和产业数字化成效具有关键影响。这个结果说明北京市在大型数字化项目的顶层设计、资源整合与推进落实方面，仍须加大力度，提升大型企业在数字经济领域的行业影响力与技术话语权。在中规模企业组，北京市以35.18分位列第三，仅次于广州市（40.11分）和南京市（35.29分）。凭借在数字创新论文、数字发明专利等方面的成果，北京市在推动中规模企业开展数字化创新活动、

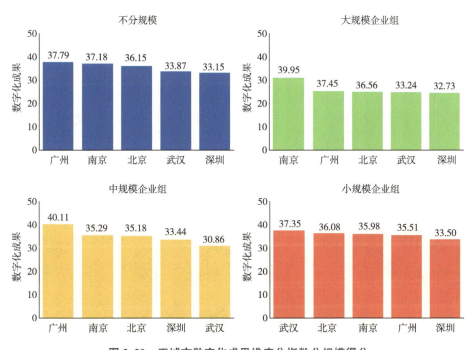

图 3.29 五城市数字化成果维度分指数分规模得分

促进行业数字化转型等方面，已取得阶段性成果，不过在进一步提升创新成果的数量与质量上，还有优化空间。在小规模企业组，北京市以 36.08 分排名第二，仅次于武汉市（37.35 分）。这得益于北京市聚焦中小企业数字化转型需求，推动数字创新资质认定等工作，促使中小企业在数字化应用层面展现出较强竞争力，为营造良好的数字经济创新创业生态环境奠定了基础。

（5）数字化赋能成效维度：深挖数字化价值潜力

在数字化赋能成效维度方面，北京市以 39.70 分位居第二，仅次于武汉市（42.45 分），领先于深圳市（38.82 分）、南京市（36.83 分）和广州市（36.23 分）。这表明北京市在推动企业数字化转型，挖掘数字经济对企业生产、运营等环节的赋能价值上已取得突出成果，但与武汉相比仍有进一步提升的空间（见图 3.30）。

分不同规模企业组看。在大规模企业组，北京市以 38.51 分排名第三，落后于南京市（41.82 分）和深圳市（41.06 分），大型企业在数字化转型进程中，对新兴技术的应用、业务流程的重构，会对整个产业的生产方式和资

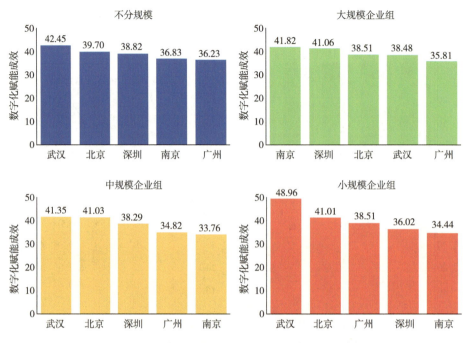

图3.30　五城市数字化赋能成效维度分指数分规模得分

源配置产生深远影响。这一结果反映出北京市在推动大型企业数字化转型，促进重大数字技术落地时，在顶层设计的系统性和资源整合的高效性上存在不足，亟待改进。在中规模企业组，北京市以41.03分位列第二，仅次于武汉市（41.35分）。这得益于北京市大力推广行业数字化解决方案，积极推动产业互联网建设，通过优化业务流程、转变业态模式，使中规模企业在数字化转型过程中实现了生产方式的优化与盈利能力的提升。在小规模企业组，北京市以41.01分排名第二，虽与领先的武汉市（48.96分）存在一定差距，但明显优于广州市（38.51分）、深圳市（36.02分）和南京市（34.44分）。这充分体现出北京市通过搭建中小企业数字化服务平台，营造创新创业生态，有效助力了中小企业利用数字技术转变业态、提升效益，在服务中小企业数字化转型领域占据优势地位。

上述针对各城市的分析显示，在产业数字化水平的多个维度与不同企业规模组中，北京市呈现出优势与不足并存的特征。

第一，大型企业短板突出。在战略与组织维度方面，北京市在大规模产业集群培育和重大项目实施时，资源整合与协同发展机制尚不完善。在要素投入维度上，相较于深圳市等先进城市，北京市在数字基础设施搭建、数字化人才储备等方面，对大规模产业集群的支撑力度不足。在数字技术应用、数字化成果及数字化赋能成效维度方面，大型企业在数字化转型项目落地、数字创新成果质量提升以及顶层设计的系统性等方面仍需提升。因此，北京市亟待强化顶层设计，优化资源配置，促进产业协同，推动大型企业数字化转型迈向新高度。

第二，中型企业优势显著。在战略与组织维度方面，北京市在中型企业梯队建设方面成效显著，推动了企业数字化创新导向的提升。在要素投入维度方面，北京市凭借研发、资产资本等要素，在特色数字产业园区建设中形成了竞争优势。在数字技术应用维度方面，成功营造出稳定的数字技术应用生态，助力中型企业提升智能化水平。在数字化成果维度方面，借助数字创新论文、专利等成果，推动行业数字化转型取得阶段性进展。在数字化赋能成效维度方面，通过推广行业数字化解决方案，优化业务流程，实现了中型企业生产方式的优化与盈利能力的提升，构建起具有竞争力的产业生态。

第三，小微企业创新活跃。在战略与组织维度方面，北京市落实小微企业扶持政策，打造了富有特色的创新创业生态。在要素投入维度方面，营造良好的创新创业环境，充分发挥数字要素价值，构建了完善的小规模数字经济生态体系。在数字技术应用维度方面，通过搭建创新创业服务体系，激发了中小企业运用数字技术开展技术创新的活力。在数字化成果和数字化赋能成效维度方面，聚焦中小企业数字化转型需求，构建起了差异化的竞争优势与完善的发展模式。

3.3.4 北京市核心优势与短板分析

3.3.4.1 北京市核心优势分析

（1）人工智能技术应用持续领跑

从十个城市"人工智能技术"指标的趋势看（见图3.31），2018年，北京市企业人工智能技术平均应用水平在十个城市中处于前列，体现了其在早期人工智能领域具备一定的技术应用基础，在产业发展初期占据优势地位。2019年，北京市企业人工智能技术平均应用水平达到峰值，明显高于其他城市。这得益于丰富的科研资源、高端人才集聚以及政策支持，促使企业能够快速应用前沿人工智能技术。尽管北京市企业人工智能技术平均应用水平在2020—2021年有所下降，但在2018—2023年，北京市企业人工智能技术平均应用水平持续稳居前二，表明其具备较强的产业韧性和技术应用稳定性，能够在波动中维持领先优势，持续推动人工智能技术在企业中的应用。

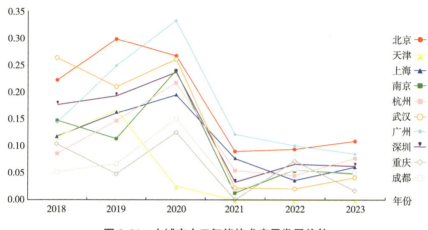

图 3.31　十城市人工智能技术应用发展趋势

（2）科创领先态势明显

从十个城市"数字发明专利"指标的趋势看（见图 3.32），2018 年，北京市企业数字发明专利平均数量在各城市中处于较高水平，彰显其在数字技术创新方面起步早，前期积累了大量数字发明专利，拥有深厚的技术创新底蕴，为后续发展奠定了坚实基础。2020—2023 年，北京市企业数字发明专利平均数量呈现快速增长态势，且增长幅度远超其他城市。这得益于持续的科研投入、产学研深度融合以及良好的创新生态环境，驱动企业在数字技术领域不断实现新突破，发明专利数量大幅跃升。在整个研究期间内，北京市企业数字发明专利平均数量总体持续处于领先地位。这种领先优势不仅体现了北京市企业在数字技术创新上的持续竞争力，也反映出其在相关产业发展中掌握着较多核心技术，对引领行业发展方向具有重要意义。

（3）数字化业务收入占比稳定

从十个城市数字化业务收入指标的趋势看（见图 3.33），北京市企业数字化业务平均收入占比呈现稳定上升特征。2018—2020 年，数字化业务收入占比逐步提升，彰显良好的发展势头。尽管其在 2020—2023 年呈下降趋势，

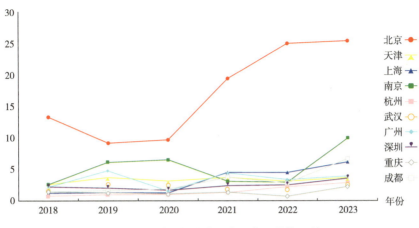

图 3. 32　十城市数字发明专利发展趋势（件）

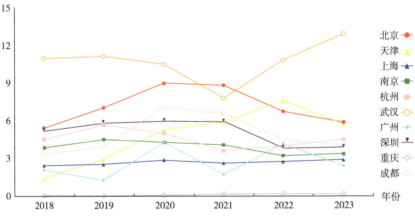

图 3. 33　十城市数字化业务收入发展趋势（%）

但始终保持在 6%~9% 内波动。这充分说明北京市的企业在数字化业务拓展进程中，具备一定的抗风险能力与可持续发展潜力。逐年分析发现，在多数年份中，北京市企业数字化业务平均收入占比在众多城市中处于相对较高位置，反映出北京市企业在数字化业务布局和发展上具备先发优势，凭借较早布局和深入探索，已取得阶段性成果，在行业竞争中占据有利位置，有力印证了其在数字化运营方面的强劲实力与卓越市场竞争力。

3.3.4.2　北京市短板分析

（1）管理层数字创新导向强度滞后

从十个城市"管理层数字创新导向强度"指标的趋势看（见图3.34），北京市企业管理层数字创新导向平均强度在2018—2022年有上升趋势，2022—2023年呈下降态势，且整体排名相对靠后。这一波动凸显北京市企业数字创新战略的不稳定性与连贯性缺失，意味着管理层在研判数字经济趋势时存在短视，易受干扰而调整战略方向与资源投入。同时，北京市整体排名靠后，反映出在吸引整合数字创新资源、搭建高效创新组织体系方面竞争力不足，数字创新组织管理与资源配置亟待优化。在行业整体快速发展的背景下，容易错失数字创新带来的发展机遇，不利于企业在数字经济时代构建持续的竞争优势，也影响到北京市整体数字经济产业的协同发展与升级。

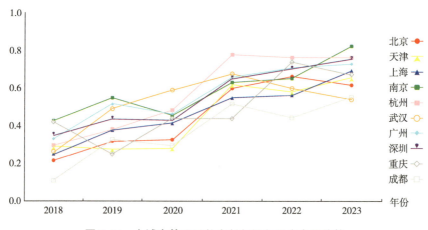

图3.34　十城市管理层数字创新导向强度发展趋势

（2）人才短板制约数字化转型竞争力

从十个城市"人力资本投入"指标的趋势看（见图3.35），2018—2023年，北京市企业平均人力资本投入呈上升趋势，但仍存在明显短板。从整体排名看，北京市相对靠后，反映出其在研发人员储备上落后于多数城市。与其他城市持续上升态势相比，北京市企业平均人力资本投入增长幅度或速度欠佳，表明其在吸引和培养研发人才方面缺乏足够竞争力，难以满足企业数字化转型和创新发展对高端人才的需求。此外，排名靠后也表明北京市企业在人才战略规划、薪酬激励、职业发展等人才吸引与保留机制上存在不足，无法有效汇聚研发人才，从而不利于提升企业创新能力和核心竞争力，在数字经济竞争中易处于劣势地位。

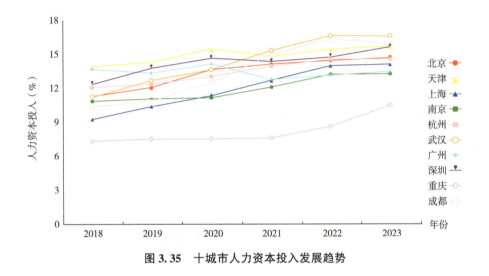

图 3.35 十城市人力资本投入发展趋势

3.4 结论与建议

3.4.1 研究结论

3.4.1.1 数字经济发展环境

从与上海、杭州、广州、深圳等城市的对比分析看，北京市数字经济基础环境建设核心优势与短板并存，具体结论有五点。

（1）人才储备与创新成果全国领先，软件产业生态优势突出

北京市数字经济基础环境建设综合指数（2023 年 51.99）位列十城市第二，仅次于深圳市（72.31），核心优势体现在三个方面。

第一，软件业务收入持续领跑：2023 年，北京市软件业务收入达 26 693 亿元，远超上海市（10 789 亿元）、深圳市（11 600 亿元）和杭州市（7 530 亿元），年均增速达 19.95%。中关村科技园的产业集群效应显著，百度、字节跳动等企业形成技术溢出，推动软件技术与商贸流通深度融合。

第二，数字经济人才密度居首。北京市数字经济人才密度从 2011 年的

2.43%，提升至 2023 年的 4.28%，显著高于上海市（2.67%）、深圳市（2.57%）。清华大学、北京大学等高校资源及"海聚工程"人才政策，构建了全国领先的人才储备库。

第三，专利授权与技术商业化能力突出。北京市每万人数字经济专利授权数从 2011 年的 16.9 件增至 2023 年的 130.7 件，虽低于深圳市（220.95件），但其依托高校与科研机构协同创新网络，技术转化效率长期保持高位。

（2）信息网络基建与研发投入结构短板制约均衡发展

尽管北京市在"软实力"领域表现优异，但其短板限制了基础环境建设的全面性。

第一，5G 网络与光缆密度显著落后。2023 年北京市 5G 基站覆盖率（6.52 个/平方千米）仅为深圳市的 17.4%，光缆密度（32.20 千米/平方千米）不足深圳市的 7.4%。早期政策优先级偏差（2018 年才启动 5G 建设）、地理条件复杂（山区占比超 60%）及地下管网协调难度高，导致基础设施部署滞后。

第二，研发投入强度与结构失衡。北京市数字技术研发投入占 GDP 比重（2023 年 1.01%）长期处于主要城市末位，远低于深圳市（4.98%）。其研发投入过度集中于高校和科研院所，企业研发动力不足，与深圳"企业主导研发、专利高效转化"的模式形成鲜明对比。

（3）政策协同效应显著但要素市场化配置待突破

北京市政策支持力度与政务透明度全国领先，2023 年数字经济政策关键词提及次数达 96 次，略低于上海市（114 次）；但北京市政府信息公开数量（43 938 条）连续五年居首，为市场主体参与数字经济提供了稳定的制度预期，体现出北京市更加注重政策的连续性。数据要素交易方面，北京数据交易所 2023 年数据交易备案规模 20 亿元，与深圳市（截至 2023 年底，实现累计交易规模 65 亿元）相比仍存在量级差距，反映数据要素流通机制亟待完善。

（4）研发投入结构性问题制约创新效能

北京市数字技术研发投入占 GDP 比重较低（1.01%）。北京市研发投入过度依赖高校和科研院所，导致"基础研究强、应用转化弱"的结构性矛盾。尽管北京市的专利授权数量在规模上领先于上海市，但深圳市企业在专利转化中的参与度更高，使得其专利产业化效率显著优于北京市。

（5）基础设施布局受多重约束

基础设施布局受限于城市空间承载能力（山区占比超60%）和历史保护要求，北京市5G基站密度（6.52个/平方千米）仅为深圳市的17.4%，光缆密度（32.20千米/平方千米）不足上海市（124.10千米/平方千米）的26%，新型基础设施的"硬约束"与数字经济"软实力"尚未形成协同效应。

3.4.1.2　数字产业化

从与上海市、杭州市、广州市、深圳市的对比分析看，北京市数字产业化发展同样呈现核心优势与短板并存，具体结论有两方面。

（1）软件服务与数字技术应用双轮驱动，综合实力稳居第二

北京市数字产业化综合指数（2023年66.43）仅次于深圳市（73.09），领先于上海市（40.73）、广州市（28.91）和杭州市（25.15）。其核心优势体现在两个方面。

第一，软件服务生态全国领先。北京市软件业务收入从2011年的3 009亿元跃升至2023年的26 693亿元，年均增速达19.95%，远超上海市（10 790亿元）、深圳市（11 600亿元）。依托中关村科技园的"产学研用"生态，百度、字节跳动等企业形成技术溢出效应，推动软件技术与商贸流通深度融合，2023年限额以上批发零售业商品销售总额达9.06万亿元，数字产品服务业增加值（876.85亿元）居主要城市首位。

第二，数字技术应用渗透深度突出。北京市信息传输、软件和信息技术服务业增加值达8 514.4亿元，占GDP比重突破19%，显著高于深圳市（3 996.36亿元）和上海市（4 732.03亿元）。智慧城市、金融科技等场景开放政策加速技术落地，2023年北京市的数字技术应用业对GDP贡献率达18.84%，技术商业化能力持续领先。

（2）硬件制造与数据要素市场化短板明显

尽管北京市在"软实力"领域占据优势，但其短板制约了数字产业化的均衡发展。主要表现在两个方面。

第一，硬件制造依赖外部产业链。2023年北京市计算机、通信和其他电子设备制造业营业收入为5 305.44亿元，仅为深圳市（26 714.22亿元）的19.9%，数字产品制造业增加值（898.58亿元）不足深圳市的14%。本地制造业占比低，土地与人力成本高企，导致硬件制造环节高度依赖长三角、珠三角供应链。

第二，数据要素市场化配置效率待提升。北京市数字要素驱动业增加值（396.36亿元）低于深圳市（420.30亿元）和上海市（404.62亿元）。尽管北京市已于2021年设立数据交易所，但其交易规模（2023年数据交易备案规模20亿元）与深圳市（截至2023年底，实现累计交易规模65亿元）差距显著，引见政策方面须进一步突破数据确权、隐私计算等制度瓶颈。

3.4.1.3 产业数字化

（1）贡献优势显著，发展潜力有待释放

在产业数字化的贡献维度分析中，北京市依托其庞大的产业规模，以14.86的产业数字化贡献指数，在全国主要城市中占据绝对领先地位。这种优势促使资源与贡献高度集中，形成典型的"极化现象"，并构建起"金字塔型"的梯队结构，对全国产业数字化的发展起到极为关键的引领作用。在产业数字化水平维度方面，北京市产业数字化水平指数为43.80，位列第五。与排名首位的深圳市相比，差距并不显著，且整体处于各城市的中间位置。表明当前各城市在企业数字化平均水平上，竞争格局相对均衡，北京市产业数字化水平仍存在较大的提升潜力。

（2）差异化特征显著，转型路径须精准施策

从不同规模企业的数字化转型进程看，大型企业由于传统行业占比较高，在数字化转型过程中面临诸多挑战。一方面，对现有生产设备和工艺流程进行数字化改造，不仅需要大量的资金投入，而且转型周期较长；另一方面，复合型人才的短缺，也在很大程度上制约了数字化转型的推进速度，导致其在多个关键维度存在明显短板。中型企业在数字化转型过程中，凭借完善的战略规划、充足的要素投入和广泛的技术应用，成功构建起稳定的数字技术应用生态。这不仅提升了企业的生产效能，也增强了企业的盈利能力，使其逐渐成为产业数字化发展的中坚力量。小微企业在政策扶持和创新创业生态的双重推动下，在数字技术应用和成果产出方面展现出较强的创新活力，形成了独特的竞争优势。鉴于不同规模企业的数字化转型特征，有必要制定差异化的发展策略，以推动产业数字化的整体发展。

（3）技术应用领先，创新生态亟待优化

在数字技术应用领域，北京市以33.92分位居第二，充分体现了其在人工智能、区块链等前沿技术融合应用方面的突出优势。然而，北京市企业管理层数字创新导向平均强度排名靠后，且呈现明显的波动趋势。同时，企业

平均人力资本投入不足，研发人才储备落后于其他城市。这不仅反映出北京市在数字创新战略稳定性方面存在不足，也凸显了其在人才竞争力方面的短板。为进一步推动产业数字化的高质量发展，北京市亟待优化数字生态发展的软环境，以提升整体数字竞争力。

3.4.2　政策建议

本报告从数字经济基础环境、数字产业化和产业数字化三个方面对北京市及其他九个城市的数字经济水平进行详细研究。基于研究结论得到 10 条促进北京市数字经济发展水平提升的建议。

3.4.2.1　加速新型基础设施建设，突破空间承载瓶颈

优先布局 5G 与光缆网络。针对 5G 基站覆盖率低（2023 年仅 6.52 个/平方千米，不足深圳市的 20%）和光缆密度落后（32.20 千米/平方千米）的短板，建议简化基站选址审批流程，探索"共享杆塔""地铁综合管廊共建"等集约化建设模式，重点加密核心功能区、产业园区及城乡接合部覆盖。对山区、历史文化保护区等复杂区域，可采用低轨卫星通信与地面网络协同补盲。强化政策资源倾斜。设立新型基础设施专项基金，对运营商、企业参与 5G 和光缆建设给予财政补贴或税收减免，并纳入地方政府绩效考核，确保政策优先级向数字经济基础设施倾斜。

3.4.2.2　优化研发投入结构，构建"企业主导+产学研协同"创新生态

激发企业研发动力。针对企业研发投入占比低的问题，建议对科技型企业研发投入给予更高比例的加计扣除优惠，设立"数字技术产业化专项补贴"，鼓励龙头企业牵头组建创新联合体，承担国家重大科技攻关项目。推动高校成果转化。依托中关村科技园，建立高校专利"先赋权后转化"机制，支持高校与企业共建实验室，打造"基础研究—中试孵化—市场应用"全链条转化平台。对产业化成效显著的科研团队给予股权激励或收益分成奖励。

3.4.2.3　深化数据要素市场化改革，释放制度红利

完善数据交易机制。对标深圳市"数据银行"模式，推动北京数据交易所扩容提质，探索数据确权、定价、流通的标准化规则，优先开放政务、医疗、交通等公共数据资源。鼓励企业通过"数据沙盒"试点隐私计算技术，促进跨行业数据融合应用。强化政策精准协同。优化数字经济政策支持力度（2023 年提及 96 次），从"数量扩张"转向"场景牵引"，针对智慧城市、自

动驾驶等领域制定专项扶持政策,并建立动态评估机制,确保政策落地与市场需求精准匹配。

3.4.2.4 优化人才政策,巩固"人才虹吸"优势

扩大高端人才引进规模。延续北京市各项人才政策的优势,对数字经济领域国际顶尖人才提供"一事一议"支持,简化外籍人才工作许可和居留审批流程。强化本地人才培养。支持高校增设人工智能、区块链等新兴学科,联合企业共建实训基地,推行"订单式"人才培养模式。对留京就业的数字化专业毕业生给予住房补贴或落户加分,夯实人才储备基础。

3.4.2.5 强化硬件制造本地化能力,构建京津冀协同产业链

推动"北京研发-津冀制造"分工模式。针对硬件制造薄弱(2023年数字产品制造业增加值仅为深圳市的13.8%),建议在保定、雄安等周边区域布局电子信息制造基地,承接北京研发成果的产业化需求。通过税收优惠、土地租金补贴等政策,引导小米、联想等龙头企业将生产环节外迁至津冀地区,形成"总部+制造"协同生态,缓解北京市土地与人力成本压力。提升核心零部件本地配套率。设立专项基金支持国产芯片、工业软件等关键技术攻关,鼓励中关村企业与长三角、珠三角等地区的供应链企业共建联合实验室,降低对外地核心零部件的依赖。

3.4.2.6 巩固软件服务优势,拓展技术应用场景

打造"软件+商贸"深度融合生态。依托北京市限额以上批发零售业商品销售总额超9万亿元的规模优势,支持百度、字节跳动等企业开发供应链管理、智慧物流等垂直领域软件,推动软件业务收入年均增速保持20%以上。

开放城市级数字化场景。在智慧城市、自动驾驶等领域设立专项试点,开放政务、医疗、交通等场景数据接口,吸引企业参与技术落地。对成功落地的项目给予最高500万元奖励,并优先纳入政府采购目录。

3.4.2.7 政策赋能落后产业,协同激活发展潜能

系统构建政策体系,综合运用税收减免、财政补贴以及专项基金设立等手段,精准赋能数字化水平滞后的行业,引导企业加大数字化转型投入。同时,基于北京市在产业数字化贡献层面的引领优势,搭建面向全国的产业数字化交流协作平台,畅通技术、经验与资源的跨区域流动机制。在此基础上,鼓励北京市大型企业输出成熟的数字化解决方案,发挥产业数字化"头雁效应",带动全国各地区实现产业数字化的协同共进,逐步缩小与领先城市在产

业数字化平均水平方面的差距。

3.4.2.8　聚焦大型企业数字化转型难题，多措并举破除瓶颈

针对大型企业数字化转型难题，政府应积极与金融机构开展深度合作，拓宽融资渠道，为企业提供多元化、低成本的融资支持。同时，组织高校与企业共建协同育人机制，开展复合型数字化人才培养项目，并推动大型企业间的数字化转型经验交流，鼓励企业组建行业联盟，集中力量攻克技术与管理难题。

3.4.2.9　持续支持中小企业数字化转型，分层施策强基增效

针对中型企业，持续强化在战略规划、要素投入等方面的支持力度，引导金融机构开发适配中型企业的定制化金融服务产品，搭建产学研深度融合的创新平台，进一步巩固其数字化发展优势。对小微企业，则政府须进一步完善并简化数字化转型扶持政策，持续优化创新创业生态环境，搭建专业化的小微企业数字化服务平台，提供技术咨询、培训指导等服务，通过资金奖励、政策倾斜等方式，激发小微企业数字化创新活力。

3.4.2.10　着力数字创新战略升级，优化数字人才培育环境

开展面向企业管理层的数字创新专题培训，帮助其准确把握数字经济发展趋势，提升数字创新战略决策能力。同时，制定政策引导企业制定并实施长期稳定的数字创新战略，搭建企业间数字创新交流平台，促进企业在技术研发、业务拓展等方面的合作。在人才队伍建设方面，制定具有竞争力的人才政策，吸引国内外高端数字创新人才流入。鼓励高校与职业院校优化专业设置，开设与数字创新相关的特色专业，培养符合市场需求的专业人才。企业则应进一步完善薪酬激励机制，优化研发人员职业发展路径，提升研发人员待遇，增强对人才的吸引力与保留力，营造良好的数字创新生态环境。

4 数字金融赋能北京市经济高质量发展

4.1　北京市数字金融发展概况

习近平总书记在党的二十大报告中提出，要加快发展数字经济，促进数字经济和实体经济深度融合。中央金融工作会议强调，要着力做好科技金融、绿色金融、普惠金融、养老金融合数字金融等五篇大文章，促进金融强国建设。其中，作为数字经济在金融领域的重要体现，数字金融不仅是推动金融体系数字化转型的关键支撑，也是激发数字经济发展活力的重要引擎。在数字技术赋能下，数字金融通过重塑金融服务方式，优化资源配置效率，拓展金融服务边界，成为推动科技金融、绿色金融、普惠金融和养老金融融合发展的重要引擎，也为数字经济与实体经济的融合发展提供了坚实保障。

数字金融是指相应的金融机构在传统金融业态模式的基础上，通过运用互联网、大数据和其他数字技术手段为客户提供个性化和智能化的新型金融服务。近年来，我国数字金融取得高速发展、成果斐然，移动支付、数字货币和大科技借贷等领域的发展均位于世界前列。北京市作为科技创新中心和国家金融管理中心，在数字金融发展方面具有得天独厚的条件和优势。北京

---

*　何枫，首都经济贸易大学科研处副处长，金融学院教授、博士生导师；陈隆轩，首都经济贸易大学金融学院博士生。首都经济贸易大学金融学院孙冉博士、管煜博士参与了本报告的研究工作。

市高度重视数字金融发展，随着北交所、中关村科创金融改革试验区、国家金融科技风险监控中心等数字金融基础设施相继落地，北京市正在不断拥抱数字化变革，着力推动数字金融高质量发展，为实现数字经济与金融强国建设提供强力支撑。

4.1.1　北京市数字金融总体发展现状

4.1.1.1　政策环境持续优化，强化数字经济发展机制

（1）政策环境持续优化，强化数字经济发展机制

自 2018 年北京市中关村管委会制定发布《北京市促进金融科技发展规划（2018—2022 年）》以来，北京市政府一直高度重视数字金融发展，持续强化政策引导，构建完善支持数字金融发展的政策框架体系。2022 年，《北京市"十四五"时期金融业发展规划》《北京市数字经济促进条例》《北京市数字经济全产业链开放发展行动方案》等政策相继出台，提出加快培育数字金融产业主体，推动新兴数字技术在金融领域深度融合应用；建设与首都功能定位相适应的现代数字金融体系，打造数字金融示范高地，引领数字经济高质量发展。2023 年以来，北京市进一步加快数字经济政策制度建设。2023 年6 月，北京市委市政府出台《关于更好发挥数据要素作用 进一步加快发展数字经济的实施意见》，指出要推进金融行业数据资产登记，探索数据资产金融创新，推动实现数据资产价值，为数字经济高效配置资源提供金融支撑。同年 7 月，北京市委市政府发布《关于进一步推动首都高质量发展取得新突破的行动方案（2023—2025 年）》，提出要完善科技金融体系、充分激活数据要素潜能和夯实先进数字基础设施，并持续优化北京证券交易所市场生态，加快推进北京市"专精特新"专板建设，推进建设全球数字经济标杆城市。2023 年 9 月，北京市政府发布《北京市促进未来产业创新发展实施方案》，系统布局了北京市未来产业的发展方向和实施路径，并指出要实施科技金融赋能行动，加强技术成果转化落地支持，将未来产业纳入高精尖资金支持范围。随着一系列政策文件的密集出台和相关创新发展举措的有序推进，北京市数字金融发展的政策体系不断完善，制度环境日益优化，已初步形成支撑科技创新、服务实体经济、引领数字经济高质量发展的数字金融发展生态（见表 4.1）。

表 4.1　北京市数字金融主要相关政策汇总

时间	发布单位	政策名称	主要内容
2018 年 10 月	北京市金融工作局、中关村科技园区管理委员会（以下简称"中关村管委会"）、西城区人民政府、海淀区人民政府	《关于首都金融科技创新发展的指导意见》	支持金融科技底层技术研发，加强金融科技基础设施建设和发展金融科技产业
2018 年 11 月	中关村管委会、北京市金融工作局、北京市科学技术委员会	《北京市促进金融科技发展规划（2018—2022 年）》	推动金融科技底层技术创新和应用，加快培育金融科技产业和拓展金融科技应用场景
2020 年 9 月	北京市朝阳区文化和旅游局	《打造数字经济示范区实施方案》	加快数字基础设施建设，推动数字产业集聚发展，加快数字化应用场景落地
2021 年 1 月	北京市海淀区金融办	《"两区"金融领域建设工作方案》	推进金融科技深度融合创新，强化金融服务实体经济，聚焦科创金融、数字金融、跨境投融资便利化等重点领域，努力培育金融发展新动能
2021 年 6 月	北京市丰台区人民政府	《北京市丰台区国民经济和社会发展第十四个五年规划和二〇三五年远景目标纲要》	构建数字金融生态圈，加强金融科技创新国际合作，将丽泽金融商务区全力打造成具有全球影响力的数字金融示范区
2021 年 9 月	北京市丰台区政府、北京市地方金融监督管理局	《丽泽数字金融示范区建设行动计划》	布局数字金融产业，全方位助力丰台数字金融产业创新发展，将丽泽数字金融示范区建设成为具有创新活力的数字金融高地

续表

时间	发布单位	政策名称	主要内容
2021 年 11 月	中共北京市委、北京市人民政府	《北京市"十四五"时期国际科技创新中心建设规划》	建成数字技术与经济融合创新平台,推动数字化赋能产业高质量发展,加快打造全球数字经济标杆城市
2022 年 1 月	北京市西城区人民政府	《北京市西城区建设全球数字经济标杆城市示范区实施方案》	建设安全感知的数据原生城区,打造原始创新的数字金融,弘扬多元融合的数字文化,培育创新引领的数字产业,激活提质升级的数字消费,营造精治善治的数字社会生态
2022 年 3 月	北京市通州区人民政府	《关于北京城市副中心推进数字经济标杆城市建设行动方案(2022—2024 年)的通知》	鼓励人工智能、区块链、大数据等技术在支付、征信、风险管理、反欺诈、反洗钱等领域的应用,加快副中心数字金融优质资源聚集,积极开展北京市法定数字货币试验区建设
2022 年 5 月	北京市经济和信息化局	《北京市数字经济全产业链开放发展行动方案》	加快数字金融产业发展,深入推进金融科技与专业服务创新示范区建设,支持数字金融重点机构和重大项目落地
2022 年 8 月	北京市金融服务工作领导小组	《北京市"十四五"时期金融业发展规划》	大力培育数字进入产业主体,加强数字金融技术研发创新,拓展数字金融场景应用体验,构筑完善数字金融监管体系,优化数字金融产业布局

续表

时间	发布单位	政策名称	主要内容
2022年9月	北京市通州区金融服务办公室	《北京城市副中心数字人民币试点工作实施细则（2022年版）》	落地"数币+供应链金融"创新应用场景，打造数字人民币展示应用新地标，构建"数币+智慧园区"生态圈
2022年11月	北京市经济和信息化局、北京市司法局等	《北京市数字经济促进条例》	推动数字金融体系建设，支持金融机构加快数字化转型，以数据融合应用推动普惠金融发展，促进数字技术在支付清算、征信评级等环节的深度应用，丰富数字人民币的应用试点场景和产业生态
2023年1月	北京市海淀区人民政府	《中国（北京）自由贸易试验区科技创新片区海淀组团发展建设三年行动方案（2023—2025年）》	释放新要素生产力，积极推动公共数据开放，深化数字贸易港建设，支持企业积极参与数字领域规则制定与经贸合作
2023年6月	中共北京市委、北京市人民政府	《关于更好发挥数据要素作用 进一步加快发展数字经济的实施意见》	推进工业、交通、金融等行业数据登记，激活行业数据要素市场，探索数据资产金融创新
2023年7月	中共北京市委、北京市人民政府	《关于进一步推动首都高质量发展取得新突破的行动方案（2023—2025年）》	完善科技金融体系、充分激活数据要素潜能，夯实先进数字基础设施，促进数字新型消费，推动数字经济成为发展新动能

续表

时间	发布单位	政策名称	主要内容
2023 年 9 月	北京市人民政府	《北京市促进未来产业创新发展实施方案》	实施科技金融赋能行动，加强技术成果转化落地支持，将未来产业纳入高精尖资金支持范围，引导社会资本参与未来技术创新与产业化落地

（2）数字基础设施日益完善，夯实数字经济发展底座

北京市数字金融基础设施建设加快推进，不断夯实数字经济高质量发展的运行基础和技术底座。在数字货币建设方面，2022 年 3 月，北京市数字人民币全域试点以来，已在政务服务、绿色金融、商业场景以及涉农领域逐步落地，有效助力首都数字经济高质量发展。2023 年，北京市税务局进一步推动数字人民币在税费缴纳中的广泛应用，为政府服务数字化和财政体系现代化注入新动能。

在数字化金融平台建设方面，2023 年 7 月，北京市累计发布五批共 26 个金融科技创新监管试点项目，其中已有 6 个项目率先完成测试，显示出良好的示范带动效应。同时，北京市在全国率先启动资本市场金融科技创新试点，并发布了首批 16 个项目，持续推进金融科技应用场景深化。截至 2023 年底，已有 12 个创新应用完成测试。2023 年 12 月，北京国家金融科技认证中心正式发布了联合金融开源实验室共同打造的金融业开源技术公共服务平台[1]。2023 年 10 月，国家级金融科技风险监控中心正式落地西城区国家级金融科技示范区[2]。

在金融科技产业建设方面，2023 年，北京市金融科技企业加快集聚与布

---

[1]　中国财富网：《北京国家金融科技认证中心发布四项行业级创新成果》，https://specials.cfbond.com/2023/12/25/991037199.html。

[2]　北京市西城区人民政府：《全国首家国家级专业化金融科技风险防控基础设施落户西城》，https://www.bjxch.gov.cn/xcdt/xxxq/pnidpv937352.html。

局，产业生态持续优化。中移金科联合多家金融机构推出"反欺诈-反恶意逃废债"等数字化产品，推动"通信+金融+科技"融合发展。百融云创 AI 产品广泛应用于各类场景，智能体 AI 等前沿技术加速金融行业智能化转型。中信金控、金证金科、恒宝东方等优质数字金融企业相继落户北京市。北京市园博数字经济产业园和丽泽数字金融示范区等数字产业园区持续强化企业集聚效应，推动形成功能完备和创新活跃的数字金融产业生态。

在数据要素市场建设方面，北京国际大数据交易所成为全市数据登记、交易、评估和流通的核心平台，率先探索数据确权的市场化路径，助力多场景下数据要素的安全流转。截至 2023 年 11 月，北数所数据交易备案规模已超过 20 亿元，累计服务交易主体 500 余家[①]。"长安链 2.0"政务联盟链、量子金融通信网等基础设施建成投用，Web3.0 等前沿技术深度赋能数据安全流通。随着数据跨境流动试点的稳步推进及首笔国际数据交易的成功落地，北京市正逐步加快建设具有全球影响力的数据要素市场，为数字金融发展持续注入新动能。

4.1.1.2　数字金融水平不断提升，为数字经济注入持续动能

随着数字技术与金融服务的不断融合深化，我国数字金融发展水平也日渐提升。目前，国内研究主要选用北京大学数字金融研究中心研发编制的数字普惠金融指数，衡量我国数字金融的发展情况。在此，我们采用北大数字普惠金融指数的省级层面的有关最新数据，分析北京市 2013—2023 年数字金融发展情况。总体来看，北京市数字金融发展水平稳步增长，在金融科技应用和普惠服务拓展等方面不断取得新突破，为数字经济发展注入持续动能。

（1）数字金融发展水平稳中有进，夯实数字经济金融支撑

如图 4.1 所示，2013—2023 年，北京市数字金融发展水平保持稳步增长。其中，2023 年北京数字金融综合指数得分为 463.63，相较上年提升近两个百分点，态势总体向好。从增长率趋势看，北京市数字金融总指数整体增速有所放缓，不过其间存在阶段性波动上升的情况，总体趋于平稳，表明数字金融发展正由高速扩张阶段逐步迈入稳定增长阶段，体系建设日益成熟完善。

---

①　新浪财经：《北京国际大数据交易所栾明月：将探索更多数据资产化路径》，https：//finance. sina. com. cn/jjxw/2023-12-21/doc-imzytsic0811596. shtml。

图 4.1 北京市 2013—2023 年数字金融指数变化

数据来源：北京大学数字普惠金融指数。

（2）覆盖广度持续扩大，推动数字经济普惠共享

在数字金融发展水平不断提升的基础上，北京市数字金融的覆盖广度和普惠性持续增强。如图 4.2 所示，2023 年北京市数字金融覆盖广度的得分已达 466.27，相较于 2013 年实现近两倍增长。从增长率看，尽管增长率在某些年份显著下降，但总体上覆盖广度仍然保持增长。数字金融服务的不断下沉，使更多中小微企业、个体经营者和居民用户能够参与数字经济活动中，从而推动了创业创新活力的释放与数字经济参与主体的多元化。根据北京银行相关数据，截至 2023 年末，北京银行普惠金融贷款余额 2 315.16 亿元，普惠型小微企业贷款户数 34.9 万户，较 2022 年末分别实现 34.5% 和 16.6% 的增速（见图 4.2）。

（3）使用深度不断提升，释放数字经济内生动能

北京市数字金融使用深度不断增强。如图 4.3 所示，截至 2023 年末，北京市数字金融使用程度得分为 459.05，相较于 2022 年增长 3 个百分点，反映出金融科技在优化服务流程、提升用户体验与扩大服务触达方面的积极成效。以北京银行为例，截至 2023 年末，北京银行手机银行月活跃用户数超 630 万

图 4.2　北京市 2013—2023 年数字金融覆盖广度得分的变化

数据来源：北京大学数字普惠金融指数。

户，较 2022 年同比增长近 20%，手机银行个人客户规模已达到 1 585 万户，客群基础进一步提升。数字金融使用深度的增加提升了金融资源配置效率，也激发了消费和投资等数字经济关键领域的活力。

（4）金融数字化程度大幅提高，拓展数字经济应用空间

如图 4.4 所示，2023 年北京市金融数字化程度得分 463.24，相较 2022 年同比增长约两个百分点，较 2013 年翻了 1 倍，充分反映出金融体系与数字技术深度融合的成效。金融数字化的持续推进，为数据要素流通、智能服务拓展和产业协同创新提供了更加高效的金融支持。以北京银行为例，2023 年以来，北京银行聚焦 AI 技术的创新应用，提出"B＝IB＋AIB"① 的理念，推动 AI 模型在跨境支付结算和投贷担保等场景落地，提升服务智能化和精细化水平。北京市正进一步释放数字金融对数字经济场景的支撑潜力。

---

① B（Banking）指由零售和科技驱动的商业银行，IB（Investment Banking）指由投行驱动的商业银行，AIB（AI-driven Banking）指由 AI 驱动的商业银行。

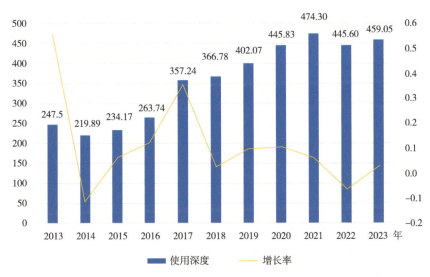

图 4.3　北京市 2013—2023 年数字金融使用深度得分的变化情况

数据来源：北京大学数字普惠金融指数。

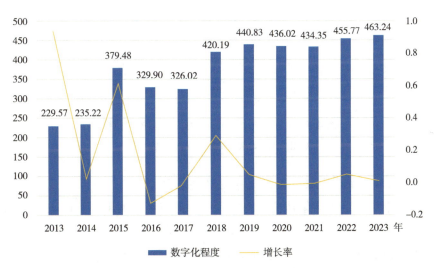

图 4.4　北京市 2013—2023 年数字化程度得分的变化

数据来源：北京大学数字普惠金融指数。

4.1.2　北京市各区数字金融发展现状

近年来，北京市高度重视数字金融发展，数字金融发展水平不断提升。

根据最新公布的北京大学数字普惠金融指数数据，北京市各区 2023 年数字金融相关指数的数据情况（见图 4.5）。总体而言，北京市各区数字金融发展水平均较高。其中，数字金融综合指数得分靠前的区是：朝阳区、海淀区、丰台区、西城区、通州区和石景山区。这些区域立足自身区位和资源优势，积极推进北京市数字金融发展。北京市数字金融发展正逐渐形成"核心引领、周边联动"的区域发展格局，日益成为驱动数字经济高质量发展的重要引擎。

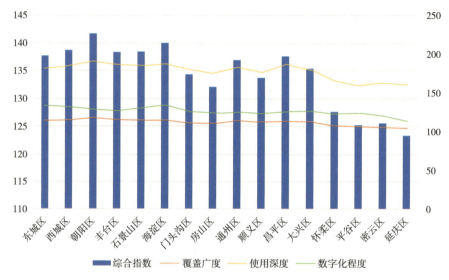

图 4.5　北京市各区 2023 年数字金融相关指数

数据来源：北京大学数字普惠金融指数。

4.1.2.1　龙头引领，激发数字经济发展动力

在北京市数字经济蓬勃发展的进程中，海淀区、朝阳区和西城区分别凭借丰富的教育科研、国际化资源和金融资源优势，引领北京市数字金融发展，在激发城市数字经济内生动力方面发挥了重要引领作用。

海淀区依托其强大的科技研发和高等教育资源基础，积极打造全国领先的数字金融创新高地。中关村科创金融服务中心整合产学研各类要素，搭建多元协作平台，吸引了众多独角兽企业和高新技术企业于此汇聚，形成了数字科技与金融资本深度融合的创新生态。截至目前，海淀区独角兽企业数量有 50 家，占北京市独角兽企业数量的 44%①。2023 年，海淀区新孵化 6 家独角兽企业，总估值超 60 亿美元②，有力推动了区域数字经济核心竞争力持续提升。同时，北京大学和清华大学等高校通过打造双创示范基地、孵化器等创新创业载体，助力打造区域数字金融创新生态。

朝阳区作为首都国际交往和金融开放的重要窗口，聚焦数字经济示范区建设，积极引进数字金融龙头企业，构建现代化总部经济集群，建设新型数字总部企业集群，提升区域产业承载力和集聚效应。2023 年，51 家金融机构落户朝阳区，其中包括渣打证券等 11 家总部金融机构，开泰银行北京分行等18 家一级分支机构及 22 家支行支公司③，进一步强化区域金融资源配置能力。借助自贸区政策红利和金融服务平台，朝阳区不断拓展跨境金融与数据流通功能，推动北京国际大数据交易所等项目落地，有效释放数据资产价值。围绕国际创投集聚区建设，朝阳区打造全要素创投生态服务体系，先后设立科技创投引导基金等，为数字经济发展注入了源源不断的金融动能。

西城区作为首都功能核心区和"东方华尔街"，充分发挥区位和政策优势，积极打造金融与科技深度融合的发展格局，构筑首都数字经济增长极。依托"一行一局一会"、北京证券交易所等顶级金融资源，西城区积极释放数据要素价值。自金科新区获批国家级金融科技示范区以来，西城区深入推进金融与科技融合，加快释放数据要素价值，构建多层次数字金融生态。通过打造西单·北京坊、德胜科技园等数字街区和园区，吸引大批数字经济核心企业集聚。截至 2024 年上半年，区域内数字经济核心企业超 2 300 家④。在推动经济质效跃升方面，西城区持续推进金科新区"由量到质"的转型升级。2023 年，184 家金融科技企业入驻，注册资本超 1 100 亿元，实现三级税收 15

① 北京日报：《海淀独角兽企业达 50 家领跑全市》，https：//kw. beijing. gov. cn/xwdt/kcyx/xwdtshgg/202412/t20241223_ 3971767. html。

② 澎湃新闻：《2023 年北京新晋这 9 家独角兽公司，除海淀之外，丰台、昌平、朝阳也有收获》，https：//www. thepaper. cn/newsDetail_ forward_ 25935592。

③ 新浪财经：《北京市朝阳区内持牌金融机构已经超过 1800 家》，https：//finance. sina. com. cn/jjxw/2024-03-06/doc-inamkitk8803763. shtml。

④ 北京市经济和信息化局：《数字领航、协同创新，展各区数字经济发展新风貌（西城篇）——北京数字经济"一区一品"系列宣传活动之七》，https：//jxj. beijing. gov. cn/jxdt/gzdt/202410/t20241021_ 3924369. html。

亿元①。同时，西城区着力培育科技创新主体，集聚多家"专精特新"企业和上市公司，逐步构建起具有国际竞争力的数字金融产业链，加快打造首都数字经济发展新引擎。

4.1.2.2　各扬所长，协同赋能首都数字经济

以丰台区、通州区等为代表的区域也根据自身资源禀赋和产业特色，积极探索适配本区发展阶段的数字金融路径，为构建全市协同发展的数字经济新格局注入活力。

作为北京市核心区与非首都功能的梯度承载区，丰台区自 2021 年发布"丽泽数字金融示范区建设行动计划"以来，紧抓金融与科技融合发展的新机遇，持续推进数字金融生态建设，为首都数字经济高质量发展注入了强劲动力。截至目前，丽泽金融商务区已集聚超 1 200 家企业②，金融、科技及商务服务类企业占比超九成，吸引路孚特和华为中国区总部等机构入驻，形成"金融+科技"协同发展的新兴产业集群。数字人民币和跨境支付等新技术广泛应用，多项创新成果在丰台率先落地，标志着丽泽数字金融示范区创新能力的不断跃升，不断为首都西南数字经济注入新动能。

作为北京城市副中心，通州区依托其独特的区位与政策优势，加速构建以金融科技为核心的新兴金融发展格局，为数字经济注入强劲动力。通过优化营商环境和完善数字金融基础设施，城市科技示范区、国际数字港等重点项目稳步推进，为金融业数字化创新搭建坚实平台。截至 2023 年底，运河商务区已集聚超 200 家金融机构。其中，农银科技作为首家国有银行科技子公司成功落地，副中心首家 5G 智慧银行及百余项智能应用场景也相继启用，金融科技生态圈初具规模③。国投云网、中建新科等央企加速聚集，市属国企总部项目（如北投大厦、首旅集团总部大厦等）相继建设落成，进一步夯实区域金融产业基础。2023 年，全年新增 129 家创新型中小企业、96 家市级"专

---

①　北京市发展和改革委员会：《金科新区入驻机构达 184 家，亮眼成绩单来了》，https：//fgw. beijing. gov. cn/gzdt/fgzs/mtbdx/bzwlxw/202410/t20241012_ 3917957. htm。

②　中国新闻网：《北京丽泽金融商务区成新兴金融产业集聚高地 入驻企业已超 1200 家》，https：//www.chinanews. com. cn/cj/2024/12-25/10342368. shtml。

③　新浪财经：《北京通州运河商务区注册企业已超两万家》，https：//finance. sina. cn/2024-02-29/detail-inakrpke5951594. d. html。

精特新"中小企业与 6 家国家级"小巨人"企业①，通州区正成为首都金融科技与数字经济协同发展的新引擎。

石景山区立足"金融+科技"融合发展战略，借助银行保险产业园资源优势，打造特色鲜明的数字金融生态圈，成为京西重要的数字经济支撑力量。2023 年，石景山区加快"金融+科幻"产业协同发展，建设新首钢科幻产业集聚区，成功吸引 184 家企业和机构入驻。作为北京市首个数字人民币综合试验区，石景山区成功发行全国首个"科幻硬钱包"，推动数字金融在文化消费等领域的深度嵌入。2023 年，全区现代金融产业收入突破 1 300 亿元，稳居京西第一大产业集群。2023 年，全区实现 23 项科技成果落地转化，国家高新技术企业总量超 900 家②，科技服务业收入达到 270 亿元，数字经济贡献不断攀升。

其他各区也结合自身禀赋找准定位，持续深化本区差异化数字金融布局。例如，昌平区"科教+产业"联动优势推动紫光数字经济科技园、小米智能工厂等重点项目落地；大兴区积极布局数据要素产业集群，2023 年新一代信软产业营收增速居全市首位；门头沟区聚焦人工智能打造"京西智谷"，2023 年建成 100P"京西智谷"智算中心和北京算法交易服务中心，累计招引 71 家人工智能优质企业落户③；平谷区立足农业利用互联网等技术实现农业产业链数字化，"物流四镇"物流产业用地成交面积、规划建筑规模和总成交金额均居全市第一④。各区协同发力，走特色发展之路，共同构筑首都数字经济高质量发展的坚实基础。

---

① 北京市人民政府：《通州区：以"高颜值""深内涵"圆梦未来》，https：//www. beijing. gov. cn/ywdt/gqrd/202401/t20240124_ 3544404. html。

② 北京市人民政府：《石景山区如何构建高精尖产业体系 在产业布局上有哪些考虑和举措？》，https：//www. beijing. gov. cn/fuwu/lqfw/ztzl/tzbjhkt/qzftj2025/sjs2024/202504/t20250411_ 4062714. html。

③ 北京市门头沟区人民政府：《京西智谷 转型发展辟新路》，https：//www. bjmtg. gov. cn/bjmtg/ysxx/202503/541750770c7f415fae7dd06435eda29d. shtml。

④ 北京市农业农村局：《北京平谷：搭建"土特产"发展平台 共绘乡村振兴好"丰"景》，https：//nyncj. beijing. gov. cn/nyj/snxx/gqxx/436415125/index. html。

4.2 数字金融赋能北京市经济高质量发展的要素筑基

4.2.1 培育高质量发展的数字金融市场主体

北京市立足国家金融战略定位，紧扣首都高质量发展核心任务，系统推进数字金融关键要素的基础性培育与制度性引导，着力构建多元化、协同化、生态化的市场主体格局。通过加强政策引导、优化资本配置、健全协作机制，北京市正加快培育以金融机构、科技企业、平台型企业和专业服务机构为核心的数字金融创新共同体，为首都经济高质量发展注入持续动能。

4.2.1.1 北京市政府引导基金

为增强北京市数字金融服务实体经济的能力，北京市充分发挥政府投资基金在资本要素配置中的引导作用，构建了"技术—模型—应用"三层联动的要素投资体系，重点聚焦人工智能、智能制造、信息服务等关键领域。通过设立人工智能、机器人、信息产业等 8 个专项产业基金，形成覆盖全链条的数字金融资本支持网络，为关键技术突破与场景落地提供有力保障。截至2024 年底，北京市 8 个政府投资基金累计投资决策 167 个项目、投资金额 170亿元[①]，撬动大量社会资本向高质量发展导向聚集。特别是北京市人工智能产业投资基金。该基金自 2023 年成立以来，在一年时间内便完成了对 30 余个项目的投资布局，投资范围覆盖从底层算法到金融应用的全链条，培育出智谱 AI、生数科技、面壁智能、瑞莱智慧科技、昆仑芯（北京）科技、潞晨科技、凌川科技、深势科技、百川智能等，具有清华、北大背景的优质人工智能企业。其中，智谱 AI 在政府基金引领下先后完成 12 轮融资，成功吸引了社保基金——中关村自主创新基金，以及美团、阿里、腾讯等产业资本的多方参与。通过"政府引导+市场化机制"的协同推进，北京市正加速构建以人工智能为技术基础，以场景需求为牵引的数字金融生态系统，持续提升金融科技的自主创新能力，推动经济结构优化升级，释放首都高技术产业发展的新动能。

---

① 新京报：《北京近两年新设 8 只百亿级政府投资基金》，https：//www.bjnews.com.cn/detail/1743408852129759.html。

4.2.1.2　丽泽数字金融科技示范园

作为国家级金融科技示范区的核心载体，丽泽金融商务区在首都数字金融生态建设中兼具平台支撑与示范引领的双重功能。根据《北京城市总体规划（2016—2035 年）》，该区域被赋予新兴金融产业集聚区和首都金融改革试验区的双重使命。从发展现状看，丽泽金融商务区已形成显著的产业集聚效应。截至 2024 年 9 月 20 日，园区入驻企业达 1 200 家，其中，金融及新兴金融企业占比超过 90%①，构建了以数字金融为主导的产业生态圈。值得关注的是，园区同时具备"国家级智慧城市试点""北京市绿色生态示范区"等身份，完善的数字基础设施和优越的产业承载环境，为科技企业与金融机构总部于此落地提供了理想条件。在龙头企业的带动效应下，华为中国总部、中国银河证券等重量级机构的相继入驻，推动丽泽金融商务区加快构建"技术研发—场景应用—生态服务"的数字金融全产业链创新体系。展望未来，丽泽金融商务区将进一步优化空间布局，强化产业功能协同，完善专业化配套服务体系，不断提升数字金融产业的承载能力和服务集成能力，努力打造数字金融与城市高质量发展深度融合的标杆样板区，为首都现代化金融体系建设提供有力支撑。

4.2.2　构建高质量发展的数字金融技术支撑体系

面对新一轮科技革命和产业变革加速演进的时代背景，北京市以建设全球数字经济标杆城市为战略契机，着力增强数字金融领域的科技创新要素供给能力。通过积极推进"金融+科技"的深度融合，加快培育以金融大模型为代表的智能技术体系，构建涵盖算法能力、算力基础与数据治理的多层支撑架构，不断夯实首都经济高质量发展的数字智能基础。

4.2.2.1　北京市人工智能应用场景联合研发平台

2024 年，北京银行作为核心单位牵头建设北京市人工智能应用场景联合研发平台，成为首家主导该平台的金融机构。这个突破性进展不仅标志着北京市本地金融机构在大模型创新体系中的"主体地位"进一步确立，也展现了北京市在人工智能原始创新与场景应用协同推进方面的强劲能力。该平台

---

① 丽泽商务区管委会：《丽泽金融商务区入驻企业突破 1200 家》，http：//www.bjft.gov.cn/ftq/bmdt/202409/47f85c2a55cd4b96bf8dc7b848a8bf89.shtml。

聚焦"场景牵引—技术融合—系统赋能",已成功构建涵盖语音识别、语义理解、计算机视觉、知识图谱、智能决策、流程自动化等在内的八大核心 AI 技术矩阵。特别是在大模型落地应用方面,北京银行通过打造"京翼大模型服务平台""京骑 AI 智能体平台""AIB 金融智能应用平台",构建了"大模型+通用机器学习模型"双轮驱动的创新体系,不仅为智慧金融发展注入强劲算力支撑与技术动能,也为北京市率先构建数字金融产业新优势、拓展经济发展新空间提供了核心支撑。

4.2.2.2 华为昇腾 AI 基础软硬件平台

在智能化转型的基础设施方面,北京银行率先引入华为昇腾 AI 基础软硬件平台,推动算力资源的系统布局与优化,显著提升了大模型的训练效率、工程化部署能力和业务场景适配能力。自 2023 年北京银行与华为达成战略合作以来,双方共建金融智能化创新实验室,基于昇腾 AI 芯片和 MindSpore 昇思框架,搭建起覆盖模型构建、部署、调用全流程的底层架构,为金融业务高效、高质量运行提供了底层保障。

为增强智能能力与安全韧性,北京银行还同步推进"可信数据治理、模型工程优化、算力资源整合、安全体系建设"四位一体发展策略,打造数字金融科技发展的核心支点。通过 AIB 智能业务平台与"京信妙笔"智能写作系统的自主研发与应用,北京银行实现了人工智能在业务全流程的规模化落地,有效提升了金融资源配置效率与服务响应能力,促进技术要素向生产力高效转化,为推动北京市经济向"高端化、智能化、绿色化"发展路径迈进提供了关键助力。

4.2.3 拓展高质量发展的数字金融应用场景空间

应用场景拓展是推动数字金融高质量发展的关键支点。北京市遵循"场景牵引、主体创新、机制协同"的路径,强化技术、数据、制度等要素与实体经济的深度融合。通过畅通技术供给向产业赋能的传导链条,持续提升金融科技在服务模式、产业生态和治理体系中的支撑能力,增强数字金融对首都经济动能转换的引领效应。

4.2.3.1 京东物流供应链金融平台

京东物流通过深度融合大数据、人工智能及区块链等前沿技术,创新构建了基于安全隔离域可信计算的多方数据融合体系,成功推动供应链金融从"流程数字化"迈向"智能化决策",实现跨越式发展。该平台通过系统整合线性回归、决策树、神经网络等多元技术,构建了智能化的风控决策引擎,不仅将风控精准度提升至行业领先水平,而且大幅优化了业务响应效率。在"供应链+场景+数智化"理念引领下,该平台创新性地将"物的信用"与"数据信用"转化为可量化、可评估的金融资产。这一举措为供应链上下游企业融资提供了新的资产依据。基于此,平台开发出动产质押、承运商融资、智能信用贷等多元化金融产品矩阵,有效破解了供应链上下游企业的融资难题。同时,通过标准化、模块化的技术输出,为行业提供了可快速复制的数字金融解决方案,显著拓展了新技术在金融领域的应用深度与广度,打造出产融结合的典范模式。

4.2.3.2 公共信用大数据风控体系

公共信用大数据赋能普惠金融项目。以"信用风险精准识别"为核心应用场景,针对中小微企业融资难题,构建了全链条智能化评估体系。通过深度整合企业及高管的信用记录、司法信息、税务数据等多维度信息,并依托大数据建模与分布式计算技术,该项目打造了"事前精准识别—事中动态监测—事后智能预警"的全流程风险管理闭环机制。作为北京市推进数据要素市场化配置和社会信用体系建设的标杆案例,该项目通过"场景需求牵引—数据要素驱动—产业价值转化"的良性循环,已成功接入300余家金融机构,累计为1.5万余家企业提供融资支持,授信总额突破75亿元[①],不仅实现了数字金融风控工具的技术突破,而且形成了可推广的制度化经验,为普惠金融高质量发展提供了示范性解决方案。

4.2.3.3 北京再担保数智平台

北京再担保数智平台以小微企业融资全周期服务为核心,通过构建"业务线上化—数据资产化—决策智能化"的数字金融服务体系,实现了金融服务效能的全面提升。该平台深度融合光学字符识别(OCR)、人脸识别等先进技术,深度挖掘工商、司法、财税等多维度大数据,并通过持续优化大数据预判及智能预审模型,实现了贷款额度的智能评估,为首都中小微企业提供精准高效的融资解决方案。此外,该平台基于普惠金融行业需求,整合自然语言处理、知识图谱、深度学习等 AI 技术,成功研发了融资担保行业首个垂

---

① 北京市公共数据开放平台:《公共信用大数据赋能普惠金融高质量发展》,https://data.beijing.gov.cn/publish/bjdata/yscg/jrfw/c0ecfc6b6da34aa5a11a95bb6b27c01c.htm。

类大模型——"再享"大模型，有效解决了行业痛点，进一步提升了智能决策水平。同时，为强化风险管理能力，平台还构建了多方数据协同机制，并创新打造多维度的"企业画像"评估体系，为业务准入、风险管控及动态监测提供了精准的数据支撑。据统计，2024年该平台已助力合作机构完成中小微企业担保服务6 000余笔，担保规模突破150亿元；支持北京再担保公司为合作机构提供再担保业务1.8万余笔，再担保规模超403亿元[1]。这一创新实践不仅打造了"高效、低成本、可复制"的智能担保新模式，也为首都金融科技高质量发展提供了重要示范。

4.3 数字金融赋能北京市经济高质量发展的技术攻坚

4.3.1 提升科技金融服务水平，培育数字经济增长新动能

4.3.1.1 北京银行推出数字人民币智能合约应用平台

2023年，北京银行依托中国人民银行数字货币研究所的智能合约生态服务平台，立足服务首都经济、服务市民百姓的战略定位，加速推进"数币银行"业务，成为首家受理数字人民币的城商行。同年10月，该行与建设银行以及零售数智化解决方案服务商多点DMALL合作，创新推出"数字人民币美通卡"。这是商超领域首款针对数字人民币预付资金管理的产品。

"数字人民币美通卡"深度集成了智能合约技术，明确了预付资金归属消费者，实现了资金的明晰与合规。通过精准管理与控制用户资金，严格核对每笔消费，有效提升了资金安全性，降低了风险。此外，该产品提供丰富的卡管理服务，如实时查询余额及权益、一键获取交易记录、无忧退卡等，极大提升了消费者体验。"数字人民币美通卡"还支持在北京地区的多点App及物美线下机具上使用，为消费者提供便捷高效的支付体验。此举不仅推动了数字人民币的普及和应用场景拓展，也为数字经济发展注入了新动力。

自2023年起，北京银行与石景山区政府达成战略合作，助力石景山区"数字人民币综合性试验区"建设，为石景山区政府机构提供数字人民币服

---

[1] 北京市国有资产经营有限责任公司：《2024年北京再担保数智平台业务规模突破553亿元》，https：//mp.weixin.qq.com/s/Ok8iRW01CEknRIXOeTUT0g。

务。2024 年 7 月，北京银行落地全市首笔数字人民币知识产权质押贷款，通过知识产权质押形式，有效缓解科创型企业缺乏抵（质）押物等难题，实现数字人民币在知识产权质押贷款这个融资场景的创新突破。截至 2024 年 9 月末，北京银行以数字人民币形式为石景山区 300 余家"专精特新"和创新型中小企业代发奖励资金共计 4 965 万元。北京银行通过不断创新数字人民币应用场景，深化生态建设，为首都提供了更加优质、高效的金融服务。

4.3.1.2 中信银行"天元司库"管理系统建设

2023 年 2 月 24 日，中信银行在北京中信大厦发布"天元司库"服务体系，标志着业内首个由银行自主研发的司库管理系统正式亮相。该系统以"天元司库"管理系统为核心，辅以咨询顾问和金融产品，形成了一套综合服务体系。该系统不仅符合国资委对司库建设的严格要求，还充分利用金融科技优势，为客户提供个性化服务。

"天元司库"系统围绕企业司库的"六大统筹"需求，整合了中信银行的本外币一体化资金池、资产池、SWIFT AMH（环球银行金融电讯协会提供的一种全球现金管理服务，旨在帮助企业实现全球账户的统一视图和集中管控）、信 e 融、团金宝、外汇交易通等核心产品，通过"一户一策"的方式，精准解决企业痛点。同时，该系统对标数智化司库标准，实现了全流程服务、全次级穿透、全要素统筹和全周期管理，涵盖决策中心、融资中心、公共中心、外汇中心、结算中心、资金中心、投资中心、预算中心、供应链中心、票证中心、跨境中心、账户中心 12 个核算中心，功能强大且全面。

值得一提的是，"天元司库"系统设计了丰富的模块和功能点，内置了适用于央国企的决策流程和统筹路径，同时打通了业务和财务系统的横向联系，实现了对分子公司多维财务数据的纵向集中管理。在数据治理方面，该系统也展现出卓越的能力，为企业的财务管理提供了有力支持。截至 2024 年上半年，"天元司库"系统上线客户数 1 837 户，报告期内累计交易金额达 1 687.06 亿元①，运用全方位、多层次的数字金融服务与解决方案，助推区域龙头企业数字化转型升级，服务区域经济高质量发展。

---

① 中信银行北京分行：《中信银行发布 2024 年半年报：积极服务实体经济 坚定推动高质量发展》，https：//mp.weixin.qq.com/s/v_XyFliT18Vnr40AaUsLSA。

4.3.2　夯实绿色金融发展基础，激活数字经济低碳转型新动能

4.3.2.1　北京银行"京碳宝"

为响应国务院发布的《2030年前碳达峰行动方案》，推进数字化、智能化、绿色化融合发展，北京银行围绕数字化转型升级进行服务布局。北京银行在稳步推进数字人民币研发试点进程中，于2022年6月发布"京碳宝"数字化低碳金融服务品牌，构建起覆盖绿色支持、融资支持与低碳发展的综合服务体系。

绿色服务层面。北京银行依托全线上化渠道重塑客户体验，通过全程数字化改造，打造涵盖电子渠道、开放银行、银企直连的多维服务体系。客户可借助手机银行App、企业网银及开放银行平台，在线完成账户开设、资金结算、理财投资等金融操作。针对法人客户，北京银行创新推出企业自主开立数字人民币钱包功能，企业结合本外币多支付渠道，可实现零手续费、实时到账的便捷支付体验。电子回单、对账单全流程线上下载，开放银行与银企直联功能可自动推送数据至企业ERP系统，一站式解决对账难题。

融资支持领域。北京银行以债贷结合推进业务落地，建立"融资+减排"双轮驱动模式。北京银行相继推出碳排放配额质押贷款、核证自愿减排量质押贷款等特色产品，配套发行绿色债务融资工具、碳中和债及可持续发展挂钩债券。资金专项投向节能环保、污染治理等绿色领域，定制化金融方案有效破解了企业融资担保瓶颈，驱动绿色产业价值跃升。2024年，北京银行落地全国首单绿棕收入挂钩贷款，绿色金融贷款余额 2 103.50亿元，增速43.11%[1]，为经济的绿色发展注入"京行力量"。

在低碳发展实践中，北京银行创设碳账户体系，引导客户通过数字人民币支付、电子渠道交易践行低碳理念。依托无纸化回单、云端账单等绿色服务，叠加绿色融资产品组合，助力高碳行业转型。北京银行率先落地多项"双碳"标杆业务，探索"绿色投融资+数字人民币"融合服务方案。借助开放银行数据能力搭建计量模型，精准测算企业场景碳减排量，赋能企业塑造绿色品牌形象、积累生态价值。

---

① 中国金融家杂志：《北京银行：凝心聚力谋发展，奋发进取谱新篇》，https：//mp. weixin. qq. com/s/i9pLo7gqTg8zq2DJPZYuIw。

碳账户权益体系覆盖企业全生命周期，从基础手续费减免、绿色审批通道，到碳排放配额置换服务，为企业铺就绿色发展路径。北京银行正以科技力量助推实体经济绿色转型，打造"数智化银行"与"碳中和银行"融合发展的创新范式，推动绿色经济高质量发展。

4.3.2.2　中诚信绿金企业 ESG 智能管理平台

2024 年，中诚信绿金通过技术赋能 ESG（环境、社会和公司治理）工作，为企业搭建 ESG 综合管理平台。该平台依托 ESG 评级模型，通过技术手段，海量抓取收集上市公司和发债企业的公开 ESG 数据，为企业的 ESG 评级表现分析和 ESG 数据服务提供基础支持。

中诚信绿金持续以数字化创新驱动 ESG 管理升级，构建智能化可持续发展解决方案，不断彰显数字技术对可持续发展管理的赋能价值。企业 ESG 智能管理平台通过构建完善的 ESG 数据收集分析体系，实现了对企业 ESG 表现的实时监控和预测，为数据驱动的决策提供支撑。运用人工智能和机器学习技术对 ESG 数据进行深度挖掘和分析，精准识别环境合规、公司治理等领域的潜在风险并提供预警，建立动态预警机制，有效降低潜在风险。同时，创新应用区块链技术对 ESG 数据进行存储和管理，确保数据的真实性和可追溯性，提高企业 ESG 信息的透明度。平台还关注行业内外的最佳实践和创新趋势，不断对 ESG 管理系统进行升级和改进，以适应不断变化的市场需求和政策环境；通过建立跨部门协同机制和整合平台，实现了 ESG 管理信息的共享协作，系统性推进可持续发展目标落地。

随着大模型的发展，中诚信绿金进一步完善 ESG 数字化管理平台系统，通过深度融合 DeepSeek 本地化大模型完成升级，打造智能化报告生成与分析系统。基于行业基准数据开展合规性自检，为金融机构绿色认证和监管报送提供智能解决方案。这一升级印证了 AI 技术在 ESG 信息披露领域的加速渗透，也为企业可持续发展决策提供了精准、高效的数字化解决方案，促进企业绿色转型。中诚信绿金企业 ESG 智能管理平台不仅助力企业绿色转型，更通过技术赋能推动全产业链低碳发展，为经济绿色转型和可持续发展提供了高效、透明的解决方案，加速"双碳"目标实现与绿色经济生态构建。

4.3.3　助力普惠金融增量扩面，推动数字经济与实体经济深度融合

4.3.3.1　北京农商银行"银农直联"建设

2023 年 10 月 17 日，北京市大兴区安定镇与北京农商银行大兴支行完成"三资管理平台和银农直联"改革工作。这一改革标志着"银农直联"项目在该地区的全面推进。该项目以北京市农业农村局三资平台系统为基础，增设金融服务功能，涵盖资产资源管理、合同管理、财务核算监管、银农直联、股权管理、重大经济事项审批、大数据平台和系统管理等八大模块。此次改革旨在落实"让数据多跑路、让群众少跑腿"的目标，进一步促进村级阳光财务建设，为乡村振兴赋能和实体经济发展注入新动能。

"银农直联"平台通过北京农商银行提供的银企直联接口，实现了村集体资金账户与银行账户的实时联动，使村级财务记账、资金审核、资金支付等功能得以联通，实现了一体化网络办理。这一改革措施使得村集体资金的收支更加简便透明，通过金融科技赋能，有效降低了农村经济主体的交易成本，提升了资金使用效率，切实推动了实体经济提质增效。同时，"银农直联"平台采用"U 盾证书"加密技术，提高了数据保密安全性和传输的便捷性，从而有效保障了资金支付的安全性。"银农直联"平台进一步强化农村集体资金的使用、审批和支出监管，实现了村集体资金收支的简便化、透明化，推动了农村"三资"管理的线上化、流程化和规范化。

为有效解决村级报账员业务办理效率低下的问题，通州区农业农村局协同北京农商银行及通州农经监管平台开发企业开展技术合作，基于现有监管平台开发了"银农直联"服务系统。该系统于 2024 年 2 月 26 日在张家湾镇苍头村完成首笔电费支付业务试点，随后在全区范围内推广应用。截至2024 年 9 月，该平台已累计完成支付业务 5 408 笔，总交易金额达 6.21 亿元[1]，显著提升了村级财务工作效率，为农村集体经济组织节约了大量人力、物力成本，实现了金融服务实体经济高质量发展的目标。

4.3.3.2　中国人民银行"创信融"北京小微企业融资综合信用服务平台

2020 年 9 月，中国人民银行营业管理部推出的"创信融"企业融资综合

---

[1]　千龙网：《让数据多跑路 群众少跑腿——北京市通州区农业农村局"银农直联"助力乡村振兴》，https://beijing.qianlong.com/2024/1010/8352078.shtml。

信用服务平台，结合大数据、专属产品、金融科技、配套政策与专项机制，形成五位一体的创新布局。该平台接入众多金融机构，有效缓解了小微企业融资难题，显著提升了初创企业的融资成功率，大幅降低了企业融资门槛，成为推动实体经济高质量发展的重要金融基础设施。

"创信融"平台特别关注科技、文化类小微企业，为这些企业提供金融助推服务，使其成长为科技文化创新事业的重要力量。同时，平台大力支持高精尖产业企业，助力其快速获得中长期信用贷款，有效缓解资金周转压力。2024 年 6 月，北京地区普惠小微贷款余额同比增长 17%，普惠小微贷款加权平均利率 3.83%，处于历史低位。创业担保贷款保持较快增长，余额同比增速超 70%[①]。截至 2024 年 8 月，"创信融"企业融资信用服务平台已助力银行向 2.1 万家小微企业发放信用贷款近 250 亿元，为实体经济注入了强劲的金融活水。

通过参与"创信融"项目，试点商业银行成功推出线上贷款产品，实现普惠业务线上化转型，为小微企业提供量身定制的金融服务。平台运用区块链等技术，结合北京市大数据平台的"金融公共数据专区"，精准分析数据，将数据转化为信用，提高金融资源配置效率，使小微企业信贷产品申请成功率大幅提升，获贷时间大幅缩短，有效缓解了实体经济中普遍存在的"融资难、融资慢"问题，为小微企业健康发展提供了有力支撑。"创信融"平台以其创新的模式和高效的服务，为小微企业融资开辟了新的途径，有效促进了小微企业的健康发展，已成为推动实体经济高质量发展的新引擎。

4.3.3.3 北京中关村银行"资金流信用信息共享平台"

2024 年 10 月 31 日，北京中关村银行在央行征信中心的支持下，依托"全国中小微企业资金流信用信息共享平台"（以下简称"资金流信息平台"），向北京市某节能环保企业发放 1 000 万元绿色贷款[②]。这是该平台上线首周内，北京市地方法人银行通过该体系完成的首批融资业务之一。该平台的核心功能是整合企业交易数据，形成脱敏后的资金流信用信息，包括经

---

① 中国人民银行北京市分行：《中国人民银行北京市分行、国家外汇管理局北京市分局 2024 年第三季度新闻发布会实录》，https：//mp. weixin. qq. com/s/THFQtQqslk8b81cwG392vA。

② 北京中关村银行：《北京中关村银行落地首笔"资金流信用信息共享平台"应用贷款》，https：//mp. weixin. qq. com/s/VpV-fG-GBLtFQIbCsiCtJw。

营状况、偿债能力等关键指标。企业可授权金融机构查询相关数据，辅助信用评估，减少融资流程中的信息壁垒，提升贷款可获得性。

资金流信息平台由央行征信中心建设运营，旨在推动中小微企业信用信息共享，优化信贷精准投放，为中小微企业提供资金流信用信息共享服务，助力中小微企业融资。该平台于 2024 年 10 月 25 日启动试运行，采用开放共享、实时交互等模式，由中国人民银行征信中心承担具体建设、运营、维护职责。目前已有 31 家金融机构参与，北京中关村银行是其中唯一一家民营银行。这一创新平台的推广应用，有效改善了中小微企业融资环境，降低了实体经济融资成本，提升了金融资源配置效率。通过建立基于真实交易数据的信用评估体系，不仅能够帮助金融机构更好地识别优质企业，也能激励企业规范经营、诚信发展，形成金融与实体经济良性互动的长效机制。

4.3.4 丰富养老金融场景建设，驱动银发经济数字化转型

2024 年，北京银行正式推出养老金融服务品牌"京行悠养"，致力于构建"线上+线下""个人+企业""金融+非金融"融合发展的养老金融服务体系，为 Z 世代备老、中生代养老、银发代享老等三大客群提供定制化、高品质的养老服务。该行以个人养老金业务为切入点，系统推进养老服务金融与养老产业金融的融合发展，有效推动养老金融供给侧结构性改革，培育银发经济新增长点。在服务渠道上，北京银行持续拓展手机银行、智能柜员机、PAD 银行①、微银行及网点柜面等渠道服务，针对企业员工上线批量开户功能，打造贯穿开户、缴存、投资、领取等全周期的线上线下多场景养老金融服务模式。同时，积极搭建"养老产品超市"，不断丰富养老储蓄、基金、保险、理财等产品类型，推出"养老金自动缴存+基金定投"组合服务，并开创养老基金"零费率"申购优惠，为银发经济发展提供多元化资金支持。

在数字化平台建设方面，北京银行依托手机银行打造"悠养专区"，设置养老总资产、规划、财富、学堂、服务等五大功能模块，为客户提供从资产配置、养老规划到生活服务的全流程、一站式智慧养老体验。在金融服务方面，实现养老总资产智能整合、个性化规划设计及动态资产配置建议，打造个人养老专属档案；在非金融服务方面，构建覆盖健康、出行、餐饮、生活

---

① 也称移动银行服务，是一种基于移动设备提供的金融服务。

等领域的"线上生活圈",强化客户服务触达与黏性。与此同时,北京银行高度重视适老服务体验,通过升级"尊爱版"手机银行 App,优化电话银行交互流程,为银发客群跨越数字鸿沟提供技术与情感支持。在网点端,打造"长者驿站"适老服务环境,优化空间设计与配套设施,并配备长者服务专员全程陪伴,营造温情贴心的金融体验。为筑牢金融安全底线,北京银行还上线"护盾"智能交易反欺诈平台,结合实时风控机制和专业团队运营模式,有效识别与拦截各类诈骗风险,累计为客户挽回资金超亿元,赢得客户广泛认可。北京银行的适老化改造为银发群体筑牢了金融安全防线,更推动了养老服务的普惠化发展。

4.4　数字金融赋能北京市经济高质量发展的生态共创

4.4.1　支持数字金融基础设施建设

4.4.1.1　数字金融联合创新实验室成立

在 2024 年 12 月 5 日召开的"2024 金控公司发展研讨会"上,由北京金融大数据公司联合天津征信公司、黑龙江省征信公司等六家专业机构共同组建的"数字金融联合创新实验室"正式揭牌。这一重要机构的成立标志着我国数字金融发展进入协同创新的新阶段,将重点解决跨区域数据要素流通与应用的关键问题,以更好地支持数字金融基础设施建设。该实验室将在机制、技术、应用、监管、标准等五方面开展重要实践,分别在打通跨区域数据流通利用机制,布局金融行业数据空间新技术,"数据要素 X 金融服务"应用,提升金融领域数字化监管能力,以及编制跨区域数据联通应用标准等方面采取措施。具体而言,实验室将全面健全跨区域数据资源体系,包括数据的使用申请、传输、产品研发以及数据安全管理等全流程,从而释放数据要素的价值;利用金融行业数据空间、隐私计算、数据沙箱等新技术,为北京、天津、黑龙江、辽宁、福建、山东等地的数据联通提供技术支持,并结合实践推进数据基础标准、数据资源标准等方面的编制,实现跨区数据联通应用的标准化。实验室搭建金融风险监测模型和金融监管数据库,助力科技金融提质增效,同时赋能绿色金融深化发展。该实验室还将全力研发兼具信息展示、智能分析、监管决策功能的数字化监管平台,对各项风险实施预测和识别研判，推动监管流程数字化升级，进而支持提高数实融合水平，实现资金供需均衡化。通过多方协作，实验室将推动金融服务模式创新，为实体经济发展提供数字化支撑。

4.4.1.2 数字人民币试点推进

近年来，北京市充分发挥国际科技创新中心和国家金融管理中心的优势，在全国首批开展数字人民币试点，并取得显著成效——从地铁大兴机场站试点起步，逐步扩展至"数字王府井"街区，并于2022年冬奥会成功应用后，实现北京市全域覆盖。北京市数字人民币试点通过支付体系升级、数据互联、智能监管、普惠金融拓展、产业生态培育等五大路径，全面赋能数字金融基础设施建设，为首都经济社会发展建设注入新动能。同时，北京市通过搭建数字金融交流平台，建设国家级金科新区，引入200余家头部或重点金融科技企业和专业服务机构，以及采取提升外籍人员支付便利化水平等举措，为数字金融发展奠定了坚实基础。2024年4月28日，中国人民银行北京市分行、国家外汇管理局北京市分局举行的2024年第二季度新闻发布会披露，数字人民币试点"增量扩面"，取得小额高频场景持续丰富，标志性场景加速落地，公众认知不断提升等成效。2024年12月5日，北京市六部门（中国人民银行北京市分行、北京金融监管局、北京证监局、中共北京市委金融办、北京市财政局、北京市农业农村局）联合发布了《关于加强金融支持北京市乡村全面振兴的指导意见》，特别提出在涉农区开展数字人民币试点的计划，逐步扩大试点范围，支持数字金融基础设施建设与高质量发展，以及农村经济的数字化转型。

4.4.1.3 从"一区一品"到全球标杆

北京市在加快建设全球数字经济标杆城市的背景下，实施"一区一品"战略，推动数字技术与实体经济深度融合，支持数字金融基础设施建设。以丰台区为例，该区围绕数字产业化与产业数字化双轮驱动，2024年上半年全区数字经济核心产业规模以上企业达502家，实现数字收入594.1亿元，同比增长9.9%，并培育出3家市级数字经济标杆企业（含2家全球标杆企业）。通过制定《丰台区数字经济提质发展三年行动计划（2024—2026）》和年度工作要点，设立北京市自然科学基金丰台创新联合基金，实施"1511"产业发展工程，重点布局空天信息、智慧轨交等领域；累计建成4 321个5G基站（全市第三），推进2 300P七星园算力中心建设，启动自动驾驶4.0扩区建设；打造中关村丰台园、北京园博数字经济产业园、丽泽金融商务区和南中轴国际文化科技园（全市首个元宇宙产业基地）等产业载体；丰台区积极构建低空经济产业协同体系，规划建设 200 万平方米专业园区，并创新实施首席数据官制度，以促进数据要素市场发展。目前已在多个领域取得突破性进展：轨道交通产业已培育 165 家上下游企业，形成了完整的产业链条，并建成 26 个国家级研发平台；空天信息领域吸引了 140 多家科研机构和企业入驻；在全国率先实现财政统发工资场景的数字人民币全覆盖；创新完成花卉行业首笔数据资产入表，推动两家企业实现数据资产入表，总规模达 1 亿元；中国通号等龙头企业已将其数字化解决方案输出至全球 20 多个国家和地区①。丰台区还将重点加强数字基础设施建设，包括提升算力中心容量、拓展自动驾驶示范应用场景、健全数据要素市场化配置机制，着力构建"标杆企业-场景-项目"三位一体的发展格局，为北京市建设具有全球影响力的数字经济标杆城市提供有力支撑。

4.4.2　搭建数据开放共享机制

4.4.2.1　邮储银行"产业 e 贷"

邮储银行针对小微企业作为国民经济重要支柱（贡献全国 80%的就业、60%以上的 GDP 及 50%以上的税收），却面临传统产业链金融依赖核心企业信用背书的痛点，创新推出"去核心化"产业链金融服务方案，通过"产业 e 贷"等数字化产品实现突破。该方案构建了双维度风险评估体系，既考察企业与核心方的合作紧密度（稳定性、趋势性），又分析企业自身经营能力，并运用大数据、区块链等技术建立供应链图谱，实现从历史交易数据授信到贷后预警的全流程智能风控。通过行内银团协作模式，方案已覆盖基建、化工、医疗等行业，在降低核心企业参与成本的同时显著提升了服务效率，既通过标准化作业降低银行管理成本，又借助联合宣传塑造服务标杆，以有效破解小微企业融资难题。这一融合技术创新与模式创新的实践，为普惠金融高质量发展提供了可复制的范例，未来随着数据要素整合深化，"脱核"模式有望在更广领域赋能产业链生态优化。

①　北京经信局：《丰台区数字经济加快提质创新发展》，https：//kepu.gmw.cn/2024-11/19/content_ 37686193.htm。

4.4.2.2　广联达数字交易综合金融服务平台

广联达科技股份有限公司打造的"广联达数字交易综合金融服务平台"（以下简称"广联达金服平台"）成功入选《2024北京"数据要素×"典型案例集》。该项成果通过合法合规运用交易数据，整合金融机构、交易主体及项目信息，提供保函、贷款、保险等一站式金融服务。平台创新采用"场景+金融"服务模式，依托政府采购、工程建设等业务场景打通政务交易系统数据资源；构建"软件即服务"（SAAS）化多边服务平台，实现企业、金融机构与交易中心的高效协同；建立规范化数据获取机制，确保交易系统仅需一次对接即可满足各类金融需求。在技术创新方面，平台在保障数据安全前提下支持多系统接入；应用创新上覆盖"易保函、易融资、易保险"三大板块；模式创新方面成为全国首个SAAS化多边服务平台。

截至2024年7月，该平台累计服务企业释放资金压力约500亿元，其中，87%为中小微企业，在贵州省服务企业超11万多家次，释放资金93亿元[①]；社会效益方面促进了公平竞争，优化了营商环境，并推动行业数字化转型。该平台通过数据整合与金融创新，不仅有效缓解了企业融资难题，更成为数字经济时代公共资源交易改革的典型案例，为行业高质量发展提供了可复制的解决方案。

4.4.2.3　数据共享联盟——科创企业信贷全流程管理

随着科技行业的快速发展，科创企业数量激增，涉足领域广泛，但银行在服务这类客户时面临目标识别难、客户了解不足和数据核验困境等多重挑战：科创企业技术壁垒高导致经营数据难以获取，银行缺乏有效评估手段；传统银行对大中型企业更熟悉，却要额外投入时间了解科创企业特点；同时因涉及数据敏感性，银行难以核验企业用于融资的租赁订单等数据，制约业务发展。

为此，华控清交信息科技（北京）有限公司依托其多方安全计算技术（MPC），为工商银行武汉科创中心搭建了跨机构数据协作平台。该平台成功实现了包括银行与多家企业在内的多主体数据要素安全融合与联合计算应用。工商银行武汉科创中心联合多家企业，创新应用多方安全计算技术，构建数

---

① 北京市公共数据开放平台：《广联达数字交易综合金融服务平台》，https：//data. beijing. gov. cn/publish/bjdata/yscg/jrfw/ef4731529b484b01bc7af73f242885e1. htm。

据共享联盟，实现企业订单、银行融资和客户回款等数据的安全融合应用。通过搭建工行湖北分行、武汉科创局及合作方三方参与的安全计算技术平台，设计企业评分密文模型，在保护数据隐私前提下实现知识产权、研发能力等维度数据的融合分析。既构建了科创企业全景画像提升客户洞察效率，优化客户触达，使效率提高了50%，又实现了租赁订单等数据的实时验真，开创了覆盖东湖高新区全量科创企业、授信规模超400亿元的数据驱动型的授信新模式①。该项目的实施不仅显著提升了银行风控能力和业务效率，降低信贷不良率，而且通过"可用不可见"的计算模式强化数据安全、释放数据价值，增强了行业信任度，为金融业服务科创企业提供了创新范例，未来可进一步推广至其他高新园区，推动数据要素深度应用，持续助力实体经济发展。

4.4.3　培育数字金融人才

4.4.3.1　北京银行深化产研合作，培育科技金融领军人才

2024年12月4日至6日，由北京银行主办、中国电子工业科学技术交流中心承办的"京心领航"科技金融领军人才专题培训班，在工信部党校（赛迪产业园）圆满落幕。此次培训汇聚北京银行各分行科技金融分管副行长及业务负责人等80名核心骨干，通过系统性研修，着力打造科技金融服务精锐队伍。在数字经济与实体经济深度融合的新发展阶段，科技金融作为衔接创新要素与资本要素的枢纽，正成为科技成果转化和产业升级的关键支撑。此次培训紧扣时代脉搏，围绕政策解读、价值评估、产品创新等三大维度构建课程体系：一是深度解析国家科技创新政策导向与金融监管框架，强化政策转化能力；二是引入科技企业全生命周期评估模型，提升硬科技识别与风险定价水平；三是开展金融科技应用场景工作坊，探索"技术流+"授信评估等创新工具。通过专家授课、案例研讨、沙盘推演等多元教学模式，有效提升了参训人员的战略决策能力和业务实操水平。

此次培训标志着赛迪研究院与北京银行的战略合作迈入新阶段。双方自建立合作关系以来，已在产业研究、项目对接等领域取得积极成效。根据最新合作协议，未来将深化三个层面的协同创新：一是共建新兴产业智库，联

---

① 北京市公共数据开放平台：《数据共享联盟——科创企业信贷全流程管理》，https：//data. beijing. gov. cn/publish/bjdata/yscg/jrfw/6652223a1fb747a4a8b8701bc621e21b. htm。

合开展数字经济、先进制造等前沿领域研究；二是构建常态化人才培育机制，定期举办专题研修和岗位轮训；三是打造科技金融创新实验室，共同研发适应战略性新兴产业的金融服务方案。这种"产研结合、学用贯通"的合作模式，为商业银行科技金融业务转型升级提供了可资借鉴的实践样本。

4.4.3.2 北京市丰台区助力产教融合，推进数字人才创新实践

北京市丰台区抢抓全球数字经济标杆城市建设机遇，创新构建"基地+联盟+场景"三位一体数字人才培育体系，为区域数字经济提质发展注入强劲动能。截至2023年末，全区数字经济核心产业增加值占比提升至38.6%，数字人才密度跃居全市前列。在数字基建层面，依托全国数据人才创新基地建设，打造要素集聚新高地。该基地作为国家级数字人才培育载体，已形成"一院三中心"功能架构：数字经济研究院开展数据要素市场化配置机制研究，人才认证中心建立数字技能分级评价标准，实训竞赛中心配备数字孪生工厂等先进设施，成果转化中心搭建政产学研对接平台。通过出台数据要素企业专项扶持政策，已吸引32家领军企业入驻，培育出7个行业级数据应用解决方案。在产教协同方面，实施"丰聚工程"人才战略。通过"丰台学子回家"品牌行动，构建"引育用留"全周期服务体系：建立数字经济重点企业岗位需求清单，与12所高校共建人才直通车；打造"数字菁英"训练营，配备产业导师实施项目制培养；设立数字人才创新基金，支持青年人才开展技术攻关；建设国际人才社区，提供子女教育、医疗保障等礼遇服务。该工程实施以来，已促成1 800余名数字经济人才返乡创业就业，带动形成3个特色数字产业集群。

4.4.3.3 北京市西城区深化校地协同，加速金融科技人才集聚发展

在深化教育科技人才综合改革背景下，北京市西城区立足国家金融管理中心战略定位，2024年创新组建"北京西城高校发展联盟"，联动北京大学、清华大学等20所顶尖学府，打造"政用产学研"五位一体协同创新平台。通过承办"2024金融街论坛年会——人才论坛"暨联盟年度联席会，率先探索"创新链、产业链、资金链、人才链"深度融合的西城范式，为新时代校地协同发展提供创新样本。在要素融合方面，创新"双循环"赋能模式。对内构建"学科链—产业链"对接机制，将高校97个优势学科与西城金融监管科技、绿色金融等6大产业板块精准匹配，建立"学科带头人+产业导师"双导师制，已联合培养复合型金融科技人才320名。对外搭建国际交流通道，依

托金融街论坛创设"全球金融科技领军人才圆桌会"，与伦敦金融城、新加坡金管局等国际机构共建 3 个跨境人才培养基地，引进 20 余名海外顶尖金融科技专家组建顾问委员会。同时，打造"引智—育才—兴业"全链条服务体系：建立国内首个金融科技人才认证中心，开发"监管科技""区块链金融"等 8 个专业课程体系；设立 10 亿元校地协同创新基金，重点支持量子计算金融应用等前沿领域攻关；建设金融科技创新实践基地，提供监管沙箱测试、场景验证等 6 类公共服务。计划三年内培育 50 个校地协同创新示范项目，带动形成千亿级金融科技产业集群①。

4.4.3.4　北京市实施数字育才行动，构建全球数字经济人才标杆高地

北京市紧扣"建设全球数字经济标杆城市"战略目标，于 2024 年创新推出《加快数字人才培育支持数字经济发展实施方案（2024—2026 年）》，构建创新协同培育体系。这不仅为新兴产业的持续发展提供了充足且高质量的人才保障，也进一步凸显了数字经济在当今国民经济和社会发展中的重要性。该方案通过实施八大专项行动，计划三年内培养 10 万名复合型数字人才，数字经济领域人才密度提升至 45%，为新质生产力发展注入核心动能。在顶层设计层面，首创"四链融合"育才机制。依托中关村国家自主创新示范区、北京经济技术开发区等战略平台，构建教育链、人才链、产业链、创新链深度融合的发展格局；组建由院士领衔的数字经济战略咨询委员会，发布《重点产业数字技能图谱》；建立"数字人才特区"政策先行区，试点技术入股、弹性工作等 12 项创新制度；打造国家网络安全产业园等 7 个数字人才实训基地，形成"基础研究—技术攻关—成果转化"的全链条培育场景。在培养体系方面，实施"数字菁英启航计划"。聚焦人工智能、区块链等 6 大前沿领域，构建"三位一体"培养模式：与华为、百度等龙头企业共建 20 个现代产业学院；设立数字技术工程师培训基地，开展"百万工程师"技能提升行动；建立数字经济职称评价体系，实现数字技能等级证书与专业技术职称贯通认定。目前已形成覆盖 10 万家企业的人才需求对接平台，年培训规模突破 50 万人次。

---

① 北京日报：《改革开放谋大局 金融为民谱新篇 北京银行全力以赴支持和参与中国国际服务贸易交易会》，https://finance.sina.com.cn/jjxw/2024-10-19/doc-incszier1356564.shtml。

4.4.4　加强数字金融国际合作

4.4.4.1　北京市丰台区加速推进数字经济国际化发展布局

北京市丰台区积极发挥空间资源、交通区位、数字基建、数字金融等优势，申请建设"数字丝绸之路"经济合作试验区，积极推动数字经济国际合作项目落地。中国通号在列车控制系统方面已与中东、非洲、欧洲等20多个国家和地区开展合作。交控科技围绕轨道交通信号系统研发、关键设备研制、系统集成以及信号系统相关技术服务，已与中亚、南亚、东南亚、北美、南美以及中东、北非等地区开展合作。铯谱科技通过建筑产业工业互联网平台，与塔吉克斯坦、白俄罗斯、美国等在钢结构装配式项目方面开展合作。涂多多通过工业互联网平台为10多个国家和地区提供新材料。北京市丰台区通过开放"一带一路"国家数字经济应用场景与广大市场，吸引国内数字经济企业落地试验区，尤其是京津冀地区企业，促进京津冀数字经济协同发展。

4.4.4.2　多边央行数字货币桥

2024年，《中华人民共和国和阿拉伯联合酋长国联合声明》指出，双方认同央行数字货币对便利跨境贸易和投资的重要作用，强调将在两国央行签署的《关于加强央行数字货币合作的谅解备忘录》框架内，持续深化双边和多边合作。中方赞赏阿方通过"多边央行数字货币桥（mBridge）"平台同中方进行价值5 000万迪拉姆的首笔央行数字货币"数字迪拉姆"直接跨境支付交易，为两国贸易投资便利化开辟了空间。货币桥平台是在国际清算银行香港创新中心的倡议下，由香港金管局、泰国央行、阿联酋央行和中国人民银行数研所共同发起的，以各央行数字货币为基础的跨境清算平台。2022年，中国银行参与了货币桥项目一期试点。作为最早参与数字人民币研发试点的商业银行之一，中国银行始终密切关注全球央行数字货币的发展，积极探索人民币跨境支付新渠道，布局数字货币时代国际支付网络。中国银行秉承国有大行责任担当，把握全球央行数字货币发展契机，坚持守正创新，持续服务实体经济，积极助力打造强大的货币，为金融强国建设持续贡献力量。

4.4.4.3　中国国际服务贸易交易会金融服务专题展

2024年，中国国际服务贸易交易会金融服务专题展于9月12日至16日举行，金融机构和企业聚焦金融强国建设和数字人民币，从多个层面展示金融服务实体的经济发展、服务重点领域和关键环节的创新产品和服务。金融服务专题展围绕"改革开放谋大局，金融为民谱新篇"的主题，共有 227 家国内外金融机构和企业参展，包括世界 500 强及行业龙头企业 67 家①。多家机构和企业展示了数字人民币试点新成果。作为数字人民币首批运营机构，腾讯展示了基于跨境业务场景开展的多项创新举措。腾讯数字人民币项目组由财付通和微众银行联合运营。腾讯以"条码互通""钱包快付"等功能创新，提升境外来华人士的数字人民币支付体验。当境外来华人士开立数字人民币钱包后，即可在数字人民币试点地区的超百万商户处便捷扫码支付，用户也可在钱包快付功能下开通微信支付。腾讯的此项功能支持开立了中国银行、工商银行、建设银行和交通银行数字人民币钱包对境外来华人士开通，后续将在中国人民银行数字货币研究所的指导下，支持更多运营机构钱包接入该功能。腾讯基于跨境业务场景，还实现了多边央行数字货币桥项目最小化可行性产品（MVP）阶段的试点验证，助力进一步提升跨境清算链路服务质效。

4.5　数字金融赋能北京市经济高质量发展的监管智控

《2024 全球金融科技中心城市报告》指出，北京市连续六年荣登全球金融科技中心城市总榜首位，充分展现了北京市在数字金融基础设施、科技创新生态与政策制度供给等方面的系统优势。北京市作为国家的金融管理核心与科技创新的引领者，是金融科技创新监管工具和资本市场金融科技创新试点项目"出箱"数量排名第一的城市。2024 年，北京市持续发挥"监管试验区"与"科技创新策源地"的双重功能，为全球金融科技高质量发展贡献了北京经验。北京市不断以监管智控为关键抓手，推动数字金融在防控风险、优化治理与赋能经济方面形成良性互动，为实现首都经济高质量发展注入了新动能与制度保障。

4.5.1　坚守数字金融风险底线

在数字金融快速发展的背景下，数据要素已成为支撑金融机构风控建模、

---

① 经济日报-中国经济网：《改革开放谋大局 金融为民谱新篇 北京银行全力以赴支持和参与中国国际服务贸易交易会》，http：//finance. ce. cn/bank12/scroll/202408/26/t20240826_ 39117392. shtml。

风险识别和政策决策的核心资源。为有效提升金融领域的风险智控能力，筑牢数字金融风险底线，北京市持续推进金融公共数据体系建设，并率先构建"金融可信数据空间"，为防范系统性风险提供了可信、可控、可用的数据支撑。

自2019年启动金融公共数据专区建设以来，北京市已实现全市330余万条市场主体信息的汇聚与共享。截至目前，北京市金融数据专区累计接入数据资源220类、数据项4 000余个、数据总量突破2 000亿条，每月新增数据量超50亿条[①]。2024年，北京市金融数据专区完成全面升级，迈入可信数据空间建设新阶段，并全力加速构建安全有序、合规传播的金融数据流通新体系。

在可信管控方面，北京市建立了涵盖数字身份管理、合规管理、用户权限管理等三大系统的运营架构，在数据引入、开发与利用等方面形成了全过程管控流程，并完善了质量、安全与开发规范制度，确保数据采集来源可靠，处理流程合规，使用边界明确，有效规避了数据滥用、泄露等风险，为监管穿透、模型验证、系统预警等金融风控场景提供了制度保障。

在资源交互层面，北京市打造了"公共数据-行业数据-社会数据-企业数据"的数据体系，推进数据资源跨部门、跨平台、跨行业的互联共享，为风险信息联动、数据交叉验证和信用风险协同监管提供了高效支持。当前，数据产品已广泛应用于金融机构信贷审批、政府监管、数字经济风险监测等场景，有效提升了监管部门对金融新兴风险的识别力与干预力。

在价值共创方面，北京市金融数据专区以市场需求为导向，构建了以数据服务产品为核心的数据生态体系，已累计上线约200个数据产品，服务覆盖68家机构，使用量超过4亿次[②]。通过推动金融机构、数据服务商、监管部门共同参与"数字金融联合创新实验室"建设，探索多场景下的数据产品孵化机制，提升了数据资源对金融风险识别与治理的支撑力。

可信数据空间的建设不仅重塑了金融数据基础能力，而且在数据安全可

[①]　北京日报：《北京率先打造金融领域城市可信数据空间》，https：//www.ciiabd.org.cn/articles/9WnoYV.html。

[②]　北京日报：《全国首个公共数据专区全面升级 北京率先打造金融领域城市可信数据空间》，https：//xinwen.bjd.com.cn/content/s67da9669e4b08edd28f670e6.html。

控的前提下推动了对金融数据资源"可用但不可滥用"的制度创新探索。数据治理体系的不断完善，有利于北京市在精准识别金融风险，优化金融资源配置，推动数字金融在强化监管智控的基础上，更深层次地融入实体经济发展进程，助力首都经济实现安全与高质量并重的升级转型。

4.5.2　保障数字金融发展安全

随着数字经济的发展和综合行政执法改革的深入推进，传统金融监管方式面临人力资源不足、现场效率低下、跨区域难以协同推进等现实瓶颈。为应对挑战并进一步优化营商环境，2024年，北京市围绕"提升效率、优化流程、防控风险"的核心目标，全面推行以非现场监管为标志的数字化监管改革，打造了"非现场监管为主、现场检查为辅"的高效智能监管体系，加快构建适应数字金融高质量发展的"事前预警—事中干预—事后追责"全过程闭环治理机制。

4.5.2.1　科技赋能与精准监管

北京市坚持以科技赋能为核心，积极推动监管方式从"人力驱动"向"数据驱动"转型。利用视频 AI 识别、设备感知、物联感知、数据比对分析、大数据筛查、远程检查、网络巡查、企业自主提交材料等八类关键技术，通过智慧物联手段实现对被监管对象的实时远程监控与风险自动识别，对民生关切热点问题进行"靶向"预警。与传统依赖人工现场核查的监管模式相比，数字化监管显著提升了信息采集效率和风险感知的灵敏度，为提升监管覆盖面与精准度奠定了技术基础。

在利用科技赋能监管的同时，北京市数字化监管改革注重差异化与科学化原则，力求在机制设计上契合行业特性与监管实效。在改革初期，各主管部门围绕重点领域深入开展调研，系统梳理行业运行逻辑与风险链条，识别关键监管指标与数据节点，进而搭建模块化、可扩展的数字监管框架。例如，在餐饮行业，北京市率先部署后厨摄像系统与温湿度传感器，推动食品安全监管从"被动响应"走向"实时可视"；在金融领域，部分试点区域已开始尝试针对支付机构、网络小贷等非银行金融主体开展运营数据与异常交易的数字化穿透式监测，逐步探索"数据流"与"资金流"的实时联动监管路径。

为确保数字化监管体系的可持续运行与动态适配，北京市将同步建立灵活可调的反馈响应机制，使监管系统能够基于实时数据反馈，自动修订风险参数模型与预警阈值，有效防止"技术滞后"与"监管真空"的出现，提升监管工具对行业变化、政策导向与风险演化的适应能力。此外，现有数字化监管工具还具备"插拔式"模块升级能力，从而便于有关部门根据行业实际快速调整监管方案，推动数字监管从"局部试点"走向"整体覆盖"，以实现数字化治理能力的持续优化与制度化嵌入。

4.5.2.2 数据安全与隐私保护

在制度设计中，北京市始终将数据安全与隐私保护作为数字化监管改革的核心要素，着力构建全流程、全链条的数据治理体系，并采用业内领先的数据加密与隐私计算技术，对监管数据实行全生命周期的加密管理，确保数据在采集、存储、传输与分析等环节始终处于"加密态"运转，有效防范数据泄露、滥用与非法调用风险。同时，北京市构建了多层级访问权限体系，严格落实数据操作审批流程，细化权限等级与操作日志追踪机制，确保数据使用过程中的可控性与可追溯性。

此外，为强化数据安全保障的实时响应能力，北京市还配套建立了完善的应急处置机制。一旦监管系统监测到异常数据流动或潜在风险信号，即可自动触发"定位—溯源—封堵"的快速响应流程，实现对数据风险的源头封控与闭环处置，从而切实提升数字金融监管体系的技术安全边界与制度防护能力。

4.5.2.3 监管转型与支撑体系建设

北京市将监管能力现代化作为数字化改革的重要配套工程，推动监管方式与监管人才"双转型"。一方面，围绕监管数字工具的使用，北京市构建了分层次、模块化的培训体系，覆盖系统登录、平台操作、数据读取、风险识别、预警判断等实务场景，助力一线监管人员快速掌握数字技能。另一方面，北京市设立了"日常答疑-专家帮扶-激励机制"三位一体的支撑系统，以提升基层人员的实际操作能力，助力推动数字监管理念的全面落地。

此外，为鼓励数字化转型积极性，北京市在改革过程中同步建立正向激励机制，对熟练掌握数字化监管技能、在实际工作中表现突出的单位和个人予以表彰奖励，推动形成"人人重视、主动学习"的良好氛围。与此同时，北京市正积极推进一体化综合监管改革，目前已实现全市 31 个部门、846 项监管数据的跨部门共享共用，不仅显著提升了监管协同效率，还能够有效缓解基层人力资源紧缺的压力。2024 年，改革成效初步显现，全市累计减少企业纸质材料提交 13.1 万份①，体现了"政府数据多跑路，企业办事少跑路"的改革作为。

整体看，北京市以数字化监管改革为契机，探索建立跨部门、多层级、高适配度的智能监管体系，全面推动监管从"依赖人工"向"智能协同"转变。北京市不仅在风险防控、流程优化和资源统筹方面，实现了治理效能的显著提升，也为数字金融要素在实体经济中的有序嵌入提供了坚实保障。数字监管的持续深化，有效夯实了金融稳定的制度根基，也为科技创新、营商环境优化和产业高质量转型注入了澎湃动能，彰显了数字金融监管智控在引领首都经济高质量发展中的核心战略价值。

---

① 新闻联播专题报道：《北京市依托科技赋能 提升市场监管效能》，https://m. thepaper. cn/ newsDetail_ forward_ 29796772。

5 数绿融合赋能北京市高质量发展

陈　炜　刘妍心　刘雪勇*

5.1　北京市数绿融合发展概况

5.1.1　研究背景

当前，全球正经历以数字技术为核心驱动力的新一轮科技革命与产业变革。随着云计算、人工智能、区块链等新一代信息技术的突破性发展，数字技术创新呈现出多点并发、交叉融合的活跃态势，重构了生产方式和产业组织形态。在这场变革中，数字技术已突破传统工具属性，深度融入经济社会的全产业链条，并形成"数字技术赋能—产业效率提升—经济模式创新"的良性循环。特别是在应对全球气候变化背景下，数字技术的渗透式创新展现出独特的绿色价值：据国际能源署的研究，数字技术在能源、制造、建筑等关键领域的应用可助力全球减碳潜力提升15%~20%，成为实现碳达峰碳中和目标的战略支点。由此可见，数字化转型与绿色低碳发展的协同推进已逐渐进入战略机遇期，在中央关于"加快发展新质生产力"的战略部署下，"数绿融合"概念应运而生。

---

* 陈炜，首都经济贸易大学管理工程学院党委副书记、院长，教授，博士生导师；刘妍心，首都经济贸易大学管理工程学院副教授，硕士生导师；刘雪勇，首都经济贸易大学管理工程学院副教授，硕士生导师。

　　"数绿融合"是数字技术与绿色转型发展的系统性耦合，也是贯彻习近平总书记提出的"新发展理念"的重要体现。近年来，我国高度重视数字化绿色化转型发展。党的十九大报告明确提出，要加快发展数字经济，推动经济发展质量变革、效率变革、动力变革。同时，强调要建立健全绿色低碳循环发展的经济体系。在这样的背景下，数绿融合成为我国经济社会发展的重要战略方向。2022年11月，习近平总书记在出席亚太经合组织第二十九次领导人非正式会议时提出，要加速数字化绿色化协同发展，推进能源资源、产业结构、消费结构转型升级，推动经济社会绿色发展。《中共中央国务院关于完整准确全面贯彻新发展理念做好碳达峰碳中和工作的意见》《数字中国建设整体布局规划》《中共中央国务院关于加快经济社会发展全面绿色转型的意见》等政策文件，都对数字化绿色化协同转型发展作出了重要部署和安排。党的二十届三中全会明确提出，支持企业用数字技术、绿色技术改造提升传统产业，推动制造业高端化、智能化、绿色化发展。2023年2月印发的《数字中国建设整体布局规划》、2024年7月出台的《关于加快经济社会发展全面绿色转型的意见》等文件，为北京市乃至全国的数绿融合工作提供了战略指引和行动纲领。同时，有助于更好指导部门、地方、社会组织、企业等开展数字化绿色化协同转型发展工作。2024年8月，中央网信办秘书局、国家发展改革委办公厅等多部门联合印发《数字化绿色化协同转型发展实施指南》，旨在更好地指导相关部门和社会组织开展数字化绿色化协同转型发展工作，推动高质量发展和新质生产力的发展。2024年12月，中央经济工作会议要求"积极运用数字技术、绿色技术改造提升传统产业"，进一步明确了"数绿融合"在传统产业改造中的重要作用。

　　北京市作为全国科技创新中心，面对新一轮科技革命和产业变革，率先提出"数绿融合"发展理念，即推进数字化绿色化协同转型发展，实现经济高质量发展与"双碳"目标的互融共赢。一方面，数字技术通过能源互联网、智慧能源管理等解决方案，构建碳排放监测、碳资产管理的数字底座；另一方面，绿色转型需求倒逼数字基础设施向液冷技术、边缘计算等低碳架构演进，形成"绿色需求牵引—数字技术创新—绿色场景迭代"的共生发展格局。这种双向赋能的协同效应，正在重构首都高质量发展的动力结构，为传统产业绿色焕新与战略性新兴产业培育提供复合型创新引擎。在推进数绿融合发展过程中，北京市依托丰富的科技资源和人才优势，加快新一代信息技术创新,大力发展新质生产力,增强经济发展新动能;同时以碳达峰碳中和目标为引领,坚定不移走生态优先、节约集约、绿色低碳高质量发展道路,加快建设国际绿色经济标杆城市。这一理念是全面贯彻党的二十大和二十届二中、三中全会精神,落实国家"十四五"规划中"推动绿色发展,深入贯彻习近平生态文明思想和习近平总书记对北京重要讲话精神的重要实践"。

5.1.2　北京市数绿融合发展概况

5.1.2.1　数字化转型概况

北京市的数字化转型可以追溯到"互联网+"行动计划的实施,进入"十四五"时期,北京市进一步明确以建设全球数字经济标杆城市为目标,逐步推进数字化转型。自 2021 年以来,北京市通过制定实施方案、加大基础设施建设投入、促进产业协同创新等多项举措,推动数字经济规模不断壮大。同年《关于加快建设全球数字经济标杆城市的实施方案》的发布,意味着北京市进入系统推进数字化转型阶段。2023 年,北京市出台《北京市制造业数字化转型实施方案(2024—2026 年)》,提出到 2026 年,规模以上制造业企业全面实现数字化达标,重点产业领域关键工序数控化率达到 70%。在此过程中,北京市依托自身科技创新优势,加快 5G、人工智能、区块链等前沿技术的应用,推动各行业数字化升级。作为全国数字经济标杆城市,北京市数字经济规模持续领跑全国。2024 年,北京市数字经济增加值达到 2.2 万亿元,同比增长 7.7% 左右,其中信息软件业营业收入达 3 万亿元,跃升为全市第一支柱产业。

北京市的数字化转型正稳步推进,目前呈现多方面的成效。数字产业化为北京市释放了新的发展动能,人工智能作为数字经济的核心驱动力,促进北京市打造出具有国际竞争力的数字产业集群。截至 2024 年底,全市人工智能企业已超过 2 400 家,核心产业规模突破 3 000 亿元,其中,105 款大模型通过中央网信办备案,占全国近四成。同时,产业数字化拓宽了传统产业的发展路径和应用场景,各行业加速推进数字化转型,产业数字化使得各行业焕发新生。以 GE 医疗北京基地为例,目前其已成为中国医疗设备制造领域数字化"灯塔工厂",是国内制造业数字转型的成功案例。要推动数字化转型,数字技术的创新突破必不可少,在这一方面,北京市聚焦最新科技领域,加快关键核心技术突破,突出表现是国内大模型技术不断赶超国际水平。

此外，数字化转型的首要任务在于构建完备的信息基础设施。北京市在这方面大力投入资源，也取得了显著进展。加快5G网络、光纤宽带、数据中心等关键设施的布局，逐步形成覆盖全市的高速、稳定、智能的信息传输网络。由此，数字基础设施建设全面提速，5G基站、工业互联网平台、人工智能算力中心等新型基础设施覆盖率居全国首位。例如，2024年新建5G基站1万个以上，并率先试点5G-A和F5G-A网络，为数据高效流通提供支撑。在数据要素市场方面，北京市成功建设"一区三中心"并推动数据要素市场化改革。北京国际大数据交易所的累计交易规模已达到59亿元，多个企业已完成数据资产入表，数据流通交易平台逐步成熟。北京市还注重标杆示范工程，推动自动驾驶、数字中轴线等项目落地，通过出台地方性法规和推出创新服务平台，进一步提升数字化服务能力。

总体而言，北京市数字化转型正朝着智能化、网络化、集成化方向不断深化，已成为推动高质量发展的重要引擎。

5.1.2.2　绿色化转型概况

北京市以新时代首都发展为统领，深入实施人文北京、科技北京、绿色北京战略，坚持贯彻落实绿色发展理念，锚定"双碳"目标，围绕生态文明建设展开全方位绿色转型工作。近年来，在中央和地方政府的政策引导下，北京市出台了一系列政策文件，《北京市绿色发展规划（2021—2025）》明确了绿色转型的目标，提出通过优化能源结构、加强环境保护、推动低碳经济等措施，推动绿色低碳经济发展。通过调整产业结构、优化能源结构与推动技术革新，北京市在提高资源利用效率、降低环境污染、实现可持续发展方面取得了显著成效。在环境治理方面，北京市以《北京市绿色发展规划（2021—2025）》为纲，全面加强大气污染防治、水体净化和土壤修复等工作。数据显示，2024年北京市PM2.5年均浓度与十年前相比，大幅下降，且连续四年稳定达标，空气质量保持持续改善趋势。通过能源结构调整，减少对传统化石能源的依赖，加快氢能、太阳能、风能等新能源技术在各行业的推广，显著提高了可再生能源消费比重，使得在平原地区基本实现无煤化，且万元GDP能耗、水耗和碳排放等均保持全国最优水平。产业结构的绿色升级，不仅包括推动传统产业绿色低碳的改造升级，也包括大力发展战略性新兴产业。近年来，政府鼓励传统制造业借助绿色技术进行智能升级，推动产业链绿色改造。截至2024年底，北京市累计退出一般制造业企业超3 000家，创建国家级绿色工厂 112 家，而依赖新型科技产业的绿色低碳产业，目前占比稳定在 80% 以上。

此外，北京市在城市发展中的重点领域绿色发展态势良好，在城市更新中大力推广绿色建筑和超低能耗技术，通过规划指导、政策扶持和技术改造，构建出一条集节能减排、低碳环保为一体的城市更新新路径。截至 2023 年底，地铁运营里程达 836 公里，居全国第一；中心城区绿色出行比例达 74.3%。节能建筑占全部民用建筑的 80% 以上，居全国首位。北京市积极探索绿色金融、绿色科技与绿色消费新模式，通过政策激励与市场引导，有效促进了绿色技术创新和绿色标准制定。政府、企业、科研院所和社会组织在绿色低碳领域开展广泛合作，共同构建起绿色认证、绿色技术转移和绿色服务网络，形成政府引导与市场化运作相结合的绿色发展机制。

绿色转型不仅提高了北京市的城市综合竞争力，也为实现经济效益与生态效益双提升提供了坚实支撑。由此，绿色产业成为经济增长的新动力。

5.1.2.3 数绿融合发展概况

北京市作为全国科技创新中心和"双碳"战略先行区，在推动经济社会转型升级、实现"双碳"目标及构建生态文明方面，率先探索数字与绿色融合发展新模式。一方面加强数字化与绿色化支撑能力建设，通过开展传统制造业数字化智能化转型评估，提升产业园区数字化服务能力；另一方面加速推进京津冀地区能源低碳转型，聚焦氢能、储能、建筑等重点领域，开展零碳技术科技攻关与产业化培育。通过顶层设计优化、技术创新突破和产业生态重构，北京市有效推动了经济高质量发展，逐步构建起数字经济与绿色经济深度融合的发展格局，朝着建设全国乃至国际绿色经济示范城市的目标不断迈进。

2021 年，国务院发布《关于完整准确全面贯彻新发展理念做好碳达峰碳中和工作的意见》，明确提出"推动数字经济与绿色经济深度融合"。在该文件的基础上，北京市 2024 年发布《北京市制造业数字化转型实施方案（2024—2026 年）》，提出以智能制造为主攻方向，推动制造业高端化、智能化、绿色化发展。此外，中共北京市委办公厅、北京市人民政府办公厅于 2024 年 12 月发布的《关于北京市加快建设国际绿色经济标杆城市的意见》明确提出，截至 2035 年，绿色技术创新、绿色产业培育、绿色宜居城市建设、绿色文化涵育、绿色合作共建共享五方面协同推进，全面建成国际绿色经济标杆城市。2025年政府工作报告进一步强调，北京市将持续推进数字化绿色化转型的协同发展，推动科技创新和产业创新融合发展，建设更具国际竞争力的现代化产业体系；在生态建设方面，协同推进降碳、减污、扩绿、增长，推动绿量增长向品质提升转变，进一步推进美丽北京的建设。这些文件的发布为数字与绿色转型提供了制度保障和政策指引。在国家层面和京津冀协同发展战略的推动下，北京市正以"数字赋能绿色、绿色引领数字"为总体思路，努力构建以数字技术为核心、生态环境为依托的新型城市发展模式。

"数字赋能绿色转型"是当前北京市推动数绿融合发展的核心理念。在数字与绿色双轮驱动下，北京市在提高城市治理效能、改善居民生活质量、促进经济结构转型升级方面均取得了突破性进展。以信息化、智能化手段提升传统产业的绿色发展水平，推进产业绿色化转型升级，是当前北京市协同推进经济转型与生态改善的重要手段。通过推动智能算力中心、数据中心、基站等数字基础设施绿色化建设运行，引导数字科技企业绿色发展。物联网、大数据、云计算、人工智能等技术将赋能传统行业，如电力、交通、农业、建筑等，从而推进绿色化转型。此外，在战略性基础性绿色产业方面，北京市将大力发展先进能源产业，如氢能、储能、新型电池等技术，推动能源系统的可持续发展。通过数字化手段，可以提高能源的利用效率和管理水平，不仅能降低能源消耗和碳排放，还能推动能源结构的优化升级，为经济高质量发展提供绿色动力。在绿色金融产业领域，服务也将进一步发展，以促进绿色技术创新、支持绿色产业发展、服务绿色转型为重点，强化优质金融服务，北京市也将积极探索应用数字技术模拟自然灾害所受的损失情况，创新适应气候和灾害变化下金融变化发展的新模式。服务方面，持续完善北京市的碳排放权交易机制，利用先进技术提升碳排放数据真实可信水平。在智慧环保方面，通过数据采集、云端处理和智能分析，环境监管部门能够实时掌握各类环境指标的变化情况，实现污染预警、风险评估与应急响应的无缝对接。

北京市通过构建跨部门、跨领域的信息共享平台，实现环境监测、能源管理、城市规划等领域数据的高效联动。人工智能、大数据、区块链等数字技术在环境治理和资源调度中的应用，使污染防控、能耗管理和风险预警等工作实现精准化和动态化管理，不仅有效提升了污染治理和环境保护的水平，同时为高质量发展注入了新动能。总之，数字赋能绿色转型不仅是实现生态保护，推动能源结构调整的重要手段，也是发展新质生产力、培育新动能、推动高质量发展的重要引擎。通过数字技术与绿色发展的深度融合，北京市在提升环境治理水平的同时，也为经济社会的可持续发展开辟了新路径，为实现"双碳"目标和高质量发展提供了强有力的支撑。

5.1.3 研究目的和意义

5.1.3.1 研究目的

本报告聚焦北京市数字化与绿色化融合发展，力求在多方面深入探究并取得关键成果。首先，精准剖析数绿融合的核心内涵，深度梳理北京市数字化绿色化融合及协同发展的整体态势，以此为基础深入研究数字化绿色化融合模型对北京市高质量发展的赋能机制。其次，通过全面且深入地分析北京市数绿融合发展的现状以及相关政策，精准识别融合过程中存在的问题与瓶颈，为后续制定针对性策略提供关键依据。同时，广泛查阅和深入研究数字化绿色化的相关文献，系统梳理当前融合过程中的主要模型与方法，明确其优势与局限。通过对现状、政策及模型的综合研究，深入分析北京市数绿融合的演化趋势，精准定位融合过程中的关键风险源，提前做好风险预警与防控准备。基于上述系列研究，为北京市政府及相关机构提供切实可行、具有高操作性的政策建议，助力数绿融合在更广泛的范围、更深入的层次上为北京市高质量发展赋能，推动北京市在经济、环境、社会等多领域实现可持续的协同发展。

5.1.3.2 研究意义

在理论方法上，当前数字化绿色化发展的学术研究多聚焦于单一领域，对两者融合的系统性研究相对匮乏。本报告系统梳理数绿融合的发展状况及模型，有助于丰富和完善相关理论体系。从数绿融合视角探讨北京市高质量发展，为新时代中国经济高质量发展目标的实现开辟新路径。通过构建多维度理论框架，为后续研究提供全面、科学的参考依据，推动数绿融合领域研究向纵深方向发展，助力形成更具解释力和指导性的理论体系。

在实际应用方面，对于城市发展而言，数绿融合借助数字化技术的创新应用，能显著提升资源利用效率，减少环境污染，有力推动传统产业绿色化转型和新兴数字产业发展。同时，提升城市治理的精细化、智能化水平，促进北京市产业结构向高端化、智能化、绿色化方向升级，为北京市建设智慧城市和绿色城市注入新动能，进而提升其在国际舞台上的竞争力和影响力。对于政策制定而言，数绿融合涉及多个领域及部门，需要政策协同与机制创新。本报告系统剖析北京市数绿融合的现状及模型，为政府制定相关政策提供科学依据和有力的政策参考，确保政策的针对性、有效性和前瞻性，助力构建科学合理的政策体系，引导数绿融合健康有序发展。同时，北京市作为京津冀地区的核心城市，其数绿融合的实践经验可为周边地区提供重要借鉴，通过区域间的经验交流与合作，促进区域协调发展，推动京津冀地区乃至更大范围实现经济发展与生态保护的协同共进。探索数绿融合的北京实践，可为国家实现"双碳"目标提供有力支持，助力我国在全球应对气候变化行动中发挥更大作用，推动绿色发展理念在全国范围内的深入践行。

5.2　数绿融合发展研究框架

5.2.1　研究现状

近年来，越来越多的学者围绕数绿融合展开研究并构建了多种模型。目前，综合评价模型被广泛用于量化数字化与绿色化融合的发展水平，评估区域、行业或企业的融合进程。例如，曹颖（2024）利用熵权法–TOPSIS构建区域层面的数绿融合测度模型，对中国地级市数字化与绿色化协同发展水平进行排名。还有学者运用多维度指标体系综合评价，构建包含数字化投入、绿色技术专利、碳排放强度等指标体系。例如，吴非等（2021）量化数字化转型水平，并结合绿色专利数据构建面板模型进行综合测度；李其伦（2024）运用制造业数字化与绿色化融合的"水平测度模型"全面反映融合的动态特征。

此外，有学者用协同发展模型分析数字化与绿色化的协同效应及动态关系。例如，周密（2023）运用耦合协调模型，衡量城市绿色转型与数字技术应用的协同发展程度，揭示两者之间的互动关系，分析了城市绿色化与数字化的融合程度，并评估其持续发展趋势。王恒（2023）采用空间计量与耦合协调相对发展度模型，对中国农业数字化与绿色化耦合协调度开展实证研究。王建（2021）基于资源编排理论，创新性提出"数字–生态双化耦合动力学模型",揭示企业数字化转型（DT）、绿色创新（GI）与绿色竞争优势（GCA）间的协同机制。

在揭示数字化赋能绿色化的作用机制方面，计量模型被国内外学者广泛使用（邢明强，2024；苗宏慧等，2024）。李等（Li et al.，2021）考察了企业数字化对绿色创新的影响，发现数字化通过促进绿色创新来改善财务绩效。田海峰等（2023）采用三阶段最小二乘法构建非线性交互面板联立方程模型，基于2009—2019年中国制造业上市公司高频面板数据，验证了"数字-绿色"协同的上升路径，发现数字化转型可以促进绿色化创新。周卫华等（2023）运用动态空间杜宾模型验证了城市数字金融发展对企业"数字-绿色"协同转型的驱动机制，发现城市数字金融发展能够显著提升企业数字化和绿色化融合发展。李其伦（2024）进一步将研究拓展至金融驱动维度，运用系统GMM估计方法验证，证明城市数字金融有助于提升企业数字化和绿色化融合发展。

5.2.2　数据收集

本报告选取两类具有典型意义的企业进行深入分析，即数字经济企业和绿色金融企业。这些企业被视为网络中的关键节点，旨在通过分析它们之间的空间关联网络揭示数字经济与绿色金融之间的互动关系。为构建这样的网络，本报告基于一种改进的引力模型，将空间关联关系视为网络的边，从而形成一个数字经济-绿色金融网络。在这一过程中，收集企业相关的详细信息，这些信息包括但不限于企业的名称、规模大小、企业市值以及数字化转型水平、绿色化转型水平等关键指标。

本报告依据国家统计局《数字经济及其核心产业统计分类（2021）》对企业进行数字经济属性界定，研究聚焦数字产业化领域，重点关注该领域在驱动传统产业数字化转型和优化资源配置效率中的基础性作用。研究数据涵盖数字技术研发、数字产品制造及数字服务供给等数字产业化核心环节的企业群体。绿色金融的界定参照《双碳目标下绿色金融发展报告》，即通过金融工具支持环境治理、气候应对及资源集约利用的经济活动。本报告重点选取绿色信贷、绿色债券及碳金融产品（含碳期权、碳基金、碳权益类产品）等三类工具，缘于其在我国绿色金融体系中的主导地位及对碳减排进程的显著推动作用。

本报告所涉及的数字经济和绿色金融企业的相关数据信息均来源于权威

数据库，包括 Wind 数据库、CSMAR、RESSET、CNRDS 以及企业年报和企业贷款公告等。针对数字经济企业，选取 2013—2023 年所有 A 股市场上市企业作为研究对象。为保证研究数据的精确性和可信度，事先对样本数据进行细致的筛选和清洗工作。首先，保留目前仍然在上市状态的企业，同时也包括那些曾经上市但后来退市的企业。其次，排除被特别处理（ST）的企业，因为这些企业的财务状况可能存在异常，会影响研究结果的准确性。最后，依据国家统计局 2021 年发布的《2021 数字经济及其核心产业统计分类》，对样本企业进行进一步筛选，从而精确地识别属于数字经济范畴的企业。通过分类处理，得到每年在 A 股市场上市的数字经济企业的详细列表。对于绿色金融企业，同样根据上述定义与标准，收集并整理符合要求的企业相关数据，重点关注在绿色信贷、绿色债券及碳金融产品（如碳期权交易、碳基金、碳股票、碳债券等）领域有显著参与的企业。所有数据均来源于 Wind 数据库以及公开的企业年报、金融公告等权威渠道，以确保数据的全面性与准确性。

5.2.3 模型方法

本报告构建的北京市企业关联网络属于有向无权网络范畴。在此网络结构中，企业构成网络节点，涵盖数字经济企业和绿色金融企业两大类别，企业间通过空间关联关系相互连接，形成网络中的边。为明确区域间企业关联性，本报告开发了基于引力模型的方法。该模型依据区域间引力矩阵判定企业间的关联关系。若两个区域间的引力值超过总体中位数，则判定为存在关联，否则视为无关联。该方法在当前学术研究中得到了广泛应用，本报告进一步采用修正后的引力模型，以界定网络节点间的关联关系：

$$X_{ij} = k_{ij} \frac{\sqrt[3]{P_i W_i G_i} \sqrt[3]{P_j W_j G_j}}{\left(\dfrac{D_{ij}}{g_i - g_j}\right)^2}, \quad k_{ij} = \left(\frac{W_i}{W_i + W_j}\right) \tag{5-1}$$

其中，X_{ij} 表示企业 i 和 j 之间的关联关系强度，k_{ij} 指的是企业 i 和 j 之间的引力系数，P_i 和 W_i 分别代表企业 i 的规模和市值，G_i 表示企业 i 数字化水平或绿色化水平（节点 i 为数字经济企业，则 G_i 表示企业 i 的数字化水平；节点 i 为绿色金融企业，则 G_i 表示绿色化水平），$g_i - g_j$ 表示企业 i 和 j 之间的经济距离（其中，g_i 为企业 i 的市值与规模的比值），D_{ij} 指的是企业 i 和 j 之间的地理距离。

5.2.4　网络拓扑指标

根据巴尼特（Barnett，2011）提出的社会网络分析的标准方法，本报告采用网络密度、连通性、层次性和网络效率等四个指标衡量北京市企业关联网络的特征。同时，本报告聚焦到北京市、北京市某区及其内部、外部分别计算企业关联网络的指标特征。

5.2.4.1　网络密度

网络密度是用于衡量网络中个体间紧密程度的指标，其定义为网络中实际存在的边数与可能存在的最大边数的比值。网络密度计算公式如下：

$$D = \frac{L}{N(N-1)} \tag{5-2}$$

其中，L 表示当前网络的边数，$N(N-1)$ 表示当前网络中最大的边数。

聚焦北京市，对于北京市内部的企业网络密度，$L1$ 表示当前北京与北京之间的企业网络连接的边数；对于北京市外部的企业网络密度，$L2$ 表示北京企业与全国企业（不包含北京）之间连接的边数；$N(N-1)$ 均表示全国范围内可能的最大边数。

聚焦北京市内各区，对于北京市各区内部的企业网络密度，$L1$ 表示当前网络中北京某个区内的企业连接的边数；对于北京市各区外部的企业网络密度，$L2$ 表示北京某个区的企业与其他区的企业（不包含该区）之间连接的边数；$N(N-1)$ 均表示全国范围内可能的最大边数。

5.2.4.2　网络连通性

网络连通性是衡量网络中节点之间通过路径相连的能力的指标。若网络中具有较少的孤立点时，则此网络具有更大的网络连通性。对于有向网络，需要区分强连通（所有节点双向可达）和弱连通（忽略方向后连通）。网络连通性的计算公式如下：

$$C = 1 - \frac{2V}{N(N-1)} \tag{5-3}$$

其中，V 表示不可达节点对的数量，$N(N-1)$ 表示总节点对的数量。

聚焦北京市，对于北京市内部的企业网络连通性，$V1$ 表示北京市企业与北京市企业之间不可达节点对的数量；对于北京市外部的企业网络连通性，$V2$ 表示北京市企业与全国企业（不包含北京）之间不可达节点对的数量；$N(N-$

1）均表示总节点对的数量。

聚焦北京市内各区，对于北京市各区内部的企业网络连通性，$V1$ 表示北京市某个区内部不可达节点对的数量；对于北京市各区外部的企业网络连通性，$V2$ 表示北京市某个区企业与其他区企业（不包括这个区）之间不可达节点对的数量；$N(N-1)$ 均表示总节点对的数量。

5.2.4.3　网络层次性

网络层次性是衡量网络中节点与节点之间非对称可达性的指标。网络中更多的单向关联意味着更高的网络层次和更严格的等级结构。网络层次的计算公式如下：

$$GH = 1 - \frac{R}{\max(R)} \tag{5-4}$$

其中，R 表示对称可达节点对的数量（对称可达是指从节点 i 到节点 j，从节点 j 也能到节点 i，节点 i 和 j 属于对称可达节点对），$\max(R)$ 表示可能存在的最大对称可达节点对的数量。

聚焦北京市，对于北京市内部的企业网络层次性，$R1$ 表示北京市内部企业到北京市内部企业对称可达的节点对的数量；对于北京市外部的企业网络层次性，$R2$ 表示北京市内部企业到全国其他企业（不包含北京）对称可达的节点对的数量；$\max(R)$ 均表示可能存在的最大对称可达节点对的数量。

聚焦北京市内各区，对于北京市各区内部的企业网络层次性，$R1$ 表示北京市某个区内部企业对称可达的节点对的数量；对于北京市各区外部的企业网络层次性，$R2$ 表示北京市某个区内部企业与北京市内其他企业（不包括这个区）对称可达的节点对的数量；$\max(R)$ 均表示可能存在的最大对称可达节点对的数量。

5.2.4.4　网络效率

网络效率是衡量信息或资源在网络中传输效率的指标。一个效率更高的网络意味着网络信息传输能力强。网络效率的计算公式如下：

$$GE = 1 - \frac{M}{\max(M)} \tag{5-5}$$

其中，M 表示冗余边的数量（冗余边是指在被移除网络之后，未对网络连通性产生影响的边）；$\max(M)$ 表示可能的最大冗余连接边的数量。

聚焦北京市，对于北京市内部的企业网络效率，$M1$ 表示北京市企业与北京市企业之间冗余边的数量；对于北京市外部的企业网络效率，$M2$ 表示北京市企业与全国其他企业（不包含北京）冗余边的数量；$\max(M)$ 均表示可能的最大冗余连接边的数量。

聚焦北京市内各区，对于北京市各区内部的企业网络效率，$M1$ 表示北京市某个区内部企业冗余边的数量；对于北京市各区外部的企业网络效率，$M2$ 表示北京市某个区内部企业与北京市其他区内的企业（不包括这个区）冗余边的数量；$\max(M)$ 均表示可能的最大冗余连接边的数量。

5.2.5　网络拓扑演化分析

本报告旨在探究北京市内部企业间以及北京市企业与其他地区企业间数字经济与绿色金融企业关联网络结构的动态演变规律。通过追踪网络密度、连通性、层次性及网络效率等核心指标的时间序列变化，解析网络结构的优化路径、协同效应及潜在演化机制，为理解数绿融合发展的动态特征提供量化支撑。

5.2.5.1　动态演变分析

利用年度面板数据，构建 2013—2023 年网络的时间序列模型，逐年计算网络密度、连通性、层次性与效率指标，以描绘网络结构的动态变迁轨迹。通过对比分析各项指标，得出相应结论。

5.2.5.2　网络密度的动态演变

分别探讨北京市内企业间网络密度（$D1$）和北京市企业与其他地区企业间网络密度（$D2$）的差异，旨在分析不同地域企业间联系的强度，并揭示企业间合作与交流的频繁程度。通过对比北京市内部与外部网络密度的增长速率差异，旨在识别区域协同发展的阶段性特征。若 $D1$ 的增长速率超过 $D2$，可能表明北京本地企业间的联系更为紧密，反映出本地化数字绿色融合生态的优越性。反之，若 $D2$ 的增长速率超过 $D1$，则表明跨区域企业间的联系更为紧密。

5.2.5.3　网络连通性演化

分别讨论北京市内企业、北京市企业与其他企业之间的连通性（$C1$、$C2$）用来分析两个网络中个体间可达性的指标。分析不可达节点对数量的变化趋势，评估网络抗风险能力的变化。例如，连通性指标的持续改善可能归因于数字基础设施的完善或绿色金融产品的标准化，降低了企业间合作的信息壁垒。通过对比分析，得到北京市内企业、北京市企业与国内其他企业之间的网络稳健性。同时分析增速，例如，当 $C2$ 增速超过 $C1$ 时，需警惕"本地空心化"风险；若 $C1$ 呈现"核心-边缘"结构，可能过度依赖头部企业。

5.2.5.4　层次性演化

分别讨论北京市内企业、北京市企业与其他企业之间的层次性演化，通过对称可达节点对比例的变动，揭示网络等级结构的扁平化或集中化趋势。若指标较少，表明企业网络的等级结构趋于扁平化，本地企业间双向协同关系增强，传统单向依赖模式被打破，而这可能得益于数字经济与绿色金融的深度融合。然后，分别对北京市内、北京市内和国内其他企业之间的指标进行比对。若 $GH1$ 或 $GH2$ 长期高于另一方，可能反映网络中存在"核心-边缘"结构，部分企业（如头部企业或平台型企业）占据主导地位。同时通过分析层次化指标的增速，分析企业在网络中的地位变化。

5.2.5.5　网络效率演化

分别讨论北京市内企业、北京市企业与其他企业之间的网络效率演化（$GE1$、$GE2$），衡量北京市内企业、北京市企业与其他企业网络的资源优化配置效率，结合冗余边数量的变化，反映企业间合作的精准性与协同效率，解析资源优化配置的动态过程。若 $GE1$ 大于 $GE2$，表明北京市内企业网络的资源优化配置效率提高，若小于表明跨区域企业网络的资源优化配置效率提高。若 $GE1$ 增速高于 $GE2$，表明北京本地企业间的协同效率提升更快，可能反映本地数字化基座较为完善。若 $GE2$ 增速高于 $GE1$，表明跨区域企业间的协同效率提升更快。

5.2.6　时空分布演化分析

时空分布演化分析是一种结合时间和空间维度研究网络动态变化的方法。时空分布演化分析旨在探讨北京市数字经济企业与绿色金融企业之间的协同发展关系如何随时间和空间的变化而演化。通过这一分析，可以识别出哪些企业或区域在特定时间段内起到了引领作用，哪些企业在数字化转型和绿色化转型过程中表现出了显著的增长或衰退趋势，从而为相关政策的制定提供依据。时空演化分析框架的核心是分析企业在数字化与绿色化协同发展过程中在时空网络中的动态变化。

5.2.6.1　空间维度分析

区域划分。依据北京市的行政区划，将北京市细分为 16 个区域（例如，东城区、西城区、朝阳区等），并基于各区域内企业数字化转型与绿色金融发展状况对区域间的企业关联网络进行分析。结果显示：不同区域企业在数字化和绿色金融表现上差异显著。时空演化分析可揭示哪些区域是创新高地，哪些存在滞后，从而为政策制定提供依据、促进区域协同。

5.2.6.2　时间维度分析

动态演化过程。通过分析不同时间点（如历年企业发展状况），追踪企业数字化转型与绿色金融活动的演化趋势。针对每个时段的企业关联网络，计算网络的密度、连通性、层次性等指标，观察网络结构的变迁。例如，某些企业可能在特定年份加入或退出网络，某些区域的企业在特定年份出现快速增长，或者某些企业在特定年份因市场或政策因素加速转型。

演化轨迹。构建每个企业在时间序列上的演化轨迹，观察企业在数字化与绿色化转型中的动态表现，分析其是否扮演先行者或追随者的角色，并进一步探讨其对整个网络结构的影响。

时空演化分析方法有助于识别关键节点及其时空变化，可以揭示数字经济与绿色金融企业协同发展动态，识别关键企业和区域，为政府提供政策支持方向，为相关企业提供时空演化洞察，推动数绿融合协同发展。

5.2.7　关键节点识别

目前，在复杂网络领域已经提出大量重要的节点识别算法。其中，传统的识别方法包括度中心性（DC）、介数中心性（BC）、接近中心性（CC）和 k 壳分解（k-shell）。其他方法如 H-index、核心数、PageRank 算法等也被广泛应用。本报告采用度中心性（DC）、介数中心性（BC）、接近中心性（CC）及特征向量中心性（EC）四个指标衡量节点的重要性，在北京市企业关联网络中找到重要节点并对其分析。

5.2.7.1　度中心性

度中心性（DC）是最基本的中心性度量方法，表示节点在网络中的直接连接数。在复杂网络分析中，节点的邻居节点数量越多，则该节点的重要性和影响力越大。DC_i 的计算公式如下：

$$DC_i = \frac{d_i}{n-1} \tag{5-6}$$

其中，d_i 表示节点 i 的度数，n 表示网络的大小。

5.2.7.2 接近中心性

接近中心性（CC）衡量一个节点与网络中其他节点的接近程度。其总距离越短，说明该节点接近中心性值越高，意味着该节点能够与其他节点更快地建立联系。CC_i 的计算公式如下：

$$CC_i = \frac{1}{\sum\limits_{u \neq v} d(u, v)} \tag{5-7}$$

其中，$d(u, v)$ 表示节点 u 和 v 之间的最短路径距离，求和是对网络中所有节点 v 进行的，不包括节点 u。

5.2.7.3 介数中心性

介数中心性（BC）衡量一个节点控制其他节点之间关系的程度。介数中心性认为，在网络所有节点对的最短路径中，如果经过一个节点的最短路径数越多，则此节点就越重要。BC_i 计算公式如下：

$$BC_i = \sum_{s \neq t \neq i \in N} \frac{\sigma_{st}(i)}{\sigma_{st}} \tag{5-8}$$

其中，σ_{st} 表示从节点 s 到节点 t 的最短路径总数，$\sigma_{st}(i)$ 表示从节点 s 到节点 t 经过节点 i 的路径总数。

5.2.7.4 特征向量中心性

特征量中心性（EC）衡量一个节点的全局影响力。节点的重要性取决于邻居节点的重要性，与之相连的邻居节点越重要，则该节点就越重要。节点 i 的特征向量中心性 EC_i 计算公式如下：

$$EC_i = \frac{1}{\lambda} \sum_{v=1}^{n} A_{i,v} x_v \tag{5-9}$$

其中，A_{iv} 为邻接矩阵（若节点 i 与节点 v 相连，则 A_{iv} 为 1；否则为 0）；$\sum\limits_{v=1}^{n} A_{i,v} x_v$ 表示节点 i 所有邻居节点重要性的加权和；λ 是一个常数，不等 0。

5.3　北京市数绿融合时空演化分析

5.3.1　北京市数绿融合整体演化特征

　　本报告将数字经济企业与绿色金融企业放到同一个复杂系统内，基于企业之间的空间关联关系，综合考虑企业规模、企业市值、企业数字化水平、企业绿色化水平等重要特征，构建数字经济−绿色金融网络，如图5.1所示。

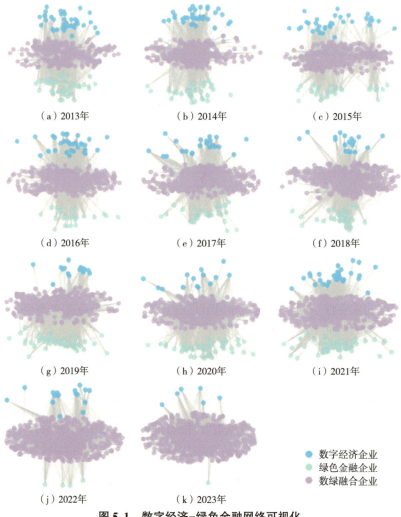

（a）2013年　　　　　　（b）2014年　　　　　　（c）2015年

（d）2016年　　　　　　（e）2017年　　　　　　（f）2018年

（g）2019年　　　　　　（h）2020年　　　　　　（i）2021年

- ● 数字经济企业
- ● 绿色金融企业
- ● 数绿融合企业

（j）2022年　　　　　　（k）2023年

图5.1　数字经济−绿色金融网络可视化

基于此，可有以下几点发现。

第一，网络的规模和复杂性日益提升，企业数量日益增多，企业之间的关联复杂度日益增大。网络节点的日益增多反映出有更多企业积极参与了数绿融合的进程，这既包括数字经济企业向绿色金融领域的拓展，也体现出绿色金融企业在数字化转型中的深度融合。与此同时，网络中的边数不断增加，表明企业间的合作与互动日趋频繁，资金、技术、数据等要素的流动性显著增强。这一网络演化趋势不仅反映了企业间关联性的自然拓展，也体现了政策驱动和市场需求的深层影响。国家"双碳"目标与高质量发展的战略导向为数字经济与绿色金融的深度融合提供了有力支撑，激励企业积极寻求跨领域合作，通过科技创新赋能绿色转型。这种政策与市场的双重推动，使得企业间的资源整合与协同效应不断增强，进一步加快了数绿融合的进程。

第二，绿色金融企业的数量呈现出"先增后降"的动态变化特征。自2016年起，受政策引导和绿色金融体系初步构建的推动，绿色金融企业数量缓慢增加，为数绿融合奠定了基础。2019—2021年，随着国家"双碳"目标的提出以及绿色金融相关政策的密集出台，绿色金融市场快速扩容，绿色信贷、绿色债券、碳交易等领域活跃度显著提升，网络中的绿色金融节点数量迎来高峰，增长速度尤为显著。然而，自2022年起，绿色金融领域经历了一定程度的调整与整合，节点数量出现明显回落。这一趋势反映出在绿色金融规范化、标准化要求加强的背景下，部分缺乏核心竞争力的企业被市场淘汰，金融资源向合规性强、创新能力突出的优质机构集中。这一演化过程表明，绿色金融正从"扩容式增长"逐步迈向"提质增效"的发展阶段。

第三，随着数字经济与绿色金融深度融合的推进，网络中兼具数字经济与绿色金融双重属性的复合型节点数量显著增加。这类节点既具备数字技术创新的能力，又承载绿色金融服务功能，成为数绿融合的重要枢纽。它们的涌现不仅反映出企业跨界整合的战略趋势，也标志着数字化和绿色化融合发展的内在动力逐渐增强。随着复合型节点数量的持续增长，企业间的资源配置效率显著提升，资金、技术与数据的流动性不断增强，进而加快了绿色产业转型和数字技术赋能绿色金融的步伐。这一趋势不仅优化了数绿融合网络的结构与功能，还为区域经济高质量发展注入了新的活力。

5.3.2　北京市数绿融合时间演化特征

本报告基于全国数字经济–绿色金融复杂系统，立足全国视角，借助网络密度、网络连通性、网络层次性、网络效率四个指标，分析北京市内部及外部网络的发展特征及演化趋势，网络拓扑指标的演化结果如图5.2所示。

（a）网络密度（北京市内部）

（b）网络密度（北京市外部）

（c）网络连通性（北京市内部）

（d）网络连通性（北京市外部）

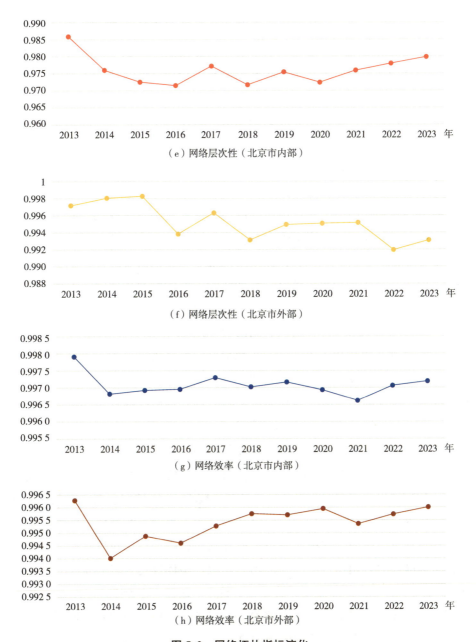

图 5.2　网络拓扑指标演化

就网络密度而言，北京市外部网络密度整体高于内部，呈现自2014年高点后的持续下降趋势，尽管2019年后有所回升，但整体水平仍低于早期。这表明北京市企业与非北京地区企业间仍保持较高程度的跨区域联系，但这种联系的紧密度有所减弱。这种现象可能与资源向北京等核心区域的集聚效应有关，外围企业更倾向于直接对接北京的核心企业，而忽视了区域内的横向合作。相比之下，北京市内部网络密度虽整体低于外部，但自2014年明显上升后保持相对稳定，呈现小幅波动的态势。这反映出北京市内部企业间合作关系稳固，数字经济与绿色金融企业间存在较强的黏性与互动性。政策驱动、区域集聚效应等因素强化了核心区域内企业间的合作，有助于构建高效的创新生态系统，推动数绿融合向纵深发展。

就网络连通性而言，北京市内部网络连通性显著高于外部。北京市内部网络连通性始终保持高位，2018年达到局部高点，表明此阶段企业间的协作与信息交互最为紧密。整体看，北京市内部企业之间的关联性强，数字经济企业与绿色金融企业在北京集聚，叠加政策与资本的双重驱动，促使企业间形成紧密的合作网络，进一步强化了北京市在数绿融合中的核心地位。相比之下，北京市外部网络连通性自2013年起呈现出明显下降趋势，尤其是2013—2016年下滑较快，之后虽有小幅回升，但未恢复早期水平。这反映出部分外围地区未形成稳定的产业集群，企业间合作松散，资源向北京等中心城市集聚。外部网络连通性的减弱可能会限制外围地区的资源共享与协同发展，也说明区域间的协调性有待加强。

就网络层次性而言，北京市内部及外部均保持较高水平，但内部整体低于外部。北京市内部网络层次性自2013年起先下降后上升，2023年接近初始水平。这反映出北京市内部逐渐形成显著的核心-边缘结构，核心企业在网络中占据关键位置，充当信息与资源流通的枢纽，有助于实现信息快速传递和资源高效配置。然而，这种结构也可能导致对核心节点的过度依赖，降低网络的抗风险能力。相比之下，外部网络层次性整体维持在较高水平，数值介于0.991 96至0.998 28之间，波动相对较小。2015年达到最高点，随后略有下降。这意味着外围企业依赖少数关键节点与北京核心企业建立联系。尽管略有下降但亦反映出部分外围区域或许已经开始探索内部合作与自主创新路径。然而，总体上看，外部区域仍面临资源流入不足和网络黏性较弱的问题，这限制了外围地区在数绿融合网络中的能动性。

就网络效率而言，北京市内部网络效率整体略微高于外部，且两者均保持在较高水平。北京市内部网络效率波动幅度较小，稳定在 0.996 6 至 0.997 9 之间。这表明北京市内部具备较强的资源整合与信息传递能力，有助于促进数字技术和绿色金融服务的精准对接。相比之下，外部网络效率虽同样维持在较高水平，但波动性更为显著，2014 年后呈现波动上升态势，显示外围区域在资源优化配置和信息流通方面有所改善。然而，其整体稳定性仍不及核心区域，反映出外围企业间的协作网络尚未形成稳定、高效的结构。这种差异可能源于外部区域创新要素分布的分散性以及对核心城市资源的依赖性，导致信息传递路径较长、效率易受扰动。

整体而言，政府的政策扶持、绿色金融工具的创新以及市场需求的变化共同塑造了网络的演化趋势。北京市政策红利的集中效应造成企业资源向核心区域倾斜，强化了北京市在数绿融合网络中的枢纽地位。北京市企业在网络连通性、网络层次性和网络效率等方面均表现突出，为数字技术创新与绿色化发展深度融合提供了有力支撑。然而，网络内部核心-边缘结构的强化造成对核心企业的高度依赖，这虽有助于提升资源配置效率，但也潜藏系统性风险。一旦核心节点失效，可能对整个网络的稳定性和抗风险能力造成冲击，削弱网络的韧性与可持续性。

5.3.3　北京市数绿融合空间演化特征

本报告基于全国数字经济-绿色金融复杂系统，进一步立足北京市，借助网络密度、网络连通性、网络层次性、网络效率四个指标，分析北京市内各个区的内部及外部网络的时空分布特征及演化趋势。

5.3.3.1　北京市各区内外部网络拓扑指标空间演化分析

由图 5.3 可见，海淀区、朝阳区、西城区、东城区位列第一梯队。这些地区不仅是北京市的经济、科技和文化的核心区域，同时在数字经济与绿色金融的融合发展中占据重要地位。无论是内外部直接联系的紧密程度、联系的稳健性、资源分布的差异性，还是资源分配及信息传输的效率，这些地区都处于较高水平。海淀区作为教育和科研的重心，集中了北京大学等重点高校及科研机构，能有效吸引高端资源，为绿色金融产品创新提供支持，助力绿色转型。朝阳区作为国际化和金融中心，完善的基础设施和外资聚集效应，促进了绿色金融的跨国合作和数字经济国际化。朝阳区高效的信息流动和资源配置，推动了数字经济与绿色金融的融合创新。西城区和东城区凭借文化资源和政策优势，成为社会治理和文化产业的重要节点。西城区通过政策引导，推动绿色金融发展，支持数字经济发展。东城区则依托商业和文化优势，推动数字经济与绿色金融的结合，尤其在商业地产和文化创意产业中，绿色金融和可持续发展促进了区域创新。

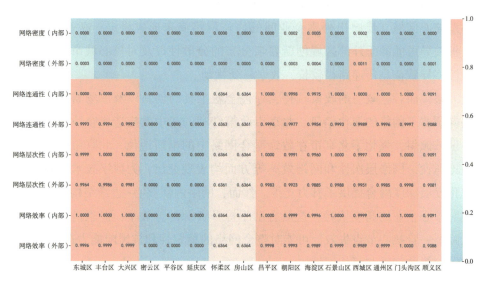

图5.3　北京市各区内外部网络拓扑指标空间演化

　　顺义区、昌平区、门头沟区、丰台区、大兴区、通州区和石景山区位列第二梯队，尽管这些区域的内外部联系尚未达到第一梯队的紧密程度，但它们仍具备较强的绿色金融和数字经济融合潜力。例如，通州作为北京城市副中心，近年来积极推动产业转移和绿色创意产业的发展，吸引了大量企业和人才。这些地区的企业在与其他企业的直接联系方面相对较低，但其可达性和对称性较高，显示出一定的稳定性和有效性，表明它们逐步形成了产业集群。未来，通过优化资源配置，这些区域有望成为数绿融合的重要节点。尤其是在绿色金融和绿色投资领域，这些区域可以通过产业集群的形成，逐步实现数字经济与绿色金融的深度融合。

　　怀柔区和房山区作为第三梯队，尽管在信息流通和资源配置上较为薄弱，但它们仍有潜力成为数字经济与绿色金融发展中的重要补充。怀柔区凭借自然资源和旅游潜力，若能引入数字经济和绿色金融的结合，能够促进地方产业的升级转型，并推动可持续发展。然而，由于缺乏高端产业和技术创新链条，怀柔区的数绿融合进程较慢。房山区则面临基础设施不足和交通不便的问题，限制了其在数字经济和绿色金融方面的协同发展。若能通过改善基础设施、吸引绿色投资，房山区有潜力逐步提高与核心区域的连接。

延庆区、密云区和平谷区由于资源匮乏和发展滞后，其在数字经济和绿色金融的融合上面临较大挑战。延庆区和密云区虽有自然和生态优势，但它们远离市中心，基础设施薄弱，导致其在数字经济和绿色金融网络中的参与度较低。尽管延庆区在冬奥会期间得到一定的投资和关注，但产业结构和科技创新的不足，使得延庆区尚未能有效连接北京市的核心经济区域，限制了其在数绿融合发展中的潜力。通过加大基础设施建设和政策支持，这些区域有望在未来得到更好的发展机会，尤其是在生态保护和绿色金融领域。

5.3.3.2 北京市各区内外部网络密度空间演化分析

由图5.4和图5.5可见，海淀区作为北京的科技创新高地，以中关村为

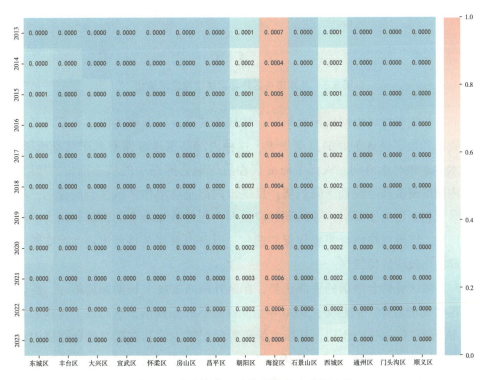

图5.4 北京市各区内部网络密度空间演化

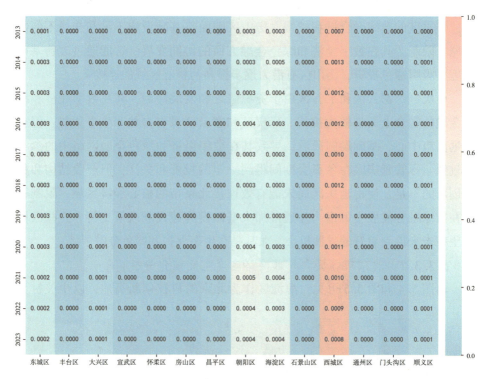

图5.5 北京市各区外部网络密度空间演化

核心，长期保持区内网络密度第一，体现了其企业间紧密的协作关系以及创
新资源和数字经济企业的高度集聚。这种内部高密度联系有利于信息流通、
技术共享和产业协同，巩固了海淀区在数绿融合网络中的核心地位。然而，
区内网络密度却呈波动下降趋势，反映出内部企业协作活跃度有所减弱，可
能导致创新活力下降、产业协同效应减弱，削弱数绿融合的内部驱动力。与
此同时，区外网络密度虽稳定保持前三，但若内部联系持续走弱，可能影响
外部溢出效应的持续性。

西城区凭借金融街的资源优势，在区外网络密度上长期保持第一，整体
呈现"先增后降"的趋势，2020年达到高峰后开始回落，这凸显了其作为北
京市金融枢纽的核心作用。其强大的资源调配能力使其在数绿融合网络中承
担起链接外部企业和区域的桥梁功能，推动了绿色金融资源的跨区域流动。
然而，"先增后降"这一现象可能源于金融资本的外溢效应加强，部分资源向
其他区域流动，虽有助于区域间的平衡发展，但也削弱了西城区内部绿色金

融生态的稳定性和内生增长动力。

朝阳区虽未在区内或区外占据首位，但始终保持在前三位，且趋势稳定，凸显了其作为国际商务与能源贸易交汇点的功能。这种稳定性有助于保障数绿融合的持续性与扩散力，尤其体现在跨国企业、绿色金融机构与传统能源企业的连接中。但相对稳定的网络结构也表明其创新驱动力相对不足，未能形成突出的网络优势，对周边区域的辐射效应有限。

怀柔区、门头沟区和大兴区在数绿融合网络中呈现"内弱外强"的结构，使其在发展初期能够快速借助外部资源推动转型，但同时也存在内部协同能力不足、外部依赖性强的潜在风险。通过强化区域内部联结、完善基础设施和政策支持，这些区域有望打破"边缘化"困境，形成更具活力的数绿融合网络结构，助力北京市的高质量发展。

5.3.3.3　北京市各区内外部网络连通性空间演化分析

由图5.6和图5.7可见，北京市各区的网络连通性大多处于较高水平，

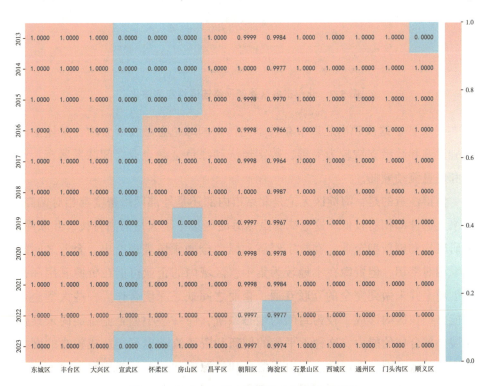

图5.6　北京市各区内部网络连通性空间演化

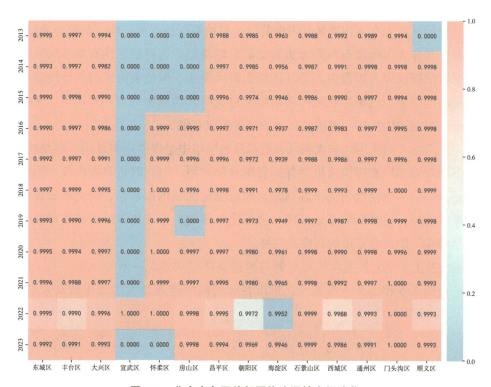

图 5.7 北京市各区外部网络连通性空间演化

均大于 0.99。这反映出北京市在数字化转型和绿色金融发展方面，整体上的基础设施和政策支持较为完善，数字经济和绿色金融企业之间联系紧密，资源和信息流动顺畅。

值得注意的是，海淀区无论是北京市内部还是外部网络密度都相对偏高，网络连通性却相对较低。这意味着虽然海淀区集中了大量的高科技、互联网、科研机构和创新型企业，在数字经济和绿色金融领域表现突出，企业之间的联系相对密切，但资源在本地较为集中，区域内的企业可能在资源利用和技术创新上并未做到完全的互联互通，企业之间缺乏深度合作。一些大型企业可能已经在区内形成了较为封闭的生态系统，而一些小型企业可能尚未具备拓展外部合作的能力。这种不平衡的创新和资源流动也可能造成较高的网络密度，较低的网络连通性。若由于信息和资源流动的不顺畅导致资源未能充分共享，创新和技术发展可能会受到限制，无法充分发挥企业集群效应，限制海淀区企业的创新力和市场拓展能力。

5.3.3.4 北京市各区内外部网络层次性空间演化分析

由图5.8和图5.9可见，北京市各区内外部的网络层次性整体均处于较高水平。这说明北京市各区县网络结构比较明确，存在较为清晰的核心节点和从属节点关系，企业和机构之间的联系具备良好的组织结构和较高的管理效率。相比之下，北京市外部网络层次性略低于内部，这表明虽然北京市各区内部的企业和机构在合作和资源配置方面有较明确的层级结构，但在区域之间，特别是与外部区域的联系和合作较为松散，跨区域的合作与资源整合不如区域内部那样明确和高效。

另一个明显的趋势是地处北京市核心的海淀区、朝阳区、西城区、东城区，这些区域网络层次性相对偏低，尤其在北京市各区外部较为明显。可能是由于这些区域的产业结构差异较大，海淀区集中了大量高科技企业和科研机构，专注于技术创新和研发，但相较于其他产业领域，技术型企业之间的合作多局限在科技领域，跨行业的协作较少；朝阳区以金融和商业为主，这

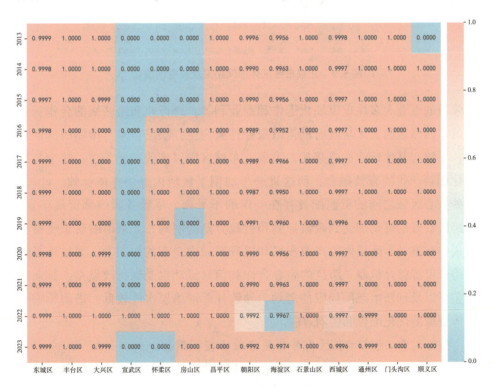

图 5.8 北京市各区内部网络层次性空间演化

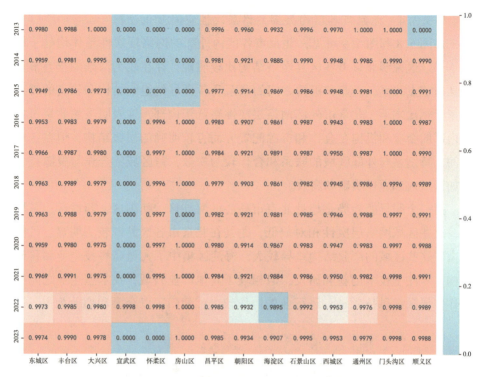

图 5.9　北京市各区外部网络层次性空间演化

些领域的企业大多注重市场化运作和商业利益，跨行业和跨区域的合作意愿较低；西城区的文化与政府机构以服务性质为主，缺乏技术与市场的深度结合，导致与其他行业的连接相对薄弱；东城区则以传统产业为主，缺少与现代化创新产业的有效融合，而这进一步加剧了区域内外协作的低效。此外，这些核心区域之间的资源配置存在一定的不平衡，尽管各区内部资源丰富，但跨区资源的流动却受到政策导向和行政分割的制约。北京市的政策支持更多集中在推动本区域内的产业发展和提升区域内企业的协同上，而缺乏足够的跨区资源整合机制。跨区的企业合作和信息流动也受到行政壁垒、行业利益差异以及创新生态圈局限的制约，导致外部网络层次性较低，进而影响了整体资源的优化配置和协同效应。

5.3.3.5　北京市各区内外部网络效率空间演化分析

由图 5.10 和图 5.11 可见，北京市各区无论是内部还是外部的网络效率均整体较高，尤其是北京市各区内部的网络效率，各区在 2013—2023 年每个年份均超过 0.999。这表明，北京市各区在资源配置和信息流动方面的高度有效性和协同能力。尤其在各区内部，企业和机构之间的合作网络运作较为流畅，资源和信息的传递效率高，能够迅速实现资源的优化配置和利用。

海淀区、朝阳区和西城区的网络效率相对较低，尤其在外部网络中较为突出。这一现象的背后原因可能在于这些区域的产业结构差异较大，导致跨行业和跨区域的合作受限。

海淀区以高科技企业为主，朝阳区集中金融和商业，西城区侧重文化与政府机构。此外，北京市作为一个超大城市，各区在行政划分和政策执行上存在差异。虽然北京市的整体战略规划和政策框架大致一致，但在具体实施上，各区往往依照自身特色和优势制定发展政策。由于北京市的跨区资源整合机制相对滞后，各区在不同发展阶段的需求和优势未能得到充分匹配，行政壁垒导致资源流动的障碍。尽管北京市政府在数字经济、绿色金融等方面有诸多推动政策，但这些政策的实施更多聚焦在提升本区域的产业发展上，尚缺乏跨区、跨行业的联合激励机制。

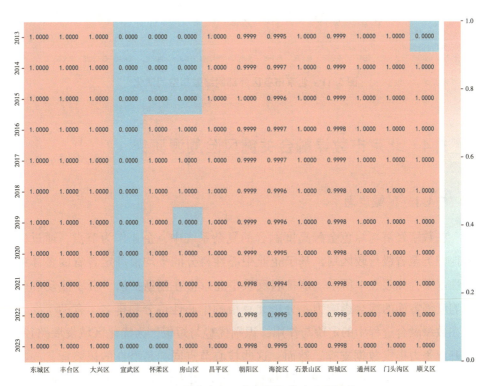

图 5.10　北京市各区内部网络效率空间演化

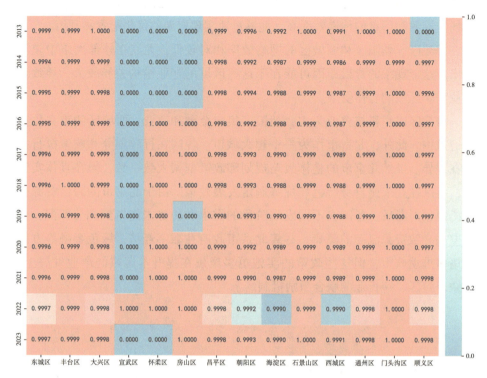

图 5.11　北京市各区外部网络效率空间演化

5.4　北京市数绿融合关键风险溯源研究

5.4.1　区域层面

在数字经济与绿色金融高度融合的复杂系统中，企业作为节点，通过所属地归类至省级行政区划，基于企业中心性得分的平均值确定各省的整体中心性水平，如表 5.1 所示。该排名反映了北京市在创新扩散、资本流动和政策响应等方面的综合影响力。分析北京市的中心性得分和排名，有助于揭示其在数绿融合进程中的定位与作用，识别优势与短板，为优化区域发展路径、提升竞争力提供数据支撑。然而，这些核心节点同样是潜在的风险源，一旦发生经营异常（如倒闭或资金链断裂），可能引发网络瘫痪或大规模连锁反应。因此，及时识别区域内的高风险企业节点，并建立有效的风险隔离机制，是阻断潜在风险蔓延、提升城市经济韧性的关键举措。

表 5.1　北京市的中心性在全国的排名

年份	DC/全国排名	BC/全国排名	CC/全国排名	EC/全国排名
2013	0.062 4/5	0.002 3/11	0.311 3/2	0.000 7/4
2014	0.076 4/2	0.002 1/13	0.336 7/1	0.007 5/2
2015	0.065 5/2	0.002 0/10	0.312 2/1	0.001 5/4
2016	0.058 2/3	0.001 8/11	0.285 9/1	0.000 5/5
2017	0.056 7/4	0.001 5/12	0.319 2/1	0.000 8/4
2018	0.058 8/3	0.001 5/13	0.305 3/1	0.000 3/6
2019	0.057 1/4	0.001 4/10	0.295 2/2	0.000 4/7
2020	0.055 5/4	0.001 1/14	0.297 6/1	0.000 3/10
2021	0.065 5/1	0.000 9/15	0.327 3/1	0.000 5/9
2022	0.059 7/1	0.001 0/12	0.312 3/2	0.000 2/8
2023	0.057 5/1	0.000 8/16	0.291 7/2	0.000 2/8

　　从表中数据看，北京市在数绿融合企业网络中长期保持较高的度中心性（DC）排名，整体领先，稳居全国前五位，尤其在 2021—2023 年连续位居全国第一。这意味着北京市企业拥有最多的直接关联节点，网络联系广泛，具备较强的资源整合与信息传播能力。这一特征也进一步验证了北京市在数绿融合网络中的主导地位。然而，北京市在网络中的核心地位意味着：若北京市出现经营波动或资金链断裂，可能引发连锁反应，对整个网络的稳定性产生较大影响。

　　北京市的介数中心性（BC）得分始终偏低（均未超过 0.002 3），且排名下滑，从 2013 年的十一名下滑至 2023 年的十六名。这表明北京市在网络中更多扮演的是"源头"角色，而非信息或资源流通的关键"枢纽"，网络中的资源流转更多依赖其他省份的企业作为桥梁。虽然这在一定程度上反映出北京市网络的"去中介化"特征，但也提示其在跨区域资源整合中的桥接能力相对薄弱。同时，这也意味着北京市的潜在风险不会通过中介作用迅速扩散到其他省份，一定程度上降低了系统性传导风险。

除 2019 年短暂降至第二名外，北京市的接近中心性（CC）自 2014—2021 年一直位居全国第一，表明北京市在网络中对其他地区的"可达性"最强，能够在最短路径内迅速扩散信息、资源甚至风险。这凸显了北京市作为国家创新高地与金融中心的核心地位。然而，2022 年与 2023 年，北京市的排名降至第二名，且与第一名差距逐渐拉大。2022 年北京市的接近中心性得分为 0.312 3，与第一名仅差 0.003 4；2023 年接近中心性得分降至 0.291 7，差距扩大至 0.016 8。这一变化可能与其他省份企业的活跃度和影响力增强有关，尤其是京外地方政府和企业在数字经济与绿色金融领域的投资和政策支持有关。这使其他地区逐渐成为新的创新和资源集聚中心，对北京市形成了竞争压力。

北京市的特征向量中心性（EC）的得分则表现出一定的波动性，尤其在2014 年达到了峰值（0.007 5，排名第 2），之后整体呈下降趋势，到 2023 年降至 0.000 2，排名第 8。这可能是由于北京市企业长期依赖本地资源（如中关村科技集群、央企总部），跨区域合作更多集中在"京津冀协同"框架内，缺乏与长三角、珠三角核心企业的深度绑定（如与阿里、腾讯的联合研发项目较少）。特征向量中心性强调企业与其他高影响力节点的关联程度，排名下降意味着虽然北京市作为国家级中心城市，其直接影响力强，但其与其他"超级节点"之间的关系存在波动，这可能影响到北京市在整体网络中的牵引力。

整体来看，北京市在数绿融合企业网络中表现出较强的直接联通性与资源可达性，但在跨区域桥接能力与核心节点关联性方面存在一定短板。北京市与其他省份的联系呈现"中心-外围"模式，企业更倾向于选择直接与北京对接，而非通过北京市与其他地区间接连接。未来，北京市可通过加强与其他区域核心节点企业的合作，提升资源流通的桥接效应，以及培育具有广泛网络影响力的本地企业，进一步巩固其在全国数绿融合进程中的引领地位。

5.4.2 企业层面

在数字经济与绿色金融深度融合的背景下，北京市内企业的中心性排名成为分析区域经济活力与创新能力的重要指标。企业作为网络中的关键节点，其中心性得分不仅明确了企业在数绿融合生态系统中的地位，也揭示了它们在资源配置、信息传播和合作网络中的作用，从中可以识别出具有战略意义的核心企业及其在推动区域经济转型中的潜力。同时，这一排名也能揭示出企业间的相互依赖关系。值得注意的是，中心性高的企业在带动经济增长的同时，也可能成为风险的集中点。若这些企业遭遇经营困难，可能会对整个经济网络造成严重冲击。因此，及时监测企业的中心性变化，识别潜在的高风险企业，并采取有效的风险管理策略，是提升北京市经济韧性和可持续发展水平的重要保障。

5.4.2.1 度中心性分析

度中心性（DC）较高的节点通常具有更多的连接关系，意味着其在信息传递和资源配置中处于核心地位；而度中心性波动较大或长期偏低的节点，可能存在潜在的风险隐患，如资源劣势、市场不稳定性等。

由表 5.2 可知，度中心性（DC）排名前十的企业大多位于朝阳区、西城区和海淀区。西城区作为北京市的金融核心区，聚集了大量国有大型金融机构［如工商银行（601398）、中国银行（601988）、建设银行（601939）等］，这些企业的高 DC 值反映了金融资本在数绿融合中的"强连接"作用。金融机构作为绿色金融的核心载体，不仅直接推动资金流向绿色产业，还通过资本杠杆效应影响全市产业结构的绿色转型。海淀区作为北京市的科技创新高地，拥有中关村等创新集群，聚集了大量科技型企业和研究机构。其企业虽以实业为主，但部分龙头企业［如中国电建（601669）］在网络中依然占据中心位置，显示出科技创新与绿色经济融合的潜力。这体现了数字技术在绿色发展中的赋能效应，为构建数字驱动的低碳经济体系奠定了基础。朝阳区作为首都的商务和国际化中心，其企业［如中国能建（601868）等］在能源、贸易等领域具有强大的资源调配能力。朝阳区的企业在数绿融合网络中承担着"交汇点"角色，通过数字技术、金融支持和产业协同等多重方式，主动推动传统能源向绿色低碳的方向演进，助力数绿融合的深入发展。三个区域的功能互补性强——西城区的资金、海淀区的技术、朝阳区的产业可形成协同效应。如果通过政策引导强化三者间的联系，将进一步优化北京市数绿融合网络的整体韧性，提升资源配置效率。

表 5.2　北京市企业 DC 排名前十名

证券代码	所属区划	2013 年	2014 年	2015 年	2016 年	2017 年	2018 年	2019 年	2020 年	2021 年	2022 年	2023 年
		DC 全国排名/北京排名										
600028	朝阳区	0.735 5 2/1	0.783 3 2/2	0.699 0 5/4	0.705 7 3/2	0.677 9 4/3	0.688 2 3/2	0.664 4 3/3	0.634 0 5/3	0.621 5 6/4	0.616 4 6/4	0.584 1 7/5

续表

证券代码	所属区划	2013年	2014年	2015年	2016年	2017年	2018年	2019年	2020年	2021年	2022年	2023年
		DC 全国排名/北京排名										
601669	海淀区	0.654 0 3/2	0.603 5 8/6	0.590 4 8/6	0.614 0 8/7	0.578 0 8/7	0.548 4 10/7	0.545 4 10/7	0.562 8 9/7	0.547 1 12/10	0.561 0 11/9	0.535 1 13/10
601939	西城区	0.641 3 5/3	0.703 1 4/4	0.709 1 4/3	0.685 4 5/4	0.647 6 5/4	0.659 1 5/4	0.631 2 6/4	0.629 6 6/4	0.614 6 7/5	0.611 2 7/5	0.589 1 6/4
600016	西城区	0.456 5 10/4	0.324 2 18/9	0.337 2 19/8	0.321 0 18/10	0.305 3 22/10	0.289 2 27/9	0.306 3 25/10	0.321 5 27/12	0.294 3 34/17	0.290 9 35/17	0.271 3 37/17
600011	西城区	0.311 6 17/5	0.175 0 29/10	0.235 9 23/10	0.189 8 29/12	0.291 8 23/11	0.287 1 29/10	0.303 4 26/11	0.315 2 28/13	0.287 4 35/18	0.280 5 38/19	0.261 9 38/18
000725	大兴区	0.172 1 26/6	0.073 8 45/14	0.178 0 31/11	0.164 3 35/13	0.246 9 28/12	0.260 2 34/12	0.288 8 29/12	0.333 0 23/11	0.329 5 29/14	0.354 9 27/14	0.311 6 30/15
601991	西城区	0.166 7 27/7	0.024 1 457/53	0.015 9 614/106	0.020 4 601/64	0.021 3 645/56	0.104 3 65/16	0.118 0 62/16	0.139 8 59/17	0.120 3 76/23	0.105 0 88/24	0.061 5 143/32
600100	海淀区	0.112 3 33/8	0.086 7 39/12	0.092 6 48/13	0.044 6 214/19	0.057 2 108/16	0.052 7 144/18	0.055 6 118/21	0.048 1 205/15	0.051 3 183/29	0.040 4 342/40	0.051 5 208/33
600271	海淀区	0.052 5 118/9	0.028 9 352/25	0.065 1 63/14	0.059 9 85/17	0.050 5 39/17	0.051 6 151/20	0.054 6 124/22	0.057 0 119/24	0.049 0 220/34	0.037 8 386/43	0.038 5 402/39
600588	海淀区	0.045 3 164/10	0.044 9 132/16	0.050 7 103/15	0.048 4 159/18	0.043 8 224/18	0.063 4 92/17	0.064 4 98/19	0.066 8 102/21	0.070 5 111/27	0.074 4 108/27	0.070 1 128/29
601288	东城区	—	0.817 0 1/1	0.761 2 1/1	0.723 6 2/1	0.688 0 3/2	0.694 6 2/1	0.674 1 1/1	0.667 0 3/1	0.663 6 3/1	0.670 6 4/2	0.640 6 3/1
601398	西城区	—	0.704 7 3/3	0.722 1 2/2	0.701 9 4/3	0.730 6 2/1	0.688 2 3/2	0.666 3 2/2	0.658 1 4/2	0.649 8 4/2	0.672 5 3/1	0.638 7 4/2
601988	西城区	—	0.679 0 5/5	0.677 3 6/5	0.661 1 6/5	0.603 8 6/5	0.624 7 6/5	0.618 5 7/5	0.612 6 7/5	0.600 8 8/6	0.609 9 8/6	0.581 6 8/6
601800	西城区	—	0.494 4 9/7	—	—	—	—	—	—	—	—	—
601111	顺义区	—	0.419 8 13/8	0.509 4 9/7	0.482 8 12/8	0.488 2 11/8	0.482 8 12/8	0.512 2 12/9	0.522 7 12/9	0.498 9 15/12	0.476 2 15/12	0.489 1 16/13

续表

证券代码	所属区划	2013年	2014年	2015年	2016年	2017年	2018年	2019年	2020年	2021年	2022年	2023年
		DC 全国排名/北京排名										
600050	西城区	—	—	—	0.633 1 7/6	0.584 7 7/6	0.591 4 7/6	0.569 8 9/6	0.582 4 8/6	0.575 5 10/8	0.568 8 10/8	0.539 4 12/9
600871	朝阳区	—	—	—	0.402 5 15/9	0.362 5 19/9			0.334 8 22/10	0.314 2 31/15	0.290 9 35/17	0.248 9 42/20
601658	西城区	—	—	—	—	—	—	0.533 7 11/8	0.544 1 11/8	0.536 4 14/11	0.536 9 13/11	0.501 6 15/12
601766	海淀区	—	—	—	—	—	—	—	—	0.641 4 5/3	—	0.572 3 9/7
601728	西城区	—	—	—	—	—	—	—	—	0.590 8 9/7	0.584 5 9/7	0.549 3 10/8
601868	朝阳区	—	—	—	—	—	—	—	—	0.555 6 11/9	0.538 2 12/10	0.505 9 14/11
600941	西城区	—	—	—	—	—	—	—	—	—	0.637 3 5/3	0.604 0 5/3

5.4.2.2 介数中心性分析

介数中心性（BC）较高的节点通常处于网络中关键路径的"桥梁"位置，在信息流通、资源传递和网络控制中扮演枢纽角色。这类节点往往具有较强的调度和影响能力，在数字经济与绿色金融的交汇中可能成为资源整合者或市场调节者。波动较大或长期偏低的节点意味着其可能处于网络中的边缘地位，信息滞后或资源分配不足。但同时，某些偏低的节点若突发性获得高 BC 值，则预示着网络结构的变动或存在潜在的系统性风险。

由表 5.3 可知，北京市内介数中心性得分较高的企业分布相对分散。虽然朝阳区、西城区和海淀区作为北京市的经济、金融和科技核心区域，依旧拥有较多的高 BC 企业，但其他区域如石景山区、昌平区、顺义区和大兴区也有企业跻身前十。这种核心与非核心区域共存的格局表明，北京市的企业网络已不再是单一中心驱动，而是趋向多极化发展。这种分布格局不仅促进了信息流通与资源共享的广度、增强了网络的抗冲击能力，还推动了区域间经济的均衡发展。中介中心性（BC）值较高的企业在网络中扮演"桥梁"角色，连接核心区与边缘区，有助于打破"中心–边缘"结构，使创新资源和绿色金融向外围区域扩散。然而，这一分散化布局虽然降低了集中性风险，但也带来了新的治理挑战，特别是对关键中介节点潜在失效的风险监测需求。

表 5.3　北京市企业 BC 排名前十名

证券代码	所属区划	2013 年	2014 年	2015 年	2016 年	2017 年	2018 年	2019 年	2020 年	2021 年	2022 年	2023 年
		BC 全国排名/北京排名										
601669	海淀区	0.053 9 12/1	0.031 4 18/4	0.027 8 17/4	0.072 3 11/2	0.037 4 17/3	0.030 6 17/3	0.039 1 12/2	0.041 8 13/2	0.008 7 40/5	0.012 6 31/5	0.009 7 35/6
600028	朝阳区	0.046 5 16/2	0.036 3 17/3	0.004 7 72/7	0.018 7 25/4	0.013 0 31/4	0.036 7 12/2	0.035 8 14/3	0.008 9 41/6	0.005 3 50/7	0.005 4 47/7	0.005 0 69/7
600016	西城区	0.019 6 28/3	0.000 1 342/38	0.000 0 469/78	0.000 1 484/62	0.000 2 432/39	0.000 0 695/98	0.000 1 714/90	0.000 1 690/86	0.000 1 728/63	0.000 1 879/88	0.000 1 906/88
600011	西城区	0.009 3 41/4	0.000 1 376/40	0.000 0 536/99	0.000 0 580/82	0.000 1 439/41	0.000 1 676/89	0.000 1 625/82	0.000 1 654/74	0.000 1 710/55	0.000 1 855/82	0.000 1 894/85
601939	西城区	0.007 8 48/5	0.003 3 116/8	0.008 8 43/5	0.009 9 42/5	0.004 6 65/7	0.010 5 33/6	0.002 8 103/13	0.018 3 25/4	0.002 6 116/12	0.002 1 120/13	0.002 6 120/10
600588	海淀区	0.006 4 62/6	0.000 1 333/37	0.000 1 384/57	0.000 2 434/53	0.000 1 540/63	0.001 7 166/18	0.000 1 530/60	0.000 2 473/45	0.000 2 533/28	0.000 2 583/44	0.000 2 747/60
002486	海淀区	0.004 2 83/7	0.003 5 113/7	0.000 0 628/123	0.000 3 364/43	0.003 1 78/8	0.002 3 138/17	0.003 0 94/11	0.001 1 215/15	—		
300296	海淀区	0.004 0 85/8	0.000 7 215/29	0.000 1 428/65	0.002 1 141/15	0.000 4 338/35	0.000 0 873/157	0.000 3 468/52	0.000 4 354/34	0.000 0 821/80	0.000 0 1243/192	0.000 0 1028/113
300223	海淀区	0.004 0 86/9	0.000 0 544/91	0.000 0 601/114	0.000 0 681/115	0.000 0 830/147	0.000 0 567/71	0.000 0 935/168	0.000 0 1050/195	0.000 0 1201/207	0.000 0 1420/251	0.000 0 1416/240
000725	大兴区	0.002 8 112/10	0.000 2 302/34	0.005 4 61/6	0.002 6 121/9	0.004 6 64/6	0.004 0 78/9	0.006 7 54/8	0.007 6 48/7	0.003 4 90/9	0.004 7 51/8	0.002 4 127/11
601288	东城区	—	0.055 5 9/1	0.036 0 11/3	0.021 2 22/3	0.008 0 44/5	0.018 6 23/4	0.020 3 24/4	0.029 5 17/3	0.028 0 16/2	0.039 7 10/2	0.032 3 11/1

续表

证券代码	所属区划	2013年	2014年	2015年	2016年	2017年	2018年	2019年	2020年	2021年	2022年	2023年
		BC 全国排名/北京排名										
601111	顺义区	—	0.041 0 13/2	0.077 8 6/1	0.082 2 8/1	0.066 7 6/1	0.077 1 4/1	0.072 2 6/1	0.074 2 4/1	0.023 3 22/4	0.043 7 9/1	0.027 7 15/4
601398	西城区	—	0.012 0 36/5	0.045 2 9/2	0.004 2 75/6	0.056 2 10/2	0.008 5 40/7	0.008 1 42/6	0.006 1 56/9	0.007 1 44/6	0.021 0 22/4	0.019 5 17/5
300399	石景山区	—	0.005 5 68/6	0.000 7 234/25	0.002 9 116/8	0.001 1 216/25	0.000 1 600/83	0.000 6 333/35	0.000 4 364/36	0.000 0 1025/153	—	—
000959	石景山区	0.000 0 493/71	0.003 1 118/9	0.000 0 549/102	0.000 0 589/85	0.000 0 752/120	0.000 0 802/132	0.000 9 245/23	0.000 7 247/16	0.000 0 994/146	0.000 0 1126/138	0.000 0 1208/167
300229	海淀区	0.000 0 389/34	0.002 1 146/10	0.000 0 534/97	0.000 0 657/98	0.000 0 575/67	0.000 1 759/118	0.000 1 634/84	0.000 0 666/82	0.000 0 926/107	0.000 0 1254/196	0.000 1 889/84
002186	西城区	—	0.000 1 347/39	0.000 0 489/80	0.003 2 109/7	0.000 1 530/61	0.000 0 377/36	0.000 0 791/103	0.000 0 897/139	0.000 0 1100/176	0.000 0 1261/200	0.000 0 1252/178
300065	海淀区	0.000 0 446/49	0.000 0 535/85	0.002 2 132/20	0.002 3 129/10	0.000 1 460/43	0.000 0 548/57	0.000 1 613/72	0.000 0 1069/199	0.000 0 854/88	0.000 0 1272/204	0.000 0 955/95
600240	朝阳区					0.002 9 82/9						
601988	西城区	—	0.001 6 176/20	0.002 1 136/23	0.001 8 152/19	0.001 9 153/10	0.002 7 117/16	0.003 9 79/9	0.002 7 109/13	0.002 5 122/13	0.004 1 62/10	0.004 2 79/9
600339	昌平区						0.013 3 28/5	0.012 1 34/5	0.010 2 39/5	0.002 7 112/10	0.003 5 74/11	0.001 9 152/14
000673	朝阳区						0.007 4 43/8	0.002 0 139/18				
300104	朝阳区						0.003 3 100/10					
300027	朝阳区	0.000 0 497/72	0.000 0 513/76	0.000 0 555/105	0.001 8 161/28	0.000 0 628/87	0.000 8 272/27	0.007 6 47/7	0.006 5 54/8	0.000 6 314/19	0.001 2 219/25	0.000 4 540/36

续表

证券代码	所属区划	2013年	2014年	2015年	2016年	2017年	2018年	2019年	2020年	2021年	2022年	2023年
		BC 全国排名/北京排名										
600986	朝阳区	—	—	—	0.000 6 305/35	0.000 1 534/62	0.003 0 105/11	0.003 2 90/10	0.004 5 71/10	0.000 5 384/23	0.000 8 309/30	0.000 0 1299/198
601766	海淀区	—	—	—	—	—	—	—	—	0.054 1 7/1	—	0.030 8 12/2
601868	朝阳区	—	—	—	—	—	—	—	—	0.028 0 17/3	0.035 8 13/3	0.028 7 14/3
601600	海淀区	—	—	—	—	—	—	—	—	0.004 8 56/8	0.006 2 42/6	0.004 6 73/8
600795	朝阳区	—	—	—	—	—	—	—	—	0.002 7 114/11	0.004 4 59/9	0.002 2 132/12

5.4.2.3 接近中心性分析

接近中心性（CC）值较高的节点通常意味着其能在网络中快速获取信息并高效传播资源，在市场响应、政策执行等方面具备显著优势。这类节点在数绿融合背景下，可能是政策落地、创新扩散的优先通道。波动较大或偏低的节点，可能因地理位置、行业壁垒或市场隔离等因素被"边缘化"，在信息获取和资源争夺中处于不利地位，影响其参与高质量发展的机会。

由表5.4可知，西城区作为北京市的金融核心，汇聚了大量重要的金融、商业及服务类企业，企业集中在该区域形成了强大的产业集群效应，这些企业在信息传递和数字资源整合中扮演着核心角色，具有较高的接近中心性，如农业银行（601288）、工商银行（601398）、中国移动（600941）、建设银行（601939）、中国银行（601988）等。这些企业的接近中心性（CC）排名不仅在北京市位列前五名，在全国范围内的排名也相当靠前。这意味着，相较于北京市其他区而言，西城区内的企业不仅在北京市内具有较强的信息传递能力和市场网络连接能力，能够有效地与其他企业或市场节点保持联系，在全国的市场竞争中也占据重要位置，其资源、市场联系和信息流通能力表现尤为突出。但也正因如此，若这些企业遭遇外部冲击或出现经营问题，其所处的网络节点将成为潜在的风险传播源，由此所带来的系统性风险可能波及其他相关企业或整个市场。

表 5.4 北京市企业 CC 排名前十名

证券代码	所属区划	2013 年	2014 年	2015 年	2016 年	2017 年	2018 年	2019 年	2020 年	2021 年	2022 年	2023 年
		\multicolumn{11}{CC 全国排名/北京排名}										
600028	朝阳区	0.615 6 1/1	0.571 1 3/3	0.564 8 3/3	0.618 5 2/2	0.603 8 3/3	0.597 1 3/3	0.577 0 3/3	0.563 3 3/3	0.564 3 3/3	0.517 0 9/7	0.491 6 7/5
601939	西城区	0.578 4 2/2	0.569 4 4/4	0.564 3 4/4	0.599 6 4/4	0.581 4 4/4	0.584 4 4/4	0.568 9 4/4	0.555 6 4/4	0.559 0 4/4	0.534 7 6/4	0.494 9 6/4
601669	海淀区	0.430 3 8/3	0.475 3 7/6	0.468 1 7/6	0.429 4 11/9	0.479 3 8/7	0.414 2 12/9	0.405 6 13/10	0.454 0 11/8	0.409 5 17/12	0.466 6 13/10	0.412 8 15/10
600011	西城区	0.420 7 9/4	0.404 5 11/9	0.408 4 11/9	0.410 9 13/11	0.419 2 12/10	0.418 6 10/8	0.411 7 12/9	0.409 7 14/11	0.406 0 19/14	0.406 6 22/15	0.365 5 27/14
601991	西城区	0.401 5 11/5	0.379 7 19/16	0.372 2 18/14	0.381 8 17/13	0.372 4 18/13	0.386 6 16/12	0.377 7 17/13	0.377 5 18/14	0.375 8 26/19	0.375 3 30/19	0.335 2 248/20
000725	大兴区	0.401 5 11/5	0.382 2 15/12	0.246 1 275/124	0.220 6 351/146	0.281 2 311/101	0.323 1 228/56	0.315 0 134/55	0.327 1 80/58	0.330 1 91/65	0.342 5 324/95	0.310 4 393/100
300075	海淀区	0.380 3 16/7	0.379 2 21/18	0.252 6 250/105	0.229 7 311/107	0.266 1 332/105	0.207 5 520/161	0.248 9 444/142	0.250 9 495/165	0.310 9 402/157	0.248 0 579/219	0.261 0 611/220
000608	西城区	0.380 3 16/7	—	—	—	—	—	—	—	—	—	—
002368	朝阳区	0.380 0 18/9	0.378 0 53/50	0.315 1 79/69	0.297 1 221/81	0.370 1 65/58	0.264 9 331/97	0.251 4 398/112	0.253 0 418/126	0.324 0 165/121	0.303 0 429/152	0.277 5 477/167
002554	海淀区	0.380 0 18/9	0.380 8 16/13	0.373 8 15/11	0.297 1 221/81	0.370 1 65/58	0.290 9 308/86	0.305 4 329/102	0.305 5 303/110	0.324 4 150/110	0.360 8 77/55	0.328 7 291/58
601288	东城区	—	0.616 3 1/1	0.602 9 1/1	0.626 0 1/1	0.606 6 1/1	0.600 3 1/1	0.586 5 1/1	0.577 4 1/1	0.580 8 1/1	0.587 3 2/1	0.513 3 3/1
601398	西城区	—	0.572 8 2/2	0.576 0 2/2	0.612 3 3/3	0.605 7 2/2	0.599 5 2/2	0.585 4 2/2	0.577 4 1/1	0.578 7 2/2	0.580 3 4/3	0.505 8 5/3
601988	西城区	—	0.564 5 5/5	0.556 8 5/5	0.572 2 5/5	0.566 2 5/5	0.573 4 5/5	0.534 7 6/5	0.528 3 5/5	0.525 3 6/5	0.525 1 7/5	0.484 7 8/6

续表

证券代码	所属区划	2013年	2014年	2015年	2016年	2017年	2018年	2019年	2020年	2021年	2022年	2023年
		CC 全国排名/北京排名										
601800	西城区	—	0.470 3 8/7	—	—	—	—	—	—	—	—	—
600016	西城区	0.379 7 20/11	0.432 6 10/8	0.427 9 9/7	0.436 1 10/8	0.421 9 11/9	0.419 0 9/7	0.412 5 11/8	0.411 3 13/10	0.407 4 18/13	0.409 2 21/14	0.367 2 23/12
601818	西城区	—	0.389 6 12/10	0.410 5 10/8	0.412 8 12/10	0.406 7 13/11	0.407 2 14/10	0.400 3 14/11	0.398 4 15/12	0.396 2 22/17	0.396 2 25/17	0.357 4 38/18
600050	西城区	—	—	—	0.561 2 6/6	0.512 2 7/6	0.534 1 7/6	0.515 5 7/6	0.518 7 7/6	0.516 7 9/7	0.503 8 10/8	0.469 5 10/8
600871	朝阳区	—	—	—	0.456 7 9/7	0.435 9 10/8	—	—	0.415 1 12/9	0.413 7 16/11	0.411 0 20/13	0.364 7 30/16
601658	西城区	—	—	—	—	—	—	0.503 8 8/7	0.501 8 8/7	0.499 6 10/8	0.474 9 11/9	0.419 0 13/9
601728	西城区	—	—	—	—	—	—	—	—	0.521 2 8/6	0.522 5 8/6	0.479 2 9/7
601766	海淀区	—	—	—	—	—	—	—	—	0.463 6 11/9	—	0.365 5 27/14
601868	朝阳区	—	—	—	—	—	—	—	—	0.456 5 12/10	0.449 3 14/11	0.399 3 18/11
600941	西城区	—	—	—	—	—	—	—	—	—	0.584 7 3/2	0.508 5 4/2

5.4.2.4 特征向量中心性分析

特征向量中心性（EC）值较高的节点往往位于权力核心或资源富集区，其影响力来源于与其他"强势节点"的紧密联系。这类节点在数绿融合环境下，可能是拥有关键技术、资金优势或政策资源的领军企业。波动较大的节点可能存在市场地位不稳、合作关系波动等问题，增加了企业自身及关联链条的脆弱性。因 EC 强调"强者关联强者"的特性，若高 EC 节点出现失效，其影响将呈"放大效应"，潜在风险可能沿着其连接链条迅速扩散，导致系统性不稳定。

由表 5.5 可知，在北京市内特征向量中心性排名前十的企业中，西城区的企业占主导地位，特别是多个企业在不同年份上 EC 值都较为稳定，且排名较高，有建设银行（601939）、华能国际（600011）、民生银行（600016）、工商银行（601398）、中国银行（601988）、光大银行（601818）、中国联通（600050）、储蓄银行（601658）、中国电信（601728）、中国移动（600941）等。接下来是朝阳区和海淀区，部分企业位于东城区和丰台区。有意思的是，许多在北京市排名较高的企业，其全国排名则相对较低。这意味着这些企业在北京市的市场占有率较高，在本地具有强大的品牌影响力和竞争力。然而，随着市场扩展到全国范围，企业面临更复杂的竞争环境，包括不同地区的政策差异、消费者需求和行业竞争格局等。地方性企业可能在特定区域更具优势，而北京企业在全国市场的表现受到其他地区企业的挑战，导致它们在全国排名较低。这一现象表明，尽管在本地市场有优势，但企业在全国化拓展过程中仍需适应多元化市场需求和不断变化的竞争态势。

表 5.5　北京市企业 EC 排名前十名

证券 代码	所属 区划	2013 年	2014 年	2015 年	2016 年	2017 年	2018 年	2019 年	2020 年	2021 年	2022 年	2023 年
		EC 全国排名/北京排名										
600028	朝阳区	0.009 8 97/1	0.042 3 75/2	0.012 4 116/4	0.009 9 137/4	0.014 6 162/3	0.006 5 204/3	0.007 0 215/3	0.006 7 240/3	0.006 8 281/3	0.001 9 333/4	0.002 1 361/5
601939	西城区	0.007 9 108/2	0.041 8 76/3	0.013 2 115/3	0.006 8 141/5	0.005 4 184/4	0.004 6 215/4	0.005 4 222/4	0.004 6 254/4	0.005 0 289/4	0.001 8 335/5	0.002 3 360/4
600011	西城区	0.002 1 117/3	0.022 8 97/9	0.005 5 134/8	0.001 7 162/10	0.002 5 196/9	0.001 0 247/7	0.001 5 255/10	0.001 1 282/10	0.001 9 322/11	0.000 8 369/11	0.001 1 396/11
601991	西城区	0.001 9 118/4	0.013 5 113/12	0.002 6 144/17	0.001 6 164/12	0.001 7 220/11	0.000 9 251/11	0.001 5 256/11	0.001 0 283/11	0.001 7 324/12	0.000 7 371/13	0.000 8 402/15
601669	海淀区	0.001 6 120/5	0.026 4 90/8	0.005 4 135/9	0.000 6 191/32	0.001 7 201/13	0.000 4 275/33	0.000 5 278/29	0.000 6 299/26	0.001 2 338/24	0.000 6 373/15	0.000 8 401/14
300075	海淀区	0.001 3 130/6	0.012 3 118/15	0.000 1 324/95	0.000 0 426/102	0.000 0 365/104	0.000 0 525/159	0.000 0 539/151	0.000 0 580/167	0.000 1 512/159	0.000 0 638/208	0.000 0 638/188
000608	西城区	0.001 3 134/7	—	—	—	—	—	—	—	—	—	—

续表

证券代码	所属区划	2013 年	2014 年	2015 年	2016 年	2017 年	2018 年	2019 年	2020 年	2021 年	2022 年	2023 年
						EC 全国排名/北京排名						
000402	西城区	0.001 3 137/8	0.014 8 109/11	0.003 3 140/13	0.001 6 164/12	0.001 7 202/14	0.000 9 250/10	0.001 2 258/13	0.000 8 290/18	0.001 3 330/17	0.000 5 375/17	0.000 6 406/19
002306	丰台区	0.001 3 138/9	0.009 5 132/24	—	—	—	—	—	—	—	0.000 0 595/176	0.000 0 579/147
600016	西城区	0.001 2 143/10	0.030 1 87/6	0.006 4 131/6	0.002 0 160/8	0.002 6 195/8	0.001 6 248/8	0.001 1 254/9	0.001 1 280/8	0.001 9 321/10	0.000 9 368/10	0.001 1 395/10
601288	东城区	—	0.043 9 72/1	0.018 4 110/1	0.013 8 134/2	0.014 4 161/2	0.007 8 193/1	0.009 0 198/1	0.008 5 229/1	0.010 1 268/1	0.003 8 311/1	0.003 1 342/1
601398	西城区	—	0.041 4 77/4	0.016 3 111/2	0.010 5 136/3	0.014 9 160/1	0.007 1 201/2	0.009 2 196/2	0.008 4 230/2	0.009 6 271/2	0.002 9 319/3	0.002 8 350/3
601988	西城区	—	0.039 9 79/5	0.011 2 117/5	0.003 9 154/6	0.003 5 192/5	0.003 4 223/5	0.003 5 230/5	0.002 3 260/5	0.003 1 312/5	0.002 2 344/7	0.001 5 366/6
601800	西城区	—	0.026 5 89/7	—	—	—	—	—	—	—	—	—
601818	西城区	—	0.022 0 99/10	0.005 9 133/7	0.001 8 161/9	0.002 4 198/11	0.001 0 249/9	0.001 6 253/8	0.001 1 281/9	0.002 0 320/9	0.000 8 370/12	0.001 0 399/12
000555	海淀区	—	—	0.000 5 242/62	0.183 8 6/1	0.000 0 363/102	0.000 0 466/111	0.000 0 514/127	0.000 0 538/140	0.000 1 476/129	0.000 0 625/200	0.000 1 554/414
600050	西城区	—	—	—	0.003 4 156/7	0.002 6 194/7	0.001 4 239/6	0.002 1 247/6	0.001 7 278/6	0.002 9 314/7	0.001 0 356/8	0.001 4 374/8
600871	朝阳区	—	—	—	0.001 6 166/14	0.002 8 193/6	—	—	0.000 8 286/14	0.001 4 325/13	0.000 6 374/16	0.000 7 403/16
600015	东城区	—	—	—	0.001 3 172/18	0.002 5 197/10	0.000 6 260/19	0.000 9 264/18	0.000 9 284/12	0.001 4 327/15	0.000 5 383/25	0.000 6 408/21
601658	西城区	—	—	—	—	—	—	0.001 7 252/7	0.001 4 279/7	0.002 5 317/8	0.001 0 364/9	0.001 2 389/9
601728	西城区	—	—	—	—	—	—	—	—	0.003 0 313/6	0.001 3 342/6	0.001 4 370/7

续表

证券代码	所属区划	2013 年	2014 年	2015 年	2016 年	2017 年	2018 年	2019 年	2020 年	2021 年	2022 年	2023 年
		EC 全国排名/北京排名										
600941	西城区	—	—	—	—	—	—	—	—	—	0.003 3 314/2	0.003 0 343/2

5.5 政策建议

5.5.1 针对北京市的建议

5.5.1.1 推动数字浪潮赋能绿色转型

企业的绿色转型是响应国家"双碳"政策以及高质量发展的关键，而数字化又可以高效推动企业绿色转型。北京市应当充分发挥自身的技术资源和政策优势，进一步促进数字经济和绿色经济的全面融合，形成数绿融合的"北京方案"，打造引领全国的数字生态。为此，北京市应抓住 AI 发展的浪潮并加大诸如云计算、物联网、区块链等高新数字技术的研发，在 AI、云计算、区块链等技术领域选取一些具有标杆性的企业，促成一些科技发展的重大项目落地，加快技术的发展和企业效益的产生。有序推进数字技术基础设施建设的部署，确保充足的算力供给，北京市应加快构建京津冀算力一体化的供给体系，在河北、天津等地建设更多的算力基础设施，更好地加强资源利用效率和调度能力，满足北京市高新技术发展的算力支持，促进数字化的发展，更好地赋能企业的绿色转型。与此同时，以政策制度保驾护航，推出类似《北京市推动"人工智能+"行动计划（2024—2025 年）》的各种政策文件，确保各类技术的稳步推进。不断完善行业分类与市场监管体系，联合多部门依据企业业务和相关指标制定标准，有效解决数字经济和绿色金融企业的界限模糊以及角色交叉所带来的风险问题。

5.5.1.2 增强牵引作用，加强交流合作

较高的网络层次性和较低的介数中心性意味着北京市可能存在"中心化"的问题，北京市可以在一定程度上提高自己的跨区域桥接的能力，如加强内部龙头企业与腾讯、阿里等其他区域头部企业的合作，提高网络的稳定性以

及巩固自身在全国数绿融合进程中的引领地位。同时，资源信息更多地集中在北京，而其他地区可能难以获得足够的资源支持。北京市应注重内外协同，同步发展，为此可以建立跨省市的"数绿融合实验室"，充分发挥北京市前沿技术研发、高端人才汇聚等方面的优势。以此为驱动力，提出数绿融合的北京方案，并形成"北京方案，异地实施"的合作模式。可以先将周边地区作为试点实施的对象，采用"由点到面"的策略不断向外辐射，打破地域界限，探索跨省市协同发展的全新模式，实现资源共享、优势互补；同时对参与跨省市合作的企业提供适当的补助和优惠政策，如进行适当的减税，激发合作激情。此外，北京市应充当牵头者角色，积极组织高水平、专业化的数绿融合产业交流峰会，广泛邀请全国范围内的行业头部企业、专家，提供更多研讨、分享、交流的机会，助力双方在数字技术赋能绿色产业，从而加强北京市内外部的交流，为数绿融合发展注入活力。

5.5.1.3 增强网络韧性，降低断链风险

目前北京市内部网络连通性较强，但与外界其他城市的连通性较低，北京市在资源流动、信息交换或技术合作中与其他地区的联系较弱。北京市高度中心化的特征使其在全国范围内尤为关键，但与外部相对较弱的连通性导致其易发生断裂，对城市的稳定性与可持续发展带来巨大的风险。北京市应优化产业布局，深入推动京津冀协同发展，打造多中心的布局，将部分优质企业迁移到京津二地或者设立分部，加强对京津二地资源、技术的输送，通过提高资源流动的稳定性和可持续性，降低系统性风险，有助于防范单一企业或行业出现问题时对整个网络的冲击。不断强化与不同城市之间的互联互通，首先不断加强与周边山东、山西、河北、河南四省之间的联系，再不断辐射向全国其他城市，利用自身发展优势同其他城市发展优势相结合，提升网络韧性以及整体的风险承载能力，促进北京市稳健与可持续发展。同时建立健全产业风险监测体系，利用 AI、大数据、复杂网络等技术对风险进行评估和预测，追踪网络连通性、向量中心性和介数中心性等指标，对整个产业进行动态调整和优化。

5.5.1.4 建设人才机制，壮大后备力量

北京市拥有丰富的高校资源，应进一步优化并完善适配的人才队伍建设机制。各高校应立足当下数绿融合的产业需求，对现有专业设置进行优化，开设数字经济与绿色金融交叉的新兴专业，致力于培养一批数绿融合的复合

型专业人才，缓解当前数绿融合领域专业人才短缺的困境，为产业创新发展筑牢坚实的人才根基。与此同时，强化高校与企业之间的紧密联动关系亦是关键一环。高校应积极主动地"走出去"，与合作企业建立深度化的合作，使学生可以在事件中学习；同时企业也应热情地"引进来"，借助高校人才的创新思维与前沿知识，助力自身解决实际运营中的诸多难题。最终促进产业与科研、教学之间形成高效协同、相互促进的良性发展格局，为北京市数绿融合提供源源不断的内生动力。

5.5.2　针对北京各区的建议

5.5.2.1　加强区域协同，融合创新产业

北京市作为全国政治文化和科技创新中心，各区在资源、定位和产业特色上存在显著差异。北京市应从整体发展战略出发，推动各区基于自身优势开展跨区域的产业融合与创新合作。如以海淀区的高新技术产业为基础，探索"AI+"的合作发展模式，房山、大兴、昌平等区有先进的制造企业，AI+制造的模式可以帮助这些企业优化业务流程，降低生产过程中的碳排放，降本增效；西城多金融投资机构，AI等数字技术可以提高数据处理能力，使绿色金融的信用评估、风险控制、投融资匹配更加精准。通过特色产业之间的优势互补，在打破区域壁垒、实现资源共享、提升区域间联系紧密性的同时，还可以促进数字经济与绿色经济的融合，推动北京市高质量发展。

5.5.2.2　发展集群产业，打造主题园区

为促进北京市各区的协同发展，提升产业融合创新能力，可以通过建设主题产业园区，如人工智能产业园和数绿融合创新基地，以吸引同类企业集中集聚，降低协作成本，提升区域协同创新能力。近年来，北京市在产业集聚方面已取得显著成效。例如，中关村人工智能科技园的建设，聚焦"算力+数据+大模型"的产业生态。各区结合自身优势，建设具有自身特色的主题产业园区，如围绕数字经济与绿色经济的深度融合，吸引相关企业集聚，形成完整的产业链条，促进知识交流与技术共享，不仅能够降低企业间的协作成本，还能通过资源共享和协同创新，提升区域整体的产业竞争力和网络连通性。

5.5.2.3　打破等级结构，平等交流信息

目前北京市各区之间的网络层次性均较高，呈现出显著的非均衡性特征。

各地严格的等级结构，致使信息往往单向流动，各地难以在平等的基础上相互促进，从而严重阻塞了信息交互渠道，极大限制了整体协同发展潜能。各关键节点都分布在海淀、朝阳、东城和西城，这几个地方属北京市的第一梯队，应当加强自身的引领作用。例如，海淀区发挥自身技术优势带动其余区域的发展，并将自身在 AI、数字技术、大数据方面的成果和资源及时进行展示和分享，供其他企业进行学习和借鉴，促进技术的交流与合作，以此提高网络的稳定性，降低关系波动带来的潜在风险。其中，海淀区、朝阳区等地的网络层次性较低，其余各区可以借鉴优秀经验，如海淀区的"创新合伙人"机制，北京市也可以将这种合伙人机制扩展至北京全域，以全方位促进信息在区域间的相互流动，激活北京市各区数字经济与绿色经济融合发展的内生动力，为首都高质量发展筑牢根基。

5.5.2.4　共享资源信息，提升网络效率

在当今产业发展格局中，为切实强化区域内部企业间的联系，着力削减网络中的冗余以及不合理的"绕路"至关重要。对此，政府可发挥主导引领作用，联合区域内的龙头企业合力推动区内企业间数据共享平台以及综合性协作平台的搭建工作，并建立数据清洗、转换及安全保护机制，确保数据的准确性、一致性和安全性。通过搭建的平台深度整合各企业的产业资源以及多样化的需求，依托大数据、人工智能等前沿技术手段，对海量信息进行高效匹配，以此破除企业之间的信息壁垒，为区域内外企业缔造更多高效合作机会。与此同时，制定统一的数据标准与规范的接口准则，保障信息在不同企业、不同系统之间能够实现高速、顺畅的流通，避免走弯路和重复开发造成的资源浪费，提高发展效率，助力北京市各区域内部企业的高质量发展。

6 北京市数字企业融资支持与政策效应评估

王佳妮 *

6.1 北京市数字企业融资现状及政策支持体系

6.1.1 数字企业发展现状及特征

依据中国企业评价协会于 2023 年 9 月发布的《数字经济企业评价标准》，数字经济企业（digital economy enterprise）是指从事数字经济相关活动，以数字化手段增加产出、提升效率的企业，企业增加值或营业收入主要来源于数字经济相关活动，包括但不限于数字技术、数字产品、数字服务的供给企业，以及利用数字技术、产品、服务为企业带来生产效率提升和产出增加的传统行业企业。具体来看，可分为数字产业化企业和产业数字化企业两类。数字产业化企业指生产/提供数字技术、产品、服务，以及完全依赖于数字技术、数据要素进行生产经营活动的企业。产业数字化企业指利用数字技术、产品、服务等实现提质增效和转型升级的企业，包含农业数字化、工业数字化和服务业数字化等领域的企业。

6.1.1.1 产业规模与结构

北京市政府举行的"2025 北京加快全球数字经济标杆城市建设专场"新

＊ 王佳妮，首都经济贸易大学金融学院副教授、硕士研究生导师。首都经济贸易大学金融学院硕士研究生李伊然、王语樵、师雨彤和博士研究生海宇轩参与了本报告的研究工作。

闻发布会显示：2024 年，北京市数字经济增加值达到 2.2 万亿元，同比增长 7.7%，其中，数字经济核心产业增加值增速达到 10.1%。从数字经济核心产业看，人工智能产业是数字经济的核心驱动力。北京市现有人工智能企业超 2 400 家，核心产业规模突破 3 000 亿元。全市 105 款大模型通过中央网信办备案，占全国近四成。与此同时，北京市数字人基地也已启用，截至 2023 年 12 月，全市从事数字人相关业务的企业已达 2 805 家。此外，北京市海淀区人工智能集群凭借其卓越的科研基础、强大的研发创新能力和完善的人工智能产业生态，获评人工智能领域全国唯一的国家级先进制造业集群。

6.1.1.2 核心产业增长趋势

依据国家统计局令第 33 号《数字经济及其核心产业统计分类（2021）》，数字经济产业范围包括数字产品制造业、数字产品服务业、数字技术应用业、数字要素驱动业、数字化效率提升业等五个大类。前四大类为数字经济核心产业，属于数字产业化部分，主要包括计算机通信和其他电子设备制造业，电信、广播电视和卫星传输服务，互联网和相关服务，软件和信息技术服务业等，是数字经济发展的基础；第五大类为产业数字化部分，指应用数字技术和数据资源为传统产业带来产出增加和效率提升，是数字技术与实体经济的融合。

从行业格局看，数字经济核心产业创业热情高涨，尤其是数字技术应用业表现非常活跃。根据北京市市场监管局发布的"统一社会信用代码"赋码量数据显示：2024 年，北京市数字经济核心产业统一社会信用代码赋码量同比增长 34.23%。其中，数字技术应用业赋码量同比增长 101.61%，占全市数字经济核心产业赋码量的 62.49%。数字技术应用业全部细分领域均实现正增长。其中，软件开发行业表现尤为亮眼，同比增长达到 174.62%，信息技术服务业增长 71.41%，电信、广播电视和卫星传输服务行业增长 14.85%。这表明北京市在数字技术应用的创新与拓展方面成果显著，软件开发作为数字产业的"智慧大脑"，源源不断地为各领域输送创新解决方案；信息技术服务则为企业数字化转型筑牢根基，通信传输服务保障了数字信息的高速流通。

数字要素驱动业、数字产品服务业、数字产品制造业和数字化效率提升业也有显著提升。数字要素驱动业下的互联网平台业，以及数字产品制造业下属的工业自动控制系统装置制造业，统一代码赋码量均增长近 50%。互联网平台作为数字经济的关键枢纽，汇聚海量数据与资源，推动商业模式的创新变革；工业自动控制系统装置制造业的发展，则体现了北京市在工业数字化、智能化升级进程中的积极探索。数字产品服务业下属的数字产品租赁业统一代码赋码量较上一年度增长翻倍，反映出数字产品共享经济模式的兴起与蓬勃发展。

6.1.1.3 数字化转型进展

近年来，北京市在"产业数字化"领域也拓展了很多新的场景，不断加快推动数字技术赋能制造业、金融、贸易、农业等千行百业。根据北京市经济和信息化局发布的相关数据，截至 2024 年 12 月，581 家规模以上制造业企业实现数字化转型达标，GE 医疗北京基地获评中国医疗设备制造领域首座"灯塔工厂"，新增 9 家国家级智能制造示范工厂。全市金融科技企业达到1 785 家，市管企业数字人民币交易规模超 190 亿元，全市数字广告业产业规模超过 1 500 亿元。北京市跨境电子合同签署平台建立，累计接入认证企业14 000 余家。这些庞大的企业数量，充分彰显了北京市在新兴数字技术领域的强大吸引力，众多企业在此汇聚，形成了浓厚的创业氛围与完善的产业生态。

6.1.2 数字企业融资现状及特征

近年来，北京市数字企业的融资规模展现出强劲的增长势头。从总体营收来看，2024 年，北京市数字企业的整体营业收入实现了显著增长。根据北京市经济和信息化局发布的相关数据，信息软件业作为数字经济的关键领域，营收突破 3 万亿元，成功跃居全市第一支柱产业。这一成绩的背后，是企业在技术研发、市场拓展、团队建设等方面持续且大规模的资金投入。以软件开发行业为例，众多企业为了保持技术领先，不断加大在研发上的资金倾注，其研发投入占营收的比例普遍较高，部分头部企业甚至高达 30%～40%。如此高强度的研发投入，不仅推动了技术的快速迭代，也促使企业积极寻求外部融资以支撑发展。

身处全球数字经济发展的前沿阵地，北京市数字经济企业依托国家战略赋能与科创高地资源优势，构建起"债权＋股权"双轮驱动的立体化融资生态。在债权融资端，企业充分借力金融机构创新产品矩阵——依托知识产权证券化、数据资产质押等工具突破轻资产瓶颈，借助政策性贷款贴息、供应链金融科技平台获取低成本资金，形成覆盖"研发—量产—扩张"全周期的债权融资网络。在股权融资端，企业凭借技术壁垒与市场前景吸引多元资本布局：初创期引入风险投资/私募股权投资（VC/PE）孵化技术成果，成长期对接产业资本强化生态协同，成熟期通过科创板、北交所实现资本化跨越。这种"政策引导+市场选择"的融资体系，成为北京市建设全球数字经济标杆城市的核心引擎。

6.1.2.1 债权融资

2024 年，北京地区金融总量合理增长，信贷结构持续优化，实体经济融资成本稳步降低，为首都经济高质量发展提供了有力支撑。根据中国人民银行北京分行披露的统计数据：截至 2024 年 12 月末，人民币各项贷款余额同比增长 6.2%，增速比三季度末高 0.8 个百分点。其中，制造业中长期贷款同比增长 18.5%，科技型企业贷款同比增长 10.4%。

银行信贷产品创新频出，金融管理部门积极引导北京市辖区内银行机构发挥各自优势，针对数字企业特点创新推出了上百款基于信贷理念创新及数据和技术支撑的科技信贷特色产品。

例如，北京银行针对科技型企业推出的特色信贷产品，充分考虑企业的技术实力、研发投入、知识产权等因素，为数字企业提供了知识产权质押、供应链金融等众多融资工具。根据北京银行官方数据，截至 2024 年末，北京银行已累计为 5 万家科技型中小微企业提供信贷资金超 1.2 万亿元；"专精特新"企业贷款余额超千亿元，服务"专精特新"企业超 2 万户；支持北京地区超 50% 的"专精特新"企业、74% 的北交所挂牌/上市企业、71% 的科创板企业和 80% 的创业板企业。又如，为解决数字企业抵押难问题，2024 年 4 月，中国建设银行北京市分行与 CBD 国际集团下属子公司北京商务中心区信链科技有限公司合作，成功落地北京市首笔数据资产质押融资业务，金额为 55 万元，创新实现了企业数据资产"治理、合规、确权、定价、入表、金融化"全链条闭环，为数字企业利用新型资产进行债权融资开辟了新路径。

6.1.2.2 股权融资

近十年中国人工智能行业一级市场融资整体规模从 2015 年的 300.7 亿元扩张至 2024 年的 1 052.51 亿元，增长 3.5 倍。AI 行业融资数量从 2015 年的 501 起攀升至 2018 年的峰值 1 024 起，随后进入调整期。2021 年再次冲高至 1 076 起。受宏观经济环境影响，2022—2024 年融资数量逐年下降，2024 年回落至 696 起，市场趋于理性。

表 6.1 报告了近二十余年北京数字经济 8 个重点产业投资事件数量和金额统计数据。整体来看，2024 年 8 个重点产业投资规模较之前有所下滑，但人工智能产业投资相对活跃，已经成为北京数字经济支柱产业。根据 IT 桔子发布的报告，相比国内其他城市，2024 年北京市 AI 融资活跃并稳居榜首，全年发生了 153 起投资事件，累计投资额达 363.52 亿元，依托头部 AI 科技企业（如百度、字节跳动）和国家级科研机构引领自动驾驶、芯片与大模型等底层技术创新。2024 年在一级市场获得最多融资的人工智能公司前十名中有五名位于北京市，月之暗面、智谱 AI、百川智能和零一万物在大模型赛道上融资 84.5 亿元、60 亿元、50 亿元和 19.5 亿元，银河通用机器人在机器人领域融资 13 亿元。

表 6.1 北京市数字经济重点产业投资事件统计（2015—2024 年）

重点产业	2015 年		2024 年		2000—2024 年累计	
	投资事件数量（起）	投资金额（亿元）	投资事件数量（起）	投资金额（亿元）	投资事件数量（起）	投资金额（亿元）
云计算	85	70.45	22	24.98	863	1 253.35
大数据	154	79.52	13	17.03	1 158	965.05
物联网	37	7.4	8	5.24	335	257.42
工业互联网	7	4.32	16	28.89	221	239.94
区块链	11	3.94	2	0.06	409	261.55
人工智能	195	111.44	153	363.52	2 646	3 609.87
虚拟现实和增强现实	45	8.05	12	17.51	315	144.13

数据来源：IT 桔子，数据时间截至 2024 年 12 月。

为了更好地发挥政府资金对数字经济核心产业的带动作用，2024 年北京市政府新设千亿级别的政府投资基金，打造长期资本。2024 年 6 月，北京市落地 8 支产业基金：100 亿元北京机器人产业发展投资基金、100 亿元北京市人工智能产业投资基金、100 亿元北京信息产业发展投资基金、200 亿元北京市医药健康产业投资基金，以及 200 亿元北京市先进制造和智能装备产业投资基金、100 亿元北京市新材料产业投资基金、100 亿元北京市商业航天和低空经济产业投资基金、100 亿元北京市绿色能源和低碳产业投资基金，分别交由北京京西创业投资基金管理有限公司、君联资本、启明创投、康桥资本、基石资本、中关村资本、达晨财智、北汽产投管理。LP 则为北京市政府投资引导基金。这些基金发挥着重要的引导作用，通过投资数字企业，支持数字金融底层关键核心技术突破，促进重大创新成果落地。《北京人工智能产业白皮书（2024）》显示，北京市人工智能产业投资基金全年投资近 20 亿元，带动社会资本 83 亿元。截至 2024 年底，上述 8 只百亿基金已完成 167 个项目的投资，投资金额合计约 170 亿元①。

6.1.2.3　资本市场

依据《2024 年首都资本市场报告》的数据，截至 2024 年年底，北京市 A 股上市企业数量达到 476 家，总市值达到 26.31 万亿元，在全国排名第一。按行业看，企业数量比例排名第一的为软件和信息技术服务业，占比 20%；第二为计算机、通信和其他电子设备制造业，占比 10%；医药制造业位列第三，占比 6%。2024 年，北京市新增 24 家全球上市公司，这些新增企业中，超过八成属于新一代信息技术、生物医药、高端装备制造等战略性新兴产业，数字企业占据相当比例。例如，A 股有国货航、博科测试、国科天成、北自科技、云星宇，共 5 家。港股有多点数智、地平线机器人、嘀嗒出行等 11 家。美股有雷神能源、闪送、智能充电等 8 家。其中，国科天成、云星宇、多点数智、嘀嗒出行、雷神能源、闪送、智能充电均为数字经济企业。上市融资不仅为企业带来了巨额资金，提升了企业的知名度和品牌影响力，还为企业的后续发展提供了更广阔的资本运作空间，如通过增发、并购等方式实现产业整合与升级。此外，北京市 2024 年国民经济和社会发展统计公报显示：2024 年年末，北京市证券交易所上市公司数量 262 家，为众多创新型中小企业，包括数字企业，提供了良好的融资平台，助力其发展壮大。

截至 2024 年底，北京市辖区企业发行科技创新公司债券（含 ABS）474 只，募资超 6 000 亿元人民币②。数字企业通过发行债券，能够在资本市场上

---

① 新京报：《北京近两年新设 8 只百亿级政府投资基金》，https：//www.bjnews.com.cn/detail/1743408852129759.html，2025 年 3 月 31 日。

② 北京市人民政府：《金融精准支持科技创新 北京科技型企业贷款余额超万亿元》，https：//www.beijing.gov.cn/ywdt/gzdt/202410/t20241024_3926706.html，2024 年 10 月 24 日。

筹集到中长期资金，用于企业的技术研发、项目建设等。债券融资相对稳定的资金来源，有助于企业制定长期发展战略，保障企业在数字经济领域持续投入与创新。

6.1.3　数字企业融资政策支持体系

在推动数字经济蓬勃发展的进程中，北京市制定并实施了一系列融资支持政策，构建了全方位、多层次的资金支持体系，以保障数字经济的持续健康发展。这些政策主要包括财政支持、投资杠杆、金融创新、人才培育以及政策协同等 5 个方面，为北京市打造全球数字经济标杆城市提供了融资保障（见表 6.2）。

表 6.2　北京市数字经济企业融资支持的政策汇总（不完全统计）

发布日期	发布主体	政策名称及相关表述
2024-10-16	中共北京市委金融委员会办公室等六部门	《北京市推动数字金融高质量发展的意见》 指导思想：以数字技术赋能金融业高质量发展，以数字金融创新巩固拓展数字经济优势，更好服务数字中国建设，打造具有国际影响力的数字金融发展示范高地，推动首都高质量发展取得新突破
2024-9-27	北京市大数据工作推进小组	《北京市"数据要素×"实施方案（2024—2026 年）》 三、支撑保障：鼓励金融机构按照市场化原则加大对数据要素开发利用的信贷支持力度，优化金融服务。依法合规探索多元化投融资模式，发挥相关引导基金、产业基金作用，引导和鼓励各类社会资本投向数据产业
2024-7-11	北京市人力资源和社会保障局等九部门	《北京市加快数字人才培育支撑数字经济发展实施方案（2024—2026 年）》 （十五）提高数字人才投入水平：积极培育数字经济细分领域专业投资机构，投成一批数字经济专精特新"小巨人"企业，重点支持数字经济"硬科技"和未来产业领域发展
2024-2-28	北京市经济和信息化局	《北京市制造业数字化转型实施方案（2024—2026 年）》 六、保障措施：支持有条件的达标企业在北交所上市。鼓励银行等金融机构深度参与制造业数字化转型，扩展服务范围；鼓励产业投资基金加大传统制造业股权投资支持力度

发布日期	发布主体	政策名称及相关表述
2023-6-20	中共北京市委、北京市人民政府	《关于更好发挥数据要素作用进一步加快发展数字经济的实施意见》 （八）探索数据资产金融创新：探索市场主体以合法的数据资产作价出资入股企业、进行股权债权融资、开展数据信托活动。在风险可控前提下，探索开展金融机构面向个人或企业的数据资产金融创新服务。做好数据资产金融创新工作的风险防范 （二十三）加大资金支持力度：充分利用高精尖产业发展基金，加大对数据服务产业投资，积极稳妥引入社会资本，鼓励设立数据服务产业基金，加大对数据要素型企业的投入力度
2023-5-21	北京市人民政府	《北京市加快建设具有全球影响力的人工智能创新策源地实施方案》 三、重点任务：发挥政府投资基金引导作用，支持长期资本、耐心资本面向人工智能芯片、框架和核心算法开展早期硬科技投资。持续做好人工智能企业挂牌上市培育工作 四、保障措施：进一步加大政策创新和财政支持力度，全方位推动人工智能及相关领域发展。实施人工智能领域专项科技计划，引导创新主体加大创新资源投入。优化人工智能产业发展资金投入机制，发挥市区两级相关产业发展、科技创新专项资金及基金的引导作用，吸引社会资本参与，加大对人工智能产业的投入力度，支撑本市人工智能产业持续健康发展
2022-11-25	北京市人民代表大会常务委员会	《北京市数字经济促进条例》 第八章 保障措施：财政、发展改革、科技、经济和信息化等部门应当统筹运用财政资金和各类产业基金，加大对数字经济关键核心技术研发、重大创新载体平台建设、应用示范和产业化发展等方面的资金支持力度，引导和支持天使投资、风险投资等社会力量加大资金投入，鼓励金融机构开展数字经济领域的产品和服务创新
2022-5-30	北京市经济和信息化局	《北京市数字经济全产业链开放发展行动方案》 22. 优化数字经济营商环境：完善数字经济投融资服务体系建设，支持设立数字经济创投和产业发展基金，支持数字经济标杆企业上市融资

发布日期	发布主体	政策名称及相关表述
2021-9-28	北京市商务局等五部门	《北京市关于促进数字贸易高质量发展的若干措施》 14. 加强专项资金支持：用足用好商务、经信、发改、文化、科技、知识产权等领域政策资金，支持数字贸易企业在信息技术服务、数字内容、服务外包、跨境电商等领域发展，对于数字贸易领域的数字基础设施建设、建设支撑平台，提供公共服务、研发投入、参与国际标准制定、开展数字贸易及规则研究、开拓海外市场、宣传推广等予以一定资金支持。 15. 加大数字贸易金融支持：将符合条件的数字贸易企业纳入我市总部企业高质量发展鼓励政策范围；推广针对数字贸易企业的知识产权质押、应收账款确权等专项融资担保产品；加大出口信用保险支持力度；引导各类社会资本扩大投入，充分利用外经贸发展基金等，对具有发展潜力的数字贸易企业给予多元化融资支持
2021-7-30	中共北京市委办公厅、北京市人民政府办公厅	《北京市关于加快建设全球数字经济标杆城市的实施方案》 五、保障措施：完善数字经济投融资服务体系建设
2020-9-22	北京市经济和信息化局	《北京市促进数字经济创新发展行动纲要（2020—2022 年）》 四、保障措施：支持数字经济领域的龙头企业和创新企业拓展融资渠道，打通相关产业链
2020-6-9	中共北京市委、北京市人民政府	《北京市加快新场景建设培育数字经济新生态行动方案》 五、保障措施：用好科技创新基金、高精尖产业发展基金等政府投资基金，发挥财政资金引导带动作用，吸引社会资本加大对场景项目、底层技术企业的投资力度

资料来源：笔者根据政府官方文件整理而得。

6.1.3.1　财政支持

北京市对制造业数字化转型和人工智能领域给予了直接资金支持，旨在快速推动技术应用与产业升级。例如，《北京市制造业数字化转型实施方案（2024—2026 年）》提出，工业互联网平台每赋能一家企业达标，可获得最高 10 万元奖励；优质数字化转型解决方案按信创非硬件采购额给予补贴；先进园区若实现园内企业 100% 数字化达标，一次性奖励 200 万元，并提供后续贷款贴息支持。又如，《北京市促进通用人工智能创新发展的若干措施》对纳入国家重大战略任务的攻关项目最高支持 1 亿元，市级项目最高支持 3 000 万元；智能算力中心建设最高补贴 5 000 万元，数据开放平台按质量奖励 300 万元。

6.1.3.2 投资杠杆

通过产业基金和社会资本协同，形成长期投资效应。例如，《北京市加快建设具有全球影响力的人工智能创新策源地实施方案（2023—2025 年）》提出了 16 项重点任务，其中就包括"营造人工智能优质创新环境……发挥政府投资基金引导作用，支持长期资本、耐心资本面向人工智能芯片、框架和核心算法开展早期硬科技投资。持续做好人工智能企业挂牌上市培育工作"。同时强调政策性资金保障，提出"进一步加大政策创新和财政支持力度，全方位推动人工智能及相关领域发展。实施人工智能领域专项科技计划，引导创新主体加大创新资源投入。优化人工智能产业发展资金投入机制，发挥市区两级相关产业发展、科技创新专项资金及基金的引导作用，吸引社会资本参与，加大对人工智能产业的投入力度，支撑本市人工智能产业持续健康发展"，通过市场规模扩张吸引社会资本，形成"投资—增长—再投资"良性循环。

除了股权投资基金外，北京市也支持符合条件的优质企业利用资本市场做大做强，如，《北京市制造业数字化转型实施方案（2024—2026 年）》《北京市加快建设具有全球影响力的人工智能创新策源地实施方案》《北京市数字经济全产业链开放发展行动方案》等均提出支持相关企业挂牌、上市融资。

6.1.3.3 金融创新

数字经济推动金融创新与变革，而金融创新又反哺数字产业，为数字产业的发展壮大带来持续的资金助力。数据要素在数字经济中发挥着基础性和战略性的作用。它不仅能够优化资源配置、提高生产效率，还能推动创新发展，催生新产业、新业态和新模式。在金融产业中，数据要素市场化配置已经成为金融创新的核心突破口。例如，《北京市数字经济全产业链开放发展行动方案》提出："探索拥有合法数据来源的市场主体以数据资产作价出资入股相关企业，对外提供担保服务或者进行股权、债权融资，支持其与信托机构、数据服务商探索开展数据信托、数据托管、数据提存服务。支持银行等金融机构在风险可控的前提下，探索开展数据资产融资、数据资产保险、数据资产证券化等金融创新服务。"北京市大数据工作推进小组于 2024 年 9 月发布《北京市"数据要素×"实施方案（2024—2026 年）》，提出了"数据要素×金融服务"的重点工作，北京市将推进金融服务创新，融合利用市场监管、税务、水电气、司法、消费、医疗、社保、公积金等数据，培育科技金融、绿色金融、数字金融、普惠金融、养老金融服务模式，打造金融服务"北京样本"。

与此同时，加快数字金融产业发展，做好数字金融大文章。2022 年发布的《北京市数字经济促进条例》中提出："地方金融监管部门应当推动数字金融体系建设，支持金融机构加快数字化转型，以数据融合应用推动普惠金融发展，促进数字技术在支付清算、登记托管、征信评级、跨境结算等环节的深度应用，丰富数字人民币的应用试点场景和产业生态。鼓励单位和个人使用数字人民币。"2024 年 10 月，中共北京市委金融委员会办公室等六部门发布了《北京市推动数字金融高质量发展的意见》，围绕数字技术与金融业的深度融合，提出了系统性发展框架，尤其强化了金融领域的技术创新、场景落地与风险防控等三大维度的重要性。这项政策的实施将推动北京市成为全球数字金融技术创新策源地、场景应用示范区和产业生态引领者，为数字经济标杆城市建设注入核心动能。

6.1.3.4　人才培育

数字人才是产业可持续发展的关键。《北京市加快数字人才培育支撑数字经济发展实施方案（2024—2026 年）》支持企业新型学徒制培训，鼓励社会力量参与数字技能培训，形成"政府+企业+社会"多元投入机制；还强调要"积极培育数字经济细分领域专业投资机构，投成一批数字经济专精特新'小巨人'企业，重点支持数字经济'硬科技'和未来产业领域发展"。

6.1.3.5　政策协同

北京市在数字经济政策实施过程中，注重短期激励与长期机制并重、政府引导与市场主导结合、财政资金与金融工具协同。例如，《北京市数字经济促进条例》提出："财政、发展改革、科技、经济和信息化等部门应当统筹运用财政资金和各类产业基金，加大对数字经济关键核心技术研发、重大创新载体平台建设、应用示范和产业化发展等方面的资金支持力度，引导和支持天使投资、风险投资等社会力量加大资金投入，鼓励金融机构开展数字经济领域的产品和服务创新。"

总体来看，北京市通过"直接奖励+投资杠杆+金融创新"三重机制，构建了覆盖技术研发、产业升级、数据要素、人才培育等的全链条资金保障体系。这些政策不仅短期刺激产业增长，更通过市场化机制培育长期创新生态，为北京市数字企业成长壮大、数字经济标杆城市建设提供坚实支撑。

6.2 北京市数字企业融资需求、模式创新及应用

6.2.1 需求侧：数字企业融资需求及困境

6.2.1.1 融资需求特点

一是数字企业技术研发的资金需求大。北京市作为全国科技创新中心，致力于建设数字企业标杆建设城市，数字企业广泛涉足人工智能、大数据、云计算、区块链等前沿领域。北京市统计局的数据显示，2024 年 1—11 月，全市大中型重点企业研发费用合计 3 421.3 亿元，同比增长 6.8%。其中，信息传输、软件和信息技术服务业 2 624.7 亿元，同比增长 5.8%。高昂的研发费用是推动技术突破和创新的必然投入，以人工智能企业为例，从算法研发、模型训练到应用场景拓展，各个环节都需要大量资金投入。研发一款具有市场竞争力的人工智能算法，前期研发成本可能高达数千万元甚至上亿元。其中，高端科研人才的薪酬支出是重要组成部分，以北京市为例，调研数据显示，一位资深人工智能算法工程师的年薪可达 50 万~80 万元。同时，先进计算设备的购置也是一笔不菲的开支，一套高性能的 GPU 集群价格可能在数百万元。此外，数据资源的获取与处理费用同样高昂，例如，获取高质量的医疗影像数据用于医学影像识别算法训练，购买数据版权可能需要耗费上千万元。

二是业务扩张资金需求紧迫。在激烈的市场竞争环境下，数字企业为了抢占市场份额，需要迅速扩张业务，包括拓展新的市场区域、增加产品线、扩大营销渠道等方面。一家数字营销企业在拓展全国市场时，需要在各地设立分支机构。以在一线城市设立一家分支机构为例，租赁办公场地、装修、设备采购等一次性投入可能需要 100 万~200 万元，招聘当地团队的成本每年约 500 万~800 万元，开展大规模市场推广活动的费用每年可能高达 1 000 万~2 000 万元。在业务扩张阶段，企业的资金需求平均增长幅度在 50%~

80%之间。一些具有创新性产品或服务的数字企业，如共享出行平台，在业务扩张初期，为了吸引用户和司机，往往需要投入大量资金用于补贴，这也极大地增加了其对资金需求的紧迫性。

三是资金需求阶段分化明显。在初创期，数字企业主要是用于技术研发和团队搭建，资金规模相对较小但需求迫切。北京市某数字医疗企业在初创期融资需求约为 500 万~1 000 万元，主要用于核心技术研发和组建专业医疗团队，包括招聘医学专家、软件工程师等，这些人员的薪酬支出以及研发设备采购等占据了大部分资金。进入成长期，企业需要大量资金用于市场拓展、产品优化以及品牌建设，融资需求迅速增长。该数字医疗企业进入成长期后，融资需求增长至 5 000 万~1 亿元，主要用于开拓市场，与医疗机构合作开展临床试验，以及产品的优化升级，如改进医疗软件的用户界面和功能等。到了成熟期，企业为了保持竞争优势，需要产业链整合、多元化发展等，对大规模、长期限的资金需求更为突出。为了实现产业链上下游整合，如收购医疗器械生产企业、建立自己的医疗数据中心等，融资需求可能高达数亿元。

6.2.1.2 融资困境分析

融资约束不仅阻碍企业经营活动，还限制创新投入，是我国企业发展和经济转型的主要瓶颈。对于数字经济企业而言，其技术创新需要高额资金投入，而处于创业阶段的企业往往收入不稳定、可抵押固定资产占比低、创新结果高度不确定，难以获得银行信贷资金。此外，数字企业的技术创新具有投入周期长、不确定性强和失败风险高等特点，进一步增加了融资难度。

在北京市，尽管数字经济的发展促进了信息流通和共享，有助于降低信息不对称，但融资难题依然存在。根据中国人民银行北京市分行发布的数据：2024 年 12 月，北京地区金融机构一般贷款加权平均利率 3.14%，企业贷款加权平均利率 2.65%，但普惠小微贷款加权平均利率为 4.13%，融资成本依然相对较高。尽管政策支持和金融创新不断推进，但数字经济企业的融资困境依然存在，特别是对处在创业阶段的中小型数字企业来说，由于其高风险、高投入、长周期的困境，整体融资能力偏弱。赛迪研究院（2024）研究指出，政府对人工智能产业的利好政策持续释放，人工智能专精特新中小企业受资本青睐，近三成企业获得过投资，但中小企业被"连投"的仅占获投企业数量的 2%，且获头部资本投资的企业较少。

6.2.2 供给侧：数字企业融资模式创新及应用

在数字经济发展的浪潮中，融资是数字企业发展的至关重要的驱动力。资金的充沛与否直接决定了技术创新、规模扩张和市场开拓等关键环节。从融资的供给端看，融资模式分为传统融资模式和创新融资模式，其都为数字企业提供了发展壮大的"水源"。

传统融资模式为数字企业提供了基础的资金获取途径，其中银行贷款主要指的是基于企业信用状况、经营与财务历史发放的信用贷款，以及需以房产、设备等固定资产作为抵押的抵押贷款，虽审批严格，但能满足企业日常运营、扩大生产等需求；股权融资是指天使投资人在初创期凭借对创始人团队与创意的认可投入资金，风险投资在企业早期到扩张期依据技术、市场、商业模式评估后介入，私募股权投资针对相对成熟的企业助力战略布局，不过这种方式会造成创始人股权稀释；债券融资有企业债与公司债，企业按法定程序发行约定还本付息的有价证券，可获取长期稳定资金，却需要承担付息还本压力，否则面临违约风险。

随着数字经济的发展，传统融资模式在融资精准度、效率以及对轻资产数字企业的适配性等方面存在一定局限。于是一系列创新融资模式应运而生，为数字企业融资难题提供了新的解决方案。

6.2.2.1 基于大数据的供应链金融模式

大数据技术作为一种全新的数据管理和分析体系，具有可以容纳海量数据，数据处理速度快以及良好的可扩展性等特点，能够精确动态地评估供应链中各企业的实际运营状况和信用等级，为金融机构提供了更为精确和智能的风险评估基础。通过大数据分析，金融机构可以实时监控供应链上下游企业的交易数据、库存数据、物流数据等，从而实现精准授信和风险控制。例如，顺丰数科通过其物流仓储大数据能力矩阵，构建了供应链大数据风控模型，能够实时监控供应链企业的经营健康度，精准挖掘优质客户。

北京银行在供应链金融领域也取得了显著进展。北京银行于2018年5月完成并推出"京信链"，并于同年8月采用线上+线下模式落地首笔业务。2019年3月，"京信链"完成全业务流程的上线，具备了业务批量办理条件。这一阶段，"京信链"通过线上注册、确权、合同签订、融资和清算等功能，构建了"1+N"新融资模式，帮助上游中小微企业解决融资难题。2020年，北京银行基于"长安链"技术，对"京信链"进行全面升级，致力于构建高性能、高可信、高安全的数字基础设施。通过区块链技术，"京信链"实现了供应链中信息流、资金流、物流的透明化和数字化，解决了信息不对称问题，提升了融资效率。2022年，"京信链"业务落地核心企业331户，供应商2199户，融资金额达到86.97亿元。同年，北京银行围绕产业"延链、补链、升链、建链"，升级供应链金融全链条服务生态，"京信链"落地核心企业、供应商、融资金额，同比增幅分别达到134%、174%、186%①。此外，北京银行还创新研发了数字化风控产品"订货贷""采购贷"，通过多维度数据建模，实现产业链上下游客户线上自动授信。2024年，"京信链"继续发挥重要作用，特别是在服务科技型企业和数字企业方面。例如，在服务国产通用处理器GPU领军企业"摩尔线程"的过程中，"京信链"帮助客户解决了上游付款烦琐的问题，显著提高了用信支付的效率②。此外，北京银行还构建了"票、证、链、函"四位一体的大供应链金融服务体系，通过多产品的组合应用，满足港口产业链多场景融资、离在岸结算等全方位金融需求。

6.2.2.2　知识产权质押融资模式

知识产权质押融资，是指企业以合法拥有的专利权、商标权、著作权中的财产权经评估作为质押物从银行获得贷款的一种融资方式。知识产权质押融资可在一定程度上缓解企业"融资难、融资贵"的难题，以知识产权"轻资产"获得必要资金补给。在北京市，知识产权质押融资模式不断创新，尤其是数据知识产权质押融资的探索，成为一大亮点。

数据知识产权质押融资是一种新型融资方式，以企业合法拥有并取得数据知识产权登记证书的数据作为质押物。北京市作为全国首批试点地区之一，已上线数据知识产权登记平台，通过"存证+登记+存储"平台体系建设，规范了数据采集脱敏、存证存储、评估融资等环节。北京市知识产权局的公开数据显示：截至2024年11月，北京市数据知识产权登记系统共接收到314件登记申请，其中，197件通过公示无异议后获得数据知识产权登记证书。在质

---

① 中国新闻网：《"数字京行"激发新动能 北京银行发布2022年年度报告》，https://www.chinanews.com/cj/2023/04-11/9987723.shtml，2023年4月11日。

② 每日经济新闻：《科创与金融共舞：北京银行为科技企业注入"芯"动能》，https://www.nbd.com.cn/articles/2024-12-03/3670055.html，2024年12月3日。

押融资方面，北京市已实现 2 笔数据知识产权质押融资，质押金额合计 983 万元，分别是北京知产宝网络科技发展有限公司获得的北京银行中关村分行的"文旅 E 贷"149 万线上贷款以及北京国信达数据技术有限公司获得的 800 万元贷款。

6.2.2.3 数字金融服务平台模式

"创信融"平台是北京市地方金融监督管理局牵头打造的数字金融服务平台，旨在通过大数据和人工智能技术，提升服务小微企业金融的能力。根据北京地方金融监督管理局的官方报道，自 2022 年上线以来，"创信融"平台已接入 17 家试点银行，覆盖北京地区小微信贷市场份额的 70%。平台精准支持了 9 000 余家中小微企业，其中，小微企业占比 99.6%，首贷企业占比 72.8%，发放贷款总额达 92 亿元，信用贷款率 100%，平均利率 4.3%，不良率为 0。这一平台通过整合多维度数据，构建了精准的小微企业画像，为金融机构提供了全面、准确的风险评估依据。这不仅提高了小微企业融资的获贷率、首贷率和信用贷款率，还显著降低了融资成本，助力企业渡过难关。

与此同时，北京金融大数据有限公司作为北京金控集团旗下的重要子公司，致力于建设国内一流的数字信用科技服务商。该公司通过"数据+技术"模式，承建并运营全市金融公共数据专区，为金融机构和企业提供值得信赖的数据支持。其自主研发的金融公共数据服务管理系统，为融资信用服务平台"AI 金融街"的建设奠定了坚实基础，推动了融资的便捷和安全。

北京中关村银行作为北京市首家获批开业的民营银行，自成立以来始终秉持"伙伴共赢、场景融合、科技驱动"的理念，应用大数据、云计算、人工智能、区块链等前沿技术构建基础平台，形成了智慧金融核心能力。其"ECO BANK 金融开放平台"自 2020 年上线以来，已对接 100 余家合作平台，提供 500 余个服务接口，涵盖账户、支付、贷款等服务能力输出[①]。此外，北京中关村银行还通过数字化风控平台，利用图计算、流式特征计算和机器学习算法等技术，提升风险识别、监控和决策能力，为科技型初创企业提供高效、精准的金融服务。

北京市通过构建数字金融服务平台，为数字经济企业提供了创新的融资

---

① 北京商报：《持续创新探索，谱写数字金融大文章 北京中关村银行数字化转型发展之路》，https：//www.bbtnews.com.cn/2024/0514/514626.shtml，2024 年 5 月 14 日。

模式。这些平台通过大数据、区块链等技术手段，提升了金融服务的效率和精准度，降低了融资成本，助力小微企业和科技型初创企业的发展。

6.3 北京市数字企业融资支持政策效应评估与分析

6.3.1 基于上市公司数据的计量实证分析

数字企业具有技术创新突破性、外部性和产品迭代快速的特点，其保持竞争优势的根本在于创新。企业自主创新能力的提高必须依靠研发投入的支持，而数字企业固有的高复杂性和不确定性增加了风险，导致企业对创新活动的私人投资积极性差、对外融资难度较高，亟待相关产业政策的引导和扶持。

近年来，北京市对数字企业发展给予高度关注，密集出台一系列针对性强、覆盖面广的支持政策。在综合性规划层面，2020 年 9 月，北京市经济和信息化局印发了《北京市促进数字经济创新发展行动纲要（2020—2022年）》（以下简称《纲要》），这是北京市首份以"数字经济"命名的政策文件，其独特价值在于系统规划了数字经济的创新发展路径，不仅为后续政策制定提供了纲领性指引，也对推动北京市数字经济高质量发展起到了关键作用。需要注意的是，《纲要》提出"……支持数字经济领域的龙头企业和创新企业拓展融资渠道，打通相关产业链；用好用足北京市相关先行先试政策，研究制定相关新技术新产品示范应用支持措施，积极在北京市重点建设工程项目中应用"。那么，该政策是否对促进北京市本地数字企业高质量发展起到积极作用呢？

本节以 2020 年《纲要》政策提出作为冲击事件构建准自然实验，运用双重差分法（DID）、倾向得分匹配法（PSM）等实证方法，探究政府政策对于北京市数字企业创新投入的影响以及融资支持在企业创新发展中的作用机制，从而为破解数字企业融资难题、精准施策提供决策参考，助力北京市打造全球数字经济标杆城市。

6.3.1.1 研究设计

（1）样本选择与数据来源

选取 2016—2023 年北京市全 A 股上市企业作为研究对象，并按以下标准

剔除：第一，采用证监会 2012 年行业大类为标准划分企业所属行业，并结合
国家统计局发布的《数字经济及其核心产业统计分类（2021）》中对于数字
经济核心产业的定义确定实验组。第二，剔除金融行业企业（J66、J67、J68、
J69）、行业大类有变更的企业。第三，剔除 ST、PT、ST＊公司以及上市不足
一年的企业样本。第四，对连续型变量两端进行 1% 水平的 Winsorize 处理。
按上述标准处理后，最终得到 2 016 个观测值，覆盖北京市 356 家 A 股上市公
司。其中，数字经济核心产业企业作为实验组（共 748 个观测值，涉及 138
家企业），对照组为其他上市企业。数据主要来源于中国研究数据服务平台
（CNRDS）和国泰安数据库（CSMAR）。

（2）模型设定与变量定义

结合研究背景和对象特征，采用双重差分模型进行回归分析。参照张敬
文等（2023）的研究，将计算机、通信和其他电子设备制造业（C39）、电
信、广播电视和卫星传输服务（I63），互联网和相关服务（I64），软件和信
息技术服务业（I65）等四个证监会门类行业划分为"数字经济核心产业"并
将对应行业内企业样本划分为"实验组"，非数字经济核心产业的其他北京市
A 股上市公司为"对照组"，并以此构建模型：

$$Rd_{i,t} = \beta_0 + \beta_1 Did_{i,t} + \gamma Control_{i,t} + \mu_i + \lambda_t + \varepsilon_{i,t} \tag{6-1}$$

其中，被解释变量 $Rd_{i,t}$ 表示企业研发强度，采用研发费用率指标进行度
量。解释变量是双重差分的交互项，为哑变量的衡量方式。$Treat_i$ 为实验组虚
拟变量，如果公司 i 所在证监会行业门类属于"数字经济核心产业"取 1，否
则取 0。$Post_t$ 为政策冲击虚拟变量，如果在 t 时期所研究的冲击政策——《纲
要》已经发布则取 1，未发布则取 0。定义解释变量交互项 $Did_{i,t} = Treat_i \times Post_t$，若取 1 表示公司 i 属于"数字经济核心产业"且在 t 时刻《纲要》已
经发布，否则取 0。

$Control_{i,t}$ 表示系列控制变量，参照现有文献（王营，2022；陈梦根等，
2023；程晓刚等，2024）中的设定，选择如下：企业规模 $Size$、企业上市年龄
Age、营收增长率 $Growth$、第一大股东持股比例 Top、两职合一情况 $Both$、审
计意见 $Opin$、营收总额 $Sale$、企业现金流量 $Cash$、速动比率 Qkr、董事会独立
性 $Indep$、净资产收益率 Roe、总资产 Ta、实控人性质 Gov。为了进一步缓解
内生性问题，本实证研究还控制了个体固定效应 μ_i 和时间固定效应 λ_t，所有
回归均采用稳健标准误模型。

　　此外，为了后续进一步研究政策对于企业创新促进作用的渠道、评估政策在融资方面对企业发展起到的支持作用，设置工具变量 *SA* 指数（*Sa*）和供应链融资情况（*Gylrz*）分别度量企业受到的融资约束和产业链上下游的商业信用融资情况。具体变量及其定义如表 6.3 所示。

表 6.3　变量定义

变量类型	变量符号	定义
被解释变量	*Rd*	研发费用率，反映企业研发强度，用企业研发费用比总费用衡量
解释变量	*Treat*	实验组的虚拟变量，*i* 企业是实验组为 1，否则为 0
	Post	发生政策的虚拟变量，*t* 年度时目标政策已经发生为 1，否则为 0
	Did	双重差分的交互项，*Treat×Post*
机制变量	*Sa*	SA 指数，Sa 值越小表示企业受到融资约束越小，反之越大
	Gylrz	供应链融资情况，采用"（应付账款+应付票据+预收账款）/总资产"衡量
控制变量	*Size*	企业规模，企业员工人数的自然对数
	Age	企业上市年龄
	Growth	营业收入增长率
	Top	第一大股东持股比例
	Both	两职合一情况，董事长与总经理兼任为 1，否则为 0
	Opin	审计意见，标准无保留意见为 1，否则为 0
	Sale	营收总额，企业营业收入总额的自然对数
	Cash	企业现金流量，经营活动产生的现金流净额/总资产
	Qkr	速动比率
	Indep	董事会独立性，独立董事人数/董事会总人数
	Roe	净资产收益率
	Ta	总资产，企业资产总计的自然对数
	Gov	实控人性质，国有控股为 1，否则为 0

6.3.1.2　描述性统计

描述性统计结果显示，样本企业的研发费用率（Rd）均值为 5.73%，标准差为 8.43%，表明企业间研发强度存在显著差异，其中部分企业研发费用占比高达 49.66%，而部分企业几乎为零，这一分布特征与我国企业创新投入"两极分化"的现实状况相符。解释变量方面，实验组企业（Treat）占比 37.10%，政策实施后观测值（Post）占比 52.43%，双重差分交互项（Did）均值为 19.89%，这一数据结构为准确识别政策效应提供了良好基础。

控制变量特征显示，样本企业平均上市年限（Age）为 8.9 年，规模差异较大（Size 标准差 1.64），第一大股东持股比例（Top）均值为 34.12%，符合我国上市公司股权相对集中的典型特征。整体而言，样本数据具有良好的变异性，能够支持后续的因果推断分析。

总体来看，政策实施期间，企业研发投入呈现显著分化特征，同时企业规模等特征也表现出明显的异质性，这为识别政策效应的差异性提供了可能。描述性统计结果详见表 6.4。

表 6.4　描述性统计结果

变量	样本量	均值	标准差	最小值	最大值
Rd	2 016	0.057 3	0.084 3	0.000 0	0.496 6
Did	2 016	0.198 9	0.399 3	0.000 0	1.000 0
Treat	2 016	0.371 0	0.483 2	0.000 0	1.000 0
Post	2 016	0.524 3	0.499 5	0.000 0	1.000 0
Gylrz	2 016	0.141 2	0.114 2	0.002 8	0.497 8
Sa	2 016	−3.764 5	0.360 3	−4.492 1	−2.407 8
Size	2 016	7.792 0	1.636 2	2.995 7	13.164 6
Age	2 016	8.915 7	6.678 9	1.000 0	29.000 0
Growth	2 016	0.133 4	0.333 5	−0.591 6	1.575 0
Top	2 016	34.120 0	16.114 8	8.040 0	79.380 0
Both	2 016	0.325 9	0.468 8	0.000 0	1.000 0
Opin	2 016	0.979 2	0.142 9	0.000 0	1.000 0
Sale	2 016	21.888 5	1.860 0	18.706 7	27.812 8

变量	样本量	均值	标准差	最小值	最大值
Cash	2 016	0. 041 9	0. 062 8	−0. 145 9	0. 196 2
Qkr	2 016	2. 601 6	3. 087 8	0. 252 0	20. 391 2
Indep	2 016	0. 382 1	0. 055 2	0. 333 3	0. 571 4
Roe	2 016	0. 030 0	0. 176 8	−1. 113 2	0. 252 5
Ta	2 016	22. 702 1	1. 708 1	20. 084 9	28. 096 2
Gov	2 016	0. 407 7	0. 491 5	0. 000 0	1. 000 0

6.3.1.3　基准回归结果

为系统考察政策效果,在已设定模型的基础上采用逐步回归的思想构建了五个模型用于实际回归:模型(1)仅包含核心解释变量 *Did*,模型(2)加入企业特征控制变量,模型(3)进一步控制时间固定效应,模型(4)和(5)分别引入个体固定效应及双重固定效应。这种渐进式建模策略有助于验证政策效应的稳健性,同时控制可能存在的遗漏变量问题。所有模型均采用稳健标准误。

基准回归结果(见表6.5)表明,本节研究的北京市数字企业融资支持政策即《纲要》对企业研发投入具有显著促进作用。在引入控制变量并采用双重固定效应和稳健标准误模型的基准回归[模型(5)]中政策实施使实验组企业研发费用率平均提升0.043 9,双重差分项在五次回归中均显著为正,初步证明了《纲要》的出台可以显著促进北京市数字企业提高自身研发强度的意愿,肯定了北京市政府数字企业支持政策的切实效果,并为后续进一步评估政策提供了对比依据。

表 6.5　基准回归结果

变量	(1)	(2)	(3)	(4)	(5)
Did	0. 076 9 ***	0. 057 3 ***	0. 047 4 ***	0. 031 1 ***	0. 043 9 ***
	(21. 094 1)	(15. 364 7)	(12. 572 7)	(7. 906 6)	(10. 982 6)
Size	—	0. 014 9 ***	0. 025 6 ***	0. 027 5 ***	0. 031 6 ***
		(4. 676 3)	(8. 809 9)	(6. 131 3)	(7. 490 1)

变量	(1)	(2)	(3)	(4)	(5)
Age	—	0.003 1***	−0.002 1***	0.008 4***	0.007 8***
		(7.170 3)	(−4.276 1)	(14.584 7)	(12.272 6)
Growth	—	−0.010 2***	(0.003 6)	−0.011 0***	−0.006 9**
		(−2.852 3)	(−1.114 5)	(−3.173 9)	(−2.082 6)
Top	—	−0.001 1***	−0.000 5***	−0.000 5*	(0.000 4)
		(−5.823 4)	(−2.776 1)	(−1.746 3)	(−1.595 4)
Both	—	0.008 3**	0.001 5	0.005 1	0.004 0
		(2.248 8)	(0.464 8)	(1.356 7)	(1.138 1)
Opin	—	−0.019 5**	−0.019 3**	−0.028 8***	−0.021 9***
		(−2.087 2)	(−2.330 3)	(−3.195 3)	(−2.586 6)
Sale	—	−0.020 4***	−0.028 4***	−0.022 4***	−0.026 9***
		(−7.116 4)	(−10.958 0)	(−6.071 4)	(−7.720 3)
Cash	—	−0.104 2***	−0.122 4***	−0.091 7***	−0.109 3***
		(−4.828 3)	(−6.326 4)	(−4.355 5)	(−5.466 4)
Qkr	—	0.001 9***	0.001 6***	(0.000 9)	(0.000 5)
		(3.042 0)	(2.777 9)	(−1.211 2)	(−0.738 8)
Indep	—	0.019 4	0.005 1	0.022 4	0.013 5
		(0.640 2)	(0.190 7)	(0.731 0)	(0.469 1)
Roe	—	−0.037 8***	−0.024 6***	−0.026 9***	−0.023 7***
		(−4.884 1)	(−3.570 9)	(−3.554 5)	(−3.334 5)
个体固定效应	No	No	No	Yes	Yes
时间固定效应	No	No	Yes	No	Yes
N	2 016	2 016	2 016	2 016	2 016
R^2	0.170 5	0.304 9	0.441 6	0.366 9	0.448 1

注：括号内为 t 值；* $p<0.1$，** $p<0.05$，*** $p<0.01$。

6.3.1.4 稳健性检验

为验证基准回归结果的可靠性，采用倾向得分匹配法（PSM）对样本选择偏差问题进行处理。基于 Stata 的 psmatch2 命令，本节采用 1∶2 近邻匹配方法构建反事实对照组，同时施加共同支撑域限制以确保匹配质量。表 6.6 报告了匹配前后处理组与控制组在各维度的平衡性检验结果，为后续基于匹配样本的政策效应评估奠定了重要基础。

表 6.6 PSM 平衡性假设检验

变量名	未匹配 U 匹配 M	均值		标准误（%）	标准误绝对值减少（%）	T 检验	
		处理组	控制组			t 值	p 值
Size	U	7.486	7.973	−31.3	75.5	−6.52	0.000
	M	7.466	7.347	7.7		1.71	0.087
Age	U	7.602	9.691	−32.7	98.4	−6.86	0.000
	M	7.595	7.561	0.5		0.11	0.914
Growth	U	0.131	0.135	−1.4	−240.7	−0.29	0.770
	M	0.131	0.146	−4.6		−0.87	0.386
Top	U	25.681	39.098	−94.1	96.7	−19.72	0.000
	M	25.860	25.421	3.1		0.72	0.473
Both	U	0.451	0.252	42.4	92.5	9.36	0.000
	M	0.443	0.458	−3.2		−0.58	0.565
Opin	U	0.967	0.987	−13.3	32.1	−3.05	0.002
	M	0.966	0.952	9.0		1.32	0.188
Sale	U	21.206	22.291	−64.2	93.6	−13.19	0.000
	M	21.206	21.136	4.1		0.98	0.329
Cash	U	0.034	0.047	−20.7	94.0	−4.51	0.000
	M	0.034	0.033	1.2		0.23	0.822
Qkr	U	3.086	2.316	25.2	88.4	5.44	0.000
	M	3.079	3.169	−2.9		−0.47	0.636

续表

变量名	未匹配 U 匹配 M	均值		标准误（%）	标准误绝对值减少（%）	T 检验	
		处理组	控制组			*t* 值	*p* 值
Indep	U	0.387	0.379	15.6	97.6	3.36	0.001
	M	0.386	0.386	−0.4		−0.08	0.940
Roe	U	0.021	0.035	−8.3	39.8	−1.81	0.071
	M	0.021	0.012	5.0		0.96	0.337

表 6.6 的 PSM 平衡性检验结果表明，1∶2 近邻匹配方法有效消除了处理组与控制组的系统性差异。具体而言，匹配后所有协变量的标准误绝对值均降至 10% 以下，且 t 检验显示组间差异均不再具有统计显著性。以企业规模（*Size*）为例，匹配前处理组企业显著小于对照组（标准误绝对值 31.3%，$p<0.01$），而匹配后两组均值差异缩小至 7.7%（$p=0.087$）。这种改善在股权结构（*Top*）维度表现尤为突出，其标准误绝对值从 94.1% 降至 3.1%（$p=0.473$）。平衡性检验结果表明，数字经济政策试点企业与非试点企业在可观测特征上已具备可比性，这有效缓解了因政策非随机分配导致的选择性偏差问题，为下文展示的匹配样本 DID 回归结果提供了更可靠的反事实基础。

表 6.7 对比了匹配前后样本的双重差分回归结果，为保持模型可比性，匹配前后回归均采用相同的控制变量集和固定效应设定确保结果差异仅源于样本选择偏差的消除。PSM−DID 结果显示：PSM 匹配前全样本回归中，政策变量 *Did* 的系数为 0.043 9 且在 1% 水平上显著（$t=10.98$），匹配后样本系数为 0.041 6（$t=10.41$），两者差异仅为 5.2%，说明基准结果不受样本选择偏差的显著影响。这一发现印证了数字经济政策对企业研发投入的促进作用具有普遍性，不因样本选择方法的不同而产生实质性变化。匹配后样本的调整 R^2 为 0.440 8，与匹配前的 0.448 1 相比仅下降 1.6%，表明匹配过程虽然减少了样本量，但并未显著损失模型的解释力。整体而言，这一结果验证了研究设计的合理性，说明《纲要》能够有效激励企业增加研发投入，且这一结论具有较好的稳健性。

表 6.7　PSM-DID 回归结果

变量	匹配前	匹配后
Did	0.043 9***	0.041 6***
	(10.982 6)	(10.407 8)
控制变量	Yes	Yes
个体固定效应	Yes	Yes
时间固定效应	Yes	Yes
N	2 016	1 996
R^2	0.448 1	0.440 8

注：括号内为 t 值；* $p<0.1$，** $p<0.05$，*** $p<0.01$。

6.3.1.5　影响机制与异质性分析

本节采用江艇（2022）两步法进一步探究政策促进数字企业增加研发投入的内在机制。基于数字经济企业轻资产、高研发风险的特点，本节重点考察融资支持渠道的中介作用。本节主要构建双路径机制分析框架：一是关注传统融资约束（SA 指数）的缓解效应；二是参考孙昌玲等（2021）的研究，考察供应链融资（$Gylrz$）能力提升这一具有数字经济特色的传导渠道。这一设计不仅能揭示政策效果的实现机制，更能为精准施策提供靶向依据。

表 6.8 的机制分析结果清晰地揭示了数字经济政策影响企业研发强度的双重路径。首先，在融资约束缓解路径上，政策实施使 SA 指数显著降低 0.024 6（1% 显著性），这意味着《纲要》的出台有效改善了企业面临的融资环境。

在供应链融资能力提升路径上，政策使企业供应链融资比率提升 0.012 8（1% 显著性），证实了政策对数字企业商业信用方面的改善作用。这一结果反映了北京市作为全国科技创新中心的独特优势：一方面，大型科技企业（如京东、小米）的供应链金融创新为中小企业提供了新型融资支持；另一方面，中关村科技园区形成的产业集聚效应，也在政策的推动下进一步强化了数字企业间的信用关联。从现实意义角度看，数字支持政策在供应链融资方面的表现也带给我们启示：其一，需要更好地通过政策激励龙头企业发挥带动作用，通过数字企业供应链金融激活产业链整体创新活力；其二，要注意防范供应链金融风险，避免局部风险通过数字网络扩散。

表 6.8　政策效应的传导路径

变量	基准回归	融资约束	供应链融资
Did	0.043 9***	−0.024 6***	0.012 8***
	(10.982 6)	(−6.457 7)	(2.791 9)
控制变量	Yes	Yes	Yes
个体固定效应	Yes	Yes	Yes
时间固定效应	Yes	Yes	Yes
N	2 016	2 016	2 016
R^2	0.322 4	0.820 0	−0.009 8

注：括号内为 t 值；* $p<0.1$，** $p<0.05$，*** $p<0.01$。

　　此外，本节进一步从企业规模和企业所有权性质两个视角考察政策效果的异质性特征。

　　首先，考虑到不同规模企业在风险分担、研发实力方面具有差异（张敬文等，2023），本节基于"企业总资产规模中位数"进行分组回归，以探究政策效应是否因企业规模差异而呈现系统性变化。表 6.9 回归结果显示，北京市数字经济支持政策对不同规模企业研发能力提升均有显著促进作用；相比之前，数字经济政策对大企业的正向影响更强。异质性效应产生的可能原因在于：大规模企业通常具备更完善的数字基础设施和人才储备，能够更充分地吸收政策红利；数字技术应用的固定成本较高，规模效应使大企业更易实现投入产出平衡；大企业在产业链中的核心地位使其能更有效地整合创新资源。

　　其次，国有企业与民营企业在治理结构、资源禀赋和创新机制方面存在本质区别，并且国有企业可能与政府部门联系得更加紧密，进而对政策的响应效率和吸收利用程度可能更高。本节基于"是否为国有控股企业"进行分组回归。北京市数字经济支持政策对国有和非国有控股企业均产生显著促进作用；但整体而言国有企业受影响更强，这一发现与既有研究关于国有企业政策敏感性的结论相吻合，说明国有企业在响应政府政策方面具有制度性优势。

表 6.9 异质性分析

变量	基准回归	小规模	大规模	国有企业	民营企业
Did	0.043 9 ***	0.025 7 ***	0.044 6 ***	0.038 2 **	0.037 9 ***
	(10.982 6)	(4.278 3)	(9.143 1)	(6.719 5)	(7.135 7)
控制变量	Yes	Yes	Yes	Yes	Yes
个体固定效应	Yes	Yes	Yes	Yes	Yes
时间固定效应	Yes	Yes	Yes	Yes	Yes
N	2 016	1 008	1 008	822	1 194
R^2	0.322 4	0.359 9	0.243 1	0.125 5	0.415 7

注：括号内为 t 值；* $p<0.1$，** $p<0.05$，*** $p<0.01$。

6.3.2 基于数字企业反馈的问卷调查分析

6.3.2.1 研究设计

为了解金融支持政策在数字企业中的落地情况，本研究团队做了针对性的调查问卷，于 2025 年 3 月 10 日开始进行调研工作，主要通过北京市海淀区、朝阳区、丰台区、经开区等产业园区、科技企业孵化器等渠道发放电子问卷。截至 2025 年 3 月 31 日，共回收问卷 256 份。我们对问卷数据进行了筛查，包括删除"前后回答逻辑不一致""作答时间低于 60 秒""IP 地址重复"等情况的异常样本，最终得到 207 份有效问卷。

基于有效问卷数据，本节聚焦北京市数字经济领域企业的融资需求及政策支持现状。本调查覆盖数字产品制造、技术应用、要素驱动等多个细分产业，涉及不同规模、发展阶段的企业主体；主要围绕企业经营难点、融资偏好、政策认知度及支持诉求等问题展开分析，重点挖掘企业面临的融资约束（如融资难、融资贵）、政策落地障碍（如信息不对称、执行周期长）以及对多元化金融工具、产业链协同、人才培育等支持措施的迫切需求。调研结果旨在为优化北京地区数字经济发展政策、完善融资服务生态提供参考依据。

6.3.2.2 样本企业基本特征

本次调研样本中，数字技术应用业（29%）与数字要素驱动业（22%）两个产业占比相对较大，它们是数字经济产业的重点方向（见图 6.1）。其中，前者涵盖软件开发，电信、广播电视和卫星传输服务，互联网相关服务，信息技术服务及其他数字技术密集型领域；后者涵盖互联网平台、互联网批发零售、互联网金融、数字内容与媒体、信息基础设施建设、数据资源与产权交易以及其他数据要素驱动业，这两大领域反映出技术应用与要素驱动在数字经济中的核心地位。

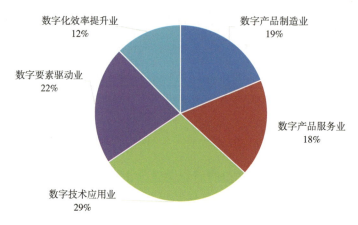

图6.1　数字企业样本结构（按行业）

图6.2、图6.3、图6.4及图6.5数据显示，本次调研的数字企业样本中，以民营企业为主（占比80%），且普遍具有较成熟的运营基础。58.45%的企业经营超过5年，33%的企业存续3~5年，两者合计占比超九成；在企业规

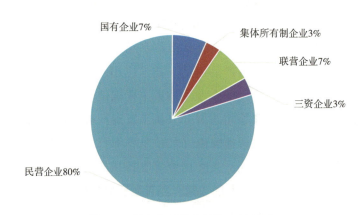

图6.2　数字企业样本结构（按性质）

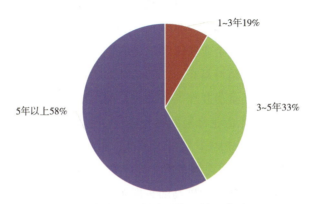

图 6.3　数字企业样本结构（按经营时间）

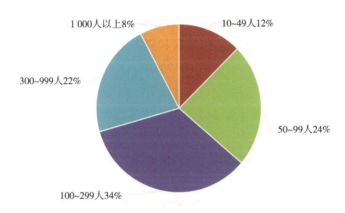

图 6.4　数字企业样本结构（按人员规模）

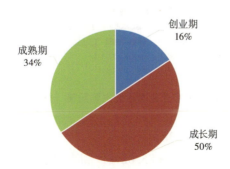

图 6.5　数字企业样本结构（按发展阶段）

模维度方面，70%的样本为中小企业（从业人员 300 人规模以下）；发展阶段方面，成长期企业占据主导地位（50%），与成熟期企业（30%）共同构成调研主体。此外，40%的样本企业获得了相关的资质认定，如有 30 家为"高新技术企业"，27 家为"专精特新企业"，16 家为"数字领航企业"，等等。总体来看，样本主体正处于业务扩张与资源整合的关键阶段。

调研发现，数字经济企业普遍面临行业竞争激烈（51.69%）、人才短缺（45.89%）与融资难（42.51%）等三大挑战，且痛点分布呈现显著行业异质性与阶段特征（见图 6.6）。具体来看，超半数企业（51.69%）将行业竞争列为首要压力源，其中市场集中度高的头部企业表现尤为突出；1 000 人以上规模的大企业（75.00%）与国有企业（64.29%）的竞争压力值显著高于均值，折射出市场格局的头部效应；技术管理型人才缺口在技术密集型领域凸显，数字技术应用业（45.00%）和私营企业（46.67%）的缺员率均高于总体均值（45.89%），与其技术迭代需求和资源禀赋弱势密切相关；融资困境呈现结构性特征，创业期企业（69.70%）、小微企业（10～49 人规模；61.54%）及数字技术应用业（58.33%）融资难比例远超行业均值（42.51%），映射出早期技术型企业金融支持体系的薄弱。

图 6.6　数字企业面临的主要困难（限选三项）

6.3.2.3　数字企业融资需求

调研数据显示，银行贷款（85.02%）和自有资金（66.18%）是数字企业创业及日常经营的主要资金来源。企业融资结构受行业属性、企业规模双重维度影响（见图 6.7）。行业层面，数字技术应用业（86.67%）与数字产品制造业（89.74%）高度依赖银行贷款，而自有资金在数字产品制造业（71.79%）及数字化效率提升业（69.23%）形成内生性资金储备优势。规模维度上，融资渠道呈现梯度分化：头部企业（1 000人以上）通过私人股权融资比例达56.25%，凸显其资本运作能力；中型企业（300~999人）银行贷款使用率攀升至93.33%，印证规模经济下正规金融渠道的强依赖性。

图6.7　过去企业创业及经营资金的主要来源

从当前和未来的融资需求看，图6.8的调研结果显示，企业融资需求呈现中低规模集聚特征，83.09%的样本企业存在融资需求，其中3 000万元以下（44.93%）与3 000万~5 000万元（38.16%）构成需求主体，两者合计占比超八成。值得注意的是，行业属性与生命周期阶段显著改变需求分布格局：数字技术应用业突破常规规模阈值，其亿元以上融资需求占比达6.67%（超其他行业至少1.67个百分点），凸显了技术密集型行业突破资源壁垒时的高资本诉求；而成熟期企业高额融资需求（5 000万元以上合计18.31%）较创业期（0%）与成长期（4.85%）呈指数级增长，印证了企业生命周期理论中"成熟期规模扩张与战略转型"的融资驱动特征。

在具体融资方式偏好方面，调研结果显示，数字经济领域融资渠道呈现高度集中化特征，83.57%的数字企业倾向于银行贷款（见图6.9）。细分领域交叉分析结果显示，尽管各行业银行融资基准线均突破70%阈值，但技术密集度与信贷依赖度呈显著正相关——数字技术应用业信贷依赖度达93.33%，较其他领域至少高出23.33个百分点，其重资产研发属性与技术转化周期特征，共同强化了"技术押品—信贷供给"的传统融资范式惯性。由此可见，即便在创新活跃的数字经济领域，传统金融体系的路径依赖仍深刻塑造着企业融资结构。

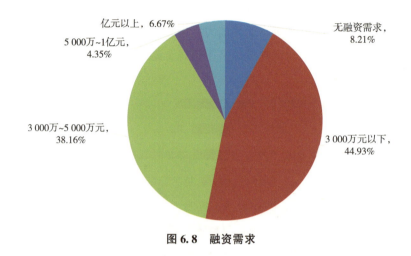

图 6.8　融资需求

图 6.9　当前/未来企业更倾向于采取何种方式融资（限选三项）

6.3.2.4　数字企业金融支持政策效果评估

调研结果揭示了企业对政策环境的认知与响应呈现结构化特征，形成"认知—触达—需求"三重政策作用链。具体来看，首先，政策认知存在表层化倾向，超六成受访者停留于"比较了解"层面（占比 61%），而"非常了解"者仅占 7%，反映政策传播存在"广度覆盖"与"深度渗透"的认知鸿沟。其次，信息触达机制呈现主渠道集中，以及偏好异质性的特征。政府官网以 67.15%的使用率构筑主渠道优势，但行业属性显著塑造信息获取行为——数字技术应用业更依赖官方渠道（71.67%），而数字产品制造业偏好新媒体传播（51.28%）；在企业生命周期的交叉统计维度，成熟企业官网使用率达 76.86%，而初创企业社交媒体触达率为 61.11%，印证"制度合法性"与"新媒体弹性"的双重驱动逻辑。此外，相比小微企业，大中型规模企业官网触达效率更高（见图 6.10、图 6.11）。

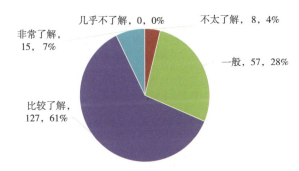

图 6.10 对北京市数字企业金融支持政策的了解程度

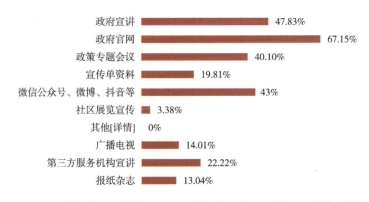

图 6.11 获知北京市数字企业金融政策信息的主要渠道（限选三项）

政策需求结构凸显生存与发展双重导向。在金融层面（见图 6.12），最急迫的前三大政策为：银行风控优化与信贷支持升级（53.14%），政府提供信用担保（37.68%），银行推出"知识产权质押贷款""专精特新贷""线上贷"等特色产品（36.23%），这意味着数字化转型中传统间接金融服务依赖。在非金融层面（见图 6.13），最急迫的前三大政策为：减税降费以及相关信息直达快享（54.11%），数字企业转型升级支持（40.1%）以及数字企业人才政策支持（38.65%），这些也暴露了数字经济主体在技术投入、转型升级、人力资源等方面的成本敏感特质。

图 6.12　北京市数字企业迫切需要的金融支持政策（限选三项）

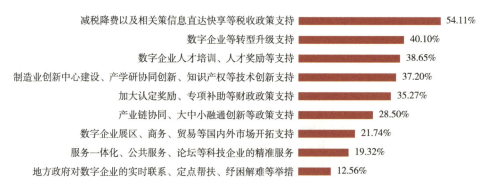

图 6.13　北京市数字企业迫切需要的其他支持政策（限选三项）

6.4　北京市数字企业发展及融资支持政策实施中的问题及建议

6.4.1　存在的问题

6.4.1.1　传统金融供给与数字企业需求的制度性错配

一是信贷逻辑与数字资产特性的根本冲突。商业银行风控体系高度依赖固定资产抵押，而数字企业核心资产集中于数据、专利等无形资产。这种错配导致技术密集型行业融资困境加剧，创业期企业融资相对更加困难，数字技术应用业存在亿元级融资需求缺口。尽管北京市各级政府设立了政策性担保机制，但其覆盖率不足，远低于数字企业的实际需求。

二是金融产品创新滞后于产业升级速度。现有信贷产品中，针对数据资产质押、研发周期融资的专项产品占比较低。银行对科技型企业专属评价体系的采纳率不高，导致高成长性企业信用评级普遍低于传统企业等级，实际授信额度远低于研发经费需求。

三是政策覆盖存在结构性失衡。尽管《纲要》对数字企业研发投入整体具有促进作用，但异质性分析表明，数字经济政策对中小企业、非国有企业的激励效果相对较弱。调研数据也显示，相比其他企业，创业期与小规模数字企业的融资难问题更集中，从而反映出政策工具在适配轻资产、高风险初创企业时存在显著短板。当前政策更易被资源禀赋较强的大企业吸收，而小微企业与初创企业受限于抵押物不足、信用评级体系滞后等问题，难以充分享受政策红利。

6.4.1.2　政策传导机制的效能衰减：从工具创新到落地梗阻

一是政策认知与执行的双层断点。企业政策知晓率呈现明显分化，大中型企业偏好以政府官网作为政策信息来源的主渠道，但小微企业更偏好新媒体。需要指出的是，政策执行与落地也存在障碍，有受访企业表示"部分政策存在落地难、透明度低、稳定性不足的问题，企业难以精准获取和享受政策红利"。

二是监管框架与创新节奏的适配危机。《中国金融监管报告（2024）》指出，数字经济快速发展背景下的金融创新使得金融体系产生了重大的变化，在促进竞争、降低成本、提升金融服务效率的同时，也使得金融业态、风险形态、传导路径和安全边界等发生重大变化，导致个别领域中监管缺位、监管不足或监管滞后等问题。2019年，北京市在全国率先启动金融科技创新监管试点（沙盒监管），公示了数十项应用，部分项目已经完成测试并顺利"出箱"。为了服务北京市数字经济产业，北京市金融行业催生了一些新业态、新模式及新技术，这也给金融监管带来了挑战，监管沙盒试点的参与主体与覆盖面有必要进行升级扩展。

三是财政金融协同效应未充分释放。与长三角、珠三角地区相比，北京市政府引导基金对社会资本的牵引作用有待加强。当前，北京市仅有少数几个地区（石景山、门头沟、朝阳、经开区等）推出了风险补偿资金池计划，主要聚焦小微企业，难以满足众多数字企业的需求，且代偿审核周期为数周至数月不等。"银行+政府+担保"协同模式下的创新型金融产品中，其利率优惠幅度较低，难以对冲中小企业的风险溢价。

6.4.1.3 直接融资市场发育不良与社会资本参与不足

一是股权投资市场的结构性扭曲。调研数据显示，私人股权投资者对数字企业的投资集中在成长期（45.24%）和成熟期（52.38%），初创期项目获投率仅为2.38%。更严峻的情况是，投资机构缺乏耐心、风险容忍度不高，要求企业营收增速达到一定比例以上才考虑A轮投资，而这远超数字技术研发的合理商业化周期。

二是多层次资本市场衔接失效。新三板改革效应未充分传导，数字经济企业转板上市或者摘牌退出周期较长；三板与四板市场的流动性差，数字企业再融资率偏低。各层级市场间尚未形成梯度培育闭环，"能上能下"的双向流动机制缺失，存在市场分层与企业发展阶段匹配不足的结构性矛盾。

三是社会资本参与的制度性障碍。国有资本在创投领域的占比超七成，但决策时间平均长达半年，部分项目错过早期投资窗口期。政策性资金撬动和吸引社会资本的作用有限，税收政策对早期投资的激励不足。外资创投机构受数据跨境限制影响，项目尽职调查周期较长，导致北京市在全球风险投资城市中排名不高。

6.4.1.4 融资成本高企与风险补偿缺失

一是风险定价机制与数字资产特性脱节。金融机构对科技企业的风险评估仍沿用传统模型，未能充分纳入技术成熟度、数据资产价值等核心要素，导致风险溢价补偿不足。信用保险等风险缓释工具覆盖率偏低，保费定价机制未能有效匹配技术研发的高不确定性特征。

二是专业化中介服务供给不足。第三方评估机构在数据资产估值、知识产权定价等领域缺乏权威认证体系，制约新型抵质押融资模式推广。知识产权融资规模占比长期低位徘徊，处置流程复杂性与时效性问题突出，北京市数字企业知识产权质押规模有待进一步提升。

三是跨境融资便利化水平有待提升。合格境外投资主体参与数字经济领域的渠道仍存在制度性约束，跨境资金流动效率受审批流程影响显著。区块链等数字技术在跨境融资场景的应用尚未形成标准化方案，导致外向型企业过度依赖传统结算工具，资金周转成本增加。

6.4.2 政策建议

6.4.2.1 重构融资供给体系：构建多层次、场景化的技术流金融生态

第一，结构性货币政策工具深度赋能。在科技创新再贷款扩容方面，研究设立北京市数字技术专项再贷款额度，对商业银行发放的数字基础设施贷款（5G 基站、算力中心等）按照贷款期限给予梯度式利率补贴，要求数字经济领域贷款增速不低于科技型企业贷款平均增速。在设备更新再贷款场景化方面，将工业互联网改造、AI 训练集群、数字孪生系统等"软硬件"采购纳入支持范围，对符合条件的项目提供更高比例的贴息，贷款期限适当延长 1~2 年，探索授信额度与利率成本与企业数字化水平挂钩的金融产品；探索设立中小微专项再贷款，加大小微数字企业首贷、续贷、信用贷支持力度。

第二，技术性资产金融化创新突破。开展更多领域的数据资产证券化试点，推动金融机构积极探索和开发基于数据资产的金融产品和服务，包括但不限于数据资产信贷、数据资产信托、数据资产证券化（ABS）等数据资产流通模式，优先支持自动驾驶、医疗、气象等重点场景数据集。在知识产权证券化创新方面，将传统的知识产权租赁收费、供应链账款、专利许可费收益等与专利所有权一并进行价值评估与风险评级，优化政府风险处置资金池支持机制。探索数字人力资本定价贷款产品，对首席技术官、首席科学家等核心岗位实施"智力资本定价"，以"软实力"助力数字企业获得金融支持。

构建"技术—数据—信用"联动的信贷产品矩阵。一是开发新型的"数据资产循环贷"，允许企业以数据资产登记凭证质押获取授信，建立动态估值模型，提升一定比率的质押率，并且在贷款合约有效期内允许多次提款、循环使用。二是实施"供应链金融穿透计划"，鼓励龙头或者连住企业开发供应链数据接口，对链条上的企业进行背书增信，提高中小微企业融资可得性。三是试点基于研发保险的"保贷联动"模式，对研发周期超过 3 年的项目，引入保险机构承保技术失败风险（享受一定的政府补贴），银行按一定比例的保额发放信用贷款；政府设立专项数字技术风险补偿基金，对银行因支持数字经济领域产生的异常不良率进行补偿。

6.4.2.2 升级政策执行机制：构建智能穿透式政策落地体系

第一，债券市场创新攻坚。在设立科创票据绿色通道方面，联合银行间交易商协会推出"北京数字企业专项科创票据"，允许将研发支出、数据采购成本计入发行额度计算。建立"即报即审"机制，压缩专精特新"小巨人"企业发债审核周期。在设立专项可转债产品方面，发行"北京数字企业专项可转债"，助推数字企业技术创新和产品升级，设置专利授权量、数据资产规模等创新条款。

第二，数字金融基建升级。在通州、亦庄、丰台（丽泽）等区域探索设立"数字金融创新试验区"，允许试点机构突破传统监管规则；开展数据资产跨境质押、数字货币结算、基于区块链的智能合约贷款等新型业务。探索信贷资源穿透监测模式，开发专属监管平台，实时抓取银行基于数字化技术开展业务数据（包括资金流向、技术质押物价值变动），设置相关的预警指标。

第三，政策效能倍增工程。整合工商、税务、知识产权等跨部门数据，构建"北京数字企业政策画像系统"，自动识别并精准推送"专精特新贷""算力贷""知识产权贷"等特色服务申报入口。在政策申报环节开发政策申报智能助手，自动解析政策文件，生成个性化申报方案；试点"一键申报"功能，申报材料智能预填，优化流程。建立政策效果数字监测平台，设置"政策渗透率""申报转化率""企业满意度"等核心指标，实时生成政策热力图。

6.4.2.3 健全直接融资市场：打造全球数字资本配置枢纽

第一，股权融资生态重构。鼓励投资者加大种子期、初创期数字企业的投资力度，给予更为优惠的税收激励；设立"北京数字经济产业母基金"，充分吸收和带动社会资本，重点投向 AI 大模型、量子计算、6G 等前沿领域。在并购重组特别支持方面，对数字产业链并购实施税收优惠；推动金融机构设立数字经济产业专项并购贷款，给予利率优惠。在 S 策略方面，在北交所设立数字资产 S 基金交易板块，允许风险投资、私募股权投资机构通过份额转让提前退出，税收激励政策与标的持有期挂钩。

第二，多层次资本市场衔接。在新三板直通机制方面，设立数字经济专板；对研发投入超过一定额度的数字企业，开通"新三板-北交所-科创板"绿色通道，压缩上市审核周期。推出数字企业可转换优先股制度，允许投资者在首次公开募股（IPO）前以约定条件转换为普通股，降低早期投资退出风险。支持符合条件的数字企业上市，加强北京国际大数据交易所与三大证券交易所的联动。

第三，社会资本激活计划。探索保险资金入市新机制，放宽保险资金投资数字企业股权限制，加大早期项目投资力度，发挥耐心资本的作用。在家族办公室投资激励方面，对投资北京市数字企业的家族办公室，给予一定比例的所得税减免；设立专项跟投基金，对一定规模的家族投资提供风险分担和补偿。在外资便利化改革方面，升级合格境外有限合伙人（QFLP）、合格境内有限合伙人（QDLP）试点政策，允许外资机构通过区块链平台完成尽职调查与交割，压缩交易周期；在自贸区等地区建设离岸数字资产交易中心，试点以数据收益权为标的发行国际数据资产 ABS、北京数字基建不动产投资信托基金（REITs）等产品。允许符合条件的北京市数字企业通过特殊目的载体（SPV）发行离岸数字债券募集资金。

6.4.2.4 完善成本管控体系：构建全周期风险分担机制

第一，建立风险定价动态模型。联合中债资信等机构开发数字经济信用风险评估模型，将技术成熟度、市场渗透率等非财务指标纳入定价体系，推动科技贷款风险权重下调。完善科技保险政策体系，激励引导保险机构聚焦研发费用损失、成果转化失败、专利侵权、网络与数据安全、核心技术与设备故障等领域开发契合北京市数字企业需求的产品，政府对科技保险产品实行分类补贴，形成政保合作机制。

第二，降低数字企业融资交易成本。在制度性交易成本维度，建立金融发展工作联动机制，组建面向数字经济产业发展的专属服务平台，整合评估、公证、登记等中介服务，实现知识产权质押融资、数据资产融资等业务"一站式"办理。在操作性交易成本维度，支持金融机构和数字企业依法依规合理应用开源技术，促进技术创新，降低投融双方搜寻和信息成本。

第三，优化财税激励工具箱。推进优质数字企业"名单制"，切实服务人工智能、机器人等数字经济核心领域研发项目，确保相关政策"应享尽享"，加速推进科研成果转化。在科技型企业税收激励政策的基础上，对符合一定条件的研发人员给予税收减免激励或者相关补贴。对符合条件的数字企业，针对数据基础设施建设、大模型训练、场景应用等项目给予"用电补贴""算力券""模型券"等支持。

7 北京市数字技术布局与创新策源高地建设

孙忠娟[*]

7.1 北京市数字产业整体情况

7.1.1 北京市数字经济发展现状

7.1.1.1 能级跃升：数字经济规模增长与创新驱动的双重突破

北京市数字经济呈现出规模扩张与质量提升并进的发展格局，已形成"核心引领、多元协同"的产业生态。数字经济已成为北京市经济增长的重要驱动力，其在经济总量中的比重不断提升，对经济增长的贡献率日益显著。

从结构优化角度看，数字经济核心产业的竞争力显著增强。2024年，数字经济核心产业（涵盖人工智能、云计算、区块链等）增加值增速达到10.1%，高于整体增速2.4个百分点，占数字经济比重提升至38.6%。核心产业的快速发展，不仅推动了数字经济整体质量的提升，还为数字经济的可持续发展奠定了坚实基础。核心产业的创新能力与技术优势，使其在市场竞争中占据领先地位，引领数字经济的发展方向。

人工智能领域的技术突破不仅提升了北京市在人工智能领域的全球影响力，还为数字经济的智能化发展提供了强大的技术支撑。数字服务业的贡献

* 孙忠娟，首都经济贸易大学教务处处长，工商管理学院教授、博士生导师。首都经济贸易大学工商管理学院博士研究生陈瑾宇、程园参与了本报告的研究工作。

率持续提升，2024 年互联网信息服务业营收达到 1.2 万亿元，同比增长12.3%，占全国比重超过 25%。数字服务业的快速发展，为数字经济多元化发展提供了新的增长点，推动数字经济在服务领域的广泛应用。

7.1.1.2 筑基工程：网络、算力与安全的融合化底座支撑

北京市以"网络+算力+安全"三位一体战略夯实数字底座，为数字经济的高质量发展提供有力支撑。在网络设施方面，2024 年，北京市实现六环内连续覆盖和重点产业园区的深度覆盖。在重点区域，如金融街、首都机场、鸟巢等，5G-A 网络已实现千站硬件能力覆盖，定点测试下行峰值速率达到10 Gbps，上行峰值测试达到 4 Gbps。网络设施的建设，为数据实时传输、远程控制等应用场景提供了强大的网络支撑，提升了网络性能与服务质量。

在互联网协议第 6 版（IPv6）部署方面，北京市 IPv6 综合发展指数位居全国第一，活跃用户数占比位居全国首位。政府网站 IPv6 支持率、主要商业网站及移动互联网应用 IPv6 支持率率先达标，移动网络 IPv6 流量占比由 49%提升至 65%，同比增长 33%。此外，北京市骨干网络传输带宽扩容至 130 Tbps，较2023 年提升 30%。IPv6 的大规模部署与网络带宽的扩容，为数字经济的万物互联奠定了基础，满足物联网设备海量接入需求，提升了网络整体承载能力。

在算力设施方面，海淀、朝阳、亦庄、京西第 4 个公共算力中心全面建成，采用液冷、模块化架构等绿色技术，电能利用效率（PUE）值降至 1.15以下。全市智能算力总规模达到 4.5 万 P（FP16 精度），较 2023 年增长36.4%，算力成本下降 18%，可支撑每日超过 5 万次的人工智能训练任务。算力设施的建设，为数字经济的高效运行提供了强大算力支持，降低了企业算力成本，提升了算力使用效率，推动了人工智能等前沿技术的发展与应用；安全体系同步强化，建成全国首个量子密钥分发（QKD）城域网络，覆盖金融、政务等 100 个关键节点，数据加密传输效率提升 40 倍。量子密钥分发技术的应用，为数字经济的数据安全提供了可靠保障，提升了数据传输的安全性与可靠性，确保了数字经济在安全的环境中健康发展。

7.1.1.3 要素破局：数据流通的制度创新与市场生态重构

北京市通过"制度创新+技术突破+场景开放"的组合拳，激活数据要素价值，构建全国数据流通枢纽。

在制度设计方面，2024 年，北京市发布《数据要素流通标准体系》，涵盖数据确权、定价、交易等 12 类标准，并试点"数据资产入表"机制，推动

12家企业的数据资产估值超过80亿元。制度创新为数据要素的流通与交易提供了规范与保障,促进了数据要素市场的健康发展。

在技术支撑层面,建成"数盾"隐私计算平台,集成联邦学习、多方安全计算等技术,实现医疗、金融等领域30亿条数据"可用不可见",数据调用效率提升50%。隐私计算技术的应用,为数据要素的安全流通提供了技术支撑,确保数据在隐私保护的前提下实现价值最大化。

在场景落地方面,北京国际大数据交易所累计交易规模突破120亿元,备案数据产品832项,其中,金融风控模型、碳排放监测等8类产品交易量居全国首位。政务数据开放率提升至85%,开放交通流量、环境监测等56类高价值数据集,支撑企业研发效率提升20%。跨境数据流动试点取得突破,自贸试验区率先建立数据分级分类白名单,允许15类数据合规出境,服务200余家跨国企业。场景落地为数据要素的市场化应用提供了广阔空间,推动了数据要素在不同领域的深度融合与创新应用。

7.1.1.4 场景领航:标杆工程驱动产业融合与城市智慧升级

北京市以"技术突破—场景验证—产业扩散"全链条模式推进标杆工程,形成可复制的数字化升级路径。政策引领方面,《推动"人工智能+"行动计划》聚焦智能制造、智慧医疗、数字金融、智能网联汽车、智慧城市五大领域,设立10亿元专项基金,支持32项标杆工程。

智能制造领域。亦庄经开区建成全球最大智能工厂集群,部署工业机器人超过2万台,AI质检系统将产品缺陷率从0.5%降至0.02%。

智慧医疗领域。协和医院AI辅助诊断系统覆盖200种疾病,准确率达到97.5%,门诊效率提升40%。

数字金融领域。数字人民币试点商户突破50万家,交易规模达到2 500亿元,支持跨境支付结算超过1 000亿元。

智能网联领域。高级别自动驾驶示范区累计测试里程超过800万公里,L4级车辆商业化运营覆盖亦庄60平方公里范围。

智慧城市领域。城市大脑3.0接入10万路物联网设备,实现交通拥堵指数下降15%,应急响应时间缩短至3分钟。

这些标杆工程的实施,为数字经济与传统产业的深度融合提供了示范,推动了产业的智能化升级与城市的智慧化发展。

同时,区域示范效应显著。海淀人工智能产业集聚区汇聚企业超过800

家，年产值突破 5 000 亿元；朝阳数字经济核心区落地全国首个元宇宙产业基地，吸引字节跳动、商汤科技等头部企业入驻。区域产业集聚效应为数字经济的发展提供了良好的生态环境，推动了数字经济产业的集群化发展，提升了数字经济的整体竞争力。

7.1.2　北京市数字经济产业的整体情况

数字经济作为现代经济体系的关键组成部分，正深刻地改变着全球经济发展格局。作为国家数字经济创新发展的核心枢纽，北京市在数字经济领域具有重要的战略地位，其发展进程与成果对于全国乃至全球都具有示范意义。2023 年，北京市政府出台了一系列政策文件，包括《北京市加快建设全球数字经济标杆城市 2023 年任务清单》《北京市数据要素三年行动计划（2023—2025 年）》以及《算力基础设施高质量发展实施方案》，旨在推动数字经济的高质量发展，打造具有全球影响力的数字经济标杆城市。

北京市政府发布的《北京市加快建设全球数字经济标杆城市 2023 年任务清单》，聚焦数据要素市场化配置与数字技术研发及场景应用。数据要素作为数字经济的核心生产要素，其市场化配置的优化对于提升数据要素的利用效率来说至关重要。通过明确数据要素流通机制，北京市旨在构建一个高效、有序的数据要素市场，促进数据资源的合理流动与共享。同时，数字技术研发及场景应用的推进，有助于将前沿技术转化为实际生产力，推动数字经济在不同领域的广泛应用。《北京市数据要素三年行动计划（2023—2025 年）》进一步细化数据要素发展的具体目标与路径，系统性地规划数据要素的采集、存储、加工、流通等环节，旨在构建一个完整的数据要素生态体系。这一生态体系的建立，将为数字经济的发展提供坚实的数据基础，促进数据要素的深度融合与创新应用。《算力基础设施高质量发展实施方案》着眼于算力基础设施的建设。算力作为数字经济时代的核心生产力，对于支撑人工智能、大数据等技术的运行来说至关重要。北京市规划在 2024 年将智能算力提升至 8 500 P。这个目标的实现将极大地增强北京市在数字经济领域的算力支撑能力，为数字经济的创新发展提供强大的动力。同时，北京市通过设立专项基金，如数字经济标杆城市发展基金，以及优化数字贸易试验区税收政策等措施，为数字经济的全链条发展提供有力政策支持。这些政策的实施，不仅有助于吸引更多的创新资源汇聚北京市，还可为数字经济企业的成长与发展提供良好的政策环境。

从经济规模看，北京市数字经济增加值在 2023 年达到 1.8 万亿元，占地区生产总值的比重上升至 42.9%，同比增长 8.5%。这一数据表明，数字经济已经成为北京市经济增长的重要引擎。进入 2024 年，数字经济规模进一步突破 2.2 万亿元，同比增长 7.7%，其中核心产业增加值增速显著领先，达到 10.1%。核心产业的快速发展，反映了北京市在人工智能、大数据、云计算等前沿技术领域的强劲创新能力，为数字经济整体增长提供了有力支撑。

在技术创新方面，人工智能研发实现多点突破。2023 年，北京市备案的大模型产品数量达到 105 款，位居全国首位。这些大模型产品涵盖了自然语言处理、图像生成等领域，例如，豆包大模型对标 GPT 4.0，智谱开源文生图模型支持汉字生成，Kimi 智能体具备 200 万字上下文处理能力等。

在政策层面，《推动"人工智能+"行动计划》聚焦智能制造、医疗、教育等五类场景，系统推进标杆应用工程，有助于将人工智能技术与传统产业深度融合，提升传统产业的智能化水平。基础设施建设同步提速，2024 年北京市新建 5G-A 基站超过 5 000 个，并完成 IPv6 的全域部署，5G-A 技术的推广将为数字经济提供更高速率、更低时延的网络连接，满足数字经济对网络性能的高要求。IPv6 的全域部署则为物联网设备的海量接入提供了可能，为数字经济的万物互联奠定了基础。同时，北京市推进海淀、朝阳等 4 个公共算力中心建设，预计全市智能算力供给规模将突破 4.5 万 P。

在产业融合方面，数字经济与传统产业的协同效应日益显著。2024 年，高技术产业与战略性新兴产业增加值分别达到 14 932.1 亿元和 12 530.2 亿元，占 GDP 的比重分别提升至 30.0% 和 25.1%，增速分别为 6.4% 和 5.7%。这一数据表明，数字经济与传统产业的融合正在不断深化，推动传统产业向高端化、智能化转型。

北京市数字经济的发展已经进入高质量发展的新阶段，其竞争优势主要体现在两个方面。一是在技术突破与政策赋能的双重作用下，人工智能、算力网络等关键领域已经形成全球影响力。北京市在人工智能领域的技术突破，使其在全球人工智能竞赛中占据重要地位，吸引全球顶尖人才与创新资源汇聚。强大的算力网络建设为数字经济的高效运行提供了有力保障，使其在全球数字经济基础设施领域具有显著优势；二是产业融合的深化为实体经济注入新动能，推动传统产业向高端化、智能化转型。这种转型不仅可提升传统产业的生产效率与经济效益，还能为数字经济拓展广阔的应用空间，从而形成数字经济与传统产业相互促进、共同发展的良性循环。

北京市数字经济的发展路径，不仅强化其作为全球数字经济标杆城市的引领地位，还为中国参与新一轮科技革命提供了战略支点。在全球科技革命的浪潮中，北京市依托"数字技术+产业升级"的双轮驱动模式，充分发挥数字技术引领作用，推动传统产业转型升级，助力国家经济结构优化与国际竞争力提升。同时，为其他城市提供有益借鉴，推动中国数字经济的整体发展，提升中国在全球数字经济领域的话语权与影响力。

7.1.3　北京市数字经济标杆企业发展现状

作为数字化浪潮中的创新引领者，数字经济标杆企业凭借其技术先进性、模式示范性与行业影响力，已成为首都经济转型升级的核心力量，也是北京市打造全球数字经济标杆城市的重要引擎。在《北京市关于加快建设全球数字经济标杆城市的实施方案》中，市委、市政府将标杆企业培育列为战略重点，明确提出构建"四维驱动"发展体系：通过强化数字技术研发与产业化衔接，系统培育技术创新型、数字赋能型、平台服务型和场景应用型等不同类型的标杆企业。这一战略布局旨在激发新型市场主体活力，加速技术—产业—场景的闭环融合，形成以标杆企业为支点，辐射全产业链的数字化跃升格局，为城市高质量发展注入强劲动能。

为全面刻画北京市标杆企业的发展特征，本报告以北京市企业联合会、北京市企业家协会、中关村数字经济产业联盟于 2024 年 12 月联合发布的"2024 北京数字经济企业百强名单"为样本，依托企查查、天眼查等企业信息平台，整合工商注册信息、知识产权数据等基础资料。根据《数字经济及其核心产业统计分类（2021）》标准，对企业经营范围进行核心产业类别匹配，重点从空间分布、发展阶段、产业聚焦以及数字创新能力等四个维度展开分析，系统梳理北京市数字经济标杆企业的发展特征。

7.1.3.1　标杆企业发展情况

（1）从产业总体现状看

北京市数字经济各产业涉及的标杆企业数量分布情况呈现一定的集中性，主要分布于软件、数字媒体、信息技术服务、智能制造等行业。其中，软件开发企业数量最多，共 25 家，电信、广播电视和卫星传输服务企业 24 家，互联网相关服务企业为 19 家。软件与信息技术服务领域的快速发展，得益于北京市丰富的科研资源、高素质的人才储备以及完善的政策支持体系（见图 7.1）。建议从以下方面强化产业优势。其一，引导企业深化研发创新，聚焦基础软件、工业软件等关键领域开展技术攻关，构建产学研协同创新体系，通过政府引导、企业主导、高校与科研机构参与的多方合作模式，推动技术创新与产业升级；其二，完善人才梯队建设机制，通过专项培养计划与国际化引才政策双向发力，重点培育复合型技术骨干与领军人才，为产业发展提供持续的人才支撑；其三，支持企业加速云原生、低代码等新技术融合应用，推动软件产品服务向平台化、智能化方向迭代升级，持续增强核心技术自主可控能力，提升产业竞争力。

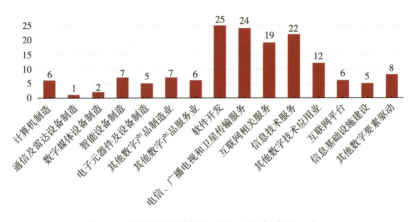

图 7.1　数字经济标杆企业产业分布情况（家）

（2）从地区分布看

北京市数字经济标杆企业主要集中在海淀区和朝阳区（见图 7.2），具体为海淀区 51 家，朝阳区 14 家，大兴区 6 家，西城区 5 家，石景山区、丰台区、昌平区、经济技术开发区各 4 家，门头沟区、顺义区各 2 家，通州区、延庆区、东城区、密云区各 1 家。从发展周期看，成立超过 10 年的企业占比75%。基于数据分析，北京市数字经济发展呈现三个结构性特征：其一，空间集聚效应突出。海淀区与朝阳区凭借密集的高校集群、国家级科研平台及成熟的产学研生态，形成数字经济创新策源地，头部企业总部与独角兽企业在此形成"双核联动"的产业高地。其二，产业主体呈现头部化趋势。超七成领军企业存续周期逾 10 年，印证了其通过技术壁垒构建、沉淀商业模式及深耕客户资源进而在产业链关键环节形成核心竞争优势，奠定了持续引领行业变革的韧性基础。其三，区域协同度亟待提升。近郊区域在数字基建配套、应用场景开放度，及产业链生态完整性方面存在明显落差，须通过差异化产业政策设计（如算力网络节点布局、特色园区载体建设）激活区域后发优势，推动形成"核心区技术溢出—外围区应用转化"的良性循环。

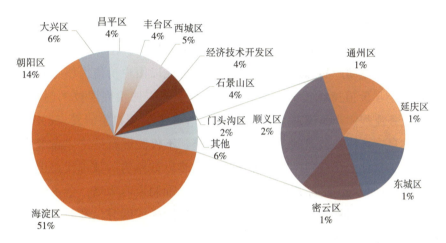

图 7.2　数字经济标杆企业所属区县分布

（3）从标杆企业数字创新能力看

在 100 家数字经济标杆企业中，累计获得专利超过 500 项的企业占比 14%，入选北京市高精尖百强企业的比例为 44%，入选北京市百强"专精特新"企业的比例为 36%。北京市已形成"量质并进"的技术创新基底，但仍有深化空间。一是须认识到专利申请量仅是创新能力的表层指标，更应聚焦核心技术的原创性与成果转化效率，通过建立技术验证机制、拓展市场化应用场景，切实提升专利对产业升级的牵引力。二是较高的高精尖百强比例显示了这些企业在技术水平和市场地位方面具备较强实力，其凭借技术沉淀与市场资源占据先发优势。这既凸显了首都数字经济的核心动能，也为产业链现代化提供了支撑，建议通过税收杠杆优化、国际技术合作通道建设等举措，进一步释放领军企业的生态辐射效应。三是针对入选百强"专精特新"企业名单的标杆企业，可探索产业链应用场景定向开放、技术适配型政府采购等政策工具，加速其技术优势向细分市场渗透，构建大中小企业协同创新的"雁阵格局"。

7.1.3.2 标杆企业发展特点

(1) 定制化能力与核心技术双轮驱动

在数字经济领域，企业要构建坚实且可持续的核心竞争壁垒，必须在高度重视定制化服务与快速研发迭代能力的基础上，实现二者的有机结合。一方面，企业应依托大数据分析、人工智能等技术手段，深度洞察用户多元化且动态变化的需求，进而形成精准化、差异化的服务机制。这种以用户为中心的服务模式能够有效提升用户体验，增强用户黏性和品牌认同，促使用户在企业生态体系中产生更高的忠诚度和复购率。同时，用户数据的持续积累与反馈还可以驱动产品和服务的持续优化，形成以用户价值为核心的增长飞轮，推动企业价值持续提升。另一方面，企业还应加快底层技术创新步伐，在自身业务流程、产品体系、平台架构等多个维度实现自主研发与迭代升级。通过建立自主可控的技术栈，强化专利壁垒，不仅能够有效支撑高水平的差异化服务，而且能在激烈的市场竞争中形成难以被模仿的技术代差优势。例如，通过专利布局、产品矩阵优化以及技术标准制定等策略，企业能够在细分市场中快速占据领先地位，实现市场份额的阶梯式跃升，推动商业模式进入良性循环和自我强化阶段。

以京东集团为例。京东集团以智能供应链系统作为核心竞争力，依托 AI 算法、物联网等前沿技术，构建了覆盖"需求预测—动态分仓—精准履约"全链路的数字化运营体系。京东的深度学习模型能够实时分析超过 10 亿级商品 SKU 的消费数据，通过区域化库存预置与无人仓智能调度，将家电等大件商品的配送时效缩短至 2 小时以内，缺货率降至 1.5% 以下，从而大幅提升供应链效率与客户满意。此外，京东还将自有供应链能力以"京东物流云"形式对外开放，为 3 万余家中小企业提供库存优化、物流成本降低等 SaaS 服务，帮助企业物流成本平均下降 20%。截至 2024 年，京东智能供应链相关专利数已超过 5 000 项，巩固了其作为零售数字化基础设施领导者的市场地位，实现了从自营电商向产业生态赋能的闭环跃迁。

奇安信科技依靠自主研发的动态权限控制系统"磐盾"，将设备指纹识别与环境风险评分有机结合，实现访问权限的秒级动态调整，有效阻断 99% 的凭证盗用攻击。目前该系统已覆盖 70% 的中央部委及 40 家大型银行，成为数字安全领域的重要防线。更为关键的是，奇安信积极主导零信任安全国家标准的制定，并通过布局 600 余项网络安全专利，确立了明显的技术领先优势。

2024 年，奇安信在国内主动防御市场占据 35%的份额，技术壁垒持续加深，市场竞争优势愈发凸显。

综上所述，数字经济时代企业的核心竞争壁垒，是在用户需求驱动下的精准服务能力与底层技术创新能力的协同产物。唯有通过定制化服务、研发迭代与专利壁垒构建的有效联动，企业才能实现细分市场的技术代差优势与市场主导地位的持续巩固，最终推动企业价值链的良性循环和稳健增长。

（2）人才战略引领技术迭代突破

在数字化浪潮持续深化的背景下，高素质人才日益成为驱动企业创新与实现可持续发展的核心战略资源。企业唯有高度重视人才梯队建设，持续引进和培养顶尖人才，方能组建具备前瞻性视野和强大创新能力的高效团队，从而为技术迭代、产品升级及业务拓展注入源源不断的动力。当前，数字经济企业的竞争，实质上已演变为包括人才资源在内的综合实力之争，谁能在人才储备、培养与激励机制等方面取得先机，谁就能在技术创新和产业升级的赛道上占据更为有利的位置。

以网易为代表的数字经济企业，深刻认识到人才在企业战略中的基础性地位。网易搭建了由 2 万余名技术人才组成的创新矩阵，其中，博士及行业领军人才比例高达 15%。如此庞大且高素质的人才队伍，不仅为企业各业务板块的快速发展提供了坚实支撑，也为其在前沿科技领域的探索和布局奠定了坚实基础。依托强大的专业化团队和科学的人才培养体系，网易在多个数字赛道均取得了显著成果。在游戏业务板块，网易成功打造《阴阳师》《逆水寒》等具有极高市场影响力和用户黏性的现象级游戏产品，实现了内容创新和商业价值的双重突破；在数字音乐领域，网易云音乐凭借优质的社区氛围和强大的原创音乐人生态，平台月活跃用户已突破 1.84 亿户，用户增长速度及留存率持续领先行业，入驻原创音乐人数量超过 40 万人，凸显了其"内容+社交"双轮驱动的创新能力；在智能教育板块，有道的全线产品月活跃用户已超 1.2 亿户，推动智能硬件、内容服务与人工智能技术的深度融合，形成了差异化的竞争优势。从网易的发展路径可以看出，企业通过构建完善的人才引进、培养、激励与晋升机制，营造鼓励创新、容错与开放的企业文化氛围，不仅能够推动核心技术的持续迭代，还能不断拓展新的业务边界，形成覆盖游戏、音乐、教育等赛道的数字生态竞争力。人才战略已成为企业稳固行业引领地位的关键基石，并为其在数字经济时代保持可持续竞争优势提供了坚实保障。

综上所述，在数字化转型加速、创新驱动日益突出的当下，企业唯有坚定实施人才优先战略，完善人才梯队储备和顶尖人才培育体系，才能在激烈的行业竞争中脱颖而出，实现技术创新、产品领先与生态布局的良性循环。网易以其高素质人才队伍建设，为数字经济企业的人才驱动发展模式提供了典范，也有力印证了人才战略对于行业引领力和可持续发展的决定性作用。

（3）生态协同重塑产业价值网络

在数字化驱动的经济环境下，企业通过跨领域协同与多元化经营策略，能够有效突破单一赛道的局限性，构建多维度的增长极，提升其抗风险能力。这一模式不仅有助于扩大企业的市场覆盖半径、拓展新的业务增长点，还能形成差异化的盈利结构，通过横向资源整合分散行业周期性波动所带来的经营压力。跨行业资源网络的深度整合，使企业能够在技术、渠道、数据等关键领域实现高水平的协同与耦合，突破传统业务边界，释放产业协同所蕴含的巨大价值，显著提升企业的战略韧性和创新能力，同时也能加速数字经济生态系统的协同演进。

事实上，跨界协作和多元化布局已成为大型数字经济企业打造可持续增长动力的重要路径。以京东为例，依托自身强大的智能供应链体系，其积极与制造业、农业等实体产业展开深度合作，通过数字化工具为产业链上下游企业赋能。一方面，京东构建了涵盖供应链管理、采购、销售等环节的数字化解决方案，助力传统企业提升运营效率与资源配置能力。例如，其工业品采购平台已服务超过5 000家大型企业客户，覆盖能源、交通等重资产行业，有效提升了企业采购的透明度和效率，降低了管理与流通成本。另一方面，京东通过开放自身的技术、平台和物流能力，与合作伙伴共享数据资源与渠道优势，实现产业链的高效协同和创新发展，为传统行业的数字化转型提供了坚实支撑。

金山云也积极推动跨界资源整合，通过"云+行业"创新解决方案，深入布局政务、医疗、金融等关键领域。其智慧城市项目已在30多个城市成功落地，推动城市治理、公共服务、医疗健康等领域数字化升级。例如，在政务领域，金山云提供的数据中台和智能分析系统显著提升了政府部门的业务协同与决策效率；在医疗领域，金山云构建的智能医疗平台促进了医疗数据的互联互通和智能诊断服务的发展。在金融行业，金山云通过分布式云架构和高等级安全防护，助力金融机构实现业务创新和合规运营。这些跨界联动举措不仅优化了金山云自身的业务结构，拓展了服务半径，还通过技术外溢效应，显著加速了行业整体的数字化进程和生态转型。

总体而言，企业通过跨领域协同与多元化经营策略，能够在增强自身核心竞争力的同时激活产业链上下游的协同创新潜力，并以资源整合和技术外溢推动传统行业的转型升级。这种多元、开放、协同的发展模式，既提升了企业面对复杂经济环境时的韧性与适应性，也为数字经济生态的健康、可持续发展注入了新动能。未来，随着跨界资源整合的持续深化，企业将在多元赛道上不断培育新的增长极，实现生态共赢与价值协同的良性循环。

（4）全球资源配置构建数字技术渗透新范式

在数字经济浪潮席卷全球的大环境下，构建全球化战略框架已经成为数字经济体，获取持久发展动能和核心竞争力的关键路径。全球资源配置能力的提升，不仅使企业能够把握新兴市场的增长机遇，捕捉行业结构性变化带来的优势，有效分散单一区域或单一市场的系统性风险，还为企业塑造参与国际竞争的战略纵深提供了坚实基础。通过多区域、多层次的市场布局，企业能够提升自身应对外部环境变化的能力，从而在全球复杂多变的市场环境中立于不败之地。全球化战略的实施还可极大提升企业品牌的国际认知度。企业在全球范围内推动技术、产品和服务体系的标准化与输出，实现数字技术、知识产权、数据资源等要素的跨境流动与高效整合。这不仅能加速数字技术在全球产业链中的深度渗透，也能推动数字经济价值链的国际化协同与重构，助力企业实现由本土市场向全球市场的高阶跃迁。同时，全球化战略有助于企业在海外建立本地化运营中心和研发网络，使之更好地理解与响应不同市场的用户需求和政策环境，推动产品和服务的本地化创新，进一步增强市场竞争力和品牌影响力。

以完美世界为例，其全球化战略实践充分印证了数字文化产业在国际拓展中的有效路径。依托强大的研发实力和国际化团队，完美世界成功实现《幻塔》《诛仙》等多款自主研发的游戏产品在全球多平台的同步发行。尤为突出的是，《幻塔》主机版本在国际市场表现卓越，首日即跻身日本、韩国、美国、德国、法国等国家和地区新游畅销榜前三，次日便登顶并连续多日稳居前五，展现出极强的产品竞争力和用户吸引力。通过不断完善全球运营网络，完美世界已在北美、欧洲、东南亚等核心市场设立本地化运营中心，推动产品、渠道、服务等环节的全球资源优化配置，实现了对区域文化差异和用户体验需求的精准响应。在收入结构方面，近年来，完美世界海外市场收入占比持续提升，2024 年已达到 35%，充分体现了其海外市场的拓展能力和全球业务布局的战略成效。目前，完美世界已经构建起覆盖全球 20 多个国家的研发—发行网络，积极探索"研—运—发"一体化的全球协同创新模式。这一网络不仅将全球优质研发资源与本地市场需求深度对接，而且实现产品创新、技术输出、市场运营的高效联动，有效提升了数字文化产业链的全球协同创新能力。通过这一战略，完美世界持续引领数字文化产业在全球范围内的创新发展潮流，成为中国数字经济企业"走出去"的典范。

综上所述，全球化战略框架的构建已成为数字经济企业实现可持续高质量发展的必由之路。企业通过全球资源整合、多区域协同、跨境技术与服务输出，不仅能有效分散风险、提升全球运营弹性，还能在国际产业链重构中把握主动权，推动数字经济价值链的国际协同升级。以完美世界为代表的中国企业，通过全球化战略的深入实施，既实现自身的跨越式发展，也为数字文化产业的全球创新格局提供有力支撑和经验借鉴。

北京市数字经济标杆企业在推动首都经济转型升级，打造全球数字经济标杆城市中发挥着至关重要的作用。通过对其发展情况与特点的深入分析，可以发现这些企业在产业分布、地区分布与发展周期、数字创新能力等方面呈现显著的特征。同时，这些企业在定制化能力与核心技术双轮驱动，人才战略引领技术迭代突破，生态协同重塑产业价值网络，以及全球资源配置构建数字技术渗透新范式等方面展现出独特的发展模式。未来，北京市应继续加强政策支持与引导，优化产业生态环境，推动数字经济标杆企业进一步提升创新能力与核心竞争力，为首都经济的高质量发展提供持续动力。

7.2　北京市数字产业创新布局

7.2.1　数字技术专利低端重复

从数字技术专利的数量看，在图 7.3 中，2019—2024 年，北京市数字技术专利授权量呈稳步增长态势。北京市数字技术专利授权量从 36 679 项增长到 89 892 项，增幅为 53 213 项，增长了 145.08%。其中，2020 年至 2021 年增速最快，达到 29.41%。其次是 2022—2023 年，为 27.16%。由此可见，新冠疫情虽然导致工厂停产，实体经济发展受阻，但也在一定程度上倒逼北京市数字技术的发展。线上办公、大数据监管等需求，促进了北京市数字技术专利授权量的提升。

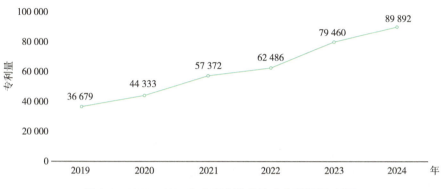

图 7.3　2019—2024 年北京市数字技术专利授权（项）

从数字技术专利的价值看，为评估北京市数字技术专利的价值度，本报告基于中国科学院文献情报中心提出的专利价值评价指标体系，从技术价值、市场价值、权利价值等三个方面对专利进行综合评价。指标体系如表 7.1 所示。

表 7.1　北京市数字技术专利价值评价指标体系

一级指标	二级指标	计算方法
技术价值	技术生命周期	引证专利技术年龄中位数
	技术应用范围	IPC 数量
	技术关联性	引用专利数量
	科学关联性	引用科学论文数量
	权利要求数量	专利授权公开文件
	同族专利数量	专利族数量
市场价值	市场需求量	收益法模型计算
	专利产品市场占有率	收益法模型计算
	专利产品市场竞争程度	收益法模型计算

续表

一级指标	二级指标	计算方法
市场价值	剩余经济寿命	收益法模型计算
	专利技术可替代程度	收益法模型计算
权利价值	专利剩余有效期	专利信息数据库
	专利许可实施	专利信息数据库
	专利侵权诉讼	专利信息数据库
	专利无效诉讼	专利信息数据库

基于静态视角（见图7.4、图7.5、图7.6），2024年北京市数字技术专利价值度集中在51~60分，整体右偏分布，90分以上的高价值数字技术专利相对较少，表明北京市数字技术专利价值度低，附加值低，存在低端锁定风险。基于动态视角，2022—2024年价值度高于60分的专利数量总和分别为22 026项、23 934项、19 595项，而高于90分的高质量专利数量分别为1 000项、936项、535项，表明北京市数字技术专利价值度呈现降低的趋势。

综合北京市数字技术专利授权量和北京数字技术专利价值度的演化情况看，北京数字技术专利申请量不断提升，但专利价值度却在下降，表明北京市数字技术研发存在着低端重复问题，对核心技术的研发存在严重不足。R&D更多聚焦于低价值领域，对北京市数字经济发展的赋能作用相对有限。

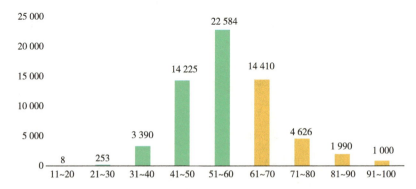

图7.4　2022年北京市数字技术专利价值度演化（项）

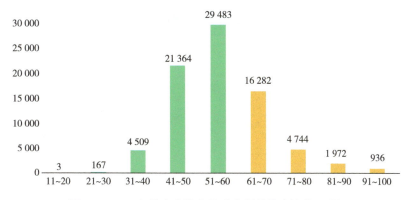

图 7.5　2023 年北京市数字技术专利价值度演化（项）

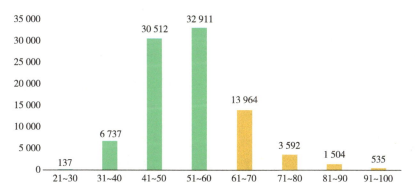

图 7.6　2024 年北京市数字技术专利价值度演化情况（项）

7.2.2　数字技术专利区域分布不均

基于静态视角，从表 7.2 可知，2024 年，北京市数字技术专利各区分布严重不均衡。海淀区、朝阳区、西城区等传统城区发展较好，环河北地区发展严重不足。海淀区数字技术专利授权量为 44 061 项，处于绝对领先地位。朝阳区获得 11 611 项，属于第二梯队。西城区、通州区分别为 9 489 项和4 169 项，处于数字技术专利区域分布的第三梯队。而延庆区的表现相对落后，2024 年仅获得 120 项数字技术专利授权。

表7.2　2022—2024年北京市数字技术专利授权数各区分布　（单位：项）

区	2022年	2023年	2024年
海淀区	34 351	42 134	44 061
朝阳区	8 780	10 116	11 611
西城区	5 294	8 066	9 489
通州区	1 086	1 939	4 169
大兴区	2 291	3 256	4 163
丰台区	2 467	3 276	3 678
昌平区	2 377	2 794	3 692
东城区	2 139	2 611	3 252
石景山区	1 799	2 462	2 199
顺义区	669	1 011	1 225
怀柔区	401	569	644
房山区	415	442	606
平谷区	93	274	406
门头沟区	190	248	333
密云区	62	162	244
延庆区	66	100	120

　　基于动态视角，从2022—2024年数字技术专利各区分布演化情况看，海淀区、朝阳区、西城区等传统优势区影响力呈现稳步提升趋势，通州区和大兴区的竞争力则在大幅提升。值得注意的是，得益于"副中心"建设，通州区的数字技术专利数量发展迅速，从2022年的1 086项迅速增长到2024年的4 169项。这表明北京市充分贯彻新发展理念，努力协调各区数字技术发展，数字技术专利区域分布虽仍然不均衡，但情况正不断得到改善。但是，密云区、延庆区等经济相对落后的区数字技术发展仍然亟需提升，环河北地区的各区数字技术发展总体而言仍然相对落后。综合北京市数字技术专利各区分布的静态形势与动态趋势看，数字技术水平与区域经济发展存在高度一致性，即经济发达地区的数字技术水平相对较高。

7.2.3　数字技术产业链集中于下游

对于产业链分布，基于静态视角，从图 7.7 中可以看出，2024 年，北京市数字技术产业链主要集中在数字技术应用业，尤其以其他数字要素驱动业为主，专利授权数达到 27 008 项。接下来为软件开发业、电子元器件及设备制造业。数字相关服务业发展则存在不足，互联网平台类专利仅有 99 项。由于数字技术产业链依据场景可以分为上游的数字设备制造，中游的大数据平台及中台，下游的多行业多端应用。由此可见，北京市数字技术主要分布于产业链下游。

图 7.7　2024 年北京市数字技术产业链分布（项）

基于动态视角，如图 7.8 所示，从 2022—2024 年北京市数字技术产业链分布演化情况看，数字技术应用业占据主导地位，并不断提升影响力，数字相关服务业发展则持续落后。总体而言，北京市数字技术产业集中于下游，并且在数字技术产业链下游的影响力不断提升。

对于技术关键词，基于静态视角，从 2024 年北京市数字技术专利地图聚类的关键词看，处理器、传感器、区块链等细分技术领域成为关注热点。基于动态视角，综合图 7.9、图 7.10 和图 7.11，从 2022—2024 年专利地图聚类的关键词演化趋势看，细分技术领域在不断增多，数字技术逐步呈现专业化、精细化的发展趋势。传感器与区块链一直出现在专利地图中，说明北京市在这两个细分领域具有一定影响力。

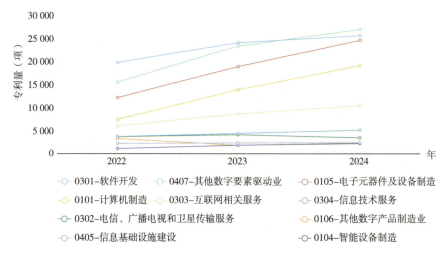

图7.8　2022—2024年北京市数字技术产业链分布演化

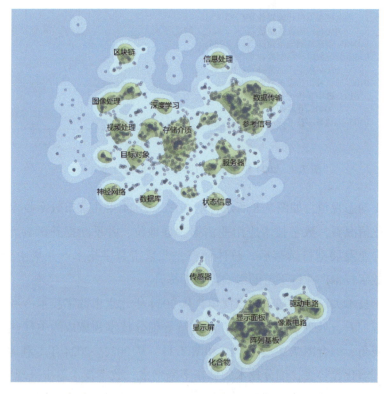

图7.9　2022年北京市数字技术专利地图

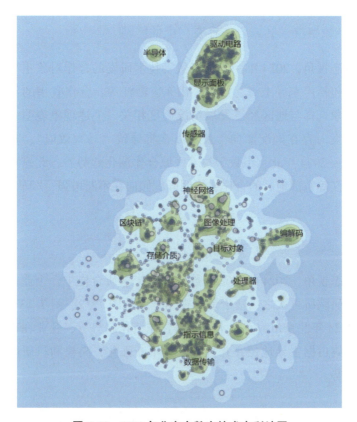

图 7.10　2023 年北京市数字技术专利地图

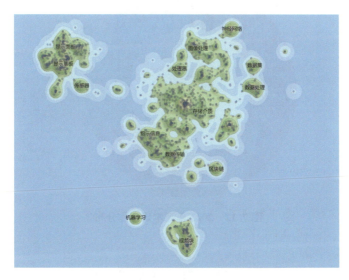

图 7.11　2024 年北京市数字技术专利地图

7.2.4　数字技术区域合作存在同配性问题

基于静态视角，2024 年，北京市数字技术研发的合作对象主要位于东部沿海地区，包括广东、上海、江苏、山东、浙江等，合作省市的经济相对发达。合作对象选择与地区经济发展情况高度相关。上述现象表明北京市数字技术合作研发时存在同配倾向，长此以往将导致"马太效应"；基于动态视角，从 2022—2024 年北京市数字技术区域合作演化趋势看，北京市逐渐增强与广东、浙江等东部地区的合作，表明同配倾向在不断增强，"马太效应"进一步加剧。

7.2.5　数字技术产学研合作主体地位不均

基于静态视角，2024 年北京市数字技术产学研合作中，企业占主导，高校次之，科研院所再次之；基于动态视角，综合图 7.12、图 7.13 和图 7.14，从 2022—2024 年北京市数字技术产学研合作演化趋势看，企业在产学研合作中的地位始终占据主导地位，并且影响力不断强化，高校和科研院所的地位均呈下降趋势。

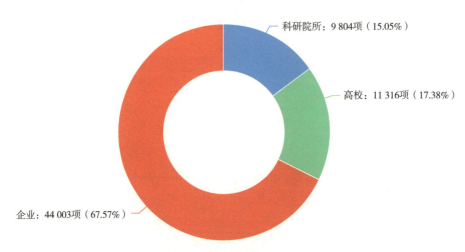

科研院所：9 804项（15.05%）

高校：11 316项（17.38%）

企业：44 003项（67.57%）

图 7.12　2022 年产学研合作分布

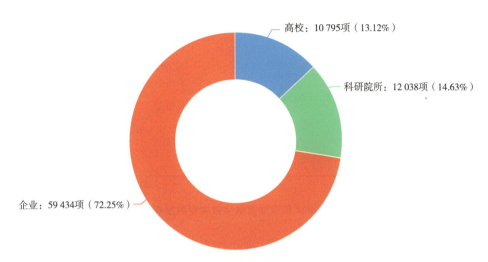

高校：10 795项（13.12%）

科研院所：12 038项（14.63%）

企业：59 434项（72.25%）

图 7.13　2023 年产学研合作分布

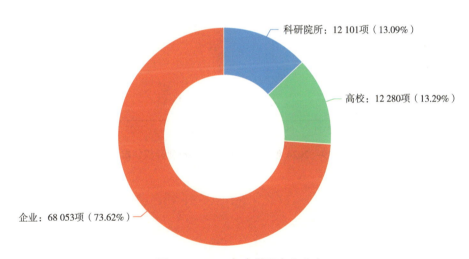

科研院所：12 101项（13.09%）

高校：12 280项（13.29%）

企业：68 053项（73.62%）

图 7.14　2024 年产学研合作分布

7.2.6　中国重点区域数字技术发展对比分析

综合图 7.15、图 7.16 与图 7.17 可以看出，三个地区的数字技术专利授权量均在稳步增长。其中，长三角地区专利授权总量最多，并且增速最快。

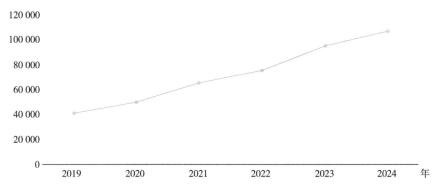

图7.15　2019—2024年京津冀数字技术专利授权情况（项）

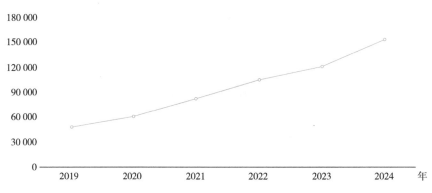

图7.16　2019—2024年长三角数字技术专利授权情况（项）

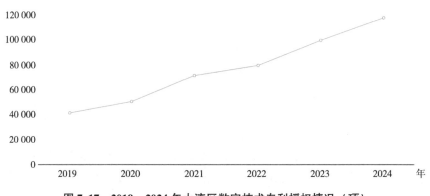

图7.17　2019—2024年大湾区数字技术专利授权情况（项）

　　根据图 7.18、图 7.19 与图 7.20，京津冀和大湾区的数字技术专利价值多数集中在 51～60 区间，长三角的数字技术专利价值则集中在 41～50 区间，表明我国重点区域的数字技术专利价值水平普遍较低；大湾区高价值专利数最多，长三角低价值专利数最多；相比较而言，大湾区数字技术在中高水平段的数量最多。

　　根据图 7.21、图 7.22 与图 7.23，京津冀以数字技术应用业为主，大湾区与长三角地区则集中在数字产品制造业。三个地区的数字产品服务业均有待提升，京津冀的数字产品服务业在三个地区中相对最高。

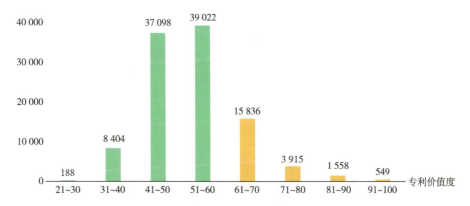

图 7.18　2024 年京津冀数字技术专利价值度（项）

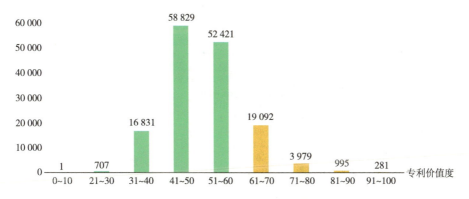

图 7.19　2024 年长三角数字技术专利价值度（项）

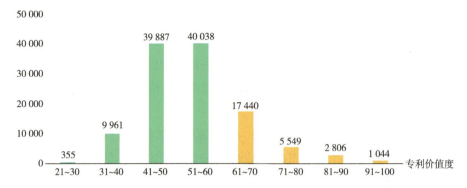

图7.20　2024年大湾区数字技术专利价值度（项）

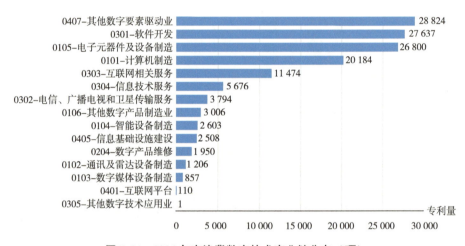

图7.21　2024年京津冀数字技术产业链分布（项）

图7.22　2024年长三角数字技术产业链分布（项）

图 7.23　2024 年大湾区数字技术产业链分布（项）

7.3　北京市的全球数字创新能力

7.3.1　全球数字技术创新城市的排名情况

如表 7.3 所示，北京市的科技创新综合实力位列全球第三位，其科学引文索引（SCI）和科技会议录引文索引（CPCI）论文总量蝉联全球榜首。这一成绩不仅彰显了北京市在全球创新领域的核心地位，也凸显了其在科技创新发展中的巨大潜能。北京市的科技创新成就源于其作为首都的高水平人才枢纽的战略支撑。北京市聚集了全国乃至全球最优秀的科技人才资源，高校和科研院所云集，形成了强大的人才聚集效应。在人工智能、量子计算、区块链等战略必争领域，北京市已经构建起梯式式的人才储备体系。这些领域是当今科技发展的前沿和关键，北京市在这些领域的领先地位，为数字创新的快速发展提供了坚实保障。北京市的高校和科研院所不仅是人才培养的摇篮，也是科技创新的重要源头。众多顶尖高校和科研机构吸引了大量优秀的科研人才，他们在这里开展前沿性的研究工作，不断取得突破性成果。这些成果不仅在学术领域获得了高度认可，也在实际应用中展现出强大的生命力。为北京市的产业升级和经济结构调整提供了强大动力。例如，人工智能技术的应用推动了智能制造、智能交通等领域的发展，提高了生产效率和生活质量；量子计算技术的研究为未来的高性能计算提供了新的思路和方法，有望在材料科学、药物研发等领域带来重大突破；区块链技术的应用则为金融行业的创新发展提供了新的机遇，推动了金融服务的数字化转型。

表7.3 全球数字技术创新城市的排名情况

城市（都市圈）	国家	国际科技创新中心指数综合排名	创新成果排名（SCI、CPCI论文总数）		创新成效排名（2024年SCI、CPCI论文同比增速）		创新主体排名（全球AI百强孵化率）	
			篇数	排序	同比增速	排序	（孵化率%）	排序
旧金山-圣何塞	美国	1	10 307	10	0.017	6	13	1
纽约	美国	2	25 444	6	−0.332	10	4	3
北京	中国	3	156 969	1	0.109	3	2	5
波士顿	美国	4	25 520	5	−0.306	9	3	4
伦敦	英国	5	35 788	4	−0.256	8	6	2
粤港澳大湾区	中国	6	109 796	2	0.152	1	0	—
上海	中国	7	79 860	3	0.133	2	0	—
巴黎	法国	8	19 021	9	0.035	4	3	4
东京	日本	9	23 804	7	−0.161	7	0	—
巴尔的摩-华盛顿	美国	10	21 527	8	0.034	5		

资料来源：国际科技创新中心指数综合排名来源于《国际科技创新中心指数2024》、清华大学产业发展与环境治理研究中心；创新成果排名基于2024年全球SCI、CPCI论文数量，创新成效排名基于全球SCI、CPCI论文数量，由笔者计算2024年同比增量后得出；创新主体排名根据2024年CBInsights发布的全球AI100榜单，计算各城市的孵化率得出。

　　尽管北京市在全球数字创新版图中占据显著优势，但其发展仍面临诸多挑战和问题。北京市的创新成效在10大城市中排名第三，同比上升了10.9%。这一成绩虽然值得肯定，但也反映出北京市在数字技术基础研究领域的产出效率和学术影响力仍有提升空间。具体而言，北京市在基础研究的深度和广度上还需进一步拓展，以确保其在全球创新领域的领先地位。在创新主体培育方面，北京市也面临一些亟待解决的问题。尽管北京市拥有丰富的科研资源和人才储备，但在全球 AI 独角兽企业的数量上却落后于纽约、波士顿等国外城市。数据显示，北京市的 AI 独角兽企业孵化率仅为 2%，这一比例远低于一些国际创新城市。这表明北京市在将科研成果转化为商业价值方面还存在不足，创新生态系统的完善程度有待提高。为了巩固基础研究的优势并提升创新效率，北京市需要进一步健全政产学研深度融合的创新体系。这意味着要加强政府、高校、科研机构和企业之间的合作，打破信息壁垒，实现资源共享和优势互补，通过建立更加高效的协同创新机制，加快科技成果转化应用，打通从基础研究到技术开发再到产业化的全链条，从而实现创新成果的快速落地和商业化。同时，北京市还需要全方位优化创新创业环境，完善政策扶持和服务体系。政府应加大对创新创业的支持力度，出台更具针对性的政策，为创新企业提供更多的便利和优惠。此外，北京市还应加大科技金融支持力度，通过设立专项基金、提供风险投资等方式，助力更多数字经济"独角兽"和"隐形冠军"企业做大做强。这些企业不仅是北京市创新生态的重要组成部分，而且是引领产业变革、塑造发展新动能的中坚力量。总之，北京市在全球数字创新领域虽然已经取得了显著成就，但仍应在创新效率提升和创新主体培育方面加大力度。通过进一步完善创新体系，优化创新创业环境，加强科技金融支持，北京市有望在未来的全球创新竞争中继续保持领先地位，为我国的科技创新和经济发展做出更大贡献。

7.3.2　北京市在全球六大数字技术创新领域的发展情况

世界经济论坛发布的《2023 年十大新兴技术》报告（*Top10 Emerging Technologies of 2023*）揭示了在未来 3~5 年内将对全球产生深远影响的十大新兴技术，统计与数字技术相关的六个维度进行搜索、计算和分析，包括：柔性电池（flexible batteries）、生成式人工智能（generative artificial intelligence）、改善心理健康的元宇宙（metaverse for mental health）、可穿戴植物传感器（wearable plant sensors）、可持续计算（sustainable computing）、人工智能辅助医疗（AI-facilitated healthcare）。

　　表7.4系统梳理了2024年全球各主要城市在六大数字新兴技术领域①的学术论文产出情况。数据表明,不同城市在各技术方向上的表现各有侧重,不仅体现了全球科研力量的多样性和互补性,也反映了各地区在科技创新领域的独特优势和发展重点。这种多样化的科研格局为全球数字技术的发展提供了丰富的动力和资源。北京市在多个数字新兴技术领域继续保持领先地位,尤其是在柔性电池、可持续计算和人工智能辅助医疗方面,其SCI和CPCI论文发表数量在全球范围内名列前茅。这一成就不仅展示了北京市在数字技术基础研究领域的深厚实力,也凸显了其在高等教育和科研资源方面的高度集聚效应。北京市作为中国的首都,拥有众多顶尖高校和科研机构。这些高校和科研机构通过持续加大学科交叉融合的力度,构建了"基础研究+技术攻关+成果转化"的全链条创新体系。在柔性电池领域,北京市的科研团队通过材料科学与工程学的交叉研究,突破了电池性能和柔韧性之间的平衡难题,为可穿戴设备和柔性电子产品的开发提供了关键技术支持。在可持续计算领域,北京市的学者致力于开发低能耗、高效率的计算架构,推动数据中心的绿色转型,为全球可持续发展目标贡献智慧。在人工智能辅助医疗方面,北京市的高校和科研机构通过与医疗机构的深度合作,开发了一系列智能诊断系统和医疗辅助工具,显著提高了医疗服务的效率和准确性。这些成果的涌现,得益于北京市高校和科研机构在人才培养、科研创新和成果转化方面的全方位布局。通过跨学科合作,高校不仅培养了大量复合型人才,还推动了科研成果从实验室走向市场,形成了良好的创新生态。北京市的科研实力和创新活力,使其在全球数字新兴技术领域中占据了重要地位,成为推动全球科技进步的重要力量。

---

　　①　世界经济论坛发布的《2023年十大新兴技术》报告(*Top*10 *Emerging Technologies of* 2023)指出,在未来三到五年内将对全球产生深远影响的十大新兴技术为柔性电池(flexible batteries)、生成式人工智能(generative artificial intelligence)、改善心理健康的元宇宙(metaverse for mental health)、可穿戴植物传感器(wearable plant sensors)、、可持续计算(sustainable computing)、人工智能辅助医疗(AI-facilitated healthcare)、可持续航空燃料(sustainable aviation fuel)、工程噬菌体(designer phages)、空间组学(spatial omics)和柔性神经电子学(flexible neural electronics),其中与数字经济相关的为前六项技术。

表 7.4　2024 年与数字技术相关的六大新兴技术论文发表情况

城市	国家/地区	柔性电池排名（SCI、CPCI论文总数）		生成式人工智能排名（SCI、CPCI论文总数）		改善心理健康的元宇宙排名（SCI、CPCI论文总数）		可穿戴植物传感器排名（SCI、CPCI论文总数）		可持续计算排名（SCI、CPCI论文总数）		人工智能辅助医疗排名（SCI、CPCI论文总数）	
		篇数	排序	篇数	排序	篇数	排序	篇数	排序	篇数	排序	篇数	排序
旧金山-圣何塞	美国	4	6	20	9	1	10	1	3	4	10	35	8
纽约	美国	3	7	63	3	5	6	0	4	11	6	102	3
北京	中国	173	1	116	2	83	2	7	1	78	1	71	6
波士顿	美国	1	4	45	6	4	7	0	4	9	8	120	2
伦敦	英国	9	4	56	5	18	4	0	4	24	4	148	1
粤港澳大湾区	中国	219	2	121	1	112	1	0	4	52	2	81	4
上海	中国	159	3	59	4	26	3	0	4	14	5	50	7
巴黎	法国	2	8	16	10		5	0	4	35	3	43	9
东京	日本	6	5	25	8	6	5	0	4	9	8	28	10
巴尔的摩-华盛顿	美国	2	8	27	7	3	5	0	4	10	7	78	5

资料来源：由笔者整理而成。各数字技术领域排名基于 2024 年全球 SCI，CPCI 论文数量。

　　然而，尽管北京市在数字技术创新领域取得了显著成就，但在部分关键领域仍有待进一步提升。例如，在人工智能辅助医疗这一极具潜力的交叉学科领域，尽管北京市的论文产出量在 2024 年有所增加，但其在全球排名中仍然只位于第六位。这一现状表明，北京市在数字技术与医疗深度融合的领域还需要加大投入和创新力度，进一步提升研究深度和广度。对标国际一流创新城市，北京市在论文质量、高被引论文占比等方面仍有提升空间。虽然北京市在论文数量上表现突出，但在学术影响力的体现上，如在高被引论文比例、国际学术会议的主导权等方面，仍应进一步加强。这不仅是提升北京市在全球科研领域话语权的关键，也是推动北京市从科研高地迈向科研高峰的重要一步。建设具有全球影响力的科技创新中心，是北京市的历史使命和战略目标。为此，北京市将致力于在数字技术创新这一未来发展制高点抢占先机，通过加强基础研究、推动学科交叉融合、优化创新生态等方面的措施，为建设网络强国、数字中国、智慧社会提供强大的创新动能和战略支撑。北京市将通过一系列具体措施实现上述目标。一方面，加大对基础研究的投入，鼓励科研人员开展前沿性、原创性研究，提升论文质量和学术影响力；另一方面，加强与全球顶尖科研机构和企业的合作，吸引国际高端人才，提升北京市在全球创新网络中的地位。同时，北京市还将进一步优化创新创业环境，完善政策扶持和服务体系，推动科技成果转化，助力更多创新型企业成长壮大。通过这些努力，北京市不仅将推动自身成为全球创新网络的重要力量和引领世界创新的新引擎，还将为国家发展和民生改善提供强有力的支持，为全球科技创新贡献更多"北京智慧"和"北京方案"。

7.3.2.1　柔性电池

柔性电池凭借其独特的可弯曲、可折叠、可编织、可穿戴和/或可拉伸的特性，正在改变可穿戴设备和医疗监测领域的发展格局。这些电池能够无缝集成到各种复杂的可穿戴医疗设备和生物医学传感器中。例如，智能绷带、健康监测手环、柔性电子皮肤等，还可以应用于柔性显示器和智能手表等消费电子产品。借助柔性电池的稳定供电，与健康相关的应用程序可以将患者的生命体征数据如心率、血压、血糖、体温等，通过无线网络实时传输给医疗保健提供者。这种远程患者监控方式极大地提高了医疗服务的便捷性和效率，让医护人员能够及时掌握患者的健康状况，提前发现潜在问题并进行干预，为患者提供更加精准、个性化的医疗护理，同时也为慢性病患者和老年人的健康管理带来了极大的便利，推动了医疗健康领域的智能化发展。

如图7.24所示，北京市在柔性电池领域的学术论文产出保持全球领先，这一成就得益于北京市强大的科研基础和政策支持。北京市始终将前沿技术的基础研究作为发展的重点，致力于建立一个具有国际影响力的创新中心。例如，中国科学院物理研究所针对柔性电池研发中的挑战，如可穿戴设备对电池柔韧性的需求，开发了新型的可穿戴双极型可充铝电池。这种创新设计不仅提升了电池的能量密度，还增强了其柔韧性，为柔性电池的发展提供了新的方向。通过材料体系创新、界面优化、器件结构设计等，北京市在柔性电池领域取得了显著的研究成果，并在国际顶级期刊上发表了多篇高水平论文，为中国在柔性电池领域的技术领先地位奠定了基础。此外，北京市还积极推动柔性电池领域的产学研合作，加速科技成果的产业化。在政策的推动下，北京市利用中关村等创新集群的技术优势和产业化基础，促进柔性电池技术与多个行业的深度融合，展现了北京市在柔性电池领域实现产业链和价值链提升的创新实力。

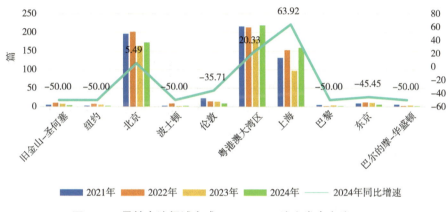

图 7.24 柔性电池领域全球 SCI，CPCI 论文发表占比（%）

然而，尽管北京市在柔性电池领域具有明显优势，但从 2024 年的同比增速看，北京市的论文产出增长仅为 5.49%，在 10 大城市群中排名第三，表明北京市在柔性电池领域的创新动力有所减弱。为了巩固和扩大这一领域的领先地位，北京市需要进一步加大政策支持力度，加快构建一个协同高效的区域创新体系。同时，北京市应完善政产学研用的深度融合机制，建立开放共享的创新平台，促进科技、资本、人才等创新要素的高效流动，打通从基础研究到技术开发再到成果转化和产业发展的整个链条。另外，北京市还应加强知识产权保护，营造良好的创新环境，激发企业在柔性电池技术创新中的内在动力。

7.3.2.2 生成式人工智能

生成式人工智能是一种极具创新性的新型人工智能技术，通过深度学习大规模数据集，能够生成全新的原创内容。这种技术基于复杂的算法、先进的模型和严谨的规则，可以生成文本、图片、声音、视频、代码等形式的内容。自 2023 年以来，以 ChatGPT 为代表的生成式人工智能迅速成为全球科技领域的热点话题。它不仅为人类的生活带来了前所未有的便利，还在生产方式上引发了变革，提高了工作效率和质量。更为重要的是，生成式人工智能为各个行业的创新和发展提供了强大的工具和全新的视角。从医疗行业的智能诊断到金融领域的风险预测，从制造业的智能设计到文化创意产业的内容创作，都展现了巨大的潜力和价值。生成式人工智能的出现，标志着人工智能技术从简单的任务执行向更高级的创造性工作迈进，为人类社会的未来发展开辟了广阔的可能性。

如图 7.25 所示，北京市在生成式人工智能领域表现卓越，连续多年在全球范围内领先。这一成就与北京市深厚的学术基础和研究实力密切相关。例如，清华大学环境学院在人工智能赋能教育实践中，构建了环境学科人工智能引擎，打造三层解耦架构并开发了跨学科的知识体系，为高校开展人工智能教育赋能提供了实践范式，对推动高等教育深化改革与高质量发展具有重要借鉴意义。这一项目不仅体现了北京市在生成式人工智能领域的创新能力，也显示了在该领域的领导地位。

图 7.25　生成式人工智能领域全球 SCI、CPCI 论文发表占比（%）

然而，北京市在生成式人工智能领域的发展也面临着一些挑战。从论文增长速度看，北京市在 2024 年的同比增长率为 169.77%，在所列城市中排名第八，表明在全球技术竞争日益激烈的背景下，北京市的领先地位并非不可动摇。此外，生成式人工智能在伦理、安全和知识产权等方面还存在不少问题，对科技监管提出了新的挑战。为了应对这些挑战，北京市需要在未来的发展中采取一系列措施。首先，北京市应该继续在前沿技术领域进行前瞻性的布局，并加快完善相关的法律法规和伦理标准。其次，探索更加开放和审慎的监管政策，以促进生成式人工智能在可控的环境中快速发展和升级。此外，北京市应该利用其在科技、教育和文化领域的优势，加强基础理论的研究，突破关键算法的瓶颈，从而掌握技术创新的主动权。最后，建立跨学科的合作平台，整合技术、应用场景、数据和实际应用，以加速研究成果的产业化和市场化进程。通过这些措施，北京市可以进一步巩固其在全球生成式人工智能领域的领先地位。

7.3.2.3　改善心理健康的元宇宙

元宇宙是一个极具创新性和潜力的、可扩展且基于数据的三维虚拟空间，能够与现实世界实时同步，并创造出具有强烈物理存在感的虚拟体验。借助高度沉浸式的虚拟环境，元宇宙为心理健康干预提供了一个独特且高效的平台。用户可以完全沉浸在虚拟场景中，仿佛置身真实的环境，从而可更有效地应对各种心理问题，如焦虑、抑郁、创伤后应激障碍等。在虚拟世界中，用户可以安全地面对和处理内心的恐惧与挑战，而不用担心现实中的风险和压力。同时，元宇宙还可借助人工智能和大数据技术，根据用户的生理和行为数据，为每个人提供高度个性化的心理健康治疗方案。通过分析用户在虚拟环境中的互动、反应以及生理指标（如心率、皮肤电导等），元宇宙能够实时调整干预策略，确保治疗方案精准贴合用户的需求。

如图 7.26 所示，2021—2024 年，北京市在改善心理健康的元宇宙领域呈现爆发式增长。这一成就得益于北京市在医疗健康领域的政策引导和产业布

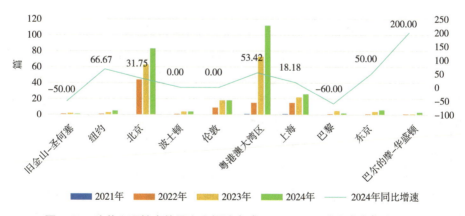

图 7.26　改善心理健康的元宇宙领域全球 SCI，CPCI 论文发表占比（%）

局。在政策利好的推动下，众多互联网医疗企业纷纷布局元宇宙场景应用。例如，环球墨非将元宇宙和人工智能技术与传统的中西医疗方法相结合，积极探索研究人员、医疗从业者和患者利用这些技术，整合预防保健和多种治疗方法中的巨大潜力。与此同时，北京市还积极搭建全民健身元宇宙场景，基于区块链和虚幻引擎技术，发行全民健身数字藏品，并完善了健身瑜伽、健身气功等 AI 智能比赛系统，实现了实时交互式体验和智能评分。

利用元宇宙改善心理健康在技术成熟度、用户接受度等层面还有很大完善空间。从 2024 年论文增速看，北京市同比增长 31.75%，处于第五位，一定程度上反映了相关研究有所放缓。对此，北京市应聚焦元宇宙医疗的关键领域，通过技术创新、伦理规范、人才培养和产业生态建设等维度措施，推动元宇宙医疗的高质量发展。首先，北京市应加大在元宇宙医疗技术创新方面的投入，重点突破虚拟现实（VR）、增强现实（AR）等技术在医疗诊断、康复治疗中的应用瓶颈，开发高精度、沉浸式的虚拟医疗设备和系统，提升医疗服务的精准性和高效性。其次，为应对元宇宙医疗带来的伦理挑战，北京市应建立完善的伦理审查机制，设立专门的伦理委员会，加强对元宇宙医疗应用的伦理监管，确保医疗行为符合伦理原则，同时强化数据安全与隐私保护，防止患者信息泄露和数据滥用。最后，北京市应完善元宇宙医疗产业生态，打造产业园区或创新基地，吸引相关企业集聚发展，形成完整的产业链条，并通过举办国际论坛、研讨会等活动，促进国内外合作与交流，提升北京市在该领域的国际影响力。

7.3.2.4 可穿戴植物传感器

可穿戴植物传感器是一种先进的农业监测设备，能够紧密贴近植物表面，实时监测植物的生长状态。这种传感器通过精准检测植物表面的各种生理参数，包括温度、湿度、光照强度、叶片表面的挥发性有机化合物（VOCs），以及植物激素等关键数据，为农业工作者提供全面且实时的信息支持。在实际应用中，可穿戴植物传感器可以帮助农业工作者更好地了解植物的生长环境和健康状况。例如，通过监测温度和湿度，可以及时发现植物是否处于适宜的生长条件；而对光照强度的监测则有助于优化植物的光合作用效率。此外，叶片表面的挥发性有机化合物和植物激素的检测，能够揭示植物的生理状态和潜在的病虫害风险。这些数据不仅能够帮助农业工作者提前采取措施，预防病虫害的发生，还能优化灌溉、施肥等农业管理措施，从而提高作物产量和质量。

如图 7.27 所示，2021—2024 年，北京在可穿戴植物传感器领域整体呈现波动态势。2024 年，北京市在全球排名第一，同比增长 600%，这一显著增长反映出北京市在该领域的快速发展和巨大潜力。其原因主要有三点。一是政策支持。北京市政府对高端仪器装备和传感器产业给予政策支持，为可穿戴植物传感器发展提供了良好政策环境。二是科研资源丰富。北京市作为中国首都，拥有众多高等学府和研究机构，为可穿戴植物传感器研发提供了强大科研支持和人才储备。三是市场需求增长。随着智慧农业的发展，对高效、精准农业监测工具的需求不断增加，推动了相关技术发展。未来，北京市可在四个方面发力。一是加大研发投入，持续增加对技术研发的投入，鼓励企业和研究机构创新，推动技术进步和产品升级。二是深化产学研合作，加强高校、研究机构与企业之间的合作，加速科研成果转化和产业化，推进可穿戴植物传感器技术的商业化进程。三是拓展应用领域，探索其在精准灌溉、病虫害预警等农业场景中的应用，提高农业生产效率和作物产量。四是培养专业人才，通过教育和培训，培养更多熟悉该技术的专业人才，为产业发展提供人才保障，确保北京市在该领域的持续领先地位。

图 7.27　可穿戴植物传感器领域全球 SCI，CPCI 论文发表占比（%）

7.3.2.5　可持续计算

可持续计算是一种贯穿计算机及相关设备的整个生命周期的全面且前瞻性的方法。可持续计算从设计、开发、使用到最终处置的每个环节，都致力于减少对环境的负面影响，同时提高能源效率并促进长期的环境和社会可持续性。在硬件设计阶段，可持续计算强调使用环保材料、优化电路设计以降低能耗，并提高设备的可回收性和可维修性。软件开发过程中，通过优化算法和代码，可减少系统资源占用，提高运行效率，从而降低设备的能耗。在数据中心运营方面，可持续计算注重采用高效的冷却系统、优化服务器布局以及利用可再生能源，以减少碳排放和能源消耗。同时，通过虚拟化技术整合服务器资源，可进一步提高数据中心的能源利用效率。在电子废弃物处理环节，可持续计算倡导建立完善的回收体系，确保废旧设备得到妥善处理，减少对土壤、水源和空气的污染。可持续计算不仅关注环境影响，还致力于实现经济和社会的综合优化。通过降低能源成本、提高设备使用寿命和资源利用率，可持续计算为企业和社会带来了显著的经济效益。同时，它还推动了绿色技术的创新和应用，促进了社会的可持续发展。总之，可持续计算是应对全球环境挑战，推动科技行业绿色转型的重要途径。

如图 7.28 所示，北京市在可持续计算领域表现突出，论文产出连续四年位居全球城市首位，从 2021 年的 41 篇增长到 2024 年的 78 篇。这一成就得益于北京市在节能环保等绿色技术领域的深厚积淀。近年来，北京市在国家"双碳"战略引领下，加快构建绿色低碳循环发展经济体系，将可持续计算作为绿色转型的重要抓手。2024 年，北京市经济和信息化局发布《北京市存量数据中心优化工作方案（2024—2027 年）》，旨在提升新型信息基础设施建设水平，促进算力基础设施能耗动态平衡，推动存量数据中心提质升级，实现集约化、绿色化、智能化建设。该方案针对年电力能源消耗量 500 万千瓦

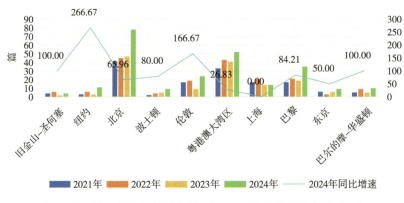

图 7.28　可持续计算领域全球 SCI，CPCI 论文发表占比（%）

时及以上、PUE 值高于 1.35 的数据中心，鼓励其进行绿色低碳改造，并提供资金奖励；同时对 PUE 值高于 1.35 的数据中心征收差别电价，以促进能效提升和绿色转型。这些措施体现了北京市在构建以新型数据中心为核心的智能算力生态体系，赋能数字经济发展方面的努力。

尽管北京市在可持续计算领域总体领先，但 2024 年论文同比增幅为 65.96%，低于纽约（266.67%）和伦敦（166.67%）。这表明北京市仍须加快科技创新和成果转化，应对技术突破挑战。为此，北京市应进一步强化政策引导，完善绿色数据中心全生命周期的标准体系，鼓励产学研用协同创新，支持高校院所与科技企业共建绿色计算开源开放平台，加快关键设备国产化替代。同时，推进"东数西算"，优化数据中心布局，实现与可再生能源发电的实时匹配，提高能源利用效率，减少碳排放。通过这些举措，北京市不仅能巩固领先地位，还能为全球绿色转型做出更大贡献。此外，北京市应关注数据中心能耗和碳排放问题。作为信息时代的核心基础设施，数据中心能耗巨大，节能降碳压力增加。这需要通过节能技术升级、优化运行模式、提高能源利用效率等措施，应对人工智能时代的挑战，同时加强政策引导和监管，推动数据中心行业健康发展，实现绿色可持续发展。

7.3.2.6 人工智能辅助医疗

人工智能辅助医疗是一种创新的医疗模式，通过运用人工智能技术，如机器学习、深度学习、自然语言处理等，全面支持和优化医疗服务的各环节。在疾病诊断方面，人工智能可以通过分析大量的医学影像（如 X 光，CT，MRI）和临床数据，快速识别病变特征，辅助医生进行精准诊断，减少误诊率。在治疗决策上，能够综合患者的病史、基因信息和治疗反应，为医生提供个性化的治疗方案建议，优化治疗效果。在对患者监测方面，人工智能驱动的可穿戴设备和远程监测系统能够实时收集患者的生命体征数据，及时发现异常情况并预警，尤其适用于慢性病患者和老年人的健康管理。在健康管理领域，人工智能可以通过分析患者的健康数据，提供个性化的健康建议和预防措施，帮助人们更好地管理自身健康。人工智能辅助医疗的核心目标是提高医疗服务的效率、准确性和可及性。它不仅能够帮助医生省时间，处理烦琐的重复性工作，还能让患者在更短的时间内获得更精准的医疗服务。此外，借助人工智能技术，偏远地区和医疗资源匮乏地区的患者能通过远程医疗等方式获得高质量的医疗服务，从而改善患者的健康状况，推动医疗行业的智能化发展。

如图 7.29 所示，尽管北京市在人工智能辅助医疗方面的论文总量上全球排名并不靠前，但近年来的增长态势十分亮眼。2024 年北京市在该领域论文数达到 71 篇，同比增长 121.88%，增速在 10 城市群中表现突出。这一增长主要得益于两方面的因素：一是北京市在医疗健康领域得到了政策层面的大力支持；二是政府、产业界、学术界和研究机构之间的紧密合作，共同推动了人工智能在医疗场景中的创新应用。中国政府高度重视"互联网+医疗健康"的发展，国务院办公厅为此专门发布了相关实施意见，旨在通过政策推动，促进人工智能等先进技术在医疗服务中的应用，以此提高医疗服务的质量和效率。该政策的出台，为医疗领域内人工智能技术的研究与应用指明了方向，并提供了坚实的政策支撑。在这一政策的激励和引导下，国内多家医疗机构，如北京大学第一医院等，已经开始积极探索人工智能在医疗诊断和治疗方面的应用。这些机构不仅在人工智能辅助诊断领域取得了初步成果，而且在治疗过程中也开始尝试利用人工智能技术，以期实现更精准、更个性化的治疗方案。此外，这些医疗机构还在努力推动人工智能技术在智慧医疗全场景中的融合与应用。智慧医疗全场景包括但不限于远程医疗、智能监护、健康管理等方面，其核心目标是通过人工智能技术的应用，实现医疗服务的智能化、精准化和个性化。这种转变意味着人工智能不再局限于单一的应用场景，而是开始在医疗健康的各环节发挥作用，从而为患者提供更加全面和高效的医疗服务。

图 7.29　人工智能辅助医疗领域全球 SCI、CPCI 论文发表占比（%）

展望未来，人工智能与医疗健康的深度融合是大势所趋，但要实现这一目标，仍要克服不少挑战。北京市政府需要进一步强化政策支持，促进医疗健康大数据的汇聚与共享，为人工智能在医疗领域的应用创造更加有利的环境。这包括加快北京市全民健康信息平台建设，整合影像云平台、医疗健康大数据平台和"三医"数据底座等，实现医疗健康数据的高效汇集，鼓励医疗机构、高校院所、医药企业等开展行业共性数据资源库建设，形成多层次、多模态的医疗健康高质量数据集。同时，北京市需要聚焦于疾病预防、药物研发、辅助决策等关键环节，加大核心算法的研发投入，以解决数据标准、算法泛化等技术难题。这涉及加强医药健康数据分类、标注标准建设、支持跨模态数据整合、数据质量治理体系建设、真实世界数据挖掘等工作，提升面向行业级应用的数据服务能力。此外，随着人工智能医疗应用的快速发展，伦理法律法规建设也须加快步伐。北京市应建立健全行业监管体系，确保智慧医疗应用的安全可控，以应对可能出现的伦理和法律问题。最后，还应鼓励龙头企业牵头，打通人工智能创新链、应用链、价值链，这是推动创新成果惠及基层的关键。这将有助于人工智能技术在医疗领域的广泛应用，让智慧医疗的"红利"覆盖到更广泛的群体。通过这些措施，北京市有望在人工智能与医疗健康深度融合的道路上迈出坚实的步伐，为提升医疗服务质量和效率做出更大的贡献。

综上所述，北京市在全球数字创新领域占据重要地位，这一成就与北京市政府的战略布局和持续支持密切相关。北京市作为中国的首都和国际化大都市，高校和科研院所高度密集，为数字技术创新提供了坚实的人才基础和科研支撑。在人工智能、大数据等前沿领域，北京市的高校和科研机构积极开展研究，取得了一批具有国际影响力的原创成果，推动了数字技术的快速发展。近年来，北京市政府高度重视数字经济的发展，出台了一系列政策文件，为数字创新营造了良好的政策环境。例如，《"十四五"时期中关村国家自主创新示范区发展建设规划》明确了中关村在数字经济领域的战略定位和发展目标，为创新企业提供了明确的发展方向。《关于推动北京互联网 3.0 产业创新发展的工作方案（2023—2025 年）》进一步细化了支持政策，从财政、金融、人才等方面为数字创新企业提供了全方位的扶持。在政策的有力推动下，以中关村为代表的数字经济创新集群加速崛起，成为北京市乃至全国数字化转型的重要引擎。中关村汇聚了众多创新型企业，形成了良好的创新生态，推动了数字技术的快速迭代和应用拓展。

北京市数字创新的全球领先地位，是政府科学决策、精准施策、持续发力的结果。未来，北京市应进一步深化数字经济顶层设计，完善配套政策体系，持续激发数字创新活力。一方面，要聚焦关键核心技术攻关，突破高端芯片、人工智能、区块链等领域的"卡脖子"难题，提升自主创新能力。另一方面，要优化数字人才布局，吸引更多高端人才汇聚北京，为数字经济发展提供智力支持。此外，北京市还应加强数据要素市场改革，推动数据资产化试点，释放数据要素价值，促进数字经济与实体经济的深度融合。未来，北京市应继续发挥自身优势，加快建设全球数字经济标杆城市，为我国数字强国建设贡献重要力量。通过持续优化政策环境，推动技术创新，促进产业升级，北京市有望在全球数字创新领域继续保持领先地位，为全球数字经济的发展提供"北京经验"。

7.4　政策建议

7.4.1　提高专利质量，破解"低端重复"困局

当前，北京市数字技术专利授权量持续上升，但高价值专利比重下降，附加值低的问题日益凸显，亟待从制度和资源配置层面加以应对。一是建立以专利价值为导向的激励机制。完善高价值专利遴选标准，将技术原创性、转化效率、市场潜力纳入财政资助与评估体系，推动政策资源向具有战略意义的专利集聚。二是设立"核心技术突破专项"，聚焦 AI 芯片、工业软件、隐私计算、数字基础设施等关键领域，鼓励龙头企业牵头，高校与科研机构联合攻关，强化专利布局的系统性与前瞻性。三是建设专利转化支撑平台，完善从技术评估、中试验证到市场对接的全流程机制，推动形成"高价值专利—应用场景—产业链嵌入"的转化通道。

7.4.2　统筹区域布局，推动多极协同发展

北京市数字技术发展在空间上呈现高度集中态势，对此应通过差异化政策引导，形成主副联动、圈层协同的区域创新格局。一是推动"核心区策源、近郊区转化"的功能分工。依托海淀、朝阳等区高校与平台优势承担技术源

头创新，支持通州、大兴、昌平等区域聚焦"信创""智能制造"等方向，建设专业化数字产业园区，承接技术成果落地。二是加快边缘算力基础设施在低密度区域布局。结合"东数西算"工程，在延庆、密云、门头沟等地建设绿色低碳数据中心和边缘计算节点，发挥能源、土地等综合比较优势。三是探索"飞地创新"模式。鼓励高校、科研机构在远郊区设立离岸创新基地，推动资源跨区配置，成果就地孵化，增强欠发达区域的承载能力和发展活力。

7.4.3　完善产业链结构，提升技术生态自主性

当前，北京市数字技术产业链集中于应用层，底层平台与中台能力相对薄弱，难以支撑系统性突破，应加快中上游关键环节补链强链。一是加快共性支撑平台建设。推动数据中台、算法平台、AI框架工具等基础组件研发，提升企业自主构建技术体系的能力，增强数字底座支撑效能。二是加强核心硬件领域自主攻关。支持高端传感器、工业芯片、操作系统等基础硬科技研发，推动建设高水平联合实验室，形成技术—设备—工艺一体化供给能力。三是构建完善的产业协同机制。建立"链主+'专精特新'"协作体系，完善"研发—生产—应用"闭环衔接，推进关键环节协同攻关、共性技术共享和产业链协作优化。

7.4.4　优化产学研合作结构，发挥高校科研机构主力军作用

北京市企业在产学研合作中处于主导地位，而高校与科研院所创新作用未能充分发挥，应通过制度激励和结构调整，增强其战略支撑能力。一是提高高校科研机构的项目主导权。调整现有项目组织方式，提高其在数字领域国家科技计划中的牵头比例，提升基础研究与原始创新的策源能力。二是健全成果转化激励机制。推进科研人员职务科技成果赋权改革，探索"科研持股+绩效分红"模式，构建高校科研成果向市场转化的多元激励体系。三是建设多主体联合实验室。围绕人工智能、数字安全、数据确权等前沿方向，鼓励政产学研联合建设一批交叉融合、机制灵活的高水平平台，推动研究成果就地示范与快速转化。

7.4.5　拓展全球资源配置能力，打造国际化创新生态

在全球竞争日趋激烈的背景下，北京市应进一步构建具有国际影响力的

开放创新网络,提升全球资源整合能力与标准输出能力。一是建设国际数字技术交易平台。依托中关村数字经济核心区,推动建设面向全球的专利、标准、算法交易与转化平台,吸引国际优质技术资源落地北京市。二是推动"北京标准"国际化输出。支持企业、高校参与国际标准制定,围绕 AI 伦理、数据安全、跨境数据流动等重点领域,系统推动"北京经验"转化为"全球规则"。三是构建全球高端人才引育体系。实施"全球数字人才集聚计划",通过国际博士后引进、数字高层次人才绿卡制度、落地支持政策等,吸引顶尖人才在京创业创新。

8 国际数据要素配置枢纽高地建设

陈　蕾[*]

8.1　数据要素市场化配置改革的国际背景与挑战

8.1.1　国际趋势：全球数据要素市场化配置的最新动向

近年来，百年未有之大变局加速演进，全球格局深刻变化，逆全球化思潮抬头，全球性问题日益加剧，国际形势错综复杂，全球经济复苏面临挑战，世界经济正处在变革期。在此背景下，数字经济展现出强劲韧性与活力，不仅成为推动经济增长的重要引擎，而且成为创新发展和国际竞争的关键力量。数据要素作为数字经济的核心驱动力，是各国战略竞争的焦点。数据要素的流通、共享与价值释放，正在重塑全球经济格局，推动新一轮科技革命和产业变革深入发展。如何有效地配置数据要素，推动数据要素市场化，已成为全球经济竞争中的关键。

全球数据交易市场规模呈持续增长的趋势。根据上海数据交易所发布的《2024 年中国数据交易市场研究分析报告》，2024 年全球数据交易规模预计达1 519 亿美元，有望于 2030 年达到 3 708 亿美元。其中，北美地区数据交易规模占全球的 44.5%，依旧占据重要地位；亚洲数据交易市场增长迅速，占全

---

　* 陈蕾，首都经济贸易大学财政税务学院教授、博士生导师。首都经济贸易大学财政税务学院博士研究生周错、董惠敏、钟笑雪、李寿怡参与了本报告的研究工作。

球的 27.4%，成为全球数据交易市场的主导力量之一；中国作为全球第二大数字经济体，数据交易规模达 1 536.9 亿元人民币（约合 215 亿美元），占全球市场的 13.4%，亚洲市场的 66.5%，预计 2030 年增长至 7 159 亿元（约合 1 008 亿美元）。

随着数据要素成为数字经济的重要资源，全球范围内的数据要素市场呈快速发展态势，各国纷纷建立数据交易平台，发展多模式的数据要素交易市场。美国的数据要素市场在全球范围内处于领先地位，已经建成较为完善的数据流通、交易体系，形成了以开放的数据应用和自由的数据流通为特点、以数据经纪商为核心、多种交易模式并存的格局。欧盟则未采取美国的数据经纪模式，而是创设了数据中介制度，由数据中介服务提供者促成数据持有者和使用者间的数据共享。数据中介服务提供者具有严格的独立性，并须遵循特定的运行规则，接受政府部门全过程监管。英国数据交易市场强调数据商业化和数据流通，推动政府、医疗、交通等公共服务领域的数据交换和利用，并将数据纳入信托机制，推动金融服务领域的数据流通和数据价值释放。日本则倡导"政府指导，民间主导"的发展模式，其数据要素市场的核心平台多由民间企业或组织建立，数据要素的开放、流通、各类规范标准也由民间组织推进。

然而，在数据要素市场蓬勃发展的同时，各国仍然面临不小的挑战。首先，数据的确权是数据要素市场化中不可避免的难题。由于数据要素不同于传统生产要素，数据的产生、储存、加工涉及个人、政府、企业等主体，其归属权划分并不明确，数据的使用和利益划分将引发争议。其次，数据要素的价值难以确定，当前市场缺乏成熟的数据要素评估体系，导致数据交易价格不确定性增加，阻碍了数据要素市场化的发展。再次，由于缺少数据统一储存标准，不同企业和国家的数据格式、存储方式、交易协议等各不相同，数据要素交易时需要进行大量的格式转换、脱敏清洗等过程，数据要素的交易成本增加。最后，不同国家或地区对于不同种类的数据隐私安全要求存在较大差异，数据信息流通不畅，合规成本增加。例如，美国对个人数据保护的法律规定较为宽松，坚持以市场为主导，行业自律为主要手段；欧盟则将隐私权作为最基本的人权之一，强调个人数据的保护，政府和企业虽掌握着大量数据，但由于公共安全、政策影响和商业利益等原因，其数据要素的流通受到一定限制。

8.1.2　竞争格局：数据跨境、合作与要素市场国际竞争

在全球数字经济高速发展的进程中，数据作为数字经济的关键要素，在创新发展和治理中发挥着越来越重要的作用。数据要素的跨境流动不仅是激发技术创新活力、促进国际商业合作与贸易往来的核心动能，而且是构建全球市场新型竞争优势的战略支点。目前，国际社会正在积极探索形成全球数字领域规则和秩序，推动全球数据跨境流动合作，促进数据跨境流动已经成为各国或地区共同的意愿。联合国制定发布的《全球数字契约》、亚太国家签署的《全面与进步跨太平洋伙伴关系协定》（CPTPP），及新加坡、智利、新西兰三国签署的《数字经济伙伴关系协定》（DEPA）等多双边实践正在开展。

当前，数据跨境的合作与规制立法主要分为四类模板。一是"中式模板"，主张数据主权与数据本地化，对于涉及国家安全、个人健康的重要数据规定在本国进行存储。二是"欧式模板"，强调保护个人数据隐私，在通信技术合作中严格保护知识产权，在"文化例外"方面坚守立场，根据缔约方比较优势的强弱而采取不同的态度和措施。三是"美式模板"，强调数据跨境自由流动，强调数据存储非强制本地化，最大限度追求经济及国家利益，坚持跨境数据在全球范围内自由流通。四是"新式模板"，明确了基于合法公共政策目标所实施的措施，内容从数字贸易拓展至数字经济领域，强调包容性，具有较强的灵活性、协调性，更加注重新兴数字技术的发展，鼓励数字经济领域的创新与合作。

我国高度重视跨境数据流动合作。党的二十届三中全会审议通过了《中共中央关于进一步全面深化改革　推进中国式现代化的决定》，明确要求"提升数据安全治理监管能力，建立高效便利安全的数据跨境流动机制"。2022年12月，中共中央、国务院发布《关于构建数据基础制度更好发展数据要素作用的意见》，提出要积极参与数据跨境流动国际规则制定；2023年6月，国家互联网信息办公室与香港特区政府创新科技及工业局签署《关于促进粤港澳大湾区数据跨境流动的合作备忘录》，从发展角度推动数据自由流动与安全流动之间的平衡；2023年12月，国家数据局等17部门联合印发《"数据要素×"三年行动计划（2024—2026年）》，提出推动数字经济领域高水平对外开放，促进数据有序跨境流动；2024年3月，国家网信办出台实施《促进和

规范数据跨境流动规定》，提出给予自由贸易试验区更大授权，支持其在数据跨境便利化政策上先行先试。

国际层面上，我国积极促进双边/多边协商，推动数据跨境流动国际合作。2024年6月，中国和德国签署《关于中德数据跨境流动合作的谅解备忘录》，加强在数据跨境流动议题上的交流，释放中国推动数据跨境流动国际合作的积极信号。与此同时，中国与新加坡数字政策对话机制第一次会议召开，双方明确了数据跨境下的合作重点，将通过中新数字政策对话机制搭建平台，便利企业数据跨境流动，培育壮大数字经济新业态新模式，推动数字贸易高质量发展，扩大高水平开放。除此之外，我国还积极参与相关国际规则构建，如加入《区域全面经济伙伴关系协定》（RCEP）、主动对接《全面与进步跨太平洋伙伴关系协定》（CPTPP）和《数字经济伙伴关系协定》（DEPA）等国际高标准经贸规则，与国际各方就数字要素跨境流通以及数字经济领域合作深入交换意见。2024年11月，我国发布《全球数据跨境流动合作倡议》，倡导秉持开放、包容、安全、合作、非歧视的原则，推动构建开放共赢的数据跨境流动国际合作格局，明确中国促进全球数据跨境流动合作的立场和主张。

在数据跨境流动日益发展的背景下，数据要素市场的竞争也越演越烈，数据要素跨境流动市场正面临着法律、政治、技术和经济等多维度的复合型挑战。构建兼容性国际治理框架，推进技术标准互认，完善争议解决机制，已成为优化全球数据要素跨境流通的迫切需求。在此背景下，越来越多的国家和地区制定了相应的数据跨境管理规则。据统计，截至2024年10月，全球已有超过340项国际、区域、双边贸易协定包含数据跨境流动条款，包括具有法律约束力的数据跨境流动原则及执行机制的整套专章规则，以及未设定强制性义务，允许数据流动多样性和本地化的贸易协定。

除此之外，由于各国利益诉求不同，难以通过国际平台达成统一的国际共识，部分国家选择签订双边或诸边协定，以促进其本国与他国或区域之间的数据跨境流通。目前，国际上已有100多个国家或地区签订涉及数据跨境流通议题的双多边区域贸易协定。典型的双边协定包括日本与欧盟达成的《欧盟日本数据共享协议》，允许个人信息在欧盟和日本间自由流动。这一对等充分性协议创造了全球最大的数据自由流通区域。典型的诸边协定包括经济合作与发展组织的《隐私保护与个人数据跨境流动准则》、亚太经济合作组织的《跨境隐私规则体系》和欧洲委员会的《关于个人数据自动处理过程中的个人保护公约》等。未加入双/多边区域贸易协定的国家，其数据要素在加入贸易协定国家中的流通竞争力有限。主要协定如表8.1所示。

表 8.1 数据要素流通相关贸易协定

协定类型	协定名称	协定主要内容和影响
双边/多边协定	《欧盟日本数据共享协议》	取消数据本地化要求，纳入《欧盟–日本经济伙伴关系协定》，允许个人信息在欧盟和日本间自由流动，创造了全球最大的数据自由流通区域
	《美国–墨西哥–加拿大协定》（USMCA）	进一步强化数据跨境自由流动，强调数据存储之非强制本地化，进行网络安全保护合作
	新加坡–智利–新西兰《数字经济伙伴关系协定》（DEPA）	全球首个"纯数字"的贸易协定；明确了基于合法公共政策目标所实施的措施的限度，为更多国家参与制定高标准规则提供了新路径
诸边协定	《区域全面经济伙伴关系协定》（RCEP）	对东盟10国和5个非东盟国家全面生效，倡导数据跨境自由流动，实行公共政策目标例外和基本安全利益例外原则
	《全面与进步跨太平洋伙伴关系协定》（CPTPP）	由亚太国家组成的自由贸易区协定，在其第十四章电子商务中较为强制性地规定，缔约方之间不得对互相之间的电子数据传输征收关税，允许各缔约方数据跨境规则可以存在多样性和本地化特性
	亚太经济合作组织（APEC）《跨境隐私规则体系》（CBPRs）	由12个亚太地区经济体制定，为数据跨境提供了一个现成的、国际认可的隐私保护认证框架，建立了一套由政府背书的，自愿、可执行和基于责任制的隐私保护认证机制
	经济合作与发展组织（OECD）《隐私保护与个人数据跨境流动准则》	作为经合组织理事会的一项建议而通过，以支持约束经合组织成员国的三项原则：多元民主、尊重人权和开放的市场经济
	《东盟数字数据治理框架》	这是一个区域性非强制诸边协定，涵盖了包括个人数据在内的各类数据流动问题，明确提出东盟数据治理战略重点以及东盟数据跨境流动机制、东盟数据分类框架等四大倡议

资料来源：笔者根据各组织官网信息整理。

8.1.3 技术挑战：数据安全与数据隐私保护的双重考验

随着数据要素的流通和市场化的发展，数据隐私、数据安全的需求也进一步提高。数据隐私安全技术通过加密、匿名化、访问控制等手段，确保数据在传输、处理和存储中的安全性，防止未经授权的访问、篡改或泄露。数据安全和隐私保护技术的普及也将促进全球数据流通、跨境合作和数字经济的发展，成为企业和国家竞争力的重要组成部分。因此，各国和企业都积极推动数据隐私保护和安全技术的发展，隐私安全技术正从单一加密向多技术融合演进。目前受到世界范围内广泛关注的数据隐私安全技术包括同态加密（homomorphic encryption）、多方安全计算（secure multi-party computation）、差分隐私（differential privacy）、可信执行环境（trusted execution environment）、区块链与隐私计算融合等。随着数据要素市场化的发展，数据隐私计算将成为数据要素流通的核心基础设施，支撑数字经济高质量发展。

近年来，我国数据要素跨境流通的隐私保护在政策、法规和监管方面都取得了显著进展，将朝着更加精细化和国际化的方向发展。2016年，我国颁布网络安全领域首部基础性法律《中华人民共和国网络安全法》，首次规定了数据出境的安全评估制度，为跨境数据安全流动与数据监管起到了奠基性作用。2021年，我国出台《中华人民共和国数据安全法》《中华人民共和国个人信息保护法》，形成了数据分类分级管理的设计框架，为开展数据要素市场化监管提供了法律依据。此外，我国还陆续颁布《数据出境安全评估办法》《个人信息保护认证实施规则》《个人信息出境标准合同办法》《促进和规范数据跨境流动规定》等法规政策，确立我国数据跨境有序自由流通原则，数据本地化存储规则，数据分类分级保护制度，以及数据出境监管制度，搭建我国数据跨境流通治理框架。

在国际层面上，各国对数据要素跨境流通的隐私保护法规也取得了不同成果。欧盟在规范监管数字经济，尤其是重视数据安全、保护公民隐私方面一直走在世界前列，欧盟推行的《通用数据保护条例》（General Data Protection Regulation，GDPR）确立了"个人数据"和"非个人数据"的二元架构。GDPR约束所有与欧盟用户数据相关的企业，极大地落实了对个人数据的保护；但也由于GDPR条款较为严苛，显著降低了欧盟科技企业的融资规模。英国关于数据流通的监管要求则更加强调个人信息安全屏障。1984年制定颁布的《数据保护法典》是英国个人数据保护制度的开端，1998年，英国议会对这一法案进行了修订，加大了对公民个人数据的保护力度。此后，英国又陆续通过了《信息自由法》（2005）等法律法规，旨在更严密地保护公民个人数据信息。美国对于隐私保护的态度经历了从开放到严格的过程，2022年6月，美国众议院和参议院发布的《美国数据隐私和保护法（草案）》（ADPPA），以及2023年3月美国联邦发布的《促进共享与分析中的隐私保护国家战略》，重在平衡个人隐私保护和数据价值释放，对数据要素跨境流通秉持较为开放的态度；而2024年2月28日，美国总统拜登签署《关于防止受关注国家获取美国人大量敏感个人数据和美国政府相关数据的行政命令》，则体现了美国对于数据隐私安全态度趋向于保守的转变。

8.2 北京市数据要素市场化配置改革历程回顾

在当今数字化浪潮席卷全球的时代背景下，我国数字经济正以蓬勃之势发展，展现出强劲的动力与无限的潜力。北京市作为国家的首都，凭借其得天独厚的政策环境，雄厚的科技资源以及坚实的产业基础，已然成为全国数字经济发展的重要引领者与标杆，当之无愧地占据着数字经济高地的核心位置。北京市以高度的战略眼光和敏锐的市场洞察力，积极探索数据要素市场化配置的有效路径。通过前瞻性的政策引导，北京市为数字经济的发展提供了明确的方向和有力的保障。凭借创新性的实践举措，北京市不断突破传统模式的限制，推动数字经济与实体经济的深度融合。经过长期的积累与探索，北京市已经构建起了一套较为完备且富有特色的数据要素市场化配置体系。其建设历程不仅能够生动地展现北京市数据要素市场化配置发展的内在逻辑与演进脉络，也为其他地区乃至全球数字经济的未来发展提供了极具价值的参考与借鉴。

8.2.1 演进历程：早期探索与逐步成熟

8.2.1.1 早期探索：夯实数据要素市场化配置基础

21世纪初，信息技术的迅猛发展将全球带入数字化新纪元。互联网的普及，移动智能设备的兴起，让数据的产生和积累呈现前所未有的爆发式增长态势。北京市作为中国的科技创新中心，凭借敏锐的洞察力，率先捕捉到数据要素在未来经济发展中的巨大潜力，更以实际行动成为我国较早开展数据要素市场化配置探索的地区之一。2014 年，北京市陆续推进了中关村数海大数据交易平台、北京大数据交易服务平台等平台建设，重点布局了数字基础设施，包括光纤网络和数据中心建设。2018 年，北京市积极响应国家关于政务信息系统整合和信息资源开放共享的政策号召，率先建成了公共数据开放平台。这一平台的建立，标志着北京市在数据要素市场化配置方面迈出了重要一步。通过该平台，北京市逐步开放政务数据，推动数据在不同部门之间的共享流通，有效提升了数据资源的利用效率，为数据要素市场的发展奠定了基础。

8.2.1.2 逐步成熟：政策引领明确发展方向

早在数据要素市场建设伊始，北京市便密集出台前瞻性的政策引导和系统规划，形成了围绕数字经济"立法+行动方案+管理办法+意见"的法律法规体系，确立了数据要素市场化配置的发展方向和目标。2020 年 4 月，北京市发布的《关于推进北京市金融公共数据专区建设的意见》，开启了数据要素市场化的政策探索。北京市人民政府与北京市经济和信息化局分别于 2021 年 7 月和 12 月发布了《北京市关于加快建设全球数字经济标杆城市的实施方案》和《政务数据分级与安全保护规范》。进入 2022 年后，《北京市数字经济促进条例》正式出台。该条例围绕数字基础设施、数据资源开发利用、数字产业、产业数字化、智慧城市、数据安全保障等方面，搭建了北京市数字经济发展的"四梁八柱"，成为北京市数字经济发展历程中的重要里程碑，其中对数据要素流通设施、流通市场、开发利用，以及治理保障等方面提出了全面统筹的要求，标志着北京市数据要素市场化配置进入快速发展阶段。该《条件》从法律层面为数据要素市场化配置提供了有力保障，明确了数据流通的基本原则和规范，为后续相关政策的制定与实施提供了上位依据。2022 年 5 月，北京市经济和信息化局发布了《北京市数字经济全产业链开放发展行动方案》，提出加速数据要素化进程，通过数据采集处理标准化、数据分类分级管理等措施，提升数据要素的供给质量，为数据要素市场的规范化和高效运行提供了有力支撑。

为进一步发挥数据要素的作用，加快数字经济发展，2023 年 6 月，北京市发布《关于更好发挥数据要素作用进一步加快发展数字经济的实施意见》，明确提出探索建立数据产权制度、完善收益分配机制等目标，为数据要素市场化提供了更为明确的制度指引。此后，《北京市公共数据专区授权运营管理办法（试行）》《关于进一步推动首都高质量发展取得新突破的行动方案（2023—2025年）》等文件相继出台，规范了公共数据专区授权运营，使数据要素市场化配置在实践中有了更具操作性的依据。通过一系列政策法规和地方标准的发布，围绕数字经济全产业链、数据要素不同价值环节、数据要素产业化、公共数据授权运营、全球数字经济城市标杆等不同侧面，北京市进一步完善了数据要素市场化配置的制度体系，推动数据交易、数据安全等领域的规范化发展。这不仅为北京市数据要素市场的高质量发展提供了坚实保障，也为全国数据要素市场的建设提供了重要参考（见图8.1）。

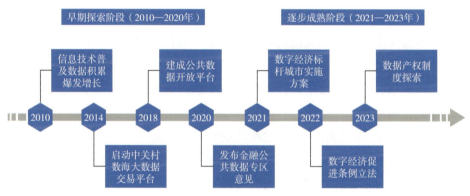

图8.1　北京市数据要素市场化配置建设历程

资料来源：笔者整理。

8.2.2　体系构建：体系优化与功能拓展

8.2.2.1　平台赋能：打造数据流通与创新的核心载体

在数据要素市场化配置的体系构建过程中，数据流通交易平台的建设至关重要。北京市高标准建设北京国际大数据交易所，致力于打造国内领先的数据交易平台。截至2024年6月底，北京国际大数据交易所成功打造国内首个"可用不可见，可控可计量"的自主知识产权数据交易平台idex系统。该系统运用先进的隐私计算技术，确保数据在流通交易过程中的安全性和隐私性，已累计上架产品近2 500个，数据交易备案规模超过45亿元，有力推动了数据产品的流通与交易。2023年11月，国务院批复《支持北京深化国家服务业扩大开放综合示范区建设工作方案》。根据批复，北京国际大数据交易所发起成立"北京国际数据交易联盟",旨在构建以数据交易为核心的数据资源、技术支撑、场景应用、交易服务四个体系于一体的数据要素全产业链生态机构的核心平台,以充分发挥北数所及联盟在数字经济建设领域的整体影响力和凝聚力,助力北京市建设成为全球数字经济标杆城市。

除数据交易平台外,北京市还积极建设公共数据开放平台,已累计开放71.86亿条公共数据,涵盖交通、教育、医疗、环保等领域。这些公共数据的开放,为企业和社会创新提供了丰富的数据资源。同时,北京市建成公共数据开放创新基地,为数据创新提供了高自由度的轻量级数据创新实验场,吸引众多科研机构、企业和创新团队入驻,开展数据创新应用的研发与实践。

8.2.2.2 技术驱动:筑牢数据要素市场化配置的坚实支撑

在数据要素市场化配置的进程中,技术作为核心驱动力,正以前所未有的深度与广度重塑数据的流通与应用格局。北京市凭借对前沿技术的敏锐洞察与积极探索,通过多维度的技术创新与实践,为数据要素市场化配置构筑了坚实的支撑体系。

(1)优化算力资源配置,构建高效数据传输网络

积极推进数据流通利用增值协作网络建设,全力打造全市数据流通的安全传输通道和可信协作环境,深度参与国家"东数西算"战略工程,全面融入全国一体化算力网,致力于打造算力资源高效调配的新格局。通过搭建先进的网络架构,运用智能调度算法,成功实现东西部枢纽节点网络时延大幅降低,稳定控制在20毫秒以内。这一关键突破使得海量数据能够在不同区域的算力中心之间近乎实现实时的传输。大力推进数据"冷链"建设,采用加密传输、冗余存储等先进技术手段,为数据在传输与存储过程中的安全性和完整性提供全方位保障。

(2)聚焦创新技术应用,全力推动数据的安全高效流通

在全国率先创立政企数据融合共享的数据专区机制,打破数据孤岛,实现政企数据的深度协同。同时,成功搭建首个城市级"区块链+隐私计算"技术体系,深度融合前沿技术优势。借助隐私计算技术的隐私保护能力与区块链技术之不可篡改、可追溯等特性,构建一个高效、可信的数据流通环境。这一创新举措有效推动了数据在跨部门、跨层级、跨区域、跨主体之间的无缝对接与安全共享,为数据要素的充分释放与价值挖掘提供了坚实保障,也为全国数据流通模式创新树立了典范。

（3）创新监管协作机制，充分激发数据要素活力

2024 年 3 月底，率先落地人工智能数据训练监管沙盒机制，开展公共数据训练基地试点。这一机制通过数据流通利用增值协作网络，打造全市数据流通的安全传输通道和可信协作环境；通过对数据训练过程的实时监测与精细化管理，严格确保数据的合法合规使用，此外也为人工智能产业的创新发展提供了更为灵活、安全的试验空间，推动数据要素在合规框架内释放更大价值，为数字经济的高质量发展注入新的动力。

8.2.2.3 生态协同：激发数据要素市场化配置的创新活力

北京市在数据要素市场化配置进程中，通过生态协同构建了多元主体共建共享的数据要素市场体系，推动了数据要素的高效流通和价值释放。2024 年 5 月，北京国际大数据交易所（BIDEX）与全国 24 家数据交易机构联合发布《数据交易机构互认互通倡议》，推动数据产品"一地上架，全国互认"；数据需求"一地提出，全国响应"；数据交易"一套标准，全国共通"；参与主体"一地注册，全国互信"。同年 7 月，北京市积极践行区域协同发展理念，与北方大数据交易中心、雄安数据交易有限公司签署合作框架协议，共建京津冀数据要素标准体系，实现数据产品"一套标准，三地共通""一地上架，三地互认"，持续深化公共数据共享利用，推动三地数据要素统一大市场建设。在科研创新领域，北京市积极整合各方优质资源，联合清华大学、北京邮电大学、中央财经大学、北京信息科技大学、中国人民银行数字货币研究所等高校科研院所和企业研究力量，大力引进全球顶级人才，在区块链与隐私计算基础理论，动态自适应区块链系统，多尺度隐私计算算法与开源平台，区块链与隐私计算领域专用架构芯片与硬件，区块链与隐私计算监管等方面取得国际领先成果。各级政府现已与百度、360 集团等公司签署战略合作协议，旨在促进不同行业、不同领域之间的跨境合作，实现数据共享与交换，并支持中央企业、市属国有企业、互联网平台企业及其他有条件的企业和单位，在京成立数据集团、数据公司或数据研究院，持续推动数据要素市场创新应用与发展。

北京市在数据要素市场化配置方面的建设历程，是一个从早期探索到逐步成熟，从平台搭建到制度完善的持续演进过程。通过不断的政策创新和实践探索，北京市已初步构建起一套较为完善的数据要素市场化配置体系，为数字经济的高质量发展提供了有力支撑。未来，随着技术的不断进步和制度

的持续完善，北京市数据要素市场化配置必将迎来更为广阔的发展空间（见图8.2）。

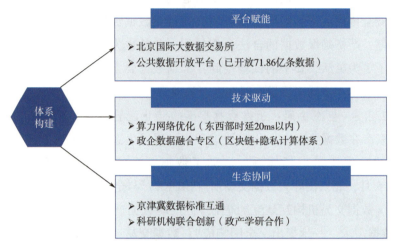

图 8.2   北京市数据要素市场化配置体系构建

资料来源：笔者整理。

8.3   北京市深化数据要素市场化配置改革的进展

8.3.1   规划布局：北京市深化数据要素市场化配置改革的战略目标

数据要素市场化配置改革是中国数字经济发展的关键路径。深入推进这一改革，不仅是践行新发展理念的必然要求，也是推动中国式现代化建设的重要基石。在此背景下，北京市在深化数据要素市场化配置改革中，明确了清晰的战略目标。

2024 年 1 月，北京市政务服务和数据管理局组建成立，提出了创建国家数据要素市场化配置改革综合试验区。北京市贯彻党的二十届三中全会精神，准确把握"一区三中心"（一区即数据要素市场化配置改革综合试验区，三中心即国家数据管理中心、国家数据资源中心和国家数据流通交易中心）的功能定位，按照此架构高起点谋划数据工作，统筹推进数据要素市场化配置改革。这一目标明确了北京市在数据要素市场化配置改革中的整体发展方向和功能定位，是指导后续政策制定和实践推进的基础框架。

2025 年，北京市加力建设全球数字经济标杆城市，加快数字经济和实体经济深度融合，多维度推动数字产业化和产业数字化，以实现数字经济增加值增速 8%、占 GDP 比重超过 45% 的年度目标。

根据《北京市"数据要素×"实施方案（2024—2026 年）》提出的目标，到 2026 年底，数据要素应用水平全国领先，建成 50 个以上公共数据专区和行业数据服务平台，打造具有全国影响力、体现首都特色和重要创新成果的 100 个"数据要素×"应用场景，数据产业年均增速超过 20%，数据要素成为新质生产力培育和首都高质量发展的重要驱动力量，建成数据应用场景示范、数据要素汇聚流通、数据产业集聚发展的高地。

按照《北京数据基础制度先行区创建方案》明确的数据先行区总体目标，到 2025 年，基本形成北京市数据基础制度先行区框架体系，汇聚高价值数据资产总量达到 80 PB，数据交易额达到 50 亿元，数据产业规模超过 500 亿元。到 2030 年，完全建成北京市数据基础制度先行区，打造数据要素市场化配置的政策高地、可信空间和数据工场，汇聚高价值数据资产总量达到 100 PB，数据交易额达到 100 亿元，数据产业规模超过 1 000 亿元。通过这一改革，北京市将成为全国数据要素市场化配置的标杆，为数字经济发展提供强大支撑，助力中国式现代化建设。

8.3.2 政策引领：北京市深化数据要素市场化配置改革的政策

为推动数据要素市场化配置改革的深化，北京市立足本地实际，不断强化政策引导与制度创新，出台了一系列与数据要素紧密相关的政策文件，重点聚焦三个方面。

8.3.2.1 政策与法规建设：奠定制度基础

2024 年，北京市在数据要素市场化配置改革方面积极推进政策与法规建设，制定并发布了多项重要政策文件。《北京市"数据要素×"实施方案（2024—2026 年）》提出，以需求牵引、目标导向为原则，推动数据要素汇聚共享和场景应用。此外，北京市政务服务和数据管理局还发布了《关于加快北京市公共数据开发利用的实施意见》，旨在完善数据要素市场的制度保障，推动公共数据的汇聚共享和开发利用。同时，北京市启动了《北京市数据条例》的立法研究，进一步夯实数据要素市场的法规基础。相应的，各区积极响应。同年 5 月 29 日，北京市朝阳区发布系列政策措施支持数据要素产业发展，重点包括《朝阳区实施数据要素×行动，打造国际数据要素产业集聚区工作方案》及若干措施、《朝阳区促进通用人工智能创新应用发展三年行动计划（2024—2026 年）》及若干措施等。2025 年 4 月 7 日，北京市政务服务和数据管理局发布《北京市关于建设数据要素综合试验区的实施意见（征求意见稿）》，以数据要素市场化配置改革为主线，提出构建"两大基础、四个环节、三大体系"的立体化发展框架。这些政策为北京市数据要素市场的高质量发展提供了坚实的制度支撑，也为全国数据要素市场化改革提供了可借鉴的经验。

8.3.2.2　财政与金融支持：优化资源配置

北京市积极探索"数据财政"模式，通过盘活政府沉淀数据资源，推动数据资产金融创新。同时，通过政策引导，支持数据要素型企业的发展，培育一批具有国际竞争力的创新企业。此外，北京市通过政策清单统筹利用财政资金，支持"数据要素×"相关产业发展，鼓励金融机构加大对数据要素开发利用的信贷支持力度。区政府相关部门还围绕数据先行区制定了属地化的招商引资政策，在资金支持、房租减免、人才引进等方面给予优惠。这些政策旨在降低企业成本，激发市场活力，推动数据要素产业的集聚发展。

8.3.2.3　试点与创新探索：提供实践经验

2025 年 2 月，北京市数据基础制度先行区正式启动运行，集中试点示范落地国家和本市的 10 条政策措施，旨在为全市数据要素市场化配置改革提供样板。先行区将探索数据资产登记证书在企事业单位入表、入资、入股和融资等场景中的应用，并尝试将市属国有企业数据资产纳入国有资产保值增值机制。此外，先行区还计划建设与数据要素相关的产业园区和基础设施，形成积极示范效应，推动数据要素产业集聚。通过开放数据、开放场景和提供算力支持，汇聚 100 余家企业，推进各类数据要素型企业入驻数据服务产业基地，建成全国首个人工智能数据训练基地。这些措施将为数据要素的高效流通和创新应用提供有力支撑，进一步激发数据要素的市场活力和经济价值（见图 8.3）。

8.3.3　实践探索：北京市深化数据要素市场化配置改革的实践

随着政策的持续推进与落实，北京市在多个领域积极部署了一系列实践

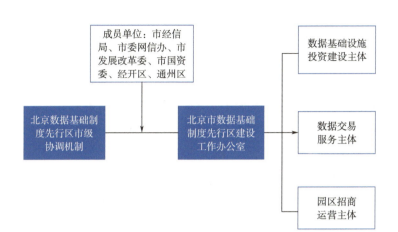

图 8.3　北京市数据基础制度先行区建设运营的组织工作机制

资料来源：北京市经济和信息化局《北京数据基础制度先行区创建方案》。

举措，致力于深化数据要素市场化配置改革，促进数据要素的高效流通与广泛应用，为数字经济的高质量发展注入强大动力。

一是完善数据资源体系，全面整合各类数据资源，提升数据质量。北京市推动国家部委、央国企数据资源在京落地，支持企业在京汇聚行业特色数据，鼓励央国企发挥数据资源优势，推动数据资产化管理，助力数据要素的高效流通和融合利用。同时，支持企业围绕金融、医疗、交通、电力等重点行业，打造高质量的行业数据资源库，促进数据的汇聚与共享。例如，北京市交通委基于优炫数据库的道路综合治理实践以及智能网联汽车基础地图关键技术研究与应用示范项目，推动交通数据的高效利用；北京市朝阳区则构建了电力大数据服务生态体系，推动电力数据的共享与应用。

二是积极释放数据要素活力，通过创新数据合作模式，推动数据要素在各领域的高效流通与深度应用。一方面，北京市开展了两批"数据要素×"典型案例征集活动，"数据要素驱动适应多式联运需求的运输装备协同制造"等3 个案例入选首批国家案例；同时，北京市还举办了 2024 年"数据要素×"大赛北京分赛，承办了全国总决赛。在大赛中，北京市的总获奖数量（23名）和一等奖获奖数量（3 名）全国排名"双第一"，有效推进了"数据要素×"的深入发展。另一方面，注重行业数据专区建设，深化金融、信用、交通、位置等公共数据专区建设，推动数据在重点行业的应用。例如，金融专区累计为银行、保险等 60 余家金融机构，以及 70 万家市场主体提供服务超过 3.7 亿次。

三是培育数据流通交易生态，推动数据资产化试点，提升北京国际大数据交易所能级。2024 年，北京国际大数据交易所围绕高频数据交易业务、人工智能高质量数据集供给、高价值跨境数据流动三大业务展开工作，取得了一系列成果。其中，在高频数据交易业务领域，众多不同经营主体的数据产品经过登记评估后进行上架交易。截至 2024 年底，交易所累计备案交易金额近 100 亿元，上架数据产品超 3 000 个，其中，2024 年新增备案交易金额突破 50 亿元，数据产品超 1 000 个。在人工智能高质量数据集供给领域，累计发布约 300 个高质量数据集，形成 10 余个应用领域数据资源地图，对接 100 多个市场主体参与到高质量数据集的交易中。另外，在数据资产化业务领域，累计发放超 370 张数据资产登记凭证，业务版图拓展至全国 22 个省市（见图 8.4）。

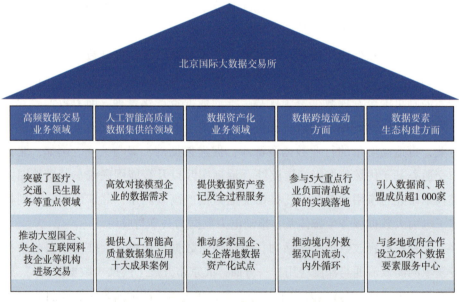

图 8.4　北京国际大数据交易所 2024 年业务成果

资料来源：2025 北京数据交易成果报告会。

四是适度超前布局建设 5G、数据中心、算力等数据基础设施，赋能人工智能产业发展。其中，北京亦庄人工智能公共算力平台的建设为人工智能产业的发展提供了有力支撑。2024 年 3 月，该平台成功点亮 3 000 P 规模的高端算力集群，成为北京市首个千 P 规模以上的公共智能算力平台，并广泛应用于智能交通、医疗健康等领域。2024 年下半年，该平台进一步扩容，算力升级至 5 000 P（1 P 相当于每秒 1 000 万亿次计算速度），算力规模相当于每秒 500 万兆（5×10^{18}）次的计算速度，为企业提供了强大的普惠算力。此外，2025 年 3 月，北京数字经济算力中心正式宣布基础设施落成，该中心定位为"未来 AI 工厂"的算力枢纽，将助力首都构建人工智能产业高地。

五是聚焦数据要素应用和新技术融合两类场景，赋能智慧城市场景开放。2024 年，北京市累计发布 105 项智慧城市场景创新需求，形成政务领域大模型服务平台、"三边三级"智慧养老新模式等 19 项国内首创场景成果，获得 3 项国家发明专利。在此基础上，北京市积极推动智慧城市场景创新成果落地应用。其中，首创全站区多模态融合感知监测系统、无人驾驶市政巡检网格车等成果，有效提升了智慧城市建设的整体效能。通过这些举措，北京市形成了智慧城市场景创新需求、能力和成果清单，为智慧城市的全面发展注入了强大动力。

六是积极促进数据要素流通和产业协同，完善数据要素生态。北京市致力于构建良好的数据要素产业生态，推动数据要素与实体经济的深度融合，打造全国领先的数据要素产业集聚区。2025 年 1 月，朝阳数据要素产业园正式开园，成为北京市数据要素产业的重要承载区。该园区以"一中心六平台"为核心服务体系，提供数据流通、质量评估、金融投资等一站式服务，吸引了近 30 家数据要素企业入驻。与此同时，京津冀地区积极深化数据领域合作，取得显著进展，签订了《京津冀数据协同发展战略合作协议》，推动了"通武廊"数据协同应用场景试点，并形成了首批交通、水务领域共享需求清单。今后，京津冀三地还将构建数据互信互认、交易所互联互通、政策互融互补合作机制。

七是持续推动公共数据开放，扩大公共数据供给，促进公共数据共享和授权运营，为数字经济的繁荣提供了强有力的数据支持。北京市公共数据开放平台面向社会无条件开放 1.8 万个数据集，有效推动了水电气热、公共交通、医疗健康等公共数据的汇聚与共享。其中，丰台区积极推动公共数据开放和企业数据资产化，编制公共数据开放目录和开放计划，首批开放 90 个公共数据集，推动公共数据与企业数据融合发展，充分发挥数据应用效能。此外，北京市通过公共数据开放创新基地平台，成功举办了"北京医疗健康数据创新应用竞赛""智慧交通"等竞赛，开放数据总量达 38.15 亿条，参赛队伍累计达到 8 972 支。这些举措为数据创新应用提供有力支撑，进一步激发了数据要素的活力和价值（见图 8.5）。

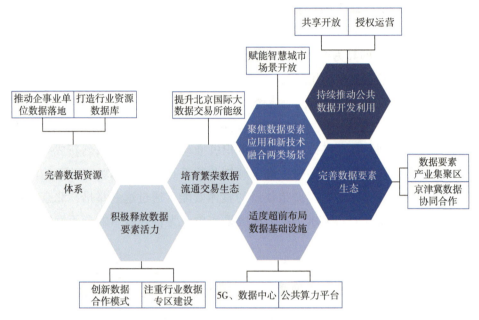

图 8.5　北京市深化数据要素市场化配置改革的实践举措

资料来源：笔者整理。

数据要素市场化配置改革是释放数据要素潜力、驱动科技创新的关键举措。北京市通过科学规划与布局，明确战略目标，并在一系列政策的有力推动下，积极落实各项相关的改革措施，促使数据要素市场化配置改革在多个重点领域取得突破性进展，显著加快了改革的进程，进一步提升了北京市在数据领域的竞争力和影响力。

8.4　北京市深化数据要素市场化配置改革的策略

8.4.1　资源整合：加强数据资源的整合与共享

8.4.1.1　加速数据资源互联互通，让数据"流得动"

当前，北京市的政务数据约占数据总量 50% 以上，条块分割导致"数据孤岛""数据烟囱"，流通性和开放性不够，同时各部门、各行业之间的数据壁垒尚未完全打破，数据共享和交易机制尚不完善，数据多场景应用、多主体复用难度大，一定程度上阻碍了数据资源的整合效应，数据产品"不能流通、不可流通、不易流通"等问题始终难以突破。

北京市应充分依托国家政务大数据平台和市大数据平台，以应用场景为驱动，以新技术赋能为引擎，加快推进跨地区、跨部门、跨层级的系统互联互通和数据共享，同时，积极参与国际合作，推动数据跨境流动的政策协调和技术标准互认。稳步推进公共数据有序流动的数据专区建设，持续深入推动与国家部委、央企总部、平台企业等建立数据合作机制。

8.4.1.2 深化数据资源开发利用，让数据"供得出"

尽管北京市数据存量较大，但北京市数据要素与传统要素，现有经济体系的融合尚处于早期探索阶段，缺乏有效的数据分析和挖掘工具，数据资源的开发利用方式相对单一，大模型、训练工具、数据人才储备等支撑能力不足，导致海量数据开发利用价值低于存储成本，复用价值较低。根据2024全球数字经济大会披露的信息和信通院《数据交易场所发展指数研究报告（2024）》，截至2024年6月，北京国际大数据交易所累计引入数据产品超2 000个，低于同时期的贵阳大数据交易所（2 126个，2024年8月）、深证数据交易所（2 263个，2024年6月）、上海数据交易所（近3 000个，2024年7月）、湖南大数据交易所（4 167个，2024年7月）、西部数据交易中心（超2 200个，2023年9月）、德阳数据交易有限公司（超2 600个，2024年7月）等，具体如表8.2所示。北京市数据产品供给能力有待提升。

表8.2 部分省市数据交易所数据产品数量

机构	产品总数（个）	截止日期
北京国际大数据交易所	超2 000	2024年6月
贵阳大数据交易所	2 126	2024年8月
北方大数据交易中心	超1 000	2024年3月
长春数据交易中心	328	2023年8月
上海数据交易所	近3 000	2024年7月
福建大数据交易所	超500	2024年5月

续表

机构	产品总数（个）	截止日期
郑州数据交易中心	1000	2024 年 7 月
湖南大数据交易所	4 167	2024 年 7 月
广州数据交易所	超 1 400	2023 年 12 月
深圳数据交易所	2 263	2024 年 6 月
苏州大数据交易所	近 700	2024 年 4 月
北部湾大数据交易中心	1 085	2023 年 12 月
海南省数据产品超市	超 1 800	2024 年 1 月
西部数据交易中心	超 2 200	2023 年 9 月
德阳数据交易有限公司	超 2 600	2024 年 7 月

数据来源：《数据交易场所发展指数研究报告（2024）》。

因此，为巩固国际数据要素配置枢纽高地建设，北京市应重点培育数据要素型企业，扶持数据要素型企业在数据要素生态中参与数据生产的链条，提升以数据要素产品为产出的业务能力，不断促进数据资源要素化。加强数据交易市场的系列标准制定和监管规范，推动数据交易的规范化和透明化。探索数据跨境流动的负面清单管理模式，推动高价值数据产品出海，引入境外优质数据资源，打造国际数据流通枢纽。

8.4.2　模式创新：丰富数据要素市场交易模式

北京国际大数据交易所大力发展数据经纪、数据托管等新业态，成效初显。据统计，截至 2024 年上半年，北京国际大数据交易所新增备案交易金额 37.9 亿元。但由于各级数据要素市场的运营战略不够清晰，交易模式尚不成熟，现阶段主要以"粗放型"数据原材料撮合买卖为主，一定程度上存在"挂牌热、交易冷"现象，导致数据集团等市场主体在运营过程中难以充分实现数据资产的商业价值。

北京市应该进行分层分类以满足不同主体的交易需求，继续探索多元化的数据交易模式，结合场内场外交易的优势，推动数据交易的规范化与灵活性。例如，针对高频数据交易业务，重点突破医疗、交通、民生服务等领域的数据流通痛点，推动优质数据产品的高频交易。同时，探索数据跨境流动新模式，促进境内外数据的双向流通。针对应用广泛的公共数据，积极探索公共数据在不同类别场景中的规范性应用，延展数据交易链条，实现公私领域的以数易数、数据捐赠、数据代理等更"泛化"的数据交易形式。对此可借鉴美国的经纪商模式，深挖数据的应用场景，打造数据的"联盟+共享"模式。根据《数据要素市场建设：现状、问题和建议》，该模式涉及三种形态：一是行业或专业领域内流通的应用场景，二是针对供应链上下游协同运营的应用场景，三是针对产业内数据共享或交易模式。

8.4.3　基础夯实：加大基础设施和创新的投入

8.4.3.1　加大数据基础设施建设力度，提升服务效能

高效的数据流通交易依赖于强大的数据基础设施支持。中国人民大学中国宏观经济论坛发布的《数据要素市场建设：现状、问题和建议》指出，数据基础设施建设投入不足，会限制数据存储、处理和分析能力，无法满足大规模数据流通交易的需求。

基站建设方面，截至 2024 年上半年，北京市累计建设 5G 基站达到 12.16 万个，每万人拥有 5G 基站 55 个，位居全国首位。但据全球通用测速网站 SPEEDTEST 数据显示，截至 2025 年 1 月，北京市在全球 205 个监测城市中移动宽带和固定宽带下载速率分别排名第 15 位和第 4 位，较 2024 年的排名有所下降；算力供给方面，根据《北京市算力基础设施建设实施方案（2024—2027 年）》的规划，到 2025 年，北京市智算供给规模将达到 45 EFLOPS，低于 2024 年 6 月上海的智算供给规模（54 EFLOPS）；存力方面，根据 2024 年中国算力大会发布的《中国存力白皮书（2024 年）》，2023 年北京市数据存储容量和单机架存力均居全国第五位，存储容量超过 80 EB，单机架存力达 120 TB/架，先进存力占比超过 30%，高于全国平均水平（25%），但与广东、河北、江苏、上海等地相比仍存在明显差距。北京市数据基础设施建设力度还需要进一步加强（见图 8.6）。

首先，北京市应加强网络优化与技术升级，持续推动 5G 网络技术的升级，优化网络覆盖质量，确保基站布局合理，覆盖盲点得到补充。其次，应深入贯彻落实《北京市算力基础设施建设实施方案》等相关政策，着力实现智算资源供给集群化、智算设施建设自主化、智算能力赋能精准化、智算中

图 8.6　2023 年我国各省份数据存储情况

数据来源：《中国存力白皮书（2024 年）》。

心运营绿色化、智算生态发展体系化等建设目标，提升算力基础设施水平。再次，应超前布局新型数字基础设施，优化数据中心布局，提高数据中心能效和碳效水平。最后，通过发挥北京市在大模型创新动能，多元化的算力保障，海量的数据供给，以及丰富的应用场景等方面的综合优势，提升服务效能，推动北京市数字经济发展。

8.4.3.2　加大数据基础研究投入力度，突破核心技术

在数据要素市场化改革进程中，北京市将技术突破与创新驱动作为核心战略，尤其在基础研究与前沿技术领域取得了显著进展。2025 年 1 月 13 日，北京市统计局发布的特别报告显示，北京市研发投入强度（研发经费占 GDP 比重）领先全国，在国际科技创新中心建设、两区建设、全球数字经济标杆城市建设、国际消费中心城市培育，及京津冀区域的协同发展等方面，继续对五子建设的进展开展跟踪监测（见图 8.7）。总体来说，五子联动为首都经济的质效提升注入了新的动力。具体部署上，北京市依托中关村国家自主创新示范区的资源优势，吸引了大量高科技企业与科研机构，构建了以人工智能、大数据、区块链等技术为主导的创新生态系统。同时，北京市政府通过设立专项基金与政策支持，激励企业增加研发投入，推动了数据采集、存储、处理与分析等关键技术的突破性发展。例如，在数据安全与隐私保护领域，北京市已初步建立了较为完善的技术标准与应用体系，为数据要素的安全流

通提供了重要保障。

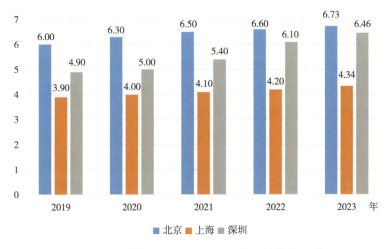

图8.7 北京、上海、深圳2019—2023年研发投入强度（%）

数据来源：国家统计局。

北京市应继续加大对数字技术基础研究和创新的投入，探索多元化投入机制。一是构建多方参与的协同创新平台，通过资源整合和优势互补，加速数字技术的研发和应用；二是完善数字人才培育机制，从理论、技术、实践等三方面着手，加大力度培养和引进高端技术人才，优化数字人才结构，提升北京市在数字技术领域的研发能力；三是出台更多政策举措，支持跨学科领域交流和技术创新，特别是在"卡脖子"技术领域，提供资金支持和政策优惠，促进技术突破；四是加强与国际先进地区在数字技术领域的合作，引进先进技术，推动国际技术标准和协议的共同制定，增强国际影响力。

8.4.4 机制优化：完善交易流通的市场化机制

8.4.4.1 加快完善结构性分置的数据产权制度

北京市在数据要素市场化机制优化方面，已经采取了一系列措施，初步构建了较为完善的市场化交易流通机制。首先，北京市依托北京国际大数据交易所，为数据供需双方提供了规范、透明的交易环境。北京国际大数据交易所通过制定统一的数据交易规则和标准，推动了数据资源的市场化配置。其次，北京市在数据确权、定价、交易等环节，积极探索市场化机制并取得一定的进展。

尽管北京市在数据交易流通机制方面取得了成效，但仍有一些问题需要加以进一步解决。近年来，北京市涉及数据知识产权纠纷的案件数量逐年增加。北京市海淀区人民法院发布的数据显示，近三年来共受理涉数字经济知识产权案件 4 851 件，占全部知识产权案件的 56.7%，其中，包括多种新型案件，呈现诸多新特点、新趋势。平台数据权益保护成为热点和重点，数据要素产权制度需要结合新形势的发展不断健全。

对此，北京市需加快落实落细国家相关数字经济政策，加快制度创新。加快建立结构性分置的数据产权制度，明确公共数据、企业数据、个人数据分类分级确权授权机制。建立健全数据流通准入标准规则体系，包括市场主体准入规则、数据产品准入规则、流通基本规范等。完善数据交易监管和知识产权审判领域的改革创新，涵盖诉讼证据规则、侵权损害赔偿制度、裁判方式等改革，实现数据产权案件审理的专门化、管辖集中化、程序集约化和人员专业化，细分同一类型，完善举证规则，同时推动数据产权的技术发展和应用，涉及以多方安全计算为代表的密码学路径、以联邦学习为代表的机器学习路径和以可信执行环境为代表的硬件路径。通过这些措施，构建更加规范、安全、高效的数据流通和交易环境，促进数据要素市场化配置，释放数据资源的潜在价值（见图 8.8）。

8.4.4.2　加快建立健全数据要素收益分配制度

在数据使用与共享的过程中，各参与主体之间的利益分配存在不均衡现象，利益关系复杂。且由于缺乏有效的激励机制，数据的潜在价值未能得到充分挖掘，进一步制约公共数据的授权运营以及企业数据、个人数据的流通交易。同时，再分配机制和保障保底机制尚不完善。数据要素收益分配机制的公平和效率均有待提高。

北京市将加快建立健全数据要素由市场评价贡献、按贡献决定报酬的收益分配机制，优化初次分配机制，鼓励基于数据质量、创新性应用及实际效益的数据价值创造，推动数据要素收益向数据价值和使用价值的创造者合理倾斜，以确保数据要素贡献者能够获得与其贡献相匹配的经济回报，同时通过合理的利好政策和激励机制，激发市场主体。在再分配环节中，应重点关注公共利益和相对弱势群体，考虑设立数据发展基金或税收优惠政策，对在数据创新、数据安全、数据公益等领域做出突出贡献的企业和个人给予奖励

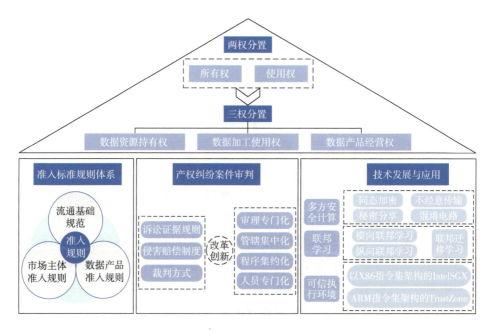

图 8.8　加快完善结构性分置的数据产权制度的举措

资料来源：笔者整理。

或支持，促进数据资源的均衡发展与社会的共同富裕。构建保障保底机制，关注数据弱势群体，如小型数据企业、初创企业以及个人数据创作者，通过提供财政补贴、技术支持、法律援助等措施，保障其基本数据权益（包括知情同意权、可携带权和收益权等）不受侵害，激发市场活力与创新动力。

此外，应加强跨部门协同治理，建立健全数据要素市场的法律法规体系，严厉打击数据垄断、隐私侵犯等不法行为，通过调整和补强传统垄断行为的分析范式，引入数据价值链垄断分析和必需数据拒绝开放分析，提升对数据垄断行为的规制能力，维护市场秩序。强化数据伦理与责任教育，提升全社会对数据价值的认识与尊重，形成政府引导、市场主导、社会参与的数据要素收益分配良好生态，推动数据要素市场健康、可持续发展。

8.5 数据要素市场化配置改革的预期效果与展望

8.5.1 核心经验：北京市数据要素市场化配置改革的实践智慧

北京市的改革实践将为全国数据要素市场化配置提供三类核心经验。

8.5.1.1 "政策+市场"双轮驱动的资源配置模式

北京市率先探索出了"政策+市场"双轮驱动的资源配置模式，为数据要素市场的发展提供了强劲动力。政府充分发挥引导作用，通过制定和实施一系列政策，健全了覆盖数据确权、流通、交易、安全等全生命周期的政策体系，为数据要素市场的健康运行筑牢了制度根基。同时，创新性地推出财政补贴、税收优惠等激励性政策工具包，精准发力，有效激发了市场主体的活力和创造力。在政策的有力支持下，数据要素中介服务体系蓬勃发展，各类中介机构不断涌现，为数据要素的高效配置和合理流动提供了全方位、多层次的专业服务，加速了数据要素在市场中的流转与价值释放，推动数据要素市场驶入发展快车道。

8.5.1.2 "技术突破+制度创新"的协同改革路径

北京市在数据要素市场化配置改革中，走出了一条"技术突破+制度创新"协同并进的特色路径。在技术层面，通过区块链技术构建起可信存证体系，为数据确权和交易提供了坚实的信任基础；隐私计算技术的广泛应用实现了"数据可用不可见"，在保护数据隐私的前提下充分释放数据价值；联邦学习技术推动分布式价值挖掘，打破数据，聚合多方数据资源释放更大价值；智能合约技术自动执行交易规则，提高了交易效率，降低了交易成本和风险。这些前沿技术的集群突破，为数据要素的市场化配置提供了强大的技术支撑。在此基础上，北京市通过制度创新保障数据要素的市场化配置，例如，设置监管沙盒为创新提供了安全、可控的试验场；促进技术与商业模式的快速迭代升级，实现了技术与制度的良性互动；推动数据要素市场在创新中稳健发展，为全国数据要素市场化改革提供了可复制、可推广的范例。

8.5.1.3 "政府引导+多元主体参与"的生态共建机制

北京市充分发挥政府的引导作用，推动政府角色从传统的管理者向数据流通生态的架构师转变，以开放包容的姿态鼓励多元主体参与数据要素市场建设，形成了主体协作网络。龙头企业凭借强大的技术实力和资源优势，牵头搭建可信数据空间，为数据要素的安全存储、高效流通和价值挖掘提供了平台支撑；科研机构聚焦前沿技术研究，建立联合实验室，开展产学研用协同创新，为数据要素市场化配置提供源源不断的技术创新动力；行业协会充分发挥桥梁纽带作用，制定团体标准，规范市场秩序，促进数据要素市场的健康发展；公众也积极参与数据治理，通过各种渠道反馈意见和建议，为数据要素市场的建设贡献智慧和力量。这种多元主体的广泛参与，构建了政府、企业、社会组织和公众共同参与的良好生态，从而形成强大的发展合力，为数据要素市场的发展提供了广阔的空间，推动数据要素市场在多元共治中茁壮成长，为数字经济的高质量发展注入了澎湃动能。

8.5.2　预期效果：北京市数据要素市场化配置改革的预期成果

北京市深化数据要素市场化配置改革，预计将形成三方面核心成果。

8.5.2.1　经济效能提升与产业升级加速

通过数据要素的高效流通与市场化配置，北京市有望进一步释放数据资源的乘数效应，推动数字经济规模持续扩大。预计在人工智能领域，数据驱动的创新应用将加速涌现，为智能交通、智能医疗、智能制造等行业提供强大的技术支撑，助力传统产业实现数字化转型，形成"数据+产业"的深度融合生态。在金融科技领域，数据要素的市场化配置将促进金融创新，提高金融服务的效率和精准度，为实体经济的发展提供有力支持。在智慧城市领域，数据驱动的创新应用将为城市的精细化管理提供有力支持，提升城市的运行效率和居民的生活质量。同时，数据交易市场规模的扩大将直接为区域经济增长做出贡献，形成新的经济增长极，为北京市的经济发展注入新的活力。

8.5.2.2　社会治理能力优化

公共数据的开放共享和授权运营加速了其开发利用效率，将为社会治理带来全新的变革。通过整合政府各部门的数据资源，实现数据的互联互通，打破信息孤岛，将显著提升公共服务的精准化与智能化水平。例如，基于城市运行数据的实时分析，可优化交通调度，缓解城市交通拥堵，提高居民的出行效率；可优化环境监测，及时发现和处理环境污染问题，保护城市生态环境。推动"一网通办""一网统管"等政务服务模式深化，可打破部门壁垒，实现政务服务高效便捷，为全国智慧城市建设提供示范经验，引领全国智慧城市建设的发展方向。

8.5.2.3 制度创新与标准引领

北京市在数据确权、定价、交易规则、行业标准等关键领域的积极探索，预计将形成一批具有创新性和可操作性的制度成果。例如，通过北京国际大数据交易所的实践，可能催生全国性数据交易标准与合规框架，为破解数据要素市场化中的权属模糊、交易壁垒等共性问题提供有效的解决方案。以上制度成果将为北京市的数据要素市场发展提供坚实的制度保障，为全国乃至全球的数据要素市场发展提供重要的参考和借鉴，推动数据要素市场的规范化、标准化发展。

标准制定方面，北京市围绕数据要素"采、存、算、管、用"全过程管理，系统推进标准制定。针对重点领域，北京市主导或参与制定行业级数据标准，并积极参与全球数据治理规则制定，健全标准实施保障机制，确保标准落地（见图8.9）。

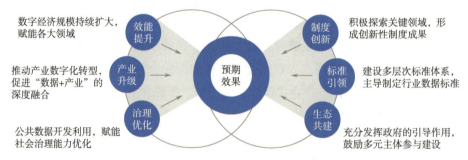

图8.9　北京市数据要素市场化配置预期效果

资料来源：笔者整理。

8.5.3　未来展望：数据要素市场化配置改革的未来发展与趋势

面向未来，北京市数据要素市场化改革将呈现三大发展趋势。

8.5.3.1　制度体系的全球化衔接

在数据跨境流动需求增长的背景下，北京市作为中国的首都和重要的国际交往中心，将继续探索与国际数据规则接轨的路径。一方面，北京市可以通过积极参与全球数据治理规则的制定，发出中国声音，贡献中国智慧，推动形成更加公平、合理、有效的国际数据治理体系；另一方面，北京市可通过建设国际数据合作试验区，开展先行先试，探索建立"境内合规、跨境可控"的数据流通机制。这不仅有助于保障国家数据安全，还能为中国企业参与全球数字竞争创造良好的制度环境，提升中国在全球数字经济领域的影响力和话语权。

8.5.3.2 市场生态的多元化拓展

伴随着数字经济的发展，数据要素市场将呈现多层次、多维度的发展态势。从交易标的看，市场将从粗加工数据产品交易，逐步向细加工数据产品、高质量配套数据服务等高层次的交易形式延伸。数据产品将更加注重对数据的深度加工和价值挖掘，以满足不同行业、不同企业的多样化需求；数据服务则涵盖了数据咨询、数据分析、数据可视化等领域，为企业提供全方位、一站式的数据解决方案。从应用场景看，数据要素的应用范围将不再局限于经济领域，而是向公共服务、科学研究等更广泛的领域渗透。在公共服务领域，数据要素将助力政府提升社会治理能力和服务水平，实现精准决策和精细化管理；在科学研究领域，数据要素将为科研人员提供丰富的数据资源，加速科技创新和成果转化。从参与主体看，市场将从大型企业主导逐渐向中小企业、个人开发者等多元主体共同参与的方向发展。北京市可以通过构建"数据要素创新联合体"，整合各方资源，促进产学研用协同创新，培育数据要素市场新业态，激发市场活力和创造力，推动数据要素市场健康、可持续发展。

8.5.3.3 技术驱动的市场深化

随着人工智能、区块链、隐私计算等技术的不断成熟与完善，数据要素流通的安全性与效率有望得到显著提升。基于联邦学习的数据"可用不可见"模式，凭借其独特的技术优势，有望成为未来数据流通领域的主流模式。在医疗领域，该模式能够有效保障患者隐私，同时促进医疗数据的共享与利用，为医学研究和临床诊断提供有力支持；在金融领域，有助于金融机构在风险可控的前提下，充分挖掘客户数据价值，提升金融服务质量和效率。北京市作为国内科技创新的高地，汇聚了众多顶尖的科研机构和高科技企业，在数据要素与前沿技术融合方面具有得天独厚的优势，有望在这一领域占据先导地位，引领全国乃至全球数据要素市场的发展潮流。

展望未来，北京市将立足"全球数字经济标杆城市"目标，以数据要素市场化改革为核心抓手，推动形成"国内大循环为主体、国内国际双循环相互促进"的数据要素发展格局。通过强化制度供给、技术赋能与生态培育,北京市有望成为全球数据要素资源配置的关键节点,为中国参与全球数据流通提供"首都样本"。

9 北京市数字产业链的增值效应

闫云凤[*]

9.1 数字产业链增值效应的测算方法与模型

9.1.1 数字产业链增加值的测算方法

9.1.1.1 数字产业链的概念界定

张虎等（2022）将产业链数字化作为产业链现代化的一个评价维度，认为产业链数字化水平考察的是数字技术在产业链中的应用情况，并用企业数字化和产业数字化两个三级维度来衡量。任保平和张陈璇（2023）将数字产业链定义为通过数据这一生产要素进行的有关经济部门的关联网络，它是以数字产业为核心的数据供应链、数字企业拓展的空间链以及数字价值链的有机组合，其特点是数字产业链本身的价值生产有限，但对其他产业链运行效率的提升存在正的外部性影响。数字产业链打破了传统产业链的时空布局限制，是随着数字经济的发展而在传统产业链的基础上所形成的新型产业链分支。

数字产业链是数字经济的重要组成部分和关键支撑，涵盖了从数字技术研发、数字产品制造、数字内容创作到数字服务等一系列环节，这些环节相

* 闫云凤，首都经济贸易大学经济学院教授，博士生导师。首都经济贸易大学经济学院 2024 级博士研究生陈佳宁参与了本报告的研究工作。

互关联、相互作用，形成了一个完整的链条，其通过优化资源配置、提高生产效率、创新商业模式等方式，推动数字经济实现价值创造。

9.1.1.2 数字产业链增值效应的界定与测算方法

目前，国内外对于数字产业增加值的测度主要有投入产出法、国民经济核算法两种。

第一类是最常用的投入产出法。许宪春和张美慧（2020）界定数字经济包括数字化赋权基础设施、数字化媒体、数字化交易和数字经济交易产品四项内容，并借鉴美国经济分析局（BEA）的测算方法，结合《中国投入产出表》的数据测算了中国数字经济的增加值与总产出等指标。马丹和唐佳琦（2023）识别出国际多区域投入产出表的数字经济核心部门和其他部门中的数字化部分，将其统称为数字贸易依托部门，并在此基础上利用多层级分解的方法，进一步分析了全球数字价值链演变的重要因素。关会娟和徐丽笑（2025）采用系数拆分的方式，将混合部门中的数字经济核心产业增加值的部分分离出来，并将其与完全属于数字核心产业的数字部门增加值进行加总，得到了数字经济核心产业增加值。张少华等（2025）将数字产业划分为数字经济主要部门、数字经济次要部门与传统部门三类，借助投入产出方法与增长核算方法分别计算出各部门的增加值，并进行加总得到中国数字经济的增加值。

第二类是国民经济核算法。蔡跃洲和牛新星（2021）从数字技术/信息和通信技术（ICT）的"渗透性""协同性""替代性"等三大技术经济特征出发，结合增长理论，将数字经济划分为"数字产业化"和"产业数字化"两部分，并运用增长核算及面板分析，估算各产业部门增加值增长中 ICT 替代效应及协同效应的贡献度，以此衡量产业数字化带来的增加值。陈光慧和李文华（2025）以收入法为基础，从产业数字化的 ICT 替代效应和 ICT 协同效应入手，考虑其在劳动者报酬、生产税净额、固定资产折旧和营业盈余等 4 项构成中的价值表征，从中剥离出属于产业数字化的部分，从而形成 ICT 替代效应增加值和 ICT 协同效应增加值，最终加总得到产业数字化增加值。

9.1.2 北京市数字产业链本地增值效应的测算方法

9.1.2.1 北京市数字核心产业与融合产业增加值的测算方法

借鉴陈梦根和张鑫（2022）的研究，本报告将数字核心产业部门定义为与数字技术直接相关的特定产业部门，即信息产业，将《北京市42部门投入产出表》与国家统计局发布的《数字经济及其核心产业统计分类》进行对照，界定"通信设备、计算机及其他电子设备制造业"为数字产品制造业，"信息传输、计算机服务及软件业"为数字产品服务业，二者统称为数字核心产业。测算得到的数字产品制造业增加值与数字产品服务业增加值的加总即为数字核心产业的增加值。

把使用数字基础设施或数字技术创造的与数字活动有关的非数字产业部门界定为数字融合产业，并假设某一行业数字中间投入占该行业部门中间投入的比例与该行业数字经济产出占该行业产出的比例相同，即通过计算传统产业部门对数字经济核心产业消耗系数，推算传统产业部门通过使用数字投入形成的产出。该假设意味着对于某一个传统产业部门而言，其数字投入与非数字投入的结构比例和当年数字产出与非数字产出的结构比例相同。

首先，测算数字核心产业消耗系数：

$$a_{i,j} = \frac{z_{i,j}}{Z_j} \quad (i=1,\ 2;\ j=1,\ 2,\ \cdots,\ n) \tag{9-1}$$

其中，$a_{i,j}$ 表示 j 行业对数字产品制造业（$i=1$）或数字产品服务业（$i=2$）的消耗系数，$z_{i,j}$ 表示 j 行业所使用的 i 行业的中间投入，Z_j 表示 j 行业的中间投入。

其次，测算全社会的数字核心产业消耗系数：

$$A_{i,j} = \begin{pmatrix} a_{1,1} & \cdots & a_{1,n} \\ & & \\ a_{2,1} & \cdots & a_{2,n} \end{pmatrix} \tag{9-2}$$

其中，$a_{1,j}$ 表示 j 行业的数字产品制造业消耗系数，$a_{2,j}$ 表示 j 行业的数字产品服务业消耗系数。

从投入产出表可以得到各行业部门的增加值：

$$V = \begin{bmatrix} V_1 \\ \vdots \\ V_n \end{bmatrix} \tag{9-3}$$

从而可以得到各传统部门使用数字核心产业所创造的增加值：

$$V_{i,j} = A_{i,j} \times V = \begin{pmatrix} a_{1,1} & \cdots & a_{1,n} \\ & & \\ a_{2,1} & \cdots & a_{2,n} \end{pmatrix} \begin{bmatrix} V_1 \\ \vdots \\ V_n \end{bmatrix} = \begin{pmatrix} a_{1,1} \times V_1 & \cdots & a_{1,n} \times V_n \\ & & \\ a_{2,1} \times V_1 & \cdots & a_{2,n} \times V_n \end{pmatrix} \quad (9\text{-}4)$$

值得注意的是，$V_{i,j}$ 计算得到的数字融合产业增加值中有一部分已包含在数字核心产业增加值内，因此最终得到的数字融合产业增加值应当为：

$$V_{1,j} = \sum_j a_{1,j} \times V_j - a_{1,DM} \times V_{DM} \quad (9\text{-}5)$$

$$V_{2,j} = \sum_j a_{2,j} \times V_j - a_{2,DS} \times V_{DS} \quad (9\text{-}6)$$

其中，V_{DM} 代表数字产品制造业增加值，V_{DS} 代表数字产品服务业增加值，$V_{1,j}$ 代表数字产品制造业融合部门增加值，$V_{2,j}$ 代表数字产品服务业融合部门增加值。

此时，北京市数字产业链的增值效应包括两个部分：一是单一数字产业链增加值，反映的是数字核心产业在北京市产业链中创造的增加值；二是融合数字产业链增加值，反映的是北京市传统产业与数字核心产业在产业链运行过程中相互渗透而产生的增加值。

9.1.2.2 北京市数字产业的产业链关联效应

影响力系数衡量的是某一产业对国民经济其他产业发展的拉动程度，反映了该产业的最终产品变动对整个经济系统产出变动的影响能力。影响力系数越大，说明该产业对其他产业的带动作用越强，对经济增长的辐射能力越强。因此，本报告使用影响力系数反映数字核心产业（数字产品制造业、数字产品服务业）对上游产业的拉动作用：

$$F_j = \frac{\sum_{i=1}^{n} b_{ij}}{\frac{1}{n}\sum_{i=1}^{n}\sum_{j=1}^{n} b_{ij}} \quad (9\text{-}7)$$

其中，F_j 是第 j 产业的影响力系数，此处计算数字产品制造业（$j=1$）与数字产品服务业（$j=2$）的影响力系数；$\sum_{i=1}^{n} b_{ij}$ 反映了数字产品制造业（$j=1$）、数字产品服务业（$j=2$）对其他产业的拉动作用，即第 j 个产业增加 1 个单位最终使用时，对国民经济各产业所产生的生产需求波及程度；$\frac{1}{n}\sum_{i=1}^{n}\sum_{j=1}^{n} b_{ij}$ 为各产业影响程度的平均值。

感应度系数主要衡量的是某一产业受到国民经济其他产业变动影响的程度，即该产业对其他产业需求变化的敏感程度。感应度系数越大，表明该产业受其他产业的需求拉动作用越强，当经济发生波动时，该产业受到的影响也越大。因此，本报告使用感应度系数反映数字核心产业（数字产品制造业、数字产品服务业）对下游产业的支撑作用：

$$E_i = \frac{\sum\limits_{j=1}^{n} g_{ij}}{\frac{1}{n}\sum\limits_{i=1}^{n}\sum\limits_{j=1}^{n} g_{ij}} \tag{9-8}$$

其中，E_i 是第 i 产业的感应度系数，此处计算数字产品制造业（$i=1$）与数字产品服务业（$i=2$）的感应度系数；$\sum\limits_{i=1}^{n} g_{ij}$ 反映了表示数字产品制造业（$i=1$）、数字产品服务业（$i=2$）受到其他产业的感应程度，即当国民经济各部门均增加一个单位最终使用时，第 i 产业由此而受到的需求感应程度；$\frac{1}{n}\sum\limits_{i=1}^{n}\sum\limits_{j=1}^{n} g_{ij}$ 为各产业感应程度的平均值。

9.1.3　北京市数字产业链对其他省市增加值外溢效应的测算方法

用北京市数字产品制造业、数字产品服务业所使用的来自外省的中间投入表示北京市数字产业对上游其他省市增加值的拉动作用。

北京市数字产品制造业来自第 k 省的中间投入为：

$$Z_{k,1} = \sum_{i \in k} a_{i,1} X_1 \tag{9-9}$$

其中，$a_{i,1}$ 为直接消耗系数，表示的是北京市数字产品制造业部门生产单位产品直接消耗的 k 省第 i 产业产品量；X_1 表示北京市数字产品制造业的总产出。

北京市数字产品服务业来自第 k 省的中间投入为：

$$Z_{k,2} = \sum_{i \in k} a_{i,2} X_2 \tag{9-10}$$

其中，$a_{i,2}$ 为直接消耗系数，表示北京市数字产品服务业部门生产单位产品直接消耗的 k 省第 i 产业产品量；X_2 表示北京市数字产品服务业的总产出。

用北京市数字产品制造业、数字产品服务业为各省增加值提供的中间投入表示北京市数字产业对其他省市下游产业增加值的支撑作用。

北京市数字产品制造业为第 k 省提供的中间投入为：

$$Z_{1, k} = \sum_{j \in k} a_{1, j} X_j \qquad (9-11)$$

其中，$a_{1, j}$ 为直接消耗系数，表示 k 省第 j 产业生产单位产品直接消耗的北京市数字产品制造业产品量；X_j 是第 k 省中各相关部门 j 的总产出。

北京市数字产品服务业为第 k 省提供的中间投入为：

$$Z_{2, k} = \sum_{j \in k} a_{2, j} X_j \qquad (9-12)$$

其中，$a_{2, j}$ 为直接消耗系数，表示 k 省第 j 产业生产单位产品直接消耗的北京市数字产品服务业产品量；X_j 是第 k 省中各相关部门 j 的总产出。

9.1.4　数据来源与说明

测算所需的 2002、2005、2007、2012、2015、2017 年北京市投入产出表来自北京市统计局，全国投入产出表来自国家统计局。由于 2022 年北京市投入产出表与全国投入产出表尚未发布，故以 2020 年到 2022 年北京市以及其他各省份的 GDP 增长率为系数，与 2020 年的相关指标相乘，得到 2022 年测算所需的各项数据。

9.2　北京市数字产业链的本地增值效应

9.2.1　北京市数字产业增加值变化趋势

图 9.1 反映的是北京市数字产业增加值在 2002—2022 年的变化趋势，包括数字核心产业的数字产品制造业、数字产品服务业和数字融合产业等三部分。

从时间序列看，2002—2022 年，北京市的数字产品制造业、数字产品服务业和数字融合产业的增加值整体呈现上升态势，反映出北京市数字产业在这一时期不断发展壮大，顺应了全球数字化发展的大趋势。从内部结构看，数字核心产业对北京市数字产业增加值的贡献率较大，其中数字产品服务业对数字核心产业增加值的贡献率最大。

数字产品制造业增加值在 2002—2005 年有一定规模的增长，从 1 545.19 亿元增加到 2 772.65 亿元，在 2005—2007 年却不升反降，增加值下降至

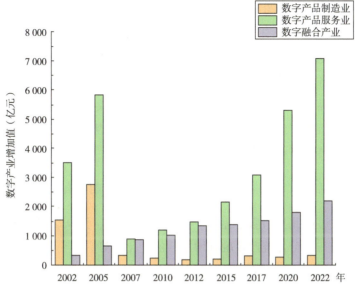

图 9.1　北京市数字产业变化趋势

336.94 亿元，降幅达到 87.85%，此后各年份的增加值相对较低且发展呈现出小幅度升降交错的态势，2022 年北京市数字产品制造业增加值为 341.29 亿元，远小于 2005 年的 2 772.65 亿元。可能的原因是，2022 年北京市的服务业实现增加值 3.5 万亿元，占 GDP 比重超 80%，且已保持了 7 年①，服务业的快速发展使得资源要素向服务业倾斜，一定程度上挤压了数字产品制造业等第二产业的发展空间。

数字产品服务业增加值呈现出较为明显的增长趋势，尤其在 2007—2022 年增长迅速，由 2007 年的 905.55 亿元增长至 2022 年的 7 091.76 亿元，增幅高达 683.15%。这种增长契合了数字经济发展中的服务化趋势，随着数字化应用场景的拓展，对数字服务需求不断攀升，软件服务、信息技术服务等行业的技术创新和市场需求共同推动了该产业的快速发展。

数字融合产业则整体呈增长态势，虽然增长幅度相比数字核心产业要小，年平均增长率仅为 71.64%，但相对较为稳健。这体现了数字技术与传统

---

① 北京市统计局：《北京市 2022 年国民经济和社会发展统计公报》，https://tjj.beijing.gov.cn/tjsj_31433/sjjd_31444/202303/t20230320_2940009.html。

产业融合不断深化,传统产业借助数字技术实现转型升级,创造出更多的经济价值,数字融合产业发展潜力巨大。

由此可见,北京市不同数字产业增加值在各时期发展速度差异明显。2002—2005年数字产品制造业的增长率相对较高,以79.44%的涨幅微弱领先于数字产品服务业的65.96%;之后数字产品服务业的增长速度逐渐加快并大幅领先数字产品制造业;数字融合产业虽起步相对较缓,但增长后劲比较足。这反映出北京市数字经济内部结构不断优化调整,从侧重产品制造,逐步向服务化以及与传统产业深度融合转变。

9.2.2 北京市数字融合产业各细分行业增加值的变化趋势

为进一步了解北京市数字融合产业的内部结构,图9.2展示了北京市数字产品制造业与部分传统产业融合增加值的变化趋势。

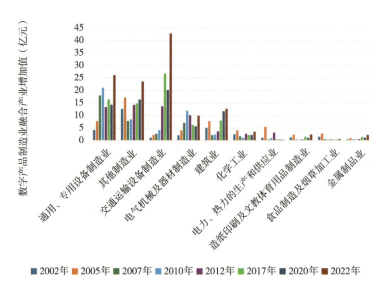

图9.2 北京市数字产品制造业与传统产业的融合增加值

从图9.2中可以发现以下几个特点:第一,通用、专用设备制造业,其他制造业,交通运输设备制造业,电气机械及器材制造业以及建筑业与数字产品制造业的融合度较好。也就是说,这些行业通过使用通信设备、计算机及其他电子设备等,其生产效率大幅上升,创造了更多的增加值。第二,从变化趋势看,通用、专用设备制造业,其他制造业,交通运输设备制造业与数字产品制造业的融合增长值呈上升态势，其中，交通运输设备制造业的融合增加值增长率最大，2002—2022 年达到了 3 608%。从现实来看，新能源汽车作为交通运输设备制造业的重要分支，发展迅猛。新能源汽车高度依赖数字技术，如电池管理系统、智能充电设施、车辆控制系统等，而这些都需要数字产品制造业提供技术支持和产品配套。以特斯拉、比亚迪等为代表的新能源汽车企业，不断加大在自动驾驶、智能座舱等领域的研发投入，推动了与数字产品制造业的融合。

图 9.3 展示了北京市数字产品制造业与部分传统产业融合增加值的变化趋势。从中可以发现以下几个特点。第一，金融业、科学研究技术服务业以及公共管理和社会组织服务业与数字产品服务业的融合发展水平位列前三，这与《中国数字经济发展研究报告（2021 年）》的调研结果基本一致。基于对 2 205 家人工智能企业的属性和关系数据分析，数字和人工智能与第三产业的融合度排名前三的是信息传输、软件和信息技术服务业，科学研究和技术服务业以及金融业。这表明在数字经济发展中，这三个产业与数字技术的融合处于领先地位。从现实来看，金融业是高度依赖数据和信息的行业，天生具有数字基因，数字产品服务业能够为金融业提供强大的数据处理、分析和存储能力，帮助金融机构更好地挖掘客户信息、评估风险、创新金融产品和服务。数字产品服务业可以为科学研究和技术服务业提供高性能计算、大数

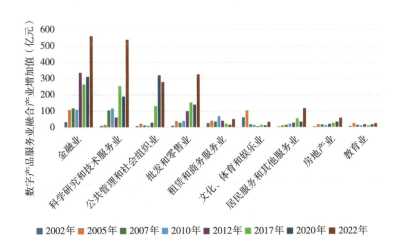

图 9.3　北京市数字产品服务业与传统产业的融合增加值

据分析、人工智能算法等数字技术，从而有助于科研人员更高效地进行实验模拟、数据分析、模型构建，加速科研成果的产出和转化。第二，从整体来看，各产业的融合增加值基本呈现上升趋势，2002—2022 年金融业，科学研究和技术服务业，公共管理和社会组织业，批发和零售业，租赁和商务服务业，文化、体育和娱乐业，居民服务和其他服务业，房地产业，教育业与数字产品服务业的融合增加值增长率依次为 1 568%、5 827%、31.66%、30.11%、90%、-0.45%、2 311%、916%、246%，从中可以看出增长速度最快的是科学研究和技术服务业与数字产品服务业的融合增加值。

9.2.3 北京市数字产品制造业与本地产业的上下游关联

表 9.1 展示了北京市各产业部门在 2007、2010、2012、2017、2020 年的影响力系数。由表 9.1 可见，数字产品制造业的影响力系数有一定起伏，2020 年为 0.992 2，接近社会平均影响水平（影响力系数为 1 时为社会平均影响水平，下同）。2012 年、2017 年的影响力系数较高，说明这两年在增加单位最终使用时，数字产品制造业对其他部门生产需求波及程度大。但后期接近 1，表明其对其他部门的拉动作用逐渐趋近于社会平均水平。而数字产品服务业的影响力系数持续上升，从 2007 年的 0.986 5 增长到 2020 年的 1.182 3，这意味着该行业每增加 1 个单位最终使用，对国民经济各部门产生的生产需求波及程度不断增强，且远超社会平均影响水平。表明该行业在经济体系中的基础性和带动性作用愈发凸显。

表 9.1 北京市各产业部门影响力系数

行业	2007 年	2010 年	2012 年	2017 年	2020 年
农林牧渔产品和服务	1.099 1	0.575 6	0.947 2	0.717 0	1.289 7
煤炭采选产品	1.401 6	1.357 0	2.771 7	0.315 4	0.312 2
石油和天然气开采产品	1.385 7	1.109 2	1.248 0	1.335 6	0.975 1
金属矿采选产品	0.950 4	1.413 0	0.562 6	0.461 4	0.975 1
非金属矿和其他矿采选产品	0.532 6	0.505 6	0.412 2	0.381 2	1.234 1
食品和烟草	0.639 7	0.605 6	0.750 5	0.693 5	1.054 4
纺织品	0.881 0	0.790 9	0.907 3	0.658 8	1.000 4

续表

行业	2007 年	2010 年	2012 年	2017 年	2020 年
纺织服装鞋帽皮革羽绒及其制品	0.434 6	0.396 6	0.371 2	0.412 6	1.433 3
木材加工品和家具	0.574 0	0.426 4	0.565 5	0.502 1	1.022 1
造纸印刷和文教体育用品	1.020 8	0.717 0	1.127 1	1.133 1	1.015 4
石油、炼焦产品和核燃料加工品	1.552 7	1.598 1	1.056 7	0.868 4	1.052 6
化学产品	2.391 3	1.652 7	2.627 8	2.506 1	1.031 9
非金属矿物制品	0.770 2	0.604 7	0.656 2	0.561 0	0.984 9
金属冶炼和压延加工品	2.825 7	1.571 8	5.015 3	5.156 9	0.977 6
金属制品	0.989 2	0.696 8	0.711 6	0.841 4	0.993 6
通用设备	1.200 0	0.697 9	0.965 7	0.601 0	1.018 3
专用设备	1.119 7	1.424 8	0.553 8	0.423 1	0.955 6
交通运输设备	0.913 0	0.889 1	0.693 0	0.712 7	1.052 7
电气机械和器材	2.422 7	1.785 1	0.820 8	0.749 5	1.007 5
通信设备、计算机和其他电子设备	0.742 9	0.475 6	1.802 3	1.256 8	0.992 2
仪器仪表	0.399 4	0.355 4	0.526 4	0.496 4	0.988 4
其他制造产品	0.760 8	0.606 5	0.314 4	0.301 5	1.018 8
废品废料	2.804 1	3.274 6	0.390 3	0.675 2	0.975 1
金属制品、机械和设备修理服务	0.426 3	0.562 6	0.726 2	3.373 9	0.974 7
电力、热力的生产和供应	0.353 5	0.295 4	3.152 3	0.580 2	1.065 7
燃气生产和供应	0.529 2	0.652 6	0.462 7	0.335 3	1.056 9
水的生产和供应	2.453 8	4.584 9	0.307 0	0.403 3	0.981 2
建筑	0.344 4	0.291 3	0.444 1	1.783 2	1.168 8
批发和零售	0.632 8	0.467 4	1.947 5	1.781 7	1.000 3
交通运输、仓储和邮政	1.903 9	3.180 2	1.955 5	0.632 7	0.920 8
住宿和餐饮	0.790 6	0.719 6	0.616 3	0.598 4	0.998 6
信息传输、软件和信息技术服务	0.986 5	1.099 3	0.543 2	1.940 0	1.182 3
金融	0.551 1	0.450 4	1.391 2	0.935 9	1.504 7

续表

行业	2007 年	2010 年	2012 年	2017 年	2020 年
房地产	1.327 9	2.063 7	0.599 2	4.834 2	1.288 8
租赁和商务服务	0.539 6	0.482 4	1.403 5	0.276 2	1.144 5
科学研究和技术服务	0.774 2	1.034 1	0.593 5	0.586 7	1.231 2
水利、环境和公共设施管理	0.428 1	0.369 2	0.341 4	0.355 2	1.146 1
居民服务、修理和其他服务	0.483 2	0.400 0	0.406 2	0.530 7	1.062 3
教育	0.392 2	0.403 8	0.335 2	0.371 5	1.392 8
卫生和社会工作	0.323 5	0.272 3	0.275 0	0.279 2	1.406
文化、体育和娱乐	0.592 1	0.476 3	0.407 6	0.340 3	1.116 1
公共管理、社会保障和社会组织	0.356 1	0.664 6	0.294 9	0.300 7	1.089 6

表 9.2 展示了北京市各产业部门在 2007、2010、2012、2017、2020 年的感应度系数。可以看出，数字产品制造业的感应度系数从 2007 年的 1.132 4 到 2020 年的 0.994 0，整体有一定波动且后期接近 1。早期感应度系数较高，表明在当时经济体系中，各部门增加单位最终使用时，对该行业产品和服务需求感应程度较强。后期接近 1，说明其受其他部门需求拉动的程度逐渐趋近社会平均水平。数字产品服务业的感应度系数有一定波动，整体上看，从 2007 年的 0.604 7 到 2020 年的 1.151 0。其感应度系数逐渐上升且在 2020 年大于 1，说明随着经济的发展，当各部门均增加 1 个单位最终使用时，该行业受到的需求感应程度不断增强，且高于社会平均水平，意味着其他部门对其产出需求增多，在经济发展中受重视程度提高。

表 9.2 北京市各产业部门的感应度系数

行业	2007 年	2010 年	2012 年	2017 年	2020 年
农林牧渔产品和服务	0.926 3	0.866 3	0.853 6	0.834 8	1.352 1
煤炭采选产品	1.279 9	1.269 9	2.327 3	0.930 5	1.044 8
石油和天然气开采产品	0.764 5	0.768 3	0.454 9	0.960 0	0.975 1
金属矿采选产品	0.748 7	1.193 0	1.239 5	1.110 7	0.974 3
非金属矿和其他矿采选产品	1.096 7	1.030 3	0.771 7	0.880 9	1.888 5

行业	2007 年	2010 年	2012 年	2017 年	2020 年
食品和烟草	1.073 8	1.004 8	1.036 0	0.946 9	1.134 1
纺织品	0.988 3	1.002 4	1.230 3	0.984 0	1.011 3
纺织服装鞋帽皮革羽绒及其制品	0.907 9	0.970 9	1.059 0	0.958 4	1.536 6
木材加工品和家具	1.215 2	1.099 9	1.159 3	1.131 6	1.045 4
造纸印刷和文教体育用品	1.063 0	0.911 3	1.108 1	1.046 5	1.023 6
石油、炼焦产品和核燃料加工品	1.144 6	0.940 0	0.729 4	1.215 5	1.106 3
化学产品	0.950 3	1.000 6	0.875 5	0.863 4	0.996 3
非金属矿物制品	1.174 1	1.086 5	1.116 0	1.195 2	0.979 5
金属冶炼和压延加工品	1.182 2	1.373 4	1.570 2	1.997 0	0.978 9
金属制品	1.248 3	1.214 1	1.403 7	1.492 8	0.995 2
通用设备	1.109 3	1.065 6	1.224 8	1.172 3	1.048 1
专用设备	1.255 1	1.157 7	1.219 4	1.134 4	1.024 8
交通运输设备	1.160 2	1.114 0	1.146 7	1.155 3	1.097 6
电气机械和器材	1.377 3	1.239 6	1.269 7	1.201 9	1.021 9
通信设备、计算机和其他电子设备	1.132 4	1.006 6	1.327 4	1.179 5	0.994 0
仪器仪表	1.228 2	1.151 0	1.148 5	1.018 6	0.993 1
其他制造产品	1.174 5	1.208 2	1.197 7	0.897 6	1.030 9
废品废料	1.082 3	1.177 2	0.527 6	0.838 1	0.975 1
金属制品、机械和设备修理服务	0.498 2	1.003 6	0.924 1	1.392 8	0.975 1
电力、热力的生产和供应	1.061 6	1.143 4	1.447 4	1.136 1	1.121 5
燃气生产和供应	1.162 6	1.144 8	0.743 8	0.752 0	1.162 9
水的生产和供应	0.942 9	1.005 4	0.962 7	1.335 5	0.976 1
建筑	0.742 5	0.729 1	1.232 3	0.731 4	1.325 0
批发和零售	1.029 6	0.899 3	0.593 7	0.989 4	1.123 8
交通运输、仓储和邮政	0.725 3	0.743 0	0.887 6	0.852 5	1.096 3
住宿和餐饮	0.845 8	0.940 3	0.893 6	0.897 5	0.986 1

续表

行业	2007 年	2010 年	2012 年	2017 年	2020 年
信息传输、软件和信息技术服务	0.604 7	0.677 5	0.762 1	0.591 3	1.151
金融	0.586 8	0.686 9	0.540 6	0.524 4	1.380 8
房地产	0.972 5	0.982 3	0.588 8	0.972 1	1.307 4
租赁和商务服务	1.031 1	0.973 1	0.647 8	0.797 3	1.044 3
科学研究和技术服务	1.096 7	1.061 6	0.890 9	1.032 5	1.230 9
水利、环境和公共设施管理	0.902 1	0.973 0	0.885 9	0.908 1	1.290 8
居民服务、修理和其他服务	1.054 8	0.843 8	0.838 4	0.835 7	1.080 0
教育	0.773 1	0.666 2	0.638 5	0.582 0	1.4380
卫生和社会工作	0.968 9	0.936 6	0.898 2	0.795 1	1.5970
文化、体育和娱乐	0.903 1	0.836 9	0.835 7	0.898 8	1.169 6
公共管理、社会保障和社会组织	0.814 4	0.901 3	0.791 3	0.829 2	1.182 5

　　为进一步分析北京市数字产业链的本地增值效应，图 9.4 展示了 2002—2022 年北京市数字产品制造业与本地产业的上下游关联。

　　由图 9.4a 可以看出，2002 年，北京市数字产品制造业与上游产业关联最紧密的是电气机械和器材、房地产以及水利、环境和公共设施管理业，这意味着上述三个行业为数字产品制造业创造增加值提供的中间投入最多，分别为 40.94 亿元、16.47 亿元和 12.92 亿元；与下游产业关联最紧密的是电气机械和器材、批发和零售以及燃气生产和供应业，这说明北京市数字产品制造业在该年度主要拉动了上述三个本地产业生产，为它们提供的中间投入分别为 40.94 亿元、1.27 亿元和 0.78 亿元。

　　由图 9.4b 可以看出，2007 年，从上游产业关联看，北京市电气机械和器材以及交通运输、仓储和邮政业为本地数字产品制造业提供的中间投入较多，分别为 27.17 亿元、6.88 亿元；从下游产业关联看，北京市数字产品制造业为电气机械和器材以及批发和零售业产业生产提供的中间投入最多，分别为 27.17 亿元、9.95 亿元。

　　由图 9.4c 可以看出，2012 年，从上游产业关联看，北京市通信设备、计算机和其他电子设备以及批发和零售业为本地数字产品制造业提供的中间投

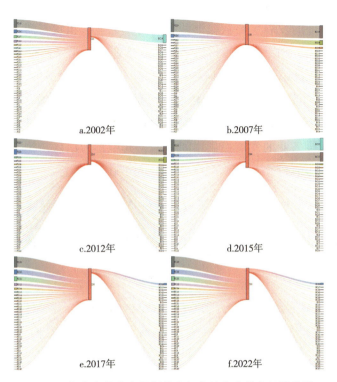

a.2002年   b.2007年

c.2012年   d.2015年

e.2017年   f.2022年

图 9.4 北京市数字产品制造业与本地产业的上下游关联

入较多，分别为 28.58 亿元、16.54 亿元；从下游产业关联看，北京市数字产品制造业为通信设备、计算机和其他电子设备以及信息传输、软件和信息技术服务业产业生产提供的中间投入最多，分别为 28.58 亿元、18.28 亿元。

由图 9.4d 可以看出，2015 年与 2012 年的情况基本一致，从上游产业关联看，北京市通信设备、计算机和其他电子设备以及批发和零售业为本地数字产品制造业提供的中间投入较多，分别为 33.58 亿元、9.01 亿元；从下游产业关联看，北京市数字产品制造业为通信设备、计算机和其他电子设备以及信息传输、软件和信息技术服务业产业生产提供的中间投入最多，分别为 33.58 亿元、24.54 亿元。与 2012 年的不同点在于，2015 年北京市数字产品制造业所利用的上游产业的中间投入值要低于它流向下游产业的中间投入。

由图 9.4e 可以看出，2017 年北京市数字产品制造业与本地产业的上下游关联与 2012、2015 年的整体形势一致。

由图 9.4f 可以看出，2022 年，北京市数字产品制造业上游产业流入的中间投入要明显大于它流向下游产业的中间投入。从上游产业关联看，北京市数字产品制造业的发展主要依赖上游批发与零售业、租赁与商务服务业、金融业的中间投入，2022年北京市数字产品制造业中的投入，34.05%来自批发与零售业，为1 096.06亿元；14.59%来自租赁与商务服务业，为469.77亿元；14.33%来自金融业，为461.48亿元。从下游产业关联看，北京市数字产品制造业主要为信息传输、计算机服务和软件业、交通运输设备制造业、科学研究和技术服务业的发展提供中间投入，其中，为信息传输、计算机服务和软件业提供的中间投入达到了33.75%，为160.20亿元。

9.2.4　北京市数字产品服务业与本地产业的上下游关联

图9.5展示了2002—2022年北京市数字产品服务业与本地产业的上下游关联。

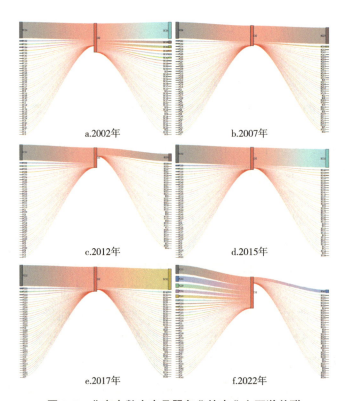

a.2002年　　　　　　　　b.2007年

c.2012年　　　　　　　　d.2015年

e.2017年　　　　　　　　f.2022年

图9.5　北京市数字产品服务业的产业上下游关联

由图 9.5a 可以看出，2002 年，从上游产业关联看，北京市批发和零售业为本地数字产品服务业创造增加值提供的中间投入最多，达到了 77.95 亿元；从下游产业关联看，北京市数字产品服务业主要拉动了本地批发和零售业、燃气生产和供应业以及文化、体育和娱乐业的增加值增长。

由图 9.5b 可以看出，2007 年，北京市数字产品服务业与本地产业的上下游产业关联和 2002 年基本一致。

由图 9.5c 可以看出，2012 年，从上游产业关联看，北京市信息传输、软件和信息技术服务业为本地数字产品服务业创造增加值提供的中间投入最多，达到了 1 076.69 亿元；从下游产业关联看，北京市数字产品服务业主要为本地批发和零售业与科学研究和技术服务业提供中间投入，分别为 511.74 亿元、38.23 亿元。

由图 9.5d 和图 9.5e 可以看出，2015 年和 2017 年，北京市数字产品服务业与本地产业的上下游产业关联情况与 2012 年保持一致，但北京市信息传输、软件和信息技术服务业为本地数字产品服务业创造增加值提供的中间投入相比 2012 年有所增多，2015 年为 1 383.64 亿元，2017 年为 2 455.26 亿元。

由图 9.5f 可以看出，2022 年，北京市数字产品服务业上游产业向其流入的中间投入要明显大于它流向下游产业的中间投入。从上游产业关联看，北京市数字产品服务业的发展主要依赖上游租赁与商务服务业、金融业、批发与零售业提供中间投入，2022 年北京市数字产品服务业中的中间投入有 1 570.10 亿元来自租赁与商务服务业，985.47 亿元来自金融业，699.87 亿元来自批发与零售业；从下游产业关联看，北京市数字产品服务业的发展主要拉动了公共管理和社会组织业、金融业、科学研究和技术服务业的发展，为它们的增加值增长提供的中间投入分别为 539.77 亿元、70.46 亿元、59.98 亿元。

从现实来看，北京市数字产品服务业正处于快速发展和扩张阶段，在这一阶段，对各类中间投入的需求旺盛。为了实现自身的发展和创新，需要大量的资源、服务和技术支持。租赁与商务服务业、金融业、批发与零售业等上游产业能够提供诸如办公场地租赁、资金支持、原材料采购等重要的中间投入，以满足数字产品服务业的发展需求。因此，上游产业向其流入的中间投入较大。从产业结构上看，数字产品服务业作为知识技术密集型产业，在发展初期或快速增长期更侧重于自身的建设和完善，相对而言，对下游产业的拉动作用还没有充分发挥出来，导致流向下游产业的中间投入相对较少。

9.3 北京市在全国数字产业链中的地位及演化

9.3.1 北京市数字核心产业在全国产业链中的地位及演化

为分析北京市数字核心产业在全国数字产业链中的地位，根据投入产出表绘制 2002—2022 年的数字核心产业省际关联 TOP1 网络图，如图 9.6 所示。从整体来看，数字核心产业省际关联在"双中心""多中心""单中心"几种格局中交替变化，广东、北京和上海作为经济发展的主力城市，在大多数情况下处于中心位置。

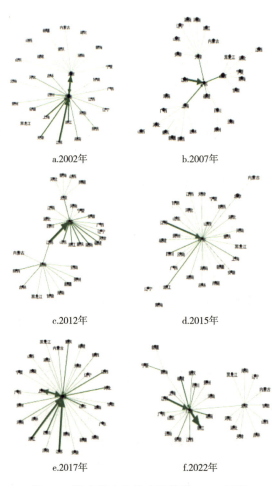

图 9.6 数字核心产业省际关联 TOP1 网络

　　2002 年数字核心产业的省际关联呈现出"双中心"格局。以江苏、浙江、上海、安徽为代表的华东省份群主要向广东省的数字核心产业提供发展支撑。以内蒙古、山西、青海、宁夏、新疆为代表的中西部省份群主要向北京市数字核心产业发展提供支撑，但也可以明显看出，与华东省份群为广东省数字核心产业发展提供的助力相比，其支撑力度略显不足。此外，广东省与北京市在数字核心产业省际关联中表现出"双箭头"关系，且广东省为北京市数字核心产业提供的相关投入要多，它也是北京市数字核心产业发展所需投入的最主要来源省份。事实上，2002 年广东电子信息产品制造业产值已连续 11 年居全国第一，在全国电子百强中，广东企业占 24 家[①]。珠江三角洲地区形成了规模相当、产业配套齐全的电子信息产品制造业产业群，是国际上有影响的电子信息产品制造基地和出口基地。数字产品服务业方面，广东软件及计算机服务收入总量规模保持全国第二，展现出较强的发展势头。2002 年，江苏省则在硬件制造方面优势凸显，吴江经济开发区成为江苏省电子信息产业基地之一，其生产的电子元器件等产品可作为广东数字核心产业中电子设备制造的基础零部件供应来源；当时浙江省软件产业崭露头角，金融证券管理软件国内市场占有率高达 60% 以上，其服装 CAD 软件获 2002 年重大技术发明奖，国内市场占有率超 30%[②]，广东的数字内容创作、互联网应用等领域较为发达，浙江的软件技术可以为广东相关企业提供技术支持和配套服务。与广东省相比，北京市在 2002 年的优势更多体现在基础研究、科研成果转化等方面，但在数字核心产业的数字产品制造业方面基础相对薄弱，此时尚未形成像广东那样具有国际影响力的大规模、配套齐全的数字核心产业集群。

　　2007 年数字核心产业的省际关联呈现出以直辖市为中心的"多中心"格局。甘肃、青海、宁夏、黑龙江、江西、广东等省份主要向北京市的数字核心产业发展提供支撑，其中，广东省仍是北京所需投入的最主要来源地。安徽、山东、辽宁、湖南、河南、浙江、内蒙古等省份主要向天津市的数字核

---

① 广东省工业和信息化厅：《广东省 2002 年信息化建设发展回顾和 2003 年展望》，https：// gdii. gd. gov. cn/jxgk/content/post_ 932391. html。

② 胡胜蓉、张雪征：《"数"说风云，领略浙江数字经济跃迁史》，《信息化建设》2024 年第 9 期，第 8-13 页。

心产业发展提供支撑。海南、广西、河北、重庆、新疆、陕西和吉林等省份主要向上海市的数字核心产业发展提供支撑。四川主要从毗邻的云南省和贵州省获取数字核心产业发展所需的相关投入。在 2002 年占据核心位置的广东省则从北京市、天津市、上海市、四川省四个中心省市及江苏、福建两省处获取了数字核心产业发展所需的相关投入。从流量来看，江苏数字核心产业向广东数字核心产业发展提供的投入支持在全国范围内的省际互动之间仍处于断层地位。从现实来看，天津、上海和四川在 2007 年成为中心省市的原因在于：2002 年在天津市成立的中环电子信息集团不断发展壮大，2006 年销售收入已达 755 亿元，实现利润 37.2 亿元，每年以 20% 以上的幅度递增①，在全国电子信息行业中具有较强的实力，这在一定程度上带动了天津市数字产品制造业发展所需投入的扩大。2003—2005 年上海市集成电路产业销售收入实现了快速增长，从 108 亿元发展到 300 亿元，为本地数字核心产业的发展提供了强大拉动力②。在电子信息领域，2005 年四川省成都市成为国家数字媒体技术产业化基地之一，围绕数字游戏搭建了多个专业技术平台，吸引了 intel、gameloft、盛大等数十家数字媒体技术与产品研发企业，初步形成了产业聚集。

2012 年数字核心产业的省际关联呈现出以广东、北京、上海为中心的"多中心"格局。与 2007 年类似，从总流量看，江苏向广东提供的投入支持在全国范围内的省际互动之间出现断层。北京市的数字核心产业主要为广东省的数字核心产业发展提供投入支持，同时，广东、河北、青海、山西、西藏五省区的数字核心产业投入主要流向北京市。

2015 年数字核心产业的省际关联呈现出以广东省为中心的"单中心"格局。在该年度中，北京市数字核心产业在流入和流出两个方面的表现均不突出，其数字核心产业投入仍是主要流向广东省，内蒙古的数字核心产业通过北京市与广东省进行微弱关联。

2017 年数字核心产业的省际关联呈现出以北京市为中心的"单中心"格

---

① 天津市发展和改革委员会，https://fzgg.tj.gov.cn/ztzl/zthg/zdxm/202009/t20200923_3808667.html。

② 《信息化和信息产业成为上海城市发展运行重要支柱》，中华人民共和国中央人民政府，https://www.gov.cn/gzdt/2006-02/24/content_209894.htm。

局。在该年度中，其余 30 个省市的数字核心产业最大投入均是流向北京市，从流量来看，江苏、上海、浙江、四川等省市为北京市数字核心产业发展提供的支撑力度最大，接下来是重庆、江西、河北等省市，可见以数字产品制造业为依托的江苏、四川和以数字产品服务业为依托的上海、浙江四省市，在数字核心产业上游依旧发挥稳定支撑功能。

2022 年数字核心产业的省际关联与 2002 年高度相似，呈现出以北京市和广东省为中心的"双中心"格局。毗邻的天津、河北、东北三省以及甘肃、内蒙古等西北省份数字核心产业的最大投入均流向北京市的数字核心产业发展中，但流量相对来说比较小。从全国范围看，数字核心产业最强的省际关联存在于江苏—广东—浙江三个省份之间。从现实来看，江苏在集成电路、电子元器件等硬件制造领域实力强劲，广东在通信设备、消费电子、半导体等领域占据重要地位，且拥有华为、中兴等通信巨头，以及众多的电子制造企业和配套厂商，产业集群效应明显。浙江在电子商务、数字内容、云计算等软件和信息服务领域表现突出。上述三省在数字核心产业的不同领域各有优势，相互之间能够形成良好的产业互补，通过产业链的上下游合作，实现资源共享、优势互补，共同推动数字核心产业的发展。

9.3.2 北京市数字产品制造业在全国产业链中的地位及演化

为进一步分析北京市数字产品制造业在全国数字产业链中的地位，图 9.7 和图 9.8 对比了 2002 年与 2022 年数字产品制造业省际关联 TOP1 网络，从图中可以发现以下特征。第一，2002 年与 2022 年数字产品制造业与省外所有产业增加值的关联均呈现出以广东为中心的"单中心"格局，这意味着全国大多省份的数字产品制造业主要服务于广东省的产业发展。2002 年，北京、江苏、浙江、上海、天津等省市发挥的服务作用最为明显；2022 年，浙江、江苏、福建、湖南等省份发挥的服务作用最为明显。第二，2002 年，数字产品制造业省外关联还围绕北京市形成了一个"小圈子"，从图 9.7 可以看出，广东、青海、内蒙古、重庆、山西、新疆等省份的数字产品制造业主要为北京市数字产品制造业提供支撑，其中，广东省发挥的支撑作用最大；2022 年，山西与内蒙古两个省份的数字产品制造业主要服务北京市产业发展，广东省转向服务浙江省。同时，北京市数字产品制造业对广东省产业发展的相对服务作用也有所减弱，不再在全国范围内占据主要地位。

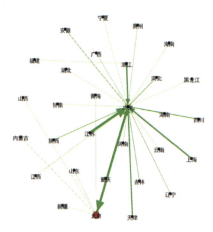

图 9.7 2002 年数字产品制造业省际关联 TOP1 网络

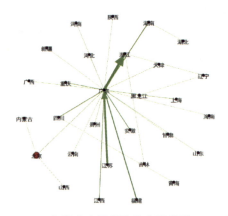

图 9.8 2022 年数字产品制造业省际关联 TOP1 网络

9.3.3 北京市数字产品服务业在全国产业链中的地位及演化

为进一步分析北京市数字产品服务业在全国数字产业链中的地位，图 9.9
和图 9.10 对比了 2002 年与 2022 年数字产品服务业省际关联 TOP1 网络，从
图中可以发现以下特征。第一，2002 年与 2022 年数字产品服务业与省外所有
产业增加值的关联均呈现出以北京市为中心的"单中心"格局。这意味着全
国大多省份的数字产品服务业主要服务于北京市数字产品服务业的发展，
2002 年，河北、内蒙古、江苏、上海、陕西等省市发挥的服务作用最为明显；
2022 年，江苏、浙江、上海、河北、山东、四川等省份发挥的服务作用最为明显。第二，相比 2002 年，2022 年北京市数字产品服务业对省外数字产品服务业发展的最大服务对象由吉林省变为上海市。

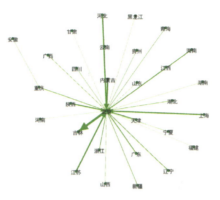

图 9.9　2002 年数字产品服务业省际关联 TOP1 网络

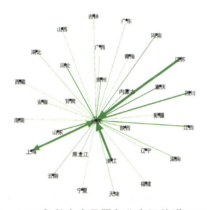

图 9.10　2022 年数字产品服务业省际关联 TOP1 网络

9.4　北京市数字产业链对其他省市增加值的外溢效应

9.4.1　北京市数字产业链对上游其他省市增加值的拉动效应

从需求侧来看，北京市作为重要的市场，其数字核心产业相关的中间消费和最终消费对其他省市的产业增加值也会产生积极影响。为进一步分析北京市数字核心产业发展对其他省市增加值的拉动作用，本报告汇报北京市数字产品制造业和数字产品服务业对外省的增加值拉动情况。

9.4.1.1 北京市数字产品制造业对其他省市增加值的拉动

2002 年，北京市数字产品制造业对广东、河北、江苏、上海、浙江等省份增加值的拉动作用最强，接下来是东北三省、山东、安徽、河南、陕西、四川、重庆、湖南等省份。也就是说，北京市数字产品制造业的发展对东部沿海省份起到的增值效应最为明显，对中部省份次之，而对处于西北的新疆、甘肃、青海、宁夏、内蒙古，以及处于西南的贵州、云南、广西等省份的增值效应则相对稍弱。

结合现实来看，广东、江苏、上海、浙江等东部沿海省份本身制造业基础好，在数字产品制造业相关领域有一定技术、人才和产业配套优势，与北京市数字产品制造业容易形成产业协同，能快速吸收其技术溢出和产业辐射，实现增加值提升。中部的安徽、河南、湖南等省份劳动力资源丰富，积极承接东部产业转移，具备一定的产业承接能力，能够在一定程度上接受北京市数字产品制造业的产业辐射，促进当地相关产业发展，实现增加值提升。

2007 年，北京市数字产品制造业对广东、河北、江苏和上海等省份增加值的拉动作用最强，这与 2002 年的整体态势类似。但从全国范围看，2007 年北京市数字产品制造业对东北三省以及川渝地区增加值的相对拉动作用有所减弱，这也在一定程度上说明北京市数字产品制造业发展所需的中间投入来源变得更加集中。

结合现实来看，随着全国经济的发展，2007 年其他地区数字产品制造业崛起，对东北三省以及川渝地区的产业辐射和拉动作用增强，从而分散了原本来自北京市的拉动效应。一些沿海新兴城市的数字产业发展迅速，为川渝地区提供了更多合作选择，降低了对北京市数字产品制造业的依赖。

2012 年，北京市数字产品制造业对外省的增加值拉动分布相对 2007 年发生了较大变化。北京市数字产品制造业对山东、江苏、上海等省份的增加值拉动作用最强，接下来是内蒙古、河北、辽宁、河南、浙江、福建、广西、陕西、安徽、湖南、重庆等省份。相比 2002 年与 2007 年，山东、内蒙古等省份利用北京市数字产品制造业创造增加值的势头相对增强，广东省则相对减弱。整体态势也说明，2012 年，北京市数字产品制造业发展从各省份获取的中间投入分布较为均匀，不再集中于东部沿海省份。

结合现实来看，广东省在这一时期更加注重自身数字产业的自主创新和高端化发展，从而逐渐减少了对外部中间投入的依赖。广东在人工智能、大数据等新兴数字产业领域加大研发投入，培育了一批本土的数字产业龙头企业，对北京市数字产品制造业的中间投入需求相对减少，导致北京市对广东省增加值的拉动作用相对减弱。

2015年，北京市数字产品制造业对江苏省、上海市增加值的拉动作用最强，其次是山东、河南、安徽、浙江和广东等省份。相比2012年，2015年北京市数字产品制造业对各省的增值效应变得更加集中，长三角为主要受益地区。

可以看出，2017年与2022年北京市数字产品制造业对外省的增加值拉动情况一致，这说明北京市数字产品制造业在全国数字产业链中的位置趋向稳定，其对江苏、上海、广东、浙江等省市的增加值拉动作用最强，接下来是辽宁、河北、陕西、山东、河南、安徽、江西、湖南、福建、四川等省份，对西北内陆省份的增加值拉动作用则稍弱。

对比2002和2022年数字产品制造业拉动省外增加值可以发现以下特征。第一，从整体区位看，北京市的数字产品制造业发展对河北、江苏、浙江、上海、广东等东部沿海省市的增加值拉动作用最为明显，接下来是陕西、河南、湖南、安徽等中部省份以及四川、重庆等少部分西部省市，对内蒙古、新疆、青海、甘肃等大部分西部省份的增加值拉动则稍弱。第二，从时间跨度看，与2002年相比，北京市在2022年对河北、黑龙江、吉林等省份增加值的相对拉动作用有所减弱，对江苏、江西、福建等省份增加值的相对拉动作用则有所增强。

结合现实来看，随着京津冀协同发展战略的推进，河北在产业承接过程中，更加注重自身产业体系的构建和升级，逐渐发展了一些独立的数字产品制造产业，对北京市产业的依赖程度有所降低。同时，北京市在产业疏解过程中，部分数字产品制造业环节转移到河北，从而使得河北在相关产业上的自主性增强，北京市对其拉动作用则相对减弱。江苏在数字产品制造业领域一直保持着较强的发展势头，其不断加大科技创新投入，提升产业技术水平，在集成电路、电子信息等领域取得了显著成就。其与北京市数字产品制造业在产业链上的合作不断深化，产业协同效应更加明显，所以北京市对江苏的增加值拉动作用增强。

9.4.1.2　北京市数字产品服务业对其他省市增加值的拉动

2002年，北京市数字产品服务业对广东、河北、山东、江苏、上海、浙江等省份的增加值拉动作用最强，接下来是东北三省、内蒙古、陕西、河南、安徽、四川、重庆、广西等省份，对其余中西部地区的拉动作用则稍弱。

2007 年北京市数字产品服务业对广东、河北、江苏等省份的增加值拉动作用最强，对辽宁、山东、河南、安徽、浙江、陕西等省份次之，对其余省份的拉动作用则稍弱。与 2002 年对比看，2002 年北京市数字产品服务业对山东、江苏、浙江、内蒙古、黑龙江、吉林等省份增加值的相对拉动作用均有所削弱，这在一定程度上也说明北京市数字产品服务业发展所需的中间投入来源更加集中。

2012 年，北京市数字产品服务业对山东、江苏等省份的增加值拉动作用最强，接下来是内蒙古、辽宁、河北、河南、安徽、浙江、福建、广东、湖南、重庆等省份。与 2007 年对比看，2012 年，北京市数字产品服务业对内蒙古、山东、江苏、浙江、福建以及部分中部省份的相对增值效应明显增强。

2015 年，北京市数字产品服务业对江苏省和上海市的增加值拉动作用最强，对山东、浙江、广东、河南、安徽等省份的拉动作用次之，对其余省份的拉动作用则稍弱。与 2012 年对比看，2015 年北京市数字产品服务业的增值效应略显集中，以长三角地区最为明显。

2017 年，北京市数字产品服务业对江苏、上海、浙江、广东等省市的增加值拉动作用最强，对山东、河北、福建以及部分中部省份次之，对东北三省以及西北省份的增加值拉动作用则并不明显。与 2015 年对比看，2017 年北京市数字产品服务业的增值效应仍集中在长三角地区，对珠三角地区的相对增值效应有所增强。

2022 年，北京市数字产品服务业对江苏、河南、上海、浙江、广东等省份的增加值拉动作用最强，对河北、山东、陕西、四川、湖南等省份的拉动作用次之，对新疆、甘肃、青海、西藏、宁夏、山西等省份的增加值拉动作用则不明显。

对比 2002 和 2022 年数字产品服务业拉动省外增加值情况可以发现以下特征。第一，从整体区位看，与数字产品制造业相似，北京市的数字产品服务业对河北、天津、山东、江苏、上海、浙江、广东等东部沿海省市的增加值拉动作用最为明显，接下来是东北三省、陕西、河南、安徽等中部省份以及四川、广西、重庆、内蒙古等西部省份，对新疆、甘肃、青海、宁夏、西藏等西部省份的拉动作用则稍弱。第二，从时间跨度上看，相比 2002 年，北京市数字产品服务业在 2022 年对江苏、浙江、河南、湖南、湖北、江西、陕西、四川、重庆、贵州、云南等省份增加值的相对拉动作用都有所增强。

结合现实看，2002 年到 2022 年，各省份经济持续发展，企业数字化转型加速，对数字产品服务的市场需求不断增长。江苏、浙江等经济发达省份的企业对云计算、大数据分析等数字服务的需求旺盛，从而推动了北京市相关数字产品服务业在当地的业务拓展，其拉动作用也得以增强。湖南、江西等省份在文化创意产业等领域的发展，亦增加了对数字内容服务的需求，为北京市数字产品服务业提供了市场空间。

9.4.2　北京市数字产业链对下游省市增加值的支撑效应

从供给侧看，北京市数字核心产业的快速发展，也为省外各产业的增加值增长提供了良好支撑。

9.4.2.1　北京市数字产品制造业对其他省市增加值的支撑

2002 年，北京市数字产品制造业的增加值支撑作用对广东、江苏、浙江等省份表现得最为明显，辽宁、河北、山东、陕西、四川等省份次之，在其余省份的增加值支撑作用则表现相对较弱。这说明，北京市数字产品制造业发展为长三角与珠三角地区的增加值增长提供的中间投入最多。

2007 年，北京市数字产品制造业的增加值支撑作用对辽宁、河北、天津、广东等省市表现得更为明显，对黑龙江、吉林、内蒙古、新疆、江苏、陕西、河南、安徽、浙江、福建、四川等省份次之。与 2002 年相比，北京市数字产品制造业对珠三角地区的增加值支撑作用依然显著，对长三角地区的增加值支撑作用明显减弱，对河北、辽宁等省份的增加值支撑作用则明显增强。

2012 年，北京市数字产品制造业的增加值支撑作用集中在广东省，接下来是内蒙古、吉林、辽宁、河北、山西、河南、陕西、江苏、四川、云南等省份。但也可以发现，与往年相比，北京市对广东省的增加值支撑作用与对其他省份的增加值支撑作用差距明显拉大。

2015 年，北京市数字产品制造业对辽宁、山东、广东等省份的增加值支撑作用最强，对河北、陕西、山西、河南、江苏、安徽、浙江、四川、云南等省份次之，对新疆、甘肃、宁夏、青海、西藏等西部五省的支撑作用最弱。与 2012 年对比看，北京市数字产品制造业对辽宁和山东两省的增加值支撑作用相对增强得最显著，对毗邻省份的支撑作用也有所增强。

2017 年，北京市数字产品制造业对山东、河南、安徽、浙江、广东等省份的增加值支撑作用最强，对其余大多数东中部省份次之，增加值支撑作用强的省份在地理位置上呈现出集聚状态。与往年对比看，北京市数字产品制造业对新疆的增加值支撑作用显著增强。

2022 年，北京市数字产品制造业的增加值支撑作用与 2017 年保持一致。

对比 2002 和 2022 年数字产品制造业支撑省外增加值可以发现以下特征。第一，从整体区位看，2002 年北京市的数字产品制造业发展对江苏、浙江、广东、上海、河北、山东、辽宁等东部沿海省市以及四川、陕西等中西部省份增加值的支撑作用最为明显，接下来是河南、安徽、湖北、湖南、江西等中部省份，对新疆、甘肃、贵州等西部省份的支撑作用则较弱；2022 年，北京市的数字产品制造业发展对山东、浙江、广东等东部沿海省份以及河南、安徽等中部省份增加值的支撑作用最为明显，接下来是陕西、湖北、湖南、四川、重庆、广西、云南等中西部省份，对黑龙江、吉林、甘肃、青海、西藏等省份的支撑作用则较弱。第二，从时间跨度看，相比 2002 年，北京市数字产品制造业对山东、河南、安徽、福建等省份增加值的支撑作用相对明显增强，对黑龙江、吉林、江苏、贵州等省份增加值的支撑作用则相对有所削弱。

结合现实看，山东在 2002—2022 年，加大了对数字产品制造业的政策支持和资金投入，优化了营商环境，吸引了更多的北京企业投资和技术合作，产业发展迅速，增加值支撑作用明显增强。河南、安徽等省份积极承接产业转移，加强人才培养和引进，完善产业配套体系，与北京市数字产品制造业的合作不断深化，从而在增加值支撑方面取得了显著进步。黑龙江、吉林由于产业结构调整困难，经济发展面临诸多挑战，在数字产品制造业方面的投入和发展速度落后于其他省份，与北京市的合作相对减少，导致增加值支撑作用相对削弱。江苏则因自身数字产品制造业发展迅速，逐渐形成了独立完整的产业体系，从而对北京市的依赖程度降低。

9.4.2.2 北京市数字产品服务业对其他省市增加值的支撑

2002 年，北京市数字产品服务业对广西、河北、山东等省份的增加值支撑作用最强，接下来是吉林、江苏、浙江、重庆、广东等省份，对其余省份的增加值支撑作用则并不明显。从整体看，北京市数字产品服务业发展主要为毗邻省份与部分东部沿海省份的增加值增长在供给端提供支持。

结合现实看，河北、山东是与北京市的毗邻省份，具有地缘优势，北京市与这些省份在空间上接近，便于数字产品服务业的业务拓展、技术传播以及资源共享，能够降低运输成本、沟通成本等，促进产业协同发展，进而对当地的增加值产生较强的推动作用。江苏、浙江、广东是东部沿海经济发达省份，其本身具有较强的经济实力和科技基础，对数字产品服务业的接受程度高、需求大。它们在信息技术应用、企业数字化管理等方面有较高的水平，与北京市数字产品服务业合作能够实现优势互补，促进产业发展，创造一定的增加值。但由于这些地区自身数字产业也在不断发展，对北京市数字产品服务业的依赖程度相对毗邻省份较低，所以增加值支撑作用稍次。

2007 年，北京市数字产品服务业对河北、江苏、上海等省市的增加值支撑作用最强，接下来是辽宁、山东、陕西、安徽、浙江、广西、广东等省份，对其余中西部地区的增加值支撑作用则普遍较弱。

2012 年，北京市数字产品服务业在全国范围内的增加值支撑作用均较明显，以辽宁、河北、山东、江苏、安徽、上海、广东为主省份集群最为显著。与往年对比看，2012 年，北京市产品服务业对中部与西部省份的增加值支撑作用明显增强，说明在此阶段北京市数字产品服务业为各省增加值增长从供给端提供的支持较为平均。

2015 年，北京市数字产品服务业对河北、安徽、浙江、广东等省份的增加值支撑作用最强，对其余东中部省份次之，对西北省份的增加值支撑作用表现得较弱。与 2017 年对比看，北京市数字产品服务业的增加值支撑作用在地理区域上略显集中，对西北省份的增加值支撑作用明显削弱。

2017 年，北京市数字产品服务业的增加值支撑作用集中在浙江、广东两省，在辽宁、河南、安徽、湖南、四川、重庆、广西等省份表现次之，对其余省份的增加值支撑作用均不明显。与 2012 年、2015 年对比看，2017 年，北京市数字产品服务业为外省增加值增长提供的支持在地理区域上变得更加集中。

2022 年，北京市数字产品服务业的增加值支撑作用在广东、浙江两省表现得最为显著，在辽宁、河南、安徽、四川、重庆、湖南、广西等省份表现次之。与 2017 年相比，2022 年北京市数字产品服务业对河北的增加值支撑作用明显增强。

结合现实看，京津冀协同发展战略在 2017—2022 年不断推进和深化，为北京市数字产品服务业与河北省相关产业的合作提供了良好的政策环境和发展机遇。北京市的数字产业向河北转移和辐射，促进了两地在数字产品服务领域的产业协同发展，加强了资源共享与优势互补，从而提升了北京市数字产品服务业对河北省增加值的支撑作用。

对比 2002 和 2022 年数字产品服务业支撑省外增加值可以发现以下特征。第一，从整体区位看，2002 年，北京市的数字产品服务业发展对河北、山东等东部沿海省市以及广西等西部省份增加值的支撑作用最为明显，接下来是吉林、江苏、浙江、上海、广东等东部省份，对其余省份的支撑作用则较弱且相对均衡；2022 年，北京市的数字产品服务业发展对浙江、广东等东部沿海省份增加值的支撑作用最为明显，接下来是四川、河南、安徽、湖南、广西等中西部省份，对山西、山东、贵州、江西、福建等省份的支撑作用则较弱。第二，从时间跨度看，相比 2002 年，北京市数字产品服务业在 2022 年对辽宁、浙江、广东、陕西、河南、安徽、四川等省份增加值的支撑作用相对增强明显，对山西、江西、福建、贵州等省份增加值的支撑作用则相对有所削弱。

结合现实看，2002—2022 年，浙江、广东等省份本身经济活力强，在数字经济领域不断加大投入，与北京市数字产品服务业的合作不断深化，双方优势互补，共同推动了增加值的快速增长。陕西、河南、安徽、四川等中西部省份加强了与北京市在人才、技术、资金等方面的交流与合作，北京市数字产品服务业为其提供了重要的支持，促进了当地相关产业的发展，增加值支撑作用明显增强。

山西的产业结构调整则相对比较缓慢，对数字产品服务业的重视程度和投入也不足，与北京市的合作没有跟上其他省份的步伐，导致其增加值创造作用相对削弱。江西、福建、贵州等省份可能在数字经济发展战略、产业配套设施、人才吸引等方面存在不足，与北京市数字产品服务业的合作成效不如其他省份显著，从而在相对比较中北京市对其的支撑作用有所削弱。

9.5　北京市数字产业链增值效应的主要结论与政策建议

9.5.1　主要结论

本报告围绕北京市数字产业链的增值效应展开研究，运用投入产出法等测算其对本地和其他省市的增值效应，分析其在全国数字产业链中的地位及演化，主要得到以下三方面的结论。

第一，北京市数字产业在 2002—2022 年整体发展良好，内部结构不断优化，数字融合产业各细分行业增加值变化趋势各异，数字产品制造业和服务业与本地产业上下游关联在不同年份有所不同。

具体来说，2002—2022 年，北京市数字产品制造业、数字产品服务业和数字融合产业增加值整体呈上升态势，但发展速度差异明显。数字产品制造业在 2002—2005 年增长明显，2005—2007 年大幅下降，此后发展起伏较小，2022 年增加值低于 2005 年，可能是服务业快速发展挤压了其发展空间。数字产品服务业增长迅速，2007—2022 年增幅高达 683.15%，契合数字经济服务化趋势。数字融合产业增长相对稳健，年平均增长率为 71.64%，反映出数字技术与传统产业融合不断深化，发展潜力巨大。这表明北京市数字经济内部结构逐渐优化，从侧重产品制造向服务化及深度融合转变。在数字产品制造业与传统产业融合方面，通用、专用设备制造业，其他制造业，交通运输设备制造业等与数字产品制造业融合度较好。其中，交通运输设备制造业融合增加值增长率在 2002—2022 年达到 3 608%，新能源汽车的发展是重要推动因素。在数字产品服务业与传统产业融合方面，金融业、科学研究技术服务业以及公共管理和社会组织服务业融合发展水平较高。各产业融合增加值大多呈上升趋势，科学研究和技术服务业与数字产品服务业的融合增加值增长速度最快。2002—2022 年，北京市数字产品制造业与上下游产业的关联情况不断变化。2002 年，电气机械和器材、房地产等上游产业为其提供较多中间投入；电气机械和器材、批发和零售等下游产业受其拉动作用明显。2022 年，数字产品制造业上游主要依赖批发与零售业、租赁与商务服务业、金融业提供中间投入；下游主要为信息传输、计算机服务和软件业等行业的发展提供支持，且该年度上游流入的中间投入明显大于流向下游的中间投入。2002—2022 年，北京市数字产品服务业与本地产业上下游关联也有所变化。2002 年，批发和零售业是其上游主要的中间投入提供者；下游则主要拉动批发和零售业、燃气生产和供应业等产业的增加值增长。2022 年，租赁与商务服务业、金融业、批发与零售业成为上游主要的中间投入来源；下游则主要拉动公共管理和社会组织业、金融业等产业发展。

第二，2002—2022 年，北京市数字核心产业省际关联格局多样，数字产品制造业和服务业的省外关联呈现一定特征，且随时间发生变化。

具体来说，2002—2022 年，数字核心产业省际关联格局在"双中心""多中心""单中心"之间交替变化。2002 年呈现"双中心"格局，广东省和北京市是核心，华东省份群支撑广东省，中西部省份群支撑北京市，但广东省对北京市数字核心产业发展的投入更多。2007 年形成以直辖市为中心的"多中心"格局，多个省市分别向北京、天津、上海等地的数字核心产业提供支撑。2012 年以广东、北京、上海为中心的"多中心"格局出现，北京市在为广东省提供投入支持的同时，也接受了来自多个省份的投入。2015 年广东省成为"单中心"，北京市数字核心产业的流入和流出表现均不突出。2017 年北京市成为"单中心"，其余 30 个省份的数字核心产业最大投入均流向北京市，江苏、上海等省市提供的支撑力度较大。2022 年与 2002 年相似，呈现"双中心"格局，北京市和广东省是中心，江苏、广东、浙江的省际关联最强。2002 年和 2022 年，数字产品制造业与省外所有产业增加值的关联均呈现以广东省为中心的"单中心"格局。2002 年，北京、江苏等省市为广东省产业发展提供重要服务，同时，广东等省份也为北京市数字产品制造业提供支撑。到 2022 年，服务北京市产业发展的省份减少至山西与内蒙古，广东省转向服务浙江省，北京市对广东省产业发展的服务作用减弱，不再在全国占据主要地位。2002 年和 2022 年，数字产品服务业与省外所有产业增加值的关联均以北京市为中心。

第三，北京市数字产业对其他省市增加值的拉动和支撑作用在不同年份、不同地区存在差异，整体对东部沿海和部分中部省份影响较强，对西部部分省份影响则较弱。

具体来说，2002—2022 年，北京市数字产品制造业和数字产品服务业对不同省份的增加值拉动作用存在差异。整体上看，对东部沿海省市拉动作用最强，如 2002 年数字产品制造业对广东、河北等省份拉动明显，对中部省份次之，对西北和西南部分省份拉动作用较弱。不同年份对各省份的拉动作用有所变化。例如，2012 年，山东、内蒙古利用北京市数字产品制造业创造增加值的势头增强，广东则相对减弱；2022 年与 2002 年相比，对河北、黑龙江等省份拉动作用减弱，对江苏、江西等省份拉动作用增强。数字产品服务业在 2022 年对江苏、浙江等省份的拉动作用相比 2002 年有明显增强，这与各省份经济发展、企业数字化转型需求增长有关。2002—2022 年，北京市数字产品制造业和数字产品服务业对下游其他省市增加值支撑作用在不同年份和地区有所不同。2002年，数字产品制造业为长三角与珠三角地区增加值增长提供较多中间投入。2022年对山东、浙江等东部沿海省份以及河南、安徽等中部省份支撑作用明显，对黑龙江、吉林等省份支撑作用相对削弱。2002年，数字产品服务业主要为毗邻省份与部分东部沿海省份增加值增长提供支持，2022年对浙江、广东等东部沿海省份支撑作用最强，对山西、江西等省份支撑作用较弱。2017—2022年，京津冀协同发展战略促进了北京市数字产品服务业对河北省增加值支撑作用的提升。

9.5.2 增强北京市数字产业链增值效应的政策建议

9.5.2.1 推动数字核心产业升级

政府设立规模逐年递增的数字核心产业研发专项资金加大研发投入支持，明确资金使用方向，重点投向数字产品制造业的高端芯片研发、先进半导体制造工艺、新型显示技术等关键领域，以及数字产品服务业的人工智能前沿算法、大数据隐私保护计算、云计算架构优化等核心技术研发。同时，鼓励企业与高校、科研机构联合申报研发项目，对产学研合作项目给予更高比例的资金支持。例如，对成功研发出具有自主知识产权且达到国际领先水平的数字产品制造技术的项目，给予额外的研发补贴和税收减免，激励企业积极投入研发创新，提升产业核心竞争力。

出台涵盖税收、财政、金融等多方面的优惠政策，全方位鼓励数字核心产业企业加大研发投入。对研发投入占比达到一定标准的企业，给予企业所得税减免、研发费用加计扣除等税收优惠；设立专项财政补贴，对企业的重大研发项目给予直接资金支持；引导金融机构为创新型企业提供低息贷款、知识产权质押融资等金融服务。支持企业建立国家级、省部级研发中心，对新认定的研发中心给予一次性建设资金奖励，并在后续运营中给予一定的经费补贴。推动企业与高校、科研机构建立长期稳定的产学研合作关系，通过共建实验室、联合培养人才等方式，加速科技成果转化，培育一批在全球具有影响力的创新型企业，提高数字核心产业在数字产业链增加值中的贡献份额。

9.5.2.2 深化数字融合产业发展

加强传统产业数字化转型引导，组织行业专家和企业代表，针对不同传统产业的特点和需求，制定详细、可操作的数字化转型指南，明确各行业数字化转型的目标、路径和实施步骤。设立传统产业数字化转型专项补贴资金，根据企业数字化转型的投入规模和实施效果给予相应补贴。对于通用、专用设备制造业等融合度较好的行业，鼓励其进一步深化数字技术应用，建设智能工厂、开展个性化定制生产；对于融合发展水平有待提升的产业，如食品制造及烟草加工业、造纸印刷及文教体育用品制造业等，引导其从基础数字化建设入手，逐步实现生产设备联网、生产过程数字化管理。同时，定期举办传统产业数字化转型经验交流活动，推广成功案例和先进经验，促进传统产业整体数字化水平的提升。

政府联合行业协会、龙头企业等多方力量，搭建功能完善的数字融合产业公共服务平台。平台设立技术对接专区，为数字产品制造业与传统产业提供技术交流和合作的渠道，帮助企业解决技术难题；开设人才培训中心，针对不同行业的数字化转型需求，开设定制化的人才培训课程，培养既懂传统产业业务又掌握数字技术的复合型人才；建立市场推广服务板块，为融合发展的产品和服务提供宣传推广渠道，组织线上线下产品展销活动，帮助企业拓展市场。通过平台的资源整合和服务功能，促进数字产品制造业与传统产业之间的信息共享、技术交流和合作创新，加速数字技术在传统产业中的应用，推动数字融合产业持续、稳健发展。

9.5.2.3 优化产业关联协作

强化本地产业关联，深入分析北京市数字产品制造业与服务业的上下游关联关系，制定精准的产业政策。对批发与零售业、租赁与商务服务业、金融业等上游产业，通过政策引导和资金扶持，鼓励其提升服务质量和效率，为数字产品制造业提供优质、多元化的中间投入。例如，支持批发与零售业建立数字化供应链管理系统，提高物资供应的及时性和精准度；引导金融业开发针对数字产品制造业的特色金融产品，如知识产权质押贷款、供应链金融等，满足企业不同阶段的资金需求。同时，推动数字产品制造业与信息传输、计算机服务和软件业等下游产业加强合作，建立产业联盟或合作园区，实现产业链上下游企业之间的资源共享、技术创新和协同发展，完善本地产业生态体系，提升产业协同发展的整体效益。

加强区域产业协同，积极参与全国数字产业链分工协作，主动加强与江苏、广东、浙江等数字经济强省的合作交流。充分发挥北京市在基础研究、科研成果转化等方面的优势，与其他省市在数字核心产业领域开展联合研发、技术共享、人才交流等合作项目。例如，与江苏省在集成电路设计与制造技术方面开展合作，与广东省在通信设备和消费电子领域加强产业协同，与浙江省在数字内容和云计算服务方面实现优势互补。推动京津冀数字经济协同发展，建立京津冀数字产业协同发展机制，加强在数字产业项目共建、技术共享、人才流动等方面的合作。设立京津冀数字产业协同发展基金，支持跨区域的数字产业项目建设；建立区域内人才共享平台，促进人才自由流动；加强区域内数字基础设施互联互通建设，提升北京市数字产业链在京津冀地区乃至全国的辐射带动作用。

9.5.2.4 提升数字产业链辐射能力

拓展市场需求，政府可以制定专项政策，鼓励北京市数字核心产业企业积极拓展国内外市场。设立国际市场开拓专项资金，支持企业参加国际知名的数字产业展会、举办海外产品推介会等活动，为企业提供展位补贴、宣传推广费用补贴等。加强与"一带一路"共建国家和地区的数字经济合作，建立数字经济合作园区，推动数字产品和服务出口。组织企业开展跨境电商业务培训，帮助企业了解国际市场规则和消费者需求，支持企业通过跨境电商平台拓展海外市场。同时，加强国内市场开拓，鼓励企业参与国内重大数字产业项目建设，推动数字产品和服务在国内各地区的应用，扩大北京市数字产业链的市场覆盖范围和影响力，增强对其他省市增加值的拉动作用。

加强供给侧支撑，引导北京市数字产品制造业和服务业企业，深入分析其他省市的产业需求特点，优化产品和服务供给结构。针对不同地区的产业基础和发展需求，提供定制化的数字产品和服务解决方案。例如，对制造业发达的地区，为其提供智能化生产设备、工业互联网平台等产品和服务；对服务业发展较快的地区，为其提供大数据分析、人工智能营销等服务。加强与其他省市在数字产业领域的产业转移与承接合作，鼓励北京市的数字产业企业将成熟的技术和产业环节向其他地区转移，带动当地数字产业发展。同时，积极引进其他地区的优质数字产业资源，实现互利共赢。通过提高供给侧支撑能力，进一步增强北京市数字产业链对其他省市增加值的创造和支撑作用，推动全国数字经济协同发展。

10 北京市数字经济发展的政策与法制建设

张世君*

10.1 北京市数字经济领域政策与法制现状分析

10.1.1 北京市数字经济领域政策与法制建设的情况

互联网、大数据、人工智能、区块链等技术日新月异、加速创新，数字技术日渐融入经济社会的全领域、全过程中，由此也带来了数字经济发展的一系列新问题和风险，为保障数字经济的健康发展，需要紧随现实情况健全多层次的数字经济立法。目前，我国数字经济立法分为国家立法和地方立法两类。在国家层面，颁布了《中华人民共和国电子商务法》《中华人民共和国网络安全法》《中华人民共和国个人信息保护法》《中华人民共和国数据安全法》等法律法规及其他规范性文件；在地方层面，根据国家层面规划部署及区域特点，各地纷纷出台了别具地方特色的一系列规范性和政策性文件。

2021年8月，北京市发布了《北京市关于加快建设全球数字经济标杆城市的实施方案》，要求用5至10年努力打造"六个高地"，为北京市数字经济绘制了发展蓝图。2023年1月1日施行的《北京市数字经济促进条例》，是北

---

* 张世君，首都经济贸易大学法学院教授，博士生导师。首都经济贸易大学法学院2024级博士研究生曾智临、单如雪参与了本报告的研究工作。

348

京市数字经济发展的总纲性法律文件，全面统筹规划了数字基础设施建设、数据要素市场、数字产业化和产业数字化、数字经济安全体系、数字经济治理体系等发展布局。以此为统领，围绕《北京市数字经济促进条例》，北京市制定了一系列相对应的地方性法规、地方政府规章和规范性文件（见表 10.1、图 10.1）。

表 10.1 汇总了北京市数字经济领域的主要法律政策文件。

表 10.1　北京市数字经济领域主要法律政策文件汇总

政策法规名称	发布主体	发布/修订时间	相关内容	核心目标
宏观层面政策法规				
《北京市数字经济促进条例》	北京市人大常委会	2022 年 11 月	统筹数字基础设施建设，规范数据要素市场，推动数字产业化与产业数字化，搭建智慧城市建设治理框架，强化数字经济安全保障	为了加强数字基础设施建设，培育数据要素市场，推进数字产业化和产业数字化，完善数字经济治理，促进数字经济发展，建设全球数字经济标杆城市
《北京市关于加快建设全球数字经济标杆城市的实施方案》	中共北京市委员会、北京市人民政府	2021 年 7 月	用 5 年至 10 年努力打造"六个高地"，打造全球领先的数字经济新体系，组织实施标杆引领工程，培育壮大数字经济标杆企业	准确把握新发展阶段，贯彻新发展理念，构建新发展格局，加快建设全球数字经济标杆城市
配套政策与实施细则：数字基础设施建设				
《北京市交通出行数据开放管理办法（试行）》	北京市交通委员会	2019 年 11 月	明确地面公交、轨道交通、静态交通、路网运行等类别的数据开放目录并定期更新，规定交通出行数据按无条件开放和依申请开放两种方式	通过推动交通出行数据向社会的开放共享促进交通行业和互联网企业深度融合，优化和改善出行引导服务

续表

政策法规名称	发布主体	发布/修订时间	相关内容	核心目标
《北京市房屋建筑和市政基础设施智慧工地数据汇聚管理考核办法》	北京市住房和城乡建设委员会	2022年12月	明确了编制依据、适用范围等总则内容，规定将智慧管理等相关信息按数据接口等方式进行汇聚，进行月度、年度考核	落实全球数字经济标杆城市建设的要求，加强北京市住房和城乡建设委员会对智慧工地数据汇聚的管理考核工作
《北京市关于推进场景创新开放加快智慧城市产业发展的若干措施》	北京市经济和信息化局	2023年6月	开放智慧城市场景，促进技术验证与产业落地，支持企业参与智慧城市建设	通过场景创新开放，加速技术突破、方案验证和规模推广，助力智慧城市创新企业成长，带动智慧城市相关产业发展
《北京市算力基础设施建设实施方案（2024—2027年）》	北京市经济和信息化局、北京市通信管理局	2024年4月	旨在构建京津冀蒙算力协同格局，打造智算产业创新应用高地，提出推进算力产业自主创新等6大任务，明确2025、2027年的算力规模、能耗等目标	切实落实好"人工智能+"行动计划，适度超前建设数字基础设施，加快培育算力产业生态
《北京市自动驾驶汽车条例》	北京市人大常委会	2024年12月	明确自动驾驶工作总体要求，鼓励技术创新与产业发展，从多技术融合角度规范基础设施建设，全环节规范创新应用活动，明确安全保障相关要求等	规范和促进自动驾驶汽车创新应用，推动智慧交通和智慧城市建设，维护社会公共利益，保护公民生命财产安全
配套政策与实施细则：数据要素市场建设				
《北京市公共资源交易平台信息系统数据规范（V2.0）》	北京市发展和改革委员会、北京市规划和自然资源委员会等	2019年7月	规范公共资源交易平台信息系统数据	推动公共资源交易数据的规范化、标准化，促进数据的汇聚共享和平台系统的互联互通

续表

政策法规名称	发布主体	发布/修订时间	相关内容	核心目标
《北京市公共数据管理办法》	北京市大数据工作推进小组办公室	2021年1月	规范公共数据采集、共享与开放，设立金融、医疗等数据专区	规范公共数据管理，促进公共数据共享开放，提升政府治理能力和公共服务水平
《北京市数字经济全产业链开放发展行动方案》	北京市经济和信息化局	2022年5月	推动全产业链开放合作，支持技术研发与成果转化	着力推动北京市数字经济全产业链开放发展，充分释放数据要素价值，激发数字经济活力，构建数据驱动未来产业发展的数字经济新体系
《北京市加快建设具有全球影响力的人工智能创新策源地实施方案（2023—2025年）》	北京市人民政府	2023年5月	聚焦大模型、算力平台等技术研发与产业落地	贯彻落实国家发展新一代人工智能的决策部署，高水平建设北京国家新一代人工智能创新发展试验区和国家人工智能创新应用先导区
《北京市促进通用人工智能创新发展的若干措施》	北京市人民政府	2023年5月	谋划建设数据训练基地。加强大模型训练数据采集及治理工具研发	整合创新资源，加强要素配置，营造创新生态，重视风险防范，推动本市通用人工智能实现创新引领和理性健康发展
《北京市数据知识产权登记管理办法（试行）》	北京市知识产权局、北京市经济和信息化局等	2023年5月	明确数据知识产权登记规则，支持数据资产化创新	维护数据要素市场参与主体合法权益，促进数据要素高效流通使用，释放数据要素潜能，支撑数字经济高质量发展

续表

政策法规名称	发布主体	发布/修订时间	相关内容	核心目标
《关于更好发挥数据要素作用 进一步加快发展数字经济的实施意见》	中共北京市委员会、北京市人民政府	2023 年 6 月	提出数据资产登记、交易流通等 22 项任务，推动数据要素市场化配置	培育发展数据要素市场，加快建设全球数字经济标杆城市
《北京市公共数据专区授权运营管理办法（试行）》	北京市经济和信息化局	2023 年 12 月	对公共数据专区进行了领域类、区域类、综合基础类等分类，规定了从授权运营管理机制、工作流程到运营单位管理、授权数据管理、安全管理等全流程的规范要求	加快推进公共数据有序开发利用，完善公共数据专区授权运营管理机制，培育数据要素市场
《北京市企业数据知识产权工作指引（试行）》	北京市知识产权局、北京市经济和信息化局、北京市人民检察院	2023 年 12 月	明确企业数据知识产权登记、管理与应用规则	依法依规保护数据持有者、处理者等的合法权益，引导企业提高数据知识产权创造、运用、管理和保护能力，实现数据有效运用和安全流通，推动释放数据要素价值潜能
《北京市数据跨境流动便利化服务管理若干措施》	北京市互联网信息办公室、北京市商务局、北京市政务服务和数据管理局	2024 年 8 月	从畅通数据合规出境通道、细化服务举措、优化监管措施、强化保障措施等四个方面提出了 18 项具体措施，促进北京地区数据高效便利安全跨境流动	服务首都数字经济发展，打造具有国际竞争力和影响力的营商环境，促进北京地区数据高效便利安全跨境流动

续表

政策法规名称	发布主体	发布/修订时间	相关内容	核心目标
配套政策与实施细则：数字产业化转型支持				
《关于通过公共数据开放促进人工智能产业发展的工作方案》	北京市大数据工作推进小组办公室	2019年10月	开放政务、交通等公共数据，赋能AI技术研发	扩大互联网信息领域的服务业扩大开放，加快推进我市大数据行动计划，增强对人工智能企业的公共数据供给
《北京市数字消费能级提升工作方案》	北京市经济和信息化局、北京市商务局	2022年6月	推动直播电商产业集聚升级，推进跨境直播电商创新发展，构建直播电商专业人才体系，提高数字内容服务供给能力，深化新兴数字技术赋能效应，培育多元化数字消费新业态，营造数字消费良好发展环境	助力传统消费数字化转型，促进电商、直播经济、在线文娱等数字消费新模式规范持续健康发展，打造消费升级新动力
《北京市促进数字人产业创新发展行动计划（2022—2025年）》	北京市经济和信息化局	2022年8月	推动虚拟偶像、数字分身等在文化、商业领域的应用	构建具有竞争力的技术体系、创新活跃的业态模式和包容审慎的治理机制，打造数字人产业创新高地，助力全球数字经济标杆城市建设
《北京市关于加快打造信息技术应用创新产业高地的若干政策措施》	北京市经济和信息化局	2023年5月	支持信创企业上市，推动技术突破与行业应用	加强技术突破，深化行业应用，加快优质企业培育集聚，优化完善产业生态

政策法规名称	发布主体	发布/修订时间	相关内容	核心目标
《2023年北京市高精尖产业发展资金实施指南（第三批）》	北京市经济和信息化局、北京市财政局	2023年11月	明确对数字经济企业的资金支持方向，如研发投入、场景应用	明确北京市高精尖产业发展资金重点支持的领域和方向，加大普惠性产业资金支持力度，支持一揽子政策措施落地，提升资金执行效率
《北京市加快数字人才培育支撑数字经济发展实施方案（2024—2026年）》	北京市人力资源和社会保障局、北京市人才工作局等	2024年7月	加强数字领域重点人才队伍建设，加大数字人才培育平台建设，加快数字人才发展机制建设，加强数字人才组织保障体系建设	加快推动形成新质生产力，进一步发挥数字人才支撑数字经济的基础性作用，为北京市建设全球数字经济标杆城市提供有力的人才保障
《北京市推动"人工智能+"行动计划（2024—2025年）》	北京市发展改革委、北京市经济和信息化局、北京市科委中关村管委会	2024年7月	按照"5+10+N"的模式，聚焦五类场景，打造标杆应用工程，面向十大行业，布局示范应用项目，积极培育N个商业化行业应用	以应用反哺大模型技术迭代，带动产业发展，加快培育新质生产力，全力打造全球数字经济标杆城市
《北京市推进中小学人工智能教育工作方案（2025—2027年）》	北京市教育委员会	2025年3月	构建多层次人工智能教育课程体系、常态化人工智能教育体系、泛在化人工智能教育支撑体系、多渠道人工智能教育师资体系、多维度人工智能教育推广体系等	以课程体系为依托，以典型场景应用为切入，加快建成具有首都特色的中小学人工智能教育体系与模式
配套政策与实施细则：产业数字化转型支持				
《北京工业互联网发展行动计划（2021—2023年）》	北京市经济和信息化局	2021年12月	推动智能工厂、工业互联网平台建设，支持制造业数字化	推进北京市工业互联网创新发展，支撑打造服务全国的信息技术产业

续表

政策法规名称	发布主体	发布/修订时间	相关内容	核心目标
《关于促进先进制造业和软件信息服务业中小企业升规稳规创新发展的若干措施（2023—2025年）》	北京市经济和信息化局	2022年9月	支持企业升规及高质量发展，培育壮大骨干高精尖稳规企业，鼓励企业持续保持创新强度	加强企业梯度培育、优化企业结构，形成创新引领的新发展格局
《北京市促进机器人产业创新发展的若干措施》	北京市经济和信息化局	2023年8月	支持机器人产业技术创新与应用场景拓展	全力打造机器人技术创新策源地、应用示范高地和高端产业集聚区，有效支撑国际科技创新中心
《北京市智能检测装备产业发展行动方案（2023—2025年）》	北京市经济和信息化局、北京市发展和改革委员会等	2023年10月	支持建设产业创新载体和公共服务平台	加快推动本市智能检测装备产业高质量发展，全面提升智能检测装备供给能力和水平，服务国家重大战略和产业急需，保障产业链供应链韧性和安全
《北京市制造业数字化转型实施方案（2024—2026年）》	北京市经济和信息化局	2024年2月	深化数字孪生、工业机器人等技术应用，提升智能化水平	发挥制造业对全市经济发展和创新转型的基础支撑作用，推动北京市制造业率先实现数字化转型

续表

政策法规名称	发布主体	发布/修订时间	相关内容	核心目标
配套政策与实施细则：数字经济安全保障				
《北京市个人信息出境标准合同备案指引》	北京市互联网信息办公室	2023年6月	明确该指引的适用范围为符合一定条件的个人信息处理者向境外提供个人信息的情形，规定了备案方式、流程，细化了备案事项及个人信息保护影响评估报告填写说明，将备案时长压缩至7个工作日	规范个人信息出境活动，保护个人信息权益，促进数据跨境流动的安全与有序
《北京市关于促进网络安全保险规范健康发展的实施方案》	北京市经济和信息化局、北京市地方金融监督管理局	2023年12月	推动网络安全保险产品开发，强化企业风险防控能力	激发北京市网络安全保险市场活力，助力网络安全产业高质量发展
《关于北京城市副中心加快推进北京数据基础制度先行区高质量发展的实施细则》	北京市通州区经济和信息化局	2024年6月	试点数据跨境流动、交易等制度创新，探索数据治理新模式。支持开展数据资产保护、监测、确权、定价评估等基础理论研究	加快汇聚高价值数据资源、培育数据服务产业、发展数据要素市场，形成数据要素企业聚集高地
配套政策与实施细则：数字经济治理体系建设				
《北京市"十四五"时期智慧城市发展行动纲要》	北京市大数据工作推进小组办公室	2021年3月	统筹交通、环保、医疗等领域的数字化升级，构建"城市大脑"治理体系	构筑北京市发展战略新优势，持续打造健康、宜居、安全、韧性的智慧城市发展样板

注：法律政策文件规定多领域内容，按照最主要内容进行领域划分。

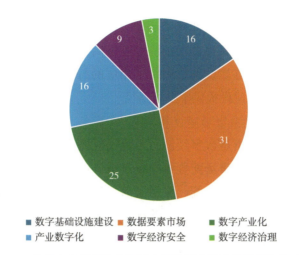

图 10.1　北京市数字经济各领域主要法律政策文件数量占比（%）

10.1.1.1　数字基础设施建设领域

在新一轮科技革命和产业变革中，我国基础设施布局不断优化，以信息基础设施、融合基础设施、创新基础设施为内容的新型基础设施建设全面提速，而作为新型基础设施重要内容的数字基础设施建设也成为各地发展数字经济的重点，数字基础设施建设在新型基础设施建设，甚至是在数字经济发展中发挥着核心作用。所以，加强数字基础设施建设、打造现代化数字基石是北京市数字经济领域立法的主要目标之一。

为加强数字基础设施建设，2019 年 11 月 1 日，北京市施行了《北京市交通出行数据开放管理办法（试行）》，通过推动交通出行数据向社会开放共享，促进了交通行业和互联网企业深度融合。2022 年 12 月 6 日，北京市施行了《北京市房屋建筑和市政基础设施智慧工地数据汇聚管理考核办法》，规定对智慧工地数据进行汇聚管理，以此提高北京市工程质量与安全管理水平。2023 年 6 月 29 日，北京市施行了《北京市关于推进场景创新开放加快智慧城市产业发展的若干措施》，通过推动场景创新开放，助力智慧城市创新企业成长，带动智慧城市相关产业发展。2024 年 4 月 24 日，北京市公布了《北京市算力基础设施建设实施方案（2024—2027 年）》，旨在构建京津冀蒙算力协同格局，打造智算产业创新应用高地，提出了推进算力产业自主创新等 6 大任务。2025 年 4 月 1 日，北京市施行了《北京市自动驾驶汽车条例》，明确了自动驾驶工作总体要求，鼓励技术创新与产业发展，从多技术融合角度规范基础设施建设，全环节规范创新应用活动。由此可见，在加强数字基础设施建设方面，北京市以《北京市数字经济促进条例》为核心，围绕着信息基础设施建设和融合基础设施建设制定颁布了相应的行动纲要和管理办法，为北京市加强数字基础设施建设提供了发展路径。

10.1.1.2　数据要素市场建设领域

数字经济时代，数据是数字经济乃至国民经济的细胞，已经成为新型关键生产要素。为实现数据市场配置常态化，需要破除数据流通过程中的体制机制障碍，使数据在生产、分配、交易、消费等经济活动过程中释放最大价值。所以，培育数据要素市场、加强数据市场法制建设也是北京市数字经济领域立法的主要目标之一。

为培育数据要素市场，目前北京市现行的主要规范性文件有 10 个，分别是《北京市公共数据管理办法》《关于更好发挥数据要素作用进一步加快发展数字经济的实施意见》《北京市公共数据专区授权运营管理办法（试行）》《北京市数据知识产权登记管理办法（试行）》《北京市公共资源交易平台信息系统数据规范（V2.0）》《北京市加快建设具有全球影响力的人工智能创新策源地实施方案（2023—2025 年）》《北京市促进通用人工智能创新发展的若干措施》《北京市数字经济全产业链开放发展行动方案》《北京市企业数据知识产权工作指引（试行）》《北京市数据跨境流动便利化服务管理若干措施》等。在数据资源供给方面，现行规范性文件规定了公共数据的采集、共享、开放、专区授权运营管理规则。在数据要素流通方面，现行文件提出了数据资产登记、交易流通等 22 项任务，明确了企业数据知识产权登记、管理与应用规则，推动了数据要素的市场化配置。在开发利用机制方面，现行文件聚焦大模型、算力平台等技术研发与产业落地，加强大模型训练数据采集及治理工具研发，规范公共资源交易平台建设以及信息系统数据管理。总体而言，北京市以《北京市数字经济促进条例》中培育数据要素市场的内容为引领，以颁布管理办法、行动方案等方式对数据要素市场的培育路线具体化，促进了数据高效流通与利用。

10.1.1.3　数字产业化与产业数字化领域

产业是经济发展的关键所在，是一个国家的立国之本，产业兴则国兴，产业强则国强，其中，数字产业化和产业数字化是实现数字经济发展的基础和核心。因此，推进数字产业化和产业数字化也是北京市数字经济领域立法的重要目标之一。

在推进数字产业化和产业数字化方面，北京市现行的主要规范性文件有13个，为《关于通过公共数据开放促进人工智能产业发展的工作方案》《北京市促进数字人产业创新发展行动计划（2022—2025年）》《北京市关于加快打造信息技术应用创新产业高地的若干政策措施》《北京工业互联网发展行动计划（2021—2023年）》《北京市数字消费能级提升工作方案》《关于促进先进制造业和软件信息服务业中小企业升规稳规创新发展的若干措施（2023—2025年）》《北京市促进机器人产业创新发展的若干措施》《北京市推动"人工智能+"行动计划（2024—2025年）》《北京市智能检测装备产业发展行动方案（2023—2025年）》《北京市制造业数字化转型实施方案（2024—2026年）》《2023年北京市高精尖产业发展资金实施指南（第三批）》《北京市加快数字人才培育支撑数字经济发展实施方案（2024—2026年）》《北京市推进中小学人工智能教育工作方案（2025—2027年）》等。在数字产业化转型支持上，推动信息技术应用于创新产业，培育多元化数字消费新业态，开放公共数据赋能AI技术研发，对数字人产业发展作出规定，同时加强数字领域重点人才队伍建设。在产业数字化转型支持上，支持制造业数字化、企业升规，推进智能检测装备在各领域应用，以及支持创新机器人产业技术与拓展应用场景。由此可见，配套出台的规范性文件很大程度上是对《北京市数字经济促进条例》内容的具体化，但也存在配套措施不充足、不完善的地方，如增强关键技术创新能力方面，还须进一步添加、补充、完善相应的配套措施。

10.1.1.4　数字经济安全保障领域

数字经济时代，数据资源具有丰富的战略价值，同时它也是最为脆弱的资源之一。相较于其他传统资源，数据资源具有易复制性、无形性和共享性的特点，这也增加了数据安全风险保障的难度。在未来，产业升级、社会治理都将建立在数字化的基础上，而数字化的底座为数字安全，数字经济发展的前提是构建完善的数字安全保障体系，数字安全对个人、企业、国家安全的重要性不言而喻。所以，强化数字经济安全体系也是北京市数字经济领域立法的重要目标之一。

为强化数字经济安全体系，目前北京市现行的主要规范性文件有3个，即《关于北京城市副中心加快推进北京数据基础制度先行区高质量发展的实施细则》《北京市关于促进网络安全保险规范健康发展的实施方案》《北京市个人信息出境标准合同备案指引》等。由此可见，数字经济安全保障的配套法律、规范性文件还十分有限，还未建立起保护信息安全、个人或组织在数据上主体权益、维护重要数据国家利益的数字经济安全保障体系，还有待进一步加强数字经济安全专门立法，以此防范各类数据应用风险。

10.1.1.5 数字经济治理体系建设领域

步入数字化时代，我国治理体系发展思路已然发生了重大变革。在传统的社会治理中，政府是经济社会治理中的协调、指挥、控制中心，强调政府的权威地位，本质上是一种单中心治理。目前，数字经济的运行更具有复杂性、共享性、跨界性，强调政府主导下的多主体参与，实现协商共治共赢。因此，优化数字经济治理体系也是北京市数字经济领域立法的重要目标之一。

为优化数字经济治理体系，北京市现行的主要地方性规范文件为《北京市"十四五"时期智慧城市发展行动纲要》。该文件规定了要畅通数据合规出境通道，促进北京地区数据高效便利安全跨境流动，并且以"一网通办""一网统管"为牵引，构建"城市大脑"数字化治理体系。除此之外，有部分文件也对优化数字经济治理体系作出了规定，如在《北京市算力基础设施建设实施方案（2024—2027年）》中，要求推动京津冀蒙算力一体化建设，这有利于加强京津冀蒙协同治理能力。然而，数字经济治理体系建设，一是需要强化协同治理和监管机制，二是需要增强政府数字化治理能力，三是需要完善多元共治新格局。以上文件以及散落在其他文件中的相关规定，还不足以建立起系统、完善的数字经济治理体系，还需要进一步完善数字经济治理领域立法，助推数字经济治理体系和治理能力现代化。

总体而言，北京市数字经济领域立法与政策的制定是围绕《北京市数字经济促进条例》的主要内容展开推进的。《北京市数字经济促进条例》为核心法规，由其引领推出相应的配套政策和实施细则，并由此形成具有地方特色的数字经济政策法规集合，协同助力北京市数字经济的发展。通过分析北京市现行有效的政策法规可见，其顶层设计与政策资源整合能力较强。但是，目前立法体系还需进一步完善，其还未覆盖到数字经济发展的各个领域，相关规范性文件效力层级不高，并且法律实施细则还需要进一步精细化，使政策法规能够更好地落地，以此助力北京市建成全球数字经济标杆城市。

10.1.2 北京市数字经济领域政策与法制构建的成效

在全球数字化的大背景下，北京市作为中国首都，肩负着在数字经济领域先行先试、引领示范的重任。为此，北京市积极开展数字经济领域立法活动，以《北京市数字经济促进条例》为核心立法，以数字基础设施、数据要素市场、产业数字化转型、安全保障和治理体系建设为抓手，相应配套出台了多项专项法律、政策文件。在数字基础设施建设方面，北京市出台了算力基础设施建设、自动驾驶等专项文件；在数据要素市场方面，制定了公共数据管理、数据知识产权等规则；在产业转型方面，颁布了人工智能、工业互联网等规范性文件；在安全保障方面，加强了数据跨境流动和安全监管；在治理体系方面，完善了智慧城市建设框架。目前北京市有效的相关法律和规范性文件计有三十余项，共同构建了北京市数字经济政策与法制发展框架，全面推动数字经济的高质量发展，在全球数字经济标杆城市建设过程中取得了令人瞩目的成就。

10.1.2.1 初步构建数字经济发展法制框架

《北京市数字经济促进条例》作为北京市数字经济发展的统领性立法，将数字基础设施建设、数据要素市场培育、数字产业化与产业数字化推进、数字经济安全保障以及数字经济治理体系完善作为北京市数字经济未来发展的方向，构建了数字经济立法政策制定与发展的框架。根据该发展框架，北京市先后出台了多项相应的配套立法政策文件。例如，在人工智能领域，《北京市数字经济促进条例》规定统筹推进人工智能技术的深度应用，重点培育人工智能数字经济核心产业。以此为指引，北京市出台了相应的规范性文件《北京市推动"人工智能+"行动计划（2024—2025年）》，作出了建设人工智能数据训练基地、探索数据沙盒监管制度、推动跨领域数据融合应用等更加具体的规定。根据规范指引，截至2024年，北京市已建成全国首个人工智能数据训练基地，引入数据沙盒监管制度，汇集100余个高质量数据集[①]。

10.1.2.2 积极探索数字经济治理模式

在数字经济治理体系构建中，北京市突破了传统的政府单一主导模式，

---

① 北京日报：《北京打造"双智"城市，支持更多场景自动驾驶创新应用》，https://www.bjwmb.gov.cn/yw/10088377.html，2024年12月31日。

初步探索了技术驱动、协同治理、多元共治的新型治理模式。

首先，技术驱动方面，《北京市"十四五"时期智慧城市发展行动纲要》《北京市算力基础设施建设实施方案（2024—2027年）》规定，要统筹交通、环保、医疗等领域的数字化升级，构建"城市大脑"治理体系，整合多部门数据实现城市治理实时调度。2021年2月7日，海淀（中关村科学城）城市大脑智能运营指挥中心（IOCC）正式上线启动。2023年，海淀城市大脑2.0已涵盖了城市管理、交通、生态环保、公共安全四大领域，通过技术驱动助力海淀地区城市治理能力现代化[①]。

其次，协同治理和监管机制方面，《北京市算力基础设施建设实施方案（2024—2027年）》提出推动京津冀蒙算力一体化建设，打造以"内蒙古（和林格尔、乌兰察布）—河北（张家口、廊坊）—北京—天津（武清）"为主轴的京津冀蒙算力供给走廊。目前，新启动的北京人工智能公共算力平台，借助异构算力资源智能调度技术，把和林格尔新区的绿色算力优势转化为海淀区AI企业的研发优势，通过构建国内超大规模跨域协同的智能算力网络，为海淀区人工智能企业提供低成本、高效率的算力服务，同时也为内蒙古算力产业开拓更广阔的应用场景[②]。京津冀蒙通过共建算力资源调度平台，以此实现区域算力智能调配与安全联防。

最后，完善多元共治新格局方面，《北京市数字经济促进条例》明确指出，要推动构建跨部门、跨地区的协同监管数字经济治理新格局，以此形成有效的社会管理机制，推动数字经济监管变革，营造良好的发展秩序。2021年，北京微芯区块链与边缘计算研究院牵头研发了国内首个自主可控区块链软硬件技术体系——"长安链"。2024年，"长安链"市场占有率位居全国首位，连续三年在市场应用中排名第一。凭借着分布式、可追溯、难篡改等特点，"长安链"实现了多方节点的高效协同管理[③]。

---

① 北京青年报：《提升超大城市现代化治理水平！海淀城市大脑已接入60余个城市管理场景》，https：//finance. sina. com. cn/jjxw/2023-11-06/doc-imztshxu7542648. shtml，2023年11月6日。

② 人民网：《和林格尔新区与北京海淀区等四地共建北京人工智能公共算力平台生态网络》，http：//nm. people. com. cn/BIG5/n2/2025/0401/c196689-41182917. html，2025年4月1日。

③ 北京日报：《北京技术折桂 长安链市场占有率连续三年居全国之首》，https：//www. beijing. gov. cn/ywdt/gzdt/202504/t20250406_ 4056295. html，2025年4月6日。

10.1.2.3 持续优化数字经济创新生态环境

北京市通过政策与法制建设，优化了数字经济的营商环境与创新生态。在数据要素市场化方面，公共数据开放与专区授权运营机制释放了数据价值。截至 2025 年 4 月 1 日，北京市公共数据平台汇聚数据超 7 000 亿条，向社会无条件开放 1.8 万个数据集，累计为银行、保险、担保等 60 余家金融机构以及 70 万家市场主体提供服务超过 3.7 亿次①。这些机制措施不仅降低了企业数据获取成本，也激发了企业的创新活力，公共数据赋能经济社会发展作用明显。

在技术研发与产业落地方面，北京市通过资金支持、场景开放、人才培育等政策，推动了人工智能、工业互联网等多个领域发展创新。在资金支持方面，北京市公布了《2023 年北京市高精尖产业发展资金实施指南（第三批）》等文件，以多种形式为高精尖企业提供了资金支持；在场景开放方面，以《北京市"十四五"时期智慧城市发展行动纲要》等政策为引导，2023 年，海淀城市大脑 2.0 已建设了接诉即办、重点车辆、大城管、气象监测、市容环卫等 60 余个城市治理应用场景②；在人才培养方面，《北京市加快数字人才培育支撑数字经济发展实施方案（2024—2026 年）》等政策加快了数字人才发展机制建设，增强了高端人才储备。2024 年北京市人工智能企业超 2 400 家，核心产业营收超 3 000 亿元③，2023 年数字安全产业收入达 996 亿元，市场占有率达到全国一半④。这些成果都表明，北京市的政策与法制体系优化了数字经济创新生态环境，初步形成了技术、产业、生态的良性循环。

10.1.2.4 取得全球数字经济标杆城市建设良好成效

北京市数字经济政策与法制体系为打造全球数字经济标杆城市初步奠定了设施建设基础和产业基础。在数字基础设施方面，北京市 5G、IPv6、工业

---

① 北京日报：《三部门通报：北京打造"全量汇通"公共数据资源体系》，https://news.qq.com/rain/a/20250401A08B1C00，2025 年 4 月 1 日。

② 北京青年报：《提升超大城市现代化治理水平！海淀城市大脑已接入 60 余个城市管理场景》，https://finance.sina.com.cn/jjxw/2023-11-06/doc-imztshxu7542648.shtml，2023 年 11 月 6 日。

③ 中国新闻网：《北京人工智能企业数量超 2400 家 核心产业规模突破 3000 亿元》，https://baijiahao.baidu.com/s? id=1820866452388416636&wfr=spider&for=pc，2025 年 1 月 10 日。

④ 证券时报：《北京数字安全企业全国市占率过半 推动人工智能+数字安全融合发展》，https://baijiahao.baidu.com/s? id=1803723993335007923&wfr=spider&for=pc，2024 年 7 月 5 日。

互联网、智能算力等基础设施建设领跑全国①，形成了国内绿色算力资源最丰富的京津冀蒙环京算力供给廊道②。北京市持续推进人工智能、区块链、大数据等新技术基础设施建设，为数字经济发展、建设全球数字经济标杆城市提供了动力和支撑，成为现代化数字经济发展的基石。

在产业基础方面，人工智能、元宇宙、数字消费等新业态蓬勃发展。2024年，在元宇宙领域，北京市落地全国首个数字体验综合体（首钢园），市管企业数字人民币试点交易规模超190亿元③。除此之外，以《北京市制造业数字化转型实施方案（2024—2026年）》为引导，2024年，北京市完成了581家规模以上制造业企业数字化转型达标，新增9家国家级智能制造示范工厂，累计建设126家市级智能工厂和数字化车间④；工业互联网标识解析量新增88亿次，接入企业超1 000家。在数字产业化中，拓展了产业发展的边界；在产业数字化中，提升了全要素生产率，两者相互促进、协同发展，为全球标杆城市建设初步奠定了产业基础。

10.2　北京市数字经济领域政策与法制的不足及问题

10.2.1　政策法规的系统性不足

当前北京市数字经济政策法规体系尚不健全，还存在系统性不足等问题。北京市数字经济立法主要采取"问题对策"模式，导致法律体系碎片化。"问题对策"即针对出现的问题制定相应的法律法规，这种模式虽然能够迅速应对眼前的问题，但从长远来看，却导致了数字经济法律制度的碎片化和割裂式发展。在这种模式下，法律法规往往缺乏系统性和前瞻性，难以形成完整

---

① 北京商报：《北京数字经济增加值突破2.2万亿 全球数字经济标杆城市建设取得新进展》，https：//news.qq.com/rain/a/20250320A09LRR00，2025年3月20日。

② 央视新闻：《建设全球数字经济标杆城市 北京这么做》，https：//news.qq.com/rain/a/20250320A0A69H00，2025年3月20日。

③ 北京发布：《2024年全市数字经济增加值达2万亿元》，https：//www.beijing.gov.cn/ywdt/yaowen/202501/t20250116_3990422.html，2025年1月16日。

④ 光明网：《2024年北京市产业经济"五新"发力 高质量发展引擎加速启航》，https：//baijiahao.baidu.com/s? id=1822117881008152444&wfr=spider&for=pc，2025年1月24日。

的法律体系。具体而言，《北京市数字经济促进条例》作为数字经济领域立法的统领性法规，虽然统筹规划了数字基础设施建设、数据要素市场、数字产业化和产业数字化、数字经济安全体系、数字经济治理体系等发展方向，但每一领域的规范条文都不足十条，不足以全面引领各个领域的发展方向和立法工作。

目前，各个领域相关配套立法与政策文件过于分散不成体系，其原因是每个领域均缺乏系统、全面、具体的统领性文件。例如，在数字基础设施建设领域，《北京市关于推进场景创新开放加快智慧城市产业发展的若干措施》《北京市算力基础设施建设实施方案（2024—2027 年）》等规范性文件仅仅聚焦于单一领域，而缺乏对数字基础设施建设整体规划的系统性安排；在数据要素市场建设方面，《北京市公共数据管理办法》《北京市数据知识产权登记管理办法（试行）》等文件也仅仅局限于公共数据管理、数据知识产权登记等单一方面，尚未建立起数据要素全生命周期管理的统一框架，数据确权、交易、保护等环节缺乏协同性。同样，其他领域也未根据《北京市数字经济促进条例》的内容制定体系性的规范性文件，这样使得数字立法工作难免存在疏漏，并且也使得各规范性文件之间缺乏协同性。

10.2.2　政策法规的覆盖范围不全

《北京市数字经济促进条例》虽然从数字基础设施建设、数据要素市场、数字产业化和产业数字化、数字经济安全体系、数字经济治理体系等五个方面系统规定了北京市数字领域立法的发展方向，但是该条例多为倡导性规定，需要通过相关配套政策法规进一步明确实施细则。然而，现行有效的政策法规并未根据条例的内容全面覆盖数字经济发展的重点规制领域，存在着众多立法疏漏。

在数字基础设施建设领域，《北京市数字经济促进条例》从信息网络基础设施建设、算力基础设施建设、新技术基础设施建设等三个方面统筹了该领域的发展方向；在数据要素市场领域，从强化高质量数据资源供给、加快数据要素市场化流通与创新数据要素开发利用机制等三方面规划了数据要素市场的培育路径；在数字产业化领域，对增强关键技术创新能力、提升核心产业竞争力、加快培育新业态新模式等方面作出规定；在产业数字化领域，要求建立健全安全保障体系和产业生态、加快并全面深化企业数字化转型升级，进而推进产业数字化转型；在数字经济安全体系领域，主要包含保护个人或组织在数据上的主体权益、维护重要数据上的国家利益和保护数据载体上本身的信息安全等三方面任务；在数字经济治理体系领域，规定了强化协同治理和监管机制、增强政府数字化治理能力和完善多元共治新格局等三方面的发展方向。该条例也一一对应，规定了更为具体的工作内容（见表10.2）。

表10.2　北京市数字经济发展各领域主要工作任务

数字经济发展领域	主要工作任务
数字基础设施建设	1. 在信息网络基础设施建设方面，支持建设新一代高速固定宽带和移动通信网络、量子通信等网络基础设施，以此形成网络服务体系，并且推动感知物联网的建设，提高工业制造、农业生产、公共服务、应急管理等领域的物联网覆盖水平 2. 在算力基础设施建设方面，规划建设城市智能计算集群，强化算力统筹、智能调度和多样化供给，并且促进数据、算力、算法和开发平台一体化融合发展 3. 在新技术基础设施建设方面，统筹推进人工智能、区块链、大数据等新技术基础设施建设，并且支持建设通用算法、底层技术、软硬件开源等共性平台
数据要素市场	1. 在数据资源供给方面，要求建立统一的公共数据资源目录，公共机构要向市级大数据平台汇聚数据，建立全市公共数据共享支撑体系，推动数据和相关业务系统互联互通，采取多种方式向社会开放公共数据 2. 在数据要素流通方面，明确数据产品和数据服务的财产性收益受法律保护，建立数据生产要素会计核算制度、数据资产登记和评估制度，设立国际大数据交易所，制定数据交易规则，确保数据交易公平有序 3. 在开发利用机制方面，要求设立公共数据专区，建设公共数据、开放创新基地等，以此促进数据应用
数字产业化	1. 增强关键技术创新能力。支持数字产业基础研究和关键核心技术攻关，引导企业、高校、科研院所等围绕前沿领域，提升基础软硬件、核心元器件、关键基础材料和生产装备的供给水平 2. 提升核心产业竞争力。支持建设开源社区、开源平台和开源项目等，鼓励软件、硬件的开放创新发展，重点培育数字经济核心产业集群 3. 加快培育新业态新模式。支持数据安全服务业、平台企业规范健康发展；鼓励共享经济业态创新，支持自动驾驶全场景运营、互联网医院、数据支撑的研发和知识生产产业发展

续表

数字经济发展领域	主要工作任务
产业 数字化	1. 建立健全安全保障体系和产业生态。支持产业互联网平台整合产业资源，提供远程协作、在线设计、线上营销等创新服务 2. 加快企业数字化转型升级。鼓励国有企业提升企业运行和产业链协同效率，树立全面数字化转型的行业标杆；推动中小企业数字化转型，培育发展第三方专业服务机构，支持中小企业创新创业 3. 全面深化重点产业数字化转型。建立健全工业互联网标识解析体系和新型工业网络部署，支持工业企业实施数字化改造；推动数字金融体系建设，以数据融合应用推动普惠金融发展；推动数字贸易高质量发展，建设数字口岸、国际信息产业和数字贸易港；推动农业农村基础设施数字化改造，提高农产品生产、加工、销售、物流等数字化水平；支持和规范数字消费新模式，提升数字生活品质
数字经济安全体系	1. 在维护国家利益层面，《北京市数字经济促进条例》规定建立健全数据安全工作协调机制，采取数据分类分级，对关键信息基础设施实行重点保护，建立安全保障体系，构建联防联控机制等措施 2. 在保护个人或组织主体权益层面，要求建立数据治理和合规运营制度，健全平台管理制度规则，履行数据安全保护义务，任何个人不得非法处理他人个人信息 3. 在保护信息安全层面，要求履行数据安全保护义务，落实个人信息合法使用等制度，采取数据分类分级、安全风险评估和安全保障措施，强化监测预警和应急处置
数字经济治理体系	1. 强化协同治理和监管机制。面对现实中的数字经济治理跨部门、跨层级、跨区域的复杂性难题，应当建立区块、区域联动的协同治理模式，并且建立多层次、立体化、全方位的监督体系 2. 增强政府数字化治理能力，加强建设区域信息联动的信息化监测、决策分析系统，强化治理风险的预警、研判能力 3. 完善多元共治新格局，构建政府、企业、行业组织和社会公众多方参与、协同共治的数字经济治理新格局，以此形成治理合力

　　上述工作内容需要通过配套文件进一步落实，然而，现行有效的数字政策法规不足以全面覆盖数字经济发展的各个领域，存在着众多立法空白。例如，数字经济治理体系建设需要强化协同治理和监管机制、增强政府数字化治理能力与完善多元共治新格局。但是，目前仅有《北京市"十四五"时期

智慧城市发展行动纲要》《北京市算力基础设施建设实施方案（2024—2027年）》等少数文件规定了治理体系建设的行动路径，政策法规供给严重不足。并且，根据《"十四五"数字经济发展规划》的数字经济发展的总体要求，《北京市数字经济促进条例》缺乏对数字经济国际合作等方面的规定。在该条例中，仅在第二十九条、第五十六条中规定了国际合作的相关内容，并且规定较为笼统。在相关配套政策中，也仅有《北京市数据跨境流动便利化服务管理若干措施》等个别文件对数字经济国际合作有相关规定，无法为发展数字经济国际合作提供完整、规范的法律指引。

10.2.3 规范性文件的效力层级不高

北京市现有的政策法规操作性较弱、政策性较强，影响实际执行效果。这意味着许多政策法规在制定时更多地考虑了宏观目标和指导原则，但在具体实施细节和操作规范上缺乏足够的规定。这种现象导致政策法规在实际应用中的模糊性和不确定性，使得市场主体在遵循法律要求时难以找到明确的指引。例如，《北京市数字经济促进条例》共58条，"支持"出现35次、"促进"出现27次、"鼓励"出现23次、"推进"出现22次。由此可见，该条例侧重于鼓励与引导，而不是具体的操作指引。

并且，相关配套政策与实施细则也存在规则简单笼统、缺乏惩戒机制等问题，难以有效地落实各项数字经济发展目标。例如，《北京市公共数据管理办法》全文31条，第三章中规定了专区授权运营工作流程，但该章仅有6个条文，规则供给不足、可操作性弱。除此之外，北京市现有的数字经济规范性文件多数为地方工作文件，法律文件占比极低，而这也将导致北京市数字经济发展中出现执行困难、缺乏统一标准、权责不明确、救济途径缺失、公众参与不足等问题。

10.2.4 政策法规与技术发展不匹配

当前，北京市乃至全国的数字经济领域政策法规与快速发展的技术之间存在着显著的不匹配，立法速度滞后于技术迭代速度，这亟待引起重视并加以解决。人工智能、大数据、区块链等前沿技术正以极快速度更新迭代，而法律法规的制定与修订过程则相对缓慢，难以跟上技术发展的步伐。这种时间上的落差导致现有法律体系在应对新兴技术的广泛应用及其带来的多样化场景时力不从心。例如，人工智能技术在医疗、交通、金融等领域的应用日益广泛，但当其出现问题时，如何确定法律责任却缺乏明确的法律法规指引。又如，自动驾驶汽车发生交通事故时，责任应由汽车制造商、软件开发商还是车主承担？这在现有的法律体系中并没有明确规定，从而凸显了法律体系在适应新技术方面的局限性。据统计，从一项新技术的诞生到广泛应用，可能只需要几年的时间，而法律法规的制定和更新则需要经过漫长的程序和过程。这种滞后性已成为制约数字经济发展的重要因素，亟待通过立法创新和制度改革加以解决。

10.3　国内外数字经济领域政策与法制建设的借鉴与启示

10.3.1　国外借鉴：国际数字经济领域的政策与法制实践案例

数字经济是经济高质量发展的新动能，世界各国和地区纷纷投身数字经济立法实践，由此积累了大量的宝贵经验，对于完善北京市数字经济立法体系具有极高的借鉴价值。美国、欧盟、新加坡、日本等在数字领域立法各具特色，其数字经济发展指数亦领先全球，借鉴其立法与治理经验，以此提高北京市数字经济发展水平。

10.3.1.1　美国：重视个人隐私，保障数据安全

美国数字经济以人工智能、区块链、云计算为核心驱动力，长期保持着全球领先地位。2018年以后，美国政府颁布了《开放政府数据法》《加州消费者隐私法案》等文件，重视消费者数据与隐私保护，推动数字经济网络安全发展，把网络安全放到与军事安全和经济安全同等重要的位置。

（1）重视数据隐私保护

2020年1月1日，《加州消费者隐私法》生效，该法通过赋予消费者一定程度的数据控制权，以此防止企业在收集消费者数据时对消费者权益的侵害。具体而言，一是赋予消费者知情权，企业应当告知消费者其被收集的信息以及这些信息的使用方式；二是赋予消费者删除权，除例外情况，消费者可删除企业收集的个人信息；三是赋予消费者选择退出权，消费者有权利阻止企业把收集的自身信息转让；四是赋予消费者不受歧视的权利，要平等对待行使和不行使该法权利的消费者。通过赋予消费者多项权利，保障数据隐私安全。

（2）重视公开数据安全制度建设

在 2019 年通过的《开放政府数据法》中，要求联邦政府机构对收集的数据进行日常审查，权衡隐私、安全等需要，决定是否公开数据；规定建立全面的数据清单，要对数据清单进行定期的维护，公开联邦数据目录并开发在线存储库，联邦机构须制定数据存储指引、维护数据清单，并确保开发、维护在线数据库，公共数据资产要在联邦数据目录中公布；要求设立首席数据官及其委员会制度，联邦机构须指定有经验的工作人员为首席数据官，以此负责数据全生命周期管理、保护与处置；规定建立开放政府数据多层次报告及评估制度，包括数据官及其委员会、审计长报告制度以及行政管理和预算局报告制度，规定不同主体在不同时间节点向相关委员会提交报告说明工作情况等义务[①]。通过对开放政府数据进行专门立法，促进数字经济安全体系建设，保障数字经济健康发展。

10.3.1.2　欧盟：协同治理，跨区联动

2019—2024 年，数字化转型成为欧盟委员会公布的六大战略之一，其愿景之一是到 2030 年欧盟要成为全球领先的数字经济体。为实现该战略目标，欧盟近年来广泛制定并通过各种数字经济领域立法，从不同层面解决数字经济发展过程中出现的问题。2018 年，欧盟《通用数据保护条例》正式生效，该条例明确了数据主体的权利和数据控制者的义务，扩大了数据的保护范围，设置了更为严格的同意标准以及惩罚措施。该条例在全球范围内产生了深远影响，成为全球数据保护领域立法的标杆。2022 年，《数字服务法》与《数字市场法》相继生效，在数字平台内容监管和市场竞争方面作出规制，建立了数字平台责任以及反垄断机制，旨在创造一个更为安全和公平竞争的数字空间环境。同年，欧盟《数据治理法案》生效，旨在促进各类数据的利用、共享和跨部门、跨境流动，为数据要素市场提供了法律基础。2024 年，《数据法案（草案）》生效，规定了获取数据的主体和条件，明确了数据访问、共享和使用规则，是数据要素市场领域立法的补充。由此可见，欧盟形成了数据保护、平台责任、市场竞争、数据共享等领域的专项立法，其立法更加明确具体且具有可操作性。

---

① 人民邮电报：《从美国〈开放政府数据法〉能学到什么？》，https：//www.workeren.cn/32936/201907/15/190715103321110.shtml，2019 年 7 月 15 日。

在数字经济治理领域，欧盟强化了协同治理和监管机制。为实现数据单一市场的愿景，欧盟设立了两大数据监管机构——欧洲数据保护监管机构和欧洲数据保护委员会。欧洲数据保护委员会由各成员国数据保护机构及欧洲数据保护监管机构负责人组成，以此确保各成员国数据保护与监管行动的一致性。同时，2024年，《欧洲互操作法案》正式生效，该法案提出了多种措施加强各成员国间跨境合作，如设立可互操作欧洲委员会、推广强制性互操作性评估、建立可互操作的欧洲门户等。多措并举，有利于其形成跨区域联动的协同治理格局。

10.3.1.3　新加坡：战略统筹，全方位人才培养

在早稻田大学综合研究机构电子政府与地方自治研究所发布的《2024年全球数字政府排名》中，新加坡在66个国家和地区中排名第一；在国际管理发展研究所（IMD）发布的《世界数字竞争力排名》中，新加坡数字竞争力跃居榜首。新加坡具有如此强劲的数字经济竞争力，与其数字经济治理经验密不可分。在顶层设计上，新加坡在不同时期根据发展需要，规划了各个行业的数字转型升级的发展计划，从1980—1985年的"国家计算机计划"到目前的"行业转型地图2025年计划"，从最开始推广采用电脑化应用到目前制定关键行业增长战略、巩固新加坡作为全球贸易中心的地位，通过国家战略计划统筹数字经济发展。此外，新加坡制定了《网络安全法》《个人数据保护法》《支付服务法》《平台工人法案》等法律，助力数字经济重点领域发展，自上而下实现数字经济发展。

数字人才培养是新加坡重点发展的领域，其通过大刀阔斧的教育体系改革和开放包容的政策，已经成功地把新加坡打造成为数字人才的汇聚高地。2014年，新加坡推出了全国性"未来技能项目"，非信息与通信技术从业者可以通过培训课程胜任数字技术工作岗位，并且为毕业生提供信息与通信技术行业实习和研讨会的机会，针对中小学生实施"趣味编码项目"，学习编程语言和微控制器。2016年，新加坡推出了"科技技能加速器项目"和"未来技能9项目"，支持新加坡国民学习各项数字技术，并有针对性地提供相关学习手册[①]。2021年，新加坡开始每年发布《未来经济技能需求报告》，对未来

---

① Skills Future. Skill Demand For The Future Economy，2023-02-02. https：//www.skillsfuture. gov. sg/skillsreport：2.

技能需求进行预测，根据需求调整相应课程①。由此把数字技术的学习融入教育、工作中，扩大数字技术学习覆盖面，满足在数字经济发展过程中对技术人才的需求。

10.3.1.4　日本：数字改革"六法"，积极参与全球数字治理

日本在数字经济规则制定和数据治理上表现突出，并以此推进了日本数字化转型发展。2016 年，日本颁布了《促进公私数据利用基本法》，开启了重视数据应用和数字政府建设的数字化战略转型。2021 年和 2023 年，日本相继颁布了"数字改革关联法"，分别由《数字社会建设基本法》《数字厅设置法》《相关法律整理法》《地方信息系统标准化法》《账户注册法》《账户管理法》等六部法律组成。其中，以《数字社会建设基本法》为核心，明确灵活利用数据建成数字社会等目标；《数字厅设置法》规定了数据政策制定和执行机构——数字厅的组织、运作规则，赋予其更高的统筹权限，建立跨部门联席会议机制，以此避免政策的碎片化；《相关法律整理法》整合、修订了《个人信息保护》等法律；《地方信息系统标准化法》统一规范了地方信息系统标准；后两部法律则规范了账户注册与管理。以此构建起基础建设、组织管理、信息保护及账户管理等数字法律框架，为数字经济发展提供全方位的制度支持。并且，日本在世界贸易组织（WTO）框架下，积极与八十余个成员进行电子商务规则制定谈判，通过主导《全面与进步跨太平洋伙伴关系协定》（CPTPP）来减少数字贸易壁垒，并与美欧签署了《日美数字贸易协定》《日欧数字伙伴协定》②，重视数据的跨境流动与国际规则制定的话语权，以此提升国际影响力。

10.3.2　国内借鉴：其他城市数字经济领域的政策与法制

随着数字经济的蓬勃发展，众多城市纷纷在数字经济领域展开立法探索：上海重视要素市场国际化，深圳突出科技创新转化，杭州注重数字贸易生态，成都侧重算力枢纽建设，各地纷纷展现出数字经济发展较强优势。

---

① Global Innovation Index. GII 2022 results, 2023 - 02 - 02, https：//www.wipo. int/edocs/pubdocs/en/wipo-pub-2000-2022-section3-en-gii-2022-results-global-innovation-index-2022-15th-edition. pdf.

② 中国经济时报：《智库策论：日本当前的数字化转型战略分析》，https：//news. qq. com/rain/a/20250318A0203G00，2025 年 3 月 18 日。

10.3.2.1 深圳：立法先行，司法护航

在深圳，数字经济发展势头良好，2024年，深圳数据交易所累计完成数据交易规模超过150亿元，跨境数据交易规模超过2.5亿元，均位居全国首位①。在数字经济企业竞争力上，深圳培育了一批如华为、腾讯、中兴等具有强竞争力的科技企业。并且深圳在数字基础设施建设上也位居全国前列，5G建设斩获网络、市场、应用等三个全国"领先"，打造世界一流"超充之城"。

以上数字经济发展的优秀离不开数字经济领域立法规范、引导、促进的作用。在立法领域，深圳采取了"综合立法+专门立法"双轨模式，不仅出台了《深圳经济特区数字经济产业促进条例》，为数字经济发展提供全链条法律保障，而且配套出台了《深圳经济特区数据条例》，率先探索数据处理、开放、共享、交易、安全等规则。依托特区立法权，深圳快速响应数字经济新业态新问题，制定了覆盖新兴领域的专项立法，如全国首部人工智能产业专项立法《深圳人工智能产业促进条例》，全国首部低空经济立法《深圳经济特区低空经济产业促进条例》，并为之配套了相应的实施细则，具有极强的可操作性，反应迅速，法律层级较高，初步形成较为完善的数字经济法律体系。在法律适用方面，深圳龙华法院设立了数字经济审判中心，集中审理数据保护、人工智能、低空经济等新类型案件，2022—2024年，龙华法院共审结涉数字经济民事案件6 166件②，在此基础上2025年2月发布了《数字经济司法保护状况白皮书》，凝结经验、汇集典型案例，以此推动法律适用的规范性和统一性。

10.3.2.2 上海：合作育才，对接国际

为保障数字经济发展，上海市在国家基础性立法框架下，制定了一系列具有国际都市特色的规章制度和规范性文件。2022年6月12日，上海市政府印发了《上海市数字经济发展"十四五"规划》，从培育数据新要素、提升数字新基建、推进数字产业化等方面全方位搭建起数字经济发展的立法框架。

---

① 刘常源、罗曼瑜、吴鸿森：《全国首位！深圳数据交易所完成跨境数据交易规模超2.5亿元》，《南方都市报》，2024年12月6日。

② 吴灵珊、王佳淑、金靖：《司法护航数字经济！龙华法院发布白皮书》，《南方都市报》，2025年2月7日。

2022年1月1日，上海市施行《上海市数据条例》，相比《北京市数字经济促进条例》，《上海市数据条例》更偏向于规制法和专门立法——直接规定了数据权益、交易等规则及责任，更加注重权利与义务的明确划分。通过试点积累经验，在新兴领域，上海市使经验上升为地方立法，如2019年，上海浦东新区作为全国首个人工智能创新应用先导区揭牌，建立创新试验场，积累经验；2022年9月，其公布了《上海市促进人工智能产业发展条例》，以此实现法律与数字经济领域技术发展的动态适配。

在数字经济人才培养方面，上海市颁布了《上海市加快数字技术技能人才培育支撑数字经济发展实施方案（2024—2026年）》，该方案侧重于数字技能型人才的培养，注重人才在数字技术应用层面的能力提升。在实践中，上海市积极开展校企合作，设立研究基地、实验室等平台，高校提供学术理论支持，企业提供技术资源和应用场景，司法机关提供实践平台和案例，形成"产学研"一体化合作模式，培养数字经济时代复合型法律人才。

在与国际规则对接方面，上海作为国际化程度较高的城市，在数字经济立法过程中注重开放性和国际规则的对接。在2024年印发的《上海市落实〈全面对接国际高标准经贸规则推进中国（上海）自由贸易试验区高水平制度型开放总体方案〉的实施方案》中提出，用3年时间，率先在上海自贸试验区规划范围内构建与国际高标准经贸规则相衔接的制度体系和监管模式，数字经济规则与国际通行做法接轨。目前，上海市依托自贸试验区临港新片区，已经率先探索了数据跨境流动制度，如《临港新片区数据跨境流动分类分级管理办法（试行）》《中国（上海）自由贸易试验区及临港新片区数据出境管理清单（负面清单）（2024版）》等，并且在2025年成立了上海自贸试验区数据跨境服务中心，向企业提供数据跨境"一站式"服务，以此更好服务企业高效合规地开展数据跨境流动，促进上海在全球数字经济竞争中占据有利地位。

10.3.2.3 杭州：创新生态，产业优势

杭州是最早拥抱数字经济的城市之一，有着"中国电子商务之都""互联网之都""数字经济第一城""城市大脑发源地"等众多美誉。数字已然成为杭州市的鲜明底色，展现了这座数字之城发展的强劲实力。

杭州之所以在数字经济发展中占据优势，主要因为其有以下三大优势。一是产业基础优势。杭州市已构建起较为完善的数字经济产业体系，既包括

云计算、大数据、人工智能等前沿技术领域，又覆盖电子商务、数字金融等应用范畴，这为杭州数字产业的持续发展奠定了基础。二是创新生态优势。在杭州，政府、企业、高校以及科研机构等各方紧密协作、深度融合，涌现了阿里巴巴等具有全球影响力的数字科技巨头，还形成了相应的示范引导效应，这不仅培育及吸附本地数字产业集聚，也吸引了外来数字龙头企业的汇聚。并且，杭州人口空间聚集与数字经济产业集聚区的形成相吻合，数字龙头产业的集聚对创新人才产生着重要吸引作用，进而强化了数字产业集聚区的发展壮大。三是开放合作优势。杭州积极与国内外数字科技企业开展合作交流，根据自身特色，引进先进技术和管理经验，促进数字产业的国际化发展①。

杭州具有以上数字经济发展优势，离不开法律、政策的引导、保障。杭州自贸片区积极发挥自贸试验区、全国首个跨境电商综试区、国家服务业扩大开放试点等政策的叠加效应，累计形成 150 多项创新举措，其中，全国首创超 20 项，此外还有 3 项知识产权和专利领域的改革试点作为国务院自贸试验区第七批改革试点经验向全国复制推广，由此形成了"综合+专项"的立法框架。在产业基础方面，《杭州市数字经济促进条例》将云计算、大数据、人工智能等纳入基础设施范畴，支持数字产业园区建设，推动产业集群发展。《杭州市数据流通交易促进条例》明确了数据权益（持有权、加工权、经营权）分置，建立数据交易沙盒制度，推动数据资源向生产要素转化。杭州还制定了《智能网联车辆测试与应用促进条例》，填补了该领域制度空白，为破解车辆智能化、网联化技术发展瓶颈提供制度支撑②。

在创新生态方面，《杭州市知识产权保护和促进条例》规定了专利预审、商标保护等机制。2024 年，杭州市建成了全国首个数字经济产业知识产权保护中心，截至 2024 年底，浙江累计受理数据知识产权登记申请 3.59 万件，登记发证 1.69 万件，约占全国 80%，杭州则占浙江全省的近 80%③。此外，

---

① 中工网：《高水平重塑"全国数字经济第一城"，杭州与数字经济双向奔赴》，https：// www.workercn.cn/c/2025-01-03/8428258.shtml，2025 年 1 月 3 日。

② 李火林：《立法更加精确对准发展所需基层所盼民心所向》，《法治日报》，2025 年 3 月 18 日。

③ 央广网：《以法治为笔，为科创企业"画龙点睛"》，https：//news.qq.com/rain/a/20250317 A021WK00，2025 年 3 月 17 日。

《杭州市数据流通交易促进条例》引入了沙盒监管模式，允许企业在可控范围内试错。《数字贸易促进条例》也明确了创新容错机制，对合规试错企业免除责任，以此最大程度地激发科创企业的创新力。杭州还制定了《杭州城西科创大走廊条例》，对管理体制、科技创新、人才保障、产业发展、区域规划等作出明确规定，为促进城西科创大走廊高质量融合发展、打造具有全球影响力的创新策源地注入法治动力①。

在开放合作方面，全国首部数字贸易领域地方性法规《杭州市数字贸易促进条例》着眼于开放与合作，专门对举办全球数字贸易博览会作出了规定，明确杭州市政府应当对标高标准国际经贸规则，推动制定和实施数据跨境流动及存储、数字产品非歧视性待遇、数字产品版权保护、新兴数字技术等方面的规则，稳步扩大数字贸易制度型开放，此外还明确了杭州未来建设国际数据离岸中心的战略布局，以及对数字贸易市场主体建设国际科技合作载体的支持。该条例为杭州市数据跨境交易的促进性法规。

10.3.2.4　成都：东数西算，智慧蓉城

成都市坚持以"智慧蓉城"建设为牵引，不断夯实数字经济发展基础。2024年11月，《2024中国城市数字经济发展研究报告》公布了2024年数字经济百强市榜单，成都在全国排名第七，在西部城市中数字经济发展处于领先地位。其立法创新与产业融合经验对北京市优化治理体系具有重要参考价值。

在公共数据授权运营机制创新方面，2023年，成都为解决数据要素流通过程中"有数不敢供""用数找不到""有数不会用"的问题，建立了"管住一级、放活二级"数据资源开发利用机制，由成都数据集团统一管理公共数据，二级市场则向技术型和应用型数商开放。成都探索推动数据所有权和使用权分离，授权国有企业开展公共数据运营。截至2024年7月底，成都46家市级单位七批次授权612类4.07亿条公共数据，开发一级数据产品285个，重点支撑"蓉易贷""蓉易住""信用就医"等40余个"公共数据+"应用场

---

① 央广网：《以法治为笔，为科创企业"画龙点睛"》，https：//news.qq.com/rain/a/20250317A021WK00，2025年3月17日。

景。上线试运行"蓉数公园",汇聚引入各类数商 144 家,上线 264 款数据产品①。

在"智慧蓉城"建设方面,成都作为经济总量超 2 万亿元、人口超 2 100万人的超大城市,以"智慧蓉城"的"1+4+2"部署为核心,将惠企惠民惠基层作为出发点和落脚点,大力推进城市运行"一网统管"、政务服务"一网通办"、数据资源"一网通享"、社会诉求"一键回应",统筹数据安全保障和数字经济发展,以"智慧蓉城"建设提升城市治理水平和能力②。

在区域算力协同方面,首先,围绕"算不起""算闲置""算不上"三大痛点,构建"政策措施—实施细则—管理办法"政策体系,出台了《成都市围绕超算智算加快算力产业发展的政策措施》《"算力券"管理办法》等文件,规定了"算力券"支持比例与发放方式。其次,成都搭建了"算力券"线上申领平台,创新即领即享机制,以此降低企业的资金压力。最后,通过多场次宣讲推介进行供求对接活动,推动东部算力需求西迁,多措并举促进"东数西算"战略走深走实③。

在数字文创产业建设方面,成都依托巴蜀文化资源,打造了《王者荣耀》《哪吒之魔童闹海》等爆款 IP,天府长岛数字文创园内聚集了大量的上下游动画产业链企业,从 IP 开发、内容制作到衍生品运营,相聚仅百米,形成了"一杯咖啡距离"的高效全产业链协作模式,从而大大降低了沟通合作成本,使合作更加高效便捷④。

10.3.3　启示与借鉴

不同的国家、地区虽然会因为地域、制度和发展阶段不同而有着差异化

---

① 国家数据局:《数字经济创新发展试验区建设案例集锦》,https://dsjj.guiyang.gov.cn/newsite/ztzl/rdzt/dsjlydxalzl/202409/t20240926_85759116.html,2024 年 9 月 6 日。

② 国家数据局:《成都深化"智慧蓉城"建设 更好惠企惠民惠基层》,https://cddrc.chengdu.gov.cn/cdsfzggw/fzggdt/2024-09/12/content_acdd6027ca494eb5aa84fb4ddb8ff570.shtml,2024 年 9 月 12 日。

③ 国家数据局:《成都深化"智慧蓉城"建设 更好惠企惠民惠基层》,https://cddrc.chengdu.gov.cn/cdsfzggw/fzggdt/2024-09/12/content_acdd6027ca494eb5aa84fb4ddb8ff570.shtml,2024 年 9 月 12 日。

④ 新华社:《"一杯咖啡的距离"串起产业链 揭秘〈哪吒 2〉诞生地的"流量密码"》,https://baijiahao.baidu.com/s?id=1824645203449287520&wfr=spider&for=pc,2025 年 2 月 21 日。

的数字经济制度体系，但其核心目标均聚焦于促进创新、保障安全、优化治理和提升国际竞争力。北京市应借鉴国内外成功经验，立足于首都功能定位，从而形成具有北京特色的数字经济发展路径。

一是要构建动态适配的法律体系。数字经济业态迭代迅速，立法应当兼具前瞻性与灵活性。深圳、杭州等地采用了"综合立法+专项立法"的模式，对人工智能、低空经济等新兴领域快速响应，通过试点积累经验，进而上升为地方立法。深圳在司法实践中，还设立了专门的数字经济审判中心，凝结审判经验、汇集典型案例，推动法律适用的规范和统一。

二是市场化流通与安全治理并重。数据是数字经济的核心资源，立法需要平衡数据的开放共享与安全保护。例如，我国上海积极探索了跨境数据流动与分类分级保护制度；欧盟《通用数据保护条例》强化了个人数据权利；美国在《开放政府数据法》《加州消费者隐私法》等立法中也都重视数据的安全与隐私保护。只有流通与安全并行，才能更好地促进数字经济健康、良性发展。

三是对接国际规则与结合本土特色。数字经济具有全球化属性，立法应当兼顾国际标准与本地实际。例如，我国上海正积极构建与国际高标准经贸规则相衔接的制度。日本重视数据的跨境流动与国际规则制定的话语权。我国深圳依托华为、腾讯等众多科技企业，构建起以科技创新为核心的数字经济发展模式；成都则凭借《王者荣耀》《哪吒之魔童闹海》等热门文化IP，以及天府长岛数字文创园内高效的动画产业链协作体系，聚焦数字文创产业，立足本地优势，以此打造差异化竞争力。

四是要重视数字经济领域人才培养。数字经济的可持续发展有赖于人才储备。例如，我国上海形成了"产学研"一体化合作模式，培养"法律+计算机"等复合型法律人才。新加坡则对未来技能需求进行预测，根据需求调整培养内容，把数字技术的学习融入基础教育、日常工作中。通过完善的人才培养体系，为数字经济发展提供持续的创新动力。

五是建立包容审慎监管与创新容错机制。新兴领域立法应当平衡监管与创新的关系，如杭州建立了数据交易沙盒制度和容错机制，对合规试错企业免除责任；深圳则通过特区立法权，人工智能、低空经济等新业态快速响应，实行敏捷治理。

10.4 北京市数字经济领域政策与法制建设的展望

北京市数字经济领域的立法工作，应侧重于保持立法的体系性、可操作性、前瞻性与创新性，构建一个更为完善、科学的数字经济法制体系，为数字经济的健康发展提供有力的法制保障，推动北京市乃至全国数字经济的发展迈入新阶段。

10.4.1 构建完善的数字经济政策法规体系

北京市作为中国的首都，一直以来都是科技创新和经济发展的重要引擎。在数字经济快速发展的当下，构建一个完善的政策法规体系对于推动北京市数字经济的健康发展至关重要。北京市数字经济政策法规体系应当包括三个层次。

在宏观层面，北京市应根据国家数字经济发展的总体规划，结合本土特色，出台具有全局性的政策法规，全面统筹规划北京市数字经济发展的各方面，善用法律与行政规范性文件。根据北京市法规中的发展内容和数字经济发展实践现状，规范性文件分阶段统筹规划数字经济发展的全局，确定不同时期数字经济全领域的发展方向、工作任务以及工作重点。同时，制定的法规文件也要根据实践现状进行修改、补充和完善。目前，《北京市数字经济促进条例》《北京市关于加快建设全球数字经济标杆城市的实施方案》便是宏观层面的法规政策文件。北京市可以出台聚焦于近阶段的宏观层面文件，如借鉴上海市出台的《上海市数字经济发展"十四五"规划》，以此聚焦于现阶段的数字发展工作。通过出台宏观层面法规政策文件，统领北京市数字经济立法全局工作，为数字经济发展引领方向。

在中观层面，根据《北京市数字经济促进条例》等宏观层面文件，北京市应全面规划数字经济各领域的发展路径和工作内容，制定各领域政策法规。目前，《北京市数字经济促进条例》等宏观层面文件区分了数字基础设施建设、数据要素市场、数字产业化和产业数字化、数字经济安全体系、数字经济治理体系等发展领域，北京市应当根据宏观层面文件制定各个领域更为全面、具体的政策法规。在数据要素市场领域，深圳市已出台了《深圳经济特区数据条例》，系统规定了数据处理、开放、共享、交易、安全等规则。建议北京市积极推动"北京市数据条例"的立法起草工作，以此搭建起数据要素全生命周期规制框架，增强数据采集、存储、使用、共享和销毁环节规则的协同性。不仅如此，数字基础设施建设、数字经济安全、数字经济治理等领域也都应当出台相应的政策法规，统领规划每个领域的发展方向和工作重点。该层面政策法规既克服了宏观层面文件的笼统，又克服了各微观层面文件的碎片化，促进了各领域数字经济立法的内部协同性。

在微观层面，北京市应根据各领域中观层面文件的总体规划和工作内容，制定针对数字经济各领域具体问题的政策法规。可借鉴深圳市出台的专项立法《深圳人工智能产业促进条例》《深圳经济特区低空经济产业促进条例》等。此外，北京在制定微观层面政策法规前，应当根据各领域中观层面工作部署，明确各领域的立法重点，以此为根据，制定更为具体的专项政策法规，避免立法遗漏、覆盖范围不足等问题。由此形成更具系统性、全面性、协同性的"综合立法+专项立法"体系。

10.4.2 积极探索数字经济领域的"小""快""灵"立法

在数字经济业态迭代迅速的当今时代，立法应当兼具前瞻性与灵活性。为此，北京市可以探索数字经济领域的"小""快""灵"立法模式，采取更为灵活、高效和针对性的立法策略，克服政策法规与技术发展不匹配问题，以此更好地适应数字经济快速发展的需求。

第一，"小"立法。这种立法模式的核心在于其精确性和针对性，它专注于制定范围相对狭窄、针对特定问题或特定领域的法律规范。与全面性的立法相比，小立法更注重于解决具体且紧迫的实际问题，它不追求立法的广度，而是追求立法的深度和精度。通过这种精细化的立法方式，可以更有效地提高立法的针对性和实际效果，确保每一项法律都能精准地击中问题的要害，从而提升立法的实用性和操作性。例如，针对共享经济中的押金退还难问题，可以制定专门的规定，明确押金的性质、退还条件和流程以及违反规定后应承担的法律责任，而不是在共享经济立法中面面俱到，这样可以更快地解决实际问题，提高立法效率。

第二，"快"立法。这一立法模式着重于速度和效率，旨在迅速回应数字经济领域不断涌现的新情况和新问题。为了实现快速立法，立法流程需要不断得到优化，以更加简洁高效，立法周期也需要相应缩短。这种快节奏的立法能够确保法律及时出台，为数字经济的快速发展提供及时的法律支持，填补可能出现的法律空白，从而保障数字经济在有序的法治环境中持续前进。例如，针对新兴的直播带货模式，可以快速出台相关规范，明确直播带货平台的审核义务、消费者的权益保护以及虚假宣传的法律责任等，以规范市场秩序，保护消费者权益。

第三，"灵"立法。灵动性是这一立法模式的关键特征，它强调立法的灵活性和适应性，以适应数字经济不断变化的发展态势。"灵"立法鼓励立法者采用创新思维，敢于尝试新的立法理念和手段，允许在立法过程中进行试错和迭代。这种立法模式使法律能够根据实际需要进行灵活调整，及时跟上技术进步的步伐和市场变化的节奏，从而在动态发展中保持法律的适用性和前瞻性。

探索数字经济领域"小""快""灵"立法，有助于更好地适应数字经济的动态发展，及时填补法律空白，有效解决法律滞后问题，为数字经济的健康有序发展提供坚实的法治保障。此外，北京市在完善政策法规体系、加强新兴领域的立法实践的同时，还应积极培育高素质的数字经济法治人才。通过这些措施，北京市有望建立起更加完善和有效的法治环境，为数字经济的持续健康发展提供更加有力的法律保障。

参考文献

［1］安筱鹏，李君，韩凯．数字经济时代制造业转型路径研究［J］．中国工业经济，2019（1）：154-173.

［2］白玲．北京数字经济发展现状与展望［J］．宏观经济管理，2020（8）：32-38.

［3］北京市经济和信息化局．北京数据基础制度先行区创建方案［Z］．2023-11-10.

［4］北京市经济和信息化局．北京市数字经济促进条例［EB/OL］．(2023-02-24)［2025-05-13］．http：//jxj. beijing. gov. cn/art/2023/2/24/art_8793_ 2830 204. html.

［5］北京市海淀区人民法院．北京市海淀区人民法院知识产权审判白皮书（2024年度）［R］．北京：海淀法院，2024.

［6］蔡跃洲，牛新星．中国数字经济增加值规模测算及结构分析［J］．中国社会科学，2021（11）：4-30.

［7］陈富永，郭祥．地区环保压力与企业绿色创新：基于低碳城市试点政策考察［J］．财会通讯，2022（21）：49-53，59.

［8］陈蕾，马慧洁，周艳秋．企业数字化转型的前因组态、模式选择与推进策略［J］．改革，2024（7）：65-79.

［9］陈蕾，李梦泽，薛钦源．数据要素市场建设的现实约束与路径选择［J］．改革，2023（1）：83-94.

［10］陈柳钦．数字经济的理论逻辑与发展路径［J］．哈尔滨工业大学学报（社会科学版），2020，22（2）：87-96.

［11］陈维宣，郑英隆．数字经济时代数据要素的价值创造与分配［J］．经济学家，2020（5）：46-54.

［12］程华，赵祥．数字经济发展的理论逻辑与中国的实践［J］．改革，2019（4）：52-62.

［13］崔连标，宋晓东，范英．数字经济对中国经济高质量发展的影响［J］．管理评论，2020，32（11）：3-14.

［14］陈林，陈臻，张玺文，等．产业链融入与企业创新：基于微观企业数据的产业链测度新方法［J］．经济研究，2024，59（10）：56-74.

［15］陈光慧，李文华．收入法核算框架下中国全口径产业数字化增加值规模测算研究［J］．统计研究，2025（2）：3-18.

［16］陈梦根，张乔．数字金融对企业融资行为的影响效应及作用机制［J］．改革，2023（9）：34-52.

［17］陈梦根，张鑫．中国数字经济规模测度与生产率分析［J］．数量经济技术经济研究，2022（1）：3-27.

［18］程晓刚，宋常，连玉君，等．创新成功与企业供应链融资［J］．中国软科学，2024（2）：113-122.

［19］褚晓．美国数字经济发展历程及对我国数字经济发展的启示［J］．新经济导刊，2022（3）：69-75.

［20］丁志帆．数字经济驱动经济高质量发展的理论逻辑与实证检验［J］．现代经济探讨，2019（8）：25-31.

［21］杜传忠，郭美晨．数字经济发展对产业结构升级影响的实证研究［J］．软科学，2019，33（11）：107-111.

［22］樊增强，董小麟．数字经济推动京津冀协同发展的作用机制与推进策略［J］．经济与管理研究，2020（3）：115-127.

［23］冯华，陈亚琦．数字经济推动经济高质量发展：一个理论分析框架［J］．经济学家，2019（2）：66-73.

［24］付晓东．数字经济：中国经济发展的新动能［EB/OL］．（2020-08-10）［2025-05-13］，网易．

［25］关会娟，徐丽笑．中国数字经济核心产业增加值核算与产业关联分析［J］．经济学家，2025（1）：86-95.

［26］高锡荣，何哲．数据要素市场的基本架构与培育路径［J］．改革，

2020（9）：117-126.

［27］葛红玲，方盈赢，李波，等．数字经济赋能城市高质量发展：北京数字经济发展的综合考察与评价［M］．中国经济出版社，2023.

［28］顾夏铭，陈勇民，潘士远．数字经济如何影响就业？：来自中国城市和制造业企业的证据［J］．经济学（季刊），2020，19（3）：975-998.

［29］郭万达，袁易明．数字经济时代的区域经济发展新动能［J］．开放导报，2019（2）：44-49.

［30］郭晓玲，付迪，李凯．供应链集中度如何影响数字企业研发投入？：兼论市场竞争地位的调节作用［J］．产经评论，2024，15（3）：5-20.

［31］何玉长，王伟．数据要素市场化的理论阐释［J］．当代经济研究，2021（4）：33-44.

［32］韩先锋，惠宁，宋文飞．数字经济发展对中国区域创新效率的影响研究［J］．数量经济技术经济研究，2019，36（2）：31-49.

［33］黄群慧．数字经济与制造业高质量发展［J］．中国工业经济，2019（11）：5-23.

［34］黄茂钦，谭旭明．数字化背景下的经济法立法统合：现实理据、矛盾因应与模式构建［J］．数字经济与法治，2024（2）：24-45.

［35］江艇．因果推断经验研究中的中介效应与调节效应［J］．中国工业经济，2022（5）：100-120.

［36］荆文君，孙宝文．数字经济促进经济高质量发展：一个理论分析框架［J］．经济学家，2019（2）：66-73.

［37］金星晔，左从江，方明月，等．企业数字化转型的测度难题：基于大语言模型的新方法与新发现［J］．经济研究，2024，59（3）：34-53.

［38］李其伦．中国制造业数字化与绿色化融合协同发展测度及演化分析［J］．经济问题探索，2024（7）：119-132.

［39］李雯静．新文科背景下数字法治人才培养的现实机理与实践路径［J］．牡丹江教育学院学报，2024（8）：31-33.

［40］李雅静，陈彦光．京津冀城镇体系的位序：规模与异速生长标度分析［J］．城市发展研究，2021，28（6）：84-92.

［41］李斌，徐升华．数字经济发展对中国制造业全球价值链地位的影响［J］．统计与决策，2020，36（10）：129-132.

［42］李红升，秦海林，高太山．数字经济对区域经济发展的影响研究：以北京市为例［J］．科技促进发展，2020，16（8）：959-967.

［43］李君，安筱鹏，梁骁．数字经济时代制造业转型路径研究［J］．中国工业经济，2019（1）：154-173.

［44］李伦．加快促进北京数字贸易发展［EB/OL］．（2024-04-17）［2025-05-13］，http：//m. toutiao. com/group/7358609687408837170/？upstream_biz=doubao.

［45］李平，刘建．数字经济对中国经济增长的影响：理论机制与实证检验［J］．经济学家，2019（11）：82-91.

［46］刘达禹，王冰．数字经济时代生产要素的新内涵与新组合［J］．当代经济研究，2019（9）：67-74.

［47］刘忠璐．数字经济促进经济高质量发展的路径研究［J］．经济纵横，2019（8）：115-121.

［48］刘典，赵涵．应变与共识：基于数字经济整体制度框架的构建［J］．数字法治，2023（6）：197-208.

［49］刘妍．专利价值评估研究综述与趋势展望［J］．图书情报工作，2022，66（15）：127-139.

［50］马丹，唐佳琦．全球数字价值链增加值的测算及变动因素分析［J］．统计研究，2023（6）：3-19.

［51］马述忠，房超，张洪胜．数字贸易理论、规则与中国的战略选择［J］．管理世界，2020，36（11）：1-14.

［52］苗宏慧，杨铭，全情爽，等．制造企业数字化转型与创新绩效：人力资本的中介作用和动态能力的调节作用［J］．吉林大学社会科学学报，2024，64（3）：166-184，238-239.

［53］牛东芳，张宇宁，黄梅波．新加坡数字经济竞争力与全球治理贡献［J］．亚太经济，2023（3）：95-108.

［54］祁怀锦，曹修琴，刘艳霞．数字经济对公司治理的影响：基于信息不对称和管理者非理性行为视角［J］．改革，2020（4）：50-64.

［55］邱洪华，陆潘冰．基于专利价值影响因素评价的企业专利技术管理策略研究［J］．图书情报工作，2016，60（6）：77-83.

［56］阙天舒，王子玥．数字经济时代的全球数据安全治理与中国策略

[J]. 国际安全研究, 2022, 40 (1): 130-154.

[57] 任保平, 张陈璇. 数字产业链助推中国产业链现代化的效应、机制与路径 [J]. 财经科学, 2023 (2): 54-64.

[58] 上海数据交易所. 2024 年中国数据交易市场研究分析报告 [R]. 上海: 上海数据交易所, 2024.

[59] 盛斌, 陈丽雪. 区域与双边视角下数字贸易规则的协定模板与核心议题 [J]. 国际贸易问题, 2023 (1): 19-35.

[60] 苏国斌. 北京加快数字经济与人工智能深度融合 [EB/OL]. (2025 - 04 - 28) [2025-05-13], http://m.toutiao.com/group/750116818498 9352474/? upstream_ biz=doubao.

[61] 沈开艳, 徐美芳. 数字经济对中国经济高质量发展的影响研究 [J]. 上海经济研究, 2019 (11): 3-13.

[62] 孙昌玲, 王化成, 王芃芃. 企业核心竞争力对供应链融资的影响: 资金支持还是占用? [J]. 中国软科学, 2021 (6): 120-134.

[63] 陶锋, 朱盼, 邱楚芝, 等. 数字技术创新对企业市场价值的影响研究 [J]. 数量经济技术经济研究, 2023, 40 (5): 68-91.

[64] 滕堂伟, 史磊, 鲍涵, 等. 三大城市群数字技术专利创新网络演化比较研究 [J]. 经济地理, 2024, 44 (4): 100-109, 120.

[65] 田海峰, 刘华军. 企业数字化转型与绿色创新的 "双化协同" 机制研究 [J]. 产业经济研究, 2023 (6): 29-41, 72.

[66] 王雪冬, 王益民, 张瑶. 数字经济时代的平台组织崛起与竞争战略创新: 基于多案例的理论探索 [J]. 管理世界, 2019, 35 (12): 136-152.

[67] 王凤良. 数字经济提升我国经济韧性: 实践路向与政策生成: 以北京、上海、深圳、杭州为例 [J]. 党政论坛, 2025 (1): 38-41.

[68] 王恒, 方兰. 中国农业数字化与绿色化时空耦合协调关系及驱动力分析 [J]. 长江流域资源与环境, 2023, 32 (4): 868-882.

[69] 王琴, 李敬, 丁可可, 等. 数字基础设施、要素配置效率与城乡收入差距 [J]. 统计与决策, 2023, 39 (9): 29-34.

[70] 王健. 数字化与绿色化的握手: 企业数字化转型、绿色创新与绿色竞争优势 [C] //中国管理现代化研究会, 复旦管理学奖励基金会. 第十六届 (2021) 中国管理学年会论文集. 宁波: 宁波大学商学院, 2021: 8.

［71］王伟．数字经济治理体系的运行逻辑：以合作治理为视角的考察［J］．电子政务，2023（10）：14-27.

［72］王孝松，杨航．中国数字金融发展的成效、问题与突破［J］．金融市场研究，2024（11）：58-69.

［73］王营，冯佳浩．绿色债券促进企业绿色创新研究［J］．金融研究，2022（6）：171-188.

［74］魏守华，孙宁，姜悦．Zipf 定律与 Gibrat 定律在中国城市规模分布中的适用性［J］．世界经济，2018，41（9）：96-120.

［75］魏小雨．我国数字营商环境建设的"数法协同"问题及其实现路径［J］．学习论坛，2025（1）：100-109.

［76］文丰安．数字经济促进经济高质量发展：内在逻辑与实现路径［J］．改革与战略，2019，35（11）：1-7.

［77］吴非，胡慧芷，林慧妍，等．企业数字化转型与资本市场表现：来自股票流动性的经验证据［J］．管理世界，2021，37（7）：130-144，10.

［78］武前波，万为胜，洪明．杭州数字经济产业空间演变及其影响机制［J］．经济地理，2022，42（12）：60-71.

［79］解维敏，方红星．金融发展、融资约束与企业研发投入［J］．金融研究，2011（5）：171-183.

［80］邢明强，许龙．数字化转型、动态能力与制造业企业绿色创新［J］．统计与决策，2024，40（3）：184-188.

［81］肖利平．数字经济推动产业结构优化升级的内在机理与路径研究［J］．现代经济探讨，2019（8）：16-24.

［82］徐清源，郑英隆．数字经济时代数据要素的价值创造与分配［J］．经济学家，2020（5）：46-54.

［83］徐璟航．数据跨境流动的法律规制及其国际实践［N］．人民法院报，2024-11-22.

［84］许宪春，张美慧．中国数字经济规模测算研究：基于国际比较的视角［J］．中国工业经济，2020（5）：23-41.

［85］杨田力．欧盟数字经济治理及对中国的启示［J］．中国经济报告，2024（5）：88-100.

［86］杨东．数字金融新时代的法治逻辑与制度建构［J］．中国社会科

学，2019（2）：104-125.

[87] 杨新铭，罗仲伟．数字经济的理论逻辑与发展趋势 [J].经济管理，2019，41（1）：5-19.

[88] 杨彦欣，高敏雪．企业数字化转型：概念内涵、统计测度技术路线和改进思路 [J].统计研究，2024，41（3）：62-73.

[89] 姚加权，张锟澎，郭李鹏，等．人工智能如何提升企业生产效率？：基于劳动力技能结构调整的视角 [J].管理世界，2024，40（2）：101-116，133，117-122.

[90] 张虎，张毅，韩爱华．我国产业链现代化的测度研究 [J].统计研究，2022（11）：3-18.

[91] 张少华，陈鑫，黎美玲．中国数字经济结构化信息测算和产业分析：基于全国和省份投入产出表数据 [J].经济学动态，2025（1）：23-41.

[92] 张朝辉，徐毓鸿，何新胜．我国人工智能产业发展路径研究 [J].科学学研究，2023，41（12）：2182-2192.

[93] 张敬文，童锦瑶．数字经济产业政策、市场竞争与企业创新质量 [J].北京工业大学学报（社会科学版），2023，23（1）：125-136.

[94] 张永珅，李小波，邢铭强．企业数字化转型与审计定价 [J].审计研究，2021（3）：62-71.

[95] 赵宸宇，王文春，李雪松．数字化转型如何影响企业全要素生产率 [J].财贸经济，2021，42（7）：114-129.

[96] 中国信息通信研究院产业与规划研究所．数据交易场所发展指数研究报告（2024）[R].北京：中国信息通信研究院，2024.

[97] 中国信息通信研究院．中国存力白皮书（2024年）[R].北京：2024中国算力大会，2024.

[98] 中国经济网．坚持推进数据要素市场化配置改革 [EB/OL].（2012-07-25）[2024-07-05]，http：//www.ce.cn/cysc/tech/gd2012/202407/25/t20240725_39081334.shtml.

[99] 中国人民大学中国宏观经济论坛．数据要素市场建设：现状、问题和建议 [C].北京：CMF宏观经济热点问题研讨会，2024.

[100] 周鸿祎．筑牢数字安全底座 推进数字经济与实体经济深度融合 [J].新型工业化，2024（3）：57-62.

［101］周密，乔钰容．城市绿色化和数字化融合发展的区域差异及内在机制［J］．城市问题，2023（8）：4-14.

［102］周卫华，郑欣圆．城市数字金融推动企业数字化与绿色化融合发展研究［J］．城市问题，2023（8）：26-36，53.

［103］周艳秋，陈蕾，毛宇凯，等．数据资产价值的形成机制及系统仿真测算［J］．科学管理研究，2024，42（6）：52-60.

［104］周艳秋，朱润喜，陈蕾．数据资产课税税基评估规则的构建及其实施路径［J］．税务研究，2024（9）：70-76.

［105］BARNETT, G A, HC/SOZIOLOGIE. Encyclopedia of social networks ［M］. London：Sage Publications Ltd，2012：905-906.

［106］BRYNJOLFSSON E, SMITH M D. Frictionless commerce？a comparison of internet and conventional retailers ［J］. Management Science，2000，46（4）：563-585.

［107］MENG X, HAN S, WU L, et al. Analysis of epidemic vaccination strategies by node importance and evolutionary game on complex networks ［J］. Reliability Engineering & System Safety，2022，219：108256.